水下航行器导航系统原理

徐博　黄玉　郭瑜　主编

電子工業出版社
Publishing House of Electronics Industry
北京·BEIJING

内 容 简 介

本书论述水下航行器、导航技术及相关基础知识，从导航的基本概念出发，由浅入深地进行论述，论述的每种导航方式都有详细的数学模型推导，使读者知其然也知其所以然。本书共 10 章，分别为绪论、航行器导航基础、卫星导航定位系统、惯性导航系统、水声导航系统、惯性/声学组合导航系统、同步定位与地图构建、重力导航、地磁导航及多水下无人航行器编队协同导航方法。

本书内容丰富且具有前沿性，论述严谨、重点突出；论述方式符合工科学生的认识规律，每章配有与本章重点内容相关的习题。本书可作为工科院校水下航行器导航技术专业的教学用书或高年级学生与研究生的教学参考书，也可作为从事水下航行器导航技术方面工作的科技人员的参考书。

图书在版编目（CIP）数据

水下航行器导航系统原理 / 徐博，黄玉，郭瑜主编. —北京：电子工业出版社，2023.1

ISBN 978-7-121-44982-6

Ⅰ. ①水… Ⅱ. ①徐… ②黄… ③郭… Ⅲ. ①可潜器－导航系统－高等学校－教材 Ⅳ. ①U674.941

中国国家版本馆 CIP 数据核字（2023）第 009165 号

责任编辑：孟　宇　　　　特约编辑：田学清
印　　刷：三河市龙林印务有限公司
装　　订：三河市龙林印务有限公司
出版发行：电子工业出版社
　　　　　北京市海淀区万寿路 173 信箱　　　邮编：100036
开　　本：787×1092　1/16　印张：15　字数：403 千字
版　　次：2023 年 1 月第 1 版
印　　次：2023 年 1 月第 1 次印刷
定　　价：59.80 元

凡所购买电子工业出版社图书有缺损问题，请向购买书店调换。若书店售缺，请与本社发行部联系，联系及邮购电话：（010）88254888，88258888。

质量投诉请发邮件至 zlts@phei.com.cn，盗版侵权举报请发邮件至 dbqq@phei.com.cn。

本书咨询联系方式：mengyu@phei.com.cn。

前 言

水下航行器的导航技术是水下航行器安全可靠地开展水下作业任务的基础，是水下航行器的核心。本书从水下航行器导航面临的实际问题出发，对水下航行器的导航技术进行了全面论述，注重理论基础与工程实践相结合，具有很强的实用性与可操作性。本书着重阐述水下航行器导航的基本原理，以及近些年发展起来的水下航行器导航的新理论和新方法，包括同步定位与地图构建、多水下航行器编队协同导航方法。本书既可以使读者全面、系统地了解水下航行器的导航方法，又可以为水下航行器导航的发展提供理论和设计思路。

本书共 10 章，第 1 章详细介绍了航行器的发展现状，同时对水下航行器导航系统进行了概述；第 2 章介绍了航行器导航基础；第 3～5 章分别介绍了卫星导航定位系统、惯性导航系统及水声导航系统，详细推导了三种导航系统的数学模型；第 6 章介绍了惯性/声学组合导航系统，从误差模型入手列写了惯性/超短基线组合导航系统和惯性/多普勒组合导航系统的状态方程和量测方程；第 7 章介绍了同步定位与地图构建；第 8、9 章分别介绍了重力导航与地磁导航；第 10 章介绍了多水下无人航行器编队协同导航方法。本书可作为工科院校水下航行器导航技术专业用书或高年级学生与研究生的教学参考书，也可作为从事水下航行器导航技术方面工作的科技人员的参考书。

在编写本书的过程中，作者参考和引用了许多知名专家、学者的著作和论文。由于引用和参考之处甚多，因此未能在正文中一一注明。在此，向有关作者表示由衷的感谢。

由于作者水平和编写时间有限，书中难免存在问题和错误，敬请读者批评指正。

作者

2022 年 9 月

目 录

第 1 章

绪论

海洋中蕴藏着丰富的资源，是实现社会可持续发展的新型领域。各国政府意识到海洋资源将大大缓解当前的能源危机，不遗余力地开发自主式水下航行器。目前，自主式水下航行器已经广泛应用于军事和民用领域。

知识目标

1. 了解国内外航行器的发展现状。
2. 了解水下航行器导航方式。
3. 了解水下航行器初始对准技术。

能力目标

1. 能够掌握国内外航行器的发展趋势。
2. 掌握基本水下航行器导航方式。

课程思政与职业素养

1. 场景引入：2021 年 10 月至 11 月，作为科技部国家重点研发计划项目牵头单位，哈尔滨工程大学“全海深无人潜水器 AUV 关键技术研究”项目团队携“悟空号”全海深 AUV，继年初创造了 7709 米的亚洲深潜纪录后，再战马里亚纳海沟，完成 4 次超万米深度下潜——10009 米、10888 米、10872 米和 10896 米，超过国外无人无缆潜水器 AUV 于 2020 年 5 月创造的 10028 米的 AUV 潜深世界纪录，并顺利完成海试验收。科研团队就是要有这样以敢为必成的信心，发挥创新拼搏的科学精神，才能够在高端关键领域创造佳绩。

2. 科技伦理：在 2022 年 5 月 22 日举办的国际生物多样性峰会上，杨焕明院士在“基因生物多样性”环节进行总结发言。他的发言中多处强调了科技发展中的伦理问题。简要分享如下。“感谢优秀的演讲者提供的模型。这些工具需要精益求精，在基因道德下进步。我们在讨论遗传资源惠益共享时，其实就在讨论道德和利益的冲突。只有讨论这些规则，我们的技术发展才有意义。目前的惠益共享必须是国际化和全球化的。我曾任联合国教科文组织（UNESCO）的“国际生物伦理学委员会”（IBC）委员和“政府伦理委员会”（IGC）中国代表，在讨论人类基因组计划（HGP）的公开共享时，这不是为了利益，不是为了权力，而是为了全人类的未来。

因此，目前联合国教科文组织所做的工作被认可，我非常感动。请不要站在全球进步的对立面。学术界的科学论文成果，各界人士的公益演讲很重要，但更重要的是让下一代年轻人参与我们的科技进步。科技进步首先要证明正确性，其次才是有用性。作为一名教书匠，我的学生不能只会自然科学，还要会做人。换言之：道德要给科技保驾护航。”

1.1 国内外航行器的发展现状

水下无人航行器（Unmanned Underwater Vehicle，UUV）是指通过搭载传感器和不同任务模块，执行多种任务的水下自航行装备，又称为水下无人运载器、无人潜（水）器和水下无人作战平台等。Unmanned 译为无人，Underwater 译为水下，Vehicle 直译为交通工具、车辆等。对于海上交通工具，Vehicle 可指船只、潜器等。潜器是以水下为主要活动场所的海上交通工具。按照有无人员，潜器分为载人潜器和无人潜器；按照控制方式，无人潜器可分为遥控潜器和自主式潜器。遥控潜器（Remotely Operated Vehicle，ROV）是指在潜器后面拖带电缆，由操作人员控制其航行和作业的潜器。拖带电缆的 ROV 依靠母船提供能源进行航行和作业，拖带电缆除了能提供能源，还能传输声光信号，以支持母船控制 ROV 和 ROV 回传周围环境信息、目标信息和自身状态信息。自主式水下航行器（Autonomous Underwater Vehicle，AUV）是指自带能源、自推进、自主控制的潜器，不需要母船通过拖带电缆供电。母船可通过信号光缆或声、无线电、卫星等通信方式对 AUV 进行有效监督和遥控，AUV 也可将周围环境信息、目标信息和自身状态信息回传给母船。

UUV 定义示意图如图 1.1 所示，美国海军所说的 UUV，指无人、自带能源、自推进、自主控制（预编程或实时自适应使命控制）或最低程度监控、无缆（除了数据光缆）的潜器。俄罗斯海洋科学技术研究所将 UUV 定义为能够在预定海域深度范围内，按照预编程轨迹航行并完成所需作业的装有仪器和设备的潜器。根据上述定义可知，半潜式 AUV、拖带电缆的 ROV、水下拖体和海底爬行体等不属于 UUV。另外，UUV 是多次反复使用的，因此，鱼雷、自航水雷、一次性灭雷具和自航式诱饵等一次性使用的水中兵器或水声对抗装备也不属于 UUV。

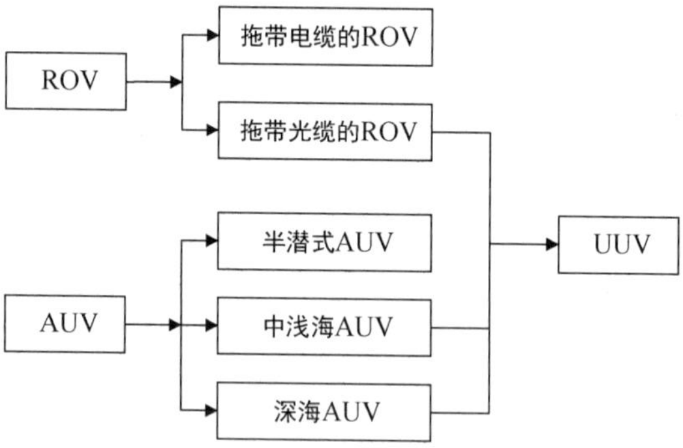

图 1.1　UUV 定义示意图

从国外研发和列装的 UUV 情况分析，部分 UUV 是由研制载人潜器和 ROV 的单位研制的，如伍兹霍尔海洋研究所、金枪鱼机器人公司、美国海军空间和海战系统中心等。UUV 继承和采用了许多载人潜器和 ROV 的技术，包括总体结构和材料技术、水下机电设备技术、导航技术、控制技术和传感器技术等。UUV 重点需要发展的技术主要包括：不依赖母船供电后，应保证 UUV 具有较大水下续航力的能源技术；不依赖母船控制后，能自主控制与母船保持联络的自主控制技术和水声通信技术；不依赖母船控制后，保证能准确定位和安全航行的高精度自主导航技术；保证能在一定海况和深度下，实施大范围机动航行和作业的航行器水动力技术；保证能在敌近岸海域实施隐蔽作战的隐身技术（适用于军用 UUV）等。

AUV 实物图如图 1.2 所示，因不需要人为操作就可以完全自主航行，近年来被广泛研究并应用于军民两方面，具有非常高的潜在研究价值。地球表面的 71%是水，97%的水是海洋，海洋具有极其丰富的资源，是人类生存和发展的重要领域。AUV 作为一种高新技术的产物，极大地促进了人类对于海洋的探测与开发。AUV 完全自主航行是代表水下航行器发展方向的高新技术，是各国研究发展的热点。其主要特点如下。

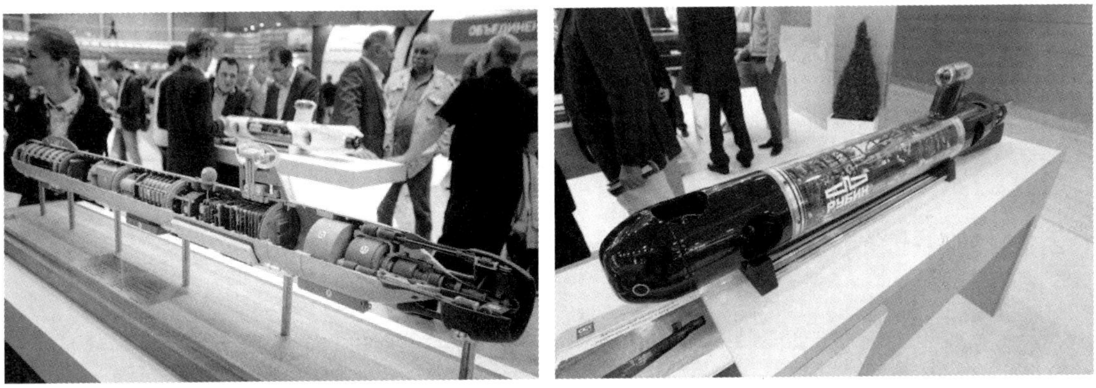

图 1.2　AUV 实物图

（1）自主性强。

（2）工作范围广。

（3）智能化水平高。

（4）鲁棒性强。

（5）体积小。

（6）隐蔽性好。

AUV 具有灵活的机动能力及良好的隐蔽性，目前在民用方面主要应用于海洋资源勘察、水下搜救、海底打捞等海上任务；在军用方面主要应用于侦察敌情、反潜作战、反雷作战、水下通信枢纽等作战任务。随着世界各国对海洋资源的不断开发和水下通信导航技术的快速发展，AUV 已成为世界各国维护海洋权益的重要装备。美国作为海洋强国之一，拥有多个系列 AUV，应用于不同的领域。美国伍兹霍尔海洋研究所海洋学实验室研制的 RNMUS 系列 AUV 应用于检测海洋环境状况、沿海搜索等任务。

人工智能技术正在世界范围内飞速发展，中国也将迎来人工智能 2.0 时代。作为人工智能的重要应用领域，无人系统的智能化水平在不久的将来必然会达到新的高度，UUV 也将在海洋资源开发、海洋生态保护和海洋安全领域发挥更加重要的作用。

1.2 水下航行器导航系统概述

AUV 将向着更远距离、更大深度、更大海域的方向发展，AUV 导航定位系统的可靠性及定位精度将面临严峻的挑战。与陆地导航和空中导航不同，水下导航将面临更加复杂的周围环境，接收不到卫星信号及通信延迟大，所以水下导航的技术难度更大。AUV 的定位、路径跟踪和控制都基于精确的导航参数，水下高精度导航是解决 AUV 长时间可靠运行的关键技术之一。

惯性导航系统可以不依靠任何外界信息，仅凭系统的惯性器件对载体进行导航，并且可以提供载体实时的姿态、位置、速度等导航信息，因而具有高度的自主性、隐蔽性和完备性。惯性导航系统在不与其他导航方式组合而单独使用的情况下，导航误差会随着时间不断累积，不能满足长距离航行的需要。所以利用惯性导航系统与多普勒计程仪、水声导航系统、重力仪、地磁数据进行组合导航，利用各种导航设备提供的辅助信息对惯性导航系统的导航参数误差进行修正更新，从而提高系统的导航定位精度。同时，随着水下通信技术的不断丰富，将多种传感器的导航信息进行有效融合，以及进行多航行器间的协同导航，进而提高水下航行器的定位精度，也是水下导航领域的一个热点研究方向。

1.2.1 水下航行器导航方式

水下航行器导航方式目前主要有惯性导航、声学导航、地磁导航、重力导航、海底地形匹配导航、量子导航、协同导航及应用信息融合技术的组合导航，下面将对这 8 种水下航行器导航方式进行简单概述。

1）惯性导航

惯性导航系统主要由惯性器件、导航计算机和显示模块构成。惯性器件主要包括加速度计和陀螺仪。惯性导航基本原理以牛顿力学定律为基础，利用一组加速度计连续地测量运动载体在某一选定导航平台确定的坐标系下的加速度信息，一次积分得到载体在选定导航坐标系的即时速度，再一次积分得到相对导航坐标系的位置。利用陀螺仪测量载体的角速度信息，一次积分获得载体的姿态角。惯性导航系统可以在不借助外部信息的情况下为水下航行器提供三维的位置、速度信息，以及航行器的姿态角信息，具有高度的自主性、完备性和极强的隐蔽性，同时惯性导航具备在全球范围内任意气候条件下导航和定位的能力。除此之外，惯性导航与其他导航方式相比，具备信噪比高、数据更新频率快等特点，而且获得的导航信息更加全面，惯性导航凭借这些优势在国防建设领域具有非常重要的地位。近年来，我国自主研制了许多捷联式惯性导航系统，如激光陀螺捷联式惯性导航系统、光纤陀螺捷联式惯性导航系统和 MEMS 陀螺捷联式惯性导航系统等，这些系统被广泛应用于军民领域。

2）声学导航

由于电磁波在水中衰减过快而无法进行长距离的传播，无线电导航和卫星导航等方法不能在水下使用，因此可以考虑利用声学导航对水下航行器进行导航与定位。声学导航的基本原理是利用水面上已知位置的浮标作为参考坐标，通过测量水下航行器发射的信号到达参考坐标的时间，进而确定航行器的位置信息。国内研究水声定位技术的单位主要有哈尔滨工程大学和中国船舶集团第七一五研究所等。其中，哈尔滨工程大学水声工程学院已经成功研制了水下目标跟踪系统（UMTT），该系统集中了信号处理、无线通信、GPS 定位等技术，代表了国内声学导航定位领域的先进水平。

3）地磁导航

地磁在地球上是天然存在的，不同地域的地磁分布是不同的。地磁导航的基本原理是利用预先测量的地磁数据库作为参考，与地磁传感器实时测量的地磁信息进行比较匹配，以确定航行器的位置信息。在一段时间内对位置信息进行持续的测量将获得方向信息，结合时间信息将推算出航行器的速度信息。近年来，随着地磁导航理论及地磁传感器的发展，利用地磁信息进行导航成为国内外的研究热点方向。

4）重力导航

重力导航是一种利用地球重力场特征获取载体位置信息的导航方式，重力导航的基本原理是利用重力传感器或其他传感器测量的重力与预先测量的重力数据库进行比较匹配，以确定航行器的位置信息。与地磁导航相同，在一段时间内对位置信息进行持续的测量将获得方向信息，结合时间信息将推算出航行器的速度信息。同惯性导航一样，重力导航获取重力信息时没有对外进行信息交换，具有良好的自主性和隐蔽性。

5）海底地形参考导航

每种导航方式都能够独立地为 AUV 进行导航，因此组合导航系统具有更好的容错性。地形参考导航（Terrain Referenced Navigation，TRN）技术利用地形特征的时空不变性和局部唯一性为 AUV 提供位置参考，通过已知的海底地形获得 AUV 的绝对位置。由于不依赖导航器件，不受其传感器精度限制等优势，因此海底地形匹配导航成为最适用的导航方式之一。但其只能在预先储存基准水下数字地图区域进行导航，常作为一种辅助水下导航方式。海底地形和地形辅助导航系统与武器装备和作战使用紧密相关，国外对此技术细节是保密的。

6）量子导航

单一的惯性导航在隐蔽性、自主性方面有强大的优势，但其严重依赖传感器精度。目前发展的两种量子导航定位系统（Quantum Positioning System，QPS）有星基导航系统（Satellite Based Navigational System，SBNS）和量子惯性导航系统（Quantum Inertial Navigation System，QINS），在定位精度和安全性方面有绝对的优势。在量子力学理论允许的情况下，每个量子脉冲中所包含光子数目的多少对其精度起决定性作用。脉冲时延的测量精度比全球定位系统（Global Positioning System，GPS）的定位精度高 2～4 个数量级。此外，在安全性方面，基于量子特征的卫星导航定位系统可以通过设置量子加密大大提高安全性，对军用方面有着很大的优势。

7）协同导航

协同导航利用水声通信技术实现 AUV 间信息共享进行导航，已有研究表明，协同导航能有效抑制惯性导航的误差发散问题，提高 AUV 的整体导航精度。协同导航主要有主从式协同导航和并行式协同导航，主从式协同导航中只有领航 AUV 和跟随 AUV 之间通过水声进行通信，领航 AUV 有高精度的惯性设备和传感器；并行式协同导航中每个 AUV 都是领航 AUV，通常要求与其他临近 AUV 进行通信，受水声通信技术的制约比较大。

8）组合导航

组合导航系统主要由惯性导航设备、多普勒计程仪、深度计、地磁传感器、重力传感器、水声设备组成。其中惯性导航设备是核心，将惯性导航与声学导航、地磁导航、重力导航等进行信息融合，网络状态下的协同导航定位技术将组合导航信息提供给 AUV 携带的计算机进行数据融合处理。在水下导航领域，各种导航方式都存在优缺点，组合导航能够集各种导航方式优点于一身，进而提高 AUV 导航的精度。同时由于各种导航方式都能够独立地为 AUV 进行导航，因此组合导航系统具有更好的容错性和可靠性。

1.2.2 水下航行器初始对准技术

捷联式惯性导航系统在水下航行器导航之前需要进行初始对准，以确定导航参数姿态的初始值，惯性导航系统初始对准就是确定导航坐标系的一个过程。水下航行器的惯性导航系统刚启动时，其载体坐标系相对导航坐标系的各轴指向是未知的，不能直接进入导航状态，需要先确定载体坐标系相对导航坐标系的空间方位。因此，惯性导航系统初始对准的重要性不言而喻。根据不同的标准，可以将惯性导航系统初始对准进行如下分类。

1）依据对准的阶段

在通常情况下，惯性导航系统初始对准分为粗对准和精对准两个阶段。精对准的卡尔曼滤波模型是在小失准角下建立的，因此粗对准的目的是获得一组粗略的姿态角，为精对准阶段做准备，粗对准阶段对对准精度要求不高，对准时间的长短是衡量粗对准阶段好坏的重要指标，精对准在粗对准结果的基础上进一步缩小姿态误差，提高对准精度。

2）依据载体的运动状态

根据对准时航行器的运动状态，可以将初始对准分为静基座对准和动基座对准。静基座对准就是航行器没有任何线运动和角运动时的对准；动基座对准是指航行器具有线运动或角运动时的对准。根据航行器是否具有线运动，又可以将动基座对准分为摇摆基座对准和运动基座对准。静基座对准主要依靠重力矢量和地球自转角速度的测量值进行初始对准，动基座对准的方法比较多，如外界信息辅助对准、陀螺对准和传递对准等。

3）依据对外界信息的依赖程度

根据惯性导航系统是否依靠外界信息完成对准，可将惯性导航系统初始对准分为自主式对准和非自主式对准。自主式对准完全依靠惯性器件获得的角速度和比力信息进行处理，获取载体的姿态信息，虽然自主性较强，但是对准精度偏低；对于非自主式对准，在精对准阶段引入 GPS、计程仪和里程计等外界设备信息作为辅助信息，通过卡尔曼滤波等方式完成精对准，获得比较高的对准精度。

徐玉如（1942 年 7 月 29 日—2012 年 2 月 17 日），出生于江苏如皋，原籍江苏泰兴，智能水下机器人专家，中国工程院院士，哈尔滨工程大学海洋综合技术工程研究中心主任、教授、博士生导师。徐玉如于 1961 年考入中国人民解放军军事工程学院海军工程系，同年加入中国共产党；1966 年毕业后先后在哈尔滨电子仪器厂、湖北江山机械厂、哈尔滨船舶工程学院、哈尔滨工程大学工作，历任技术员、助教、讲师、副教授、教授、博士生导师；1995—1999 年担任哈尔滨工程大学副校长；2003 年当选中国工程院院士；2007 年担任哈尔滨市科学技术协会主席；2012 年 2 月 17 日逝世，享年 70 岁。徐玉如致力于船舶与海洋工程领域科学技术研究，从 1972 年开始从事中国第一艘深潜救生艇的研究工作；1987 年开始作为水下机器人专家组成员，是“探索者”号水下机器人的主要研究成员。当今时代我们要以徐玉如院士为榜样，学习他忠诚报国、严谨治学、甘为人梯、勇攀高峰的科学家精神，一起探讨学术领域的前沿发展。

习题 1

1. AUV 的主要特点有哪些?
2. 请写出至少 5 种水下航行器导航方式。
3. 捷联式惯性导航系统初始对准分为哪几个阶段？简要介绍每个阶段的对准方法。

第2章

航行器导航基础

人类生存活动的舞台是地球，车、船、飞机的运动也都是相对地球定位的，因此在研究这些运载体的导航定位时，要了解一些与导航有关的地球的特性，如地球的形状、重力场的特性、经纬度等，以及卡尔曼滤波的相关知识与应用。

知识目标

1. 理解地球的形状、地理坐标的基础知识。
2. 理解并掌握导航常用坐标系与坐标系变换。
3. 理解时间系统、电子海图的基本原理和基本知识。
4. 理解并掌握卡尔曼滤波原理。

能力目标

1. 掌握常见的导航坐标系，学会坐标系之间的变换。
2. 掌握卡尔曼滤波原理及基础应用。

课程思政与职业素养

1. 场景引入：1519—1521 年，麦哲伦率领船队首次环航地球。船队使用了多种导航方式，并以此证明地球是个圆形。通过对航行器导航基础的学习，不仅可以提高学生认知世界的能力，还能让学生了解到所学知识对于国防、经济建设的重要性。

2. 了解地球科学的发展，关注相关滤波理论的发展脉络，掌握航行器导航的基础知识。

2.1 地球的形状和地理坐标

2.1.1 地球的形状和大小

地球是一个具有复杂形状的球体，它的表面有陆地、海洋、高山、峡谷，而且高低起伏。

为了便于科学研究，可采用某种能以数学方法表达的形体来代替地球不规则的自然形体。在大地测量学和导航学中，采用了“大地球体”的术语。假设海洋处于完全静止、平衡的状态，没有洋流、潮汐、风浪等影响，则这时的平静海面称为大地水准面。将大地水准面延伸到地球的全部表面，即由大地水准面包围的几何体，称为大地球体。研究地球的形状和大小，就是研究大地球体的形状和大小。

在一般的工程技术应用中，把地球的形状视为半径为 R 的一个圆球体，即第一近似，如图 2.1 所示。圆球体的平均半径 R 为 $6371.02 \pm 0.05\text{km}$，这是 1964 年国际天文学会通过的数据。

在图 2.1 中，点 O 为地球中心，P_{N} 为地理北极，P_{S} 为地理南极。在地球北极上空俯视地球，地球以逆时针方向自转，$P_{\text{N}}P_{\text{S}}$ 为地球自转轴，称为地轴。地球自转角速度为

$$\Omega = 7.2921311 \times 10^{-5}\,\text{rad/s}$$

注：$\Omega = 15.0411^\circ/\text{h} = 15.0411\pi/180/3600 \approx 7.2921311 \times 10^{-5}\,\text{rad/s}$。

通过地心的平面与地球表面相截的交线，称为大圆。大圆把地球分为相等的两半，通过南北极的大圆称为子午圈。两极之间的半个子午圈称为经线，也叫作子午线，如 $P_{\text{N}}GP_{\text{S}}$、$P_{\text{N}}AP_{\text{S}}$。通过英国格林威治天文台的经线，规定为基准经线。与地轴垂直的大圆是赤道，如 eGq 圆弧。赤道把地球分为上下两半球，含北极的上半球称为北半球；含南极的下半球称为南半球。与赤道平行的平面与地球表面的交线，称为纬度圈。

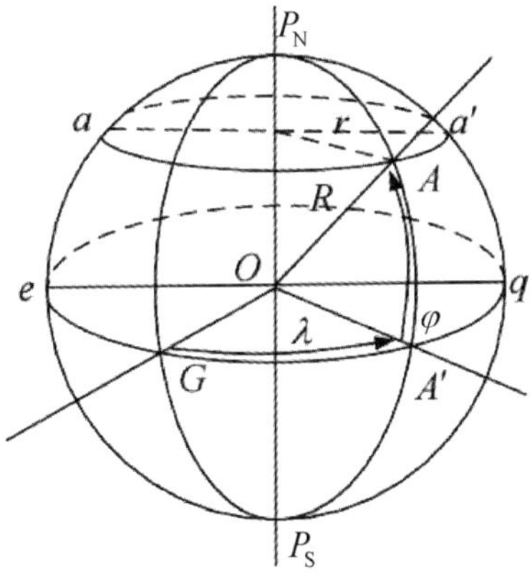

图 2.1　地球球体示意图

用圆球体来近似大地球体误差较大，在要求比较高的导航计算中不能满足要求，一般采用第二近似，即用椭球体来近似大地球体。

大地测量结果表明，用椭圆形的子午圈，绕其短轴旋转而成的椭球体，更接近不规则的大地球体。其形状和大小可用椭圆主要参数长半轴 a、短半轴 b、扁率 α、偏心率 e 的大小来说明。它们之间的关系为

$$\alpha = \frac{a-b}{a},\quad e^2 = \frac{a^2-b^2}{a^2}$$

地球椭球体参数是根据大地测量结果计算出来的。在不同地区，用不同的方法测量，其结果是不同的，所求得的参数也略有差异。

不同国家或地区采用适合各自不同局部地区和目的的地球椭球体作为参考椭球体。例如，

北美洲的加拿大、美国采用克拉克椭球体；欧洲的英、法等国采用海福特椭球体；苏联、东欧等国采用克拉索夫斯基椭球体；日本采用白塞尔椭球体；我国在 1954 年建立了大地坐标系统，选用克拉索夫斯基椭球参数，其值为 $a=6378.245\text{km}$， b=6356.863km， $\alpha=1/298.3$，$e^2\approx 0.0066934275$。

2.1.2 地球重力场特性

与地球的形状直接关联的是地球重力场特性。假如地球是一个匀质的球体，悬浮在空中且不旋转，则地球是一个理想的球体，其表面各点的引力都相等。

由于地球有旋转运动，地球表面物体单位除了受地心引力 J 作用，还受地球自转离心力 F 作用，重力 G 是 J 和 F 的合力，因此 G 不指向地心，如图 2.2 所示。显然 $G=J+F$，其中，$F=-\Omega\times(\Omega\times r)$。

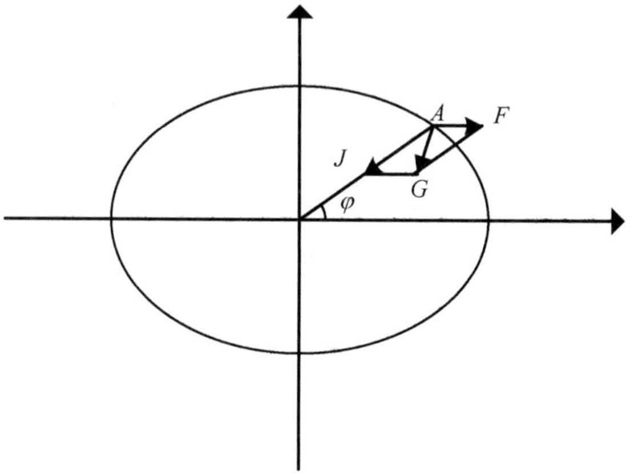

图 2.2 地球的重力

由图 2.2 可以看出，离心力 F 随着纬度 φ 变化而变化，所以重力 G 是 φ 的函数。

当考虑地球为椭球体时，重力加速度公式为

$$g=g_0(1+0.0052884\sin^2\varphi'-0.0000059\sin^2 2\varphi')-0.0000003086h$$

式中，$g_0=9.78049$ 为赤道上的重力加速度；φ' 为地理纬度；h 为高度。

地球实际上是一个不规则的椭球体，地球表面物质分布的密度也不均匀，而且各地的重力加速度大小和方向也可能发生变化。

2.1.3 地球纬度及主曲率半径

1. 地球纬度

地球表面某点的纬度，是该点垂线方向与赤道平面之间的夹角。由于地球是一个不规则的椭球体，因而纬度的定义比较复杂。垂线可以有不同的定义。

地心垂线：地球表面一点与地心的连线。

测地垂线：地球椭球体表面一点的法线方向。

对应上述不同的垂线，有不同的纬度定义。

地心纬度：地心垂线与赤道平面之间的夹角。

测地纬度：测地垂线与赤道平面之间的夹角，如图 2.3 中的角 φ 。它是通过大地测量定出的纬度，也称为大地纬度，习惯上称为地理纬度。

上述两种纬度都不相同，在一般的工程技术中应用地心纬度（见图 2.3 的 ψ ）的概念，实际上是把地球视为圆球体。由于地球椭球体的表面和大地水准面不完全相符，因此天文纬度和测地纬度也不一致，但二者的偏差很小，一般不超过 30"，通常可以忽略，统称为地理纬度，在惯性导航系统中，计算出的纬度是地理纬度。

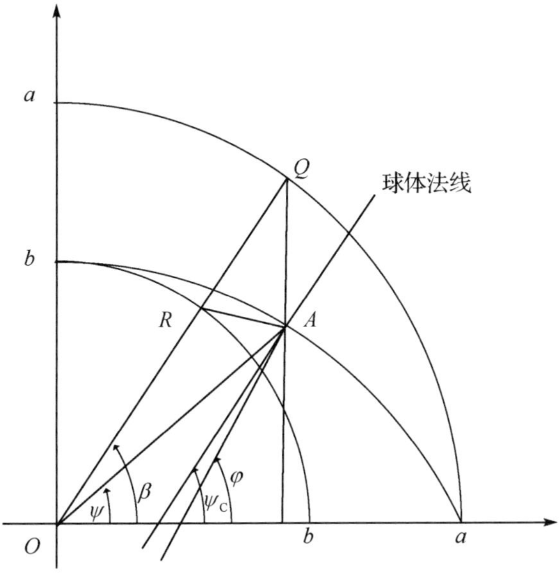

图 2.3　各种纬度

设在地球表面上有一点 A ，如图 2.4 所示，过 A 点的椭圆子午圈中心为 O 。A 点的直角坐标为 (x,z) 。其对应的椭圆方程为

$$\frac{x^2}{a^2}+\frac{z^2}{b^2}=1 \tag{2.1}$$

对该方程的 x 求导得到

$$\frac{2x}{a^2}+\frac{2z}{b^2}\frac{\mathrm{d}z}{\mathrm{d}x}=0 \tag{2.2}$$

因为

$$\frac{\mathrm{d}z}{\mathrm{d}x}=-\cot(90^\circ+\varphi)=-\cot\varphi \tag{2.3}$$

代入式（2.2）得到

$$\cot\varphi = (\frac{b}{a})^2 \frac{x}{z} \tag{2.4}$$

又因为

$$\frac{x}{z} = \cot\psi$$

所以

$$\cot\varphi = \left(\frac{b}{z}\right)^2 \cot\psi = (1-e^2)\cot\psi$$

即

$$\mathrm{tg}\varphi - \mathrm{tg}\psi = e^2\mathrm{tg}\varphi$$

$$\mathrm{tg}(\varphi-\psi) = \frac{\mathrm{tg}\varphi - \mathrm{tg}\psi}{1+\mathrm{tg}\varphi\mathrm{tg}\psi} = e^2\frac{\mathrm{tg}\varphi}{1+\mathrm{tg}\varphi\mathrm{tg}\psi}$$

因为φ和ψ相差很小，所以$\mathrm{tg}(\varphi-\psi)=\varphi-\psi$， $\mathrm{tg}\varphi\mathrm{tg}\psi \approx \mathrm{tg}^2\varphi$，则

$$\varphi-\psi \approx e^2\frac{\mathrm{tg}\varphi}{1+\mathrm{tg}^2\varphi} = e^2\sin\varphi\cos\varphi = \frac{1}{2}e^2\sin 2\varphi$$

如果$\varphi-\psi$以秒为单位，并按克拉索夫斯基椭球体参数将$e^2=0.006693421$代入，则

$$\varphi-\psi = 690.3'' \times \sin 2\varphi \tag{2.5}$$

从式（2.5）可以看出，当A点纬度为$0°$或$90°$时，地心纬度与地理纬度相等；当$\varphi=45°$时，二者相差最大，其差值约为$11.5'$。

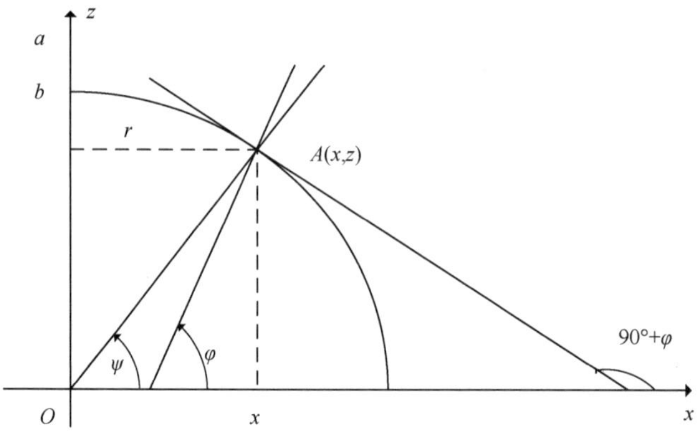

图 2.4　地心纬度和地理纬度的关系

2. 主曲率半径

地球上某点的子午圈曲率半径R_M与卯酉圈曲率半径R_N，总称为该点的主曲率半径。

1）纬度圈半径r

根据式（2.4）可知

$$z = (\frac{b}{a})^2\mathrm{tg}\varphi x \tag{2.6}$$

代入椭圆方程得到

$$x^2 + \left(\frac{b}{z}\right)^2 \mathrm{tg}^2\varphi x^2 = a^2 \tag{2.7}$$

进行化简得到

$$x^2(1-e^2\sin^2\varphi) = a^2\cos^2\varphi \tag{2.8}$$

所以

$$r = x = \frac{a\cos\varphi}{1-e^2\sin^2\varphi^{\frac{1}{2}}} \tag{2.9}$$

2）子午圈曲率半径 R_{M}

设在地球表面有一点 A，如图 2.5 所示，其纬度为 φ，子午圈曲率半径为 R_{M}，在子午圈上取弧微分 $\mathrm{d}s$，则

$$\mathrm{d}s = R_{\mathrm{M}}\mathrm{d}\varphi$$

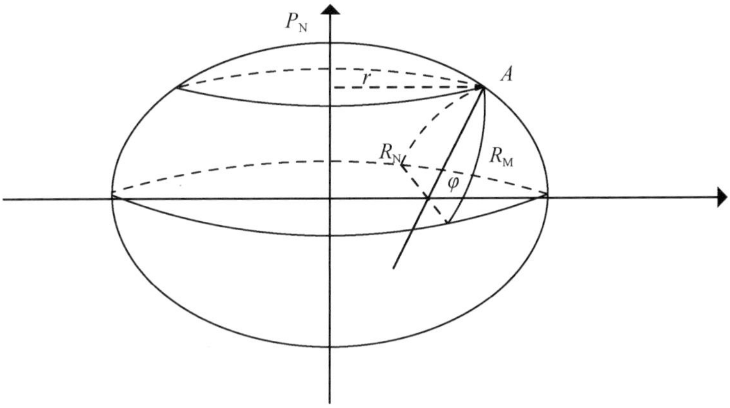

图 2.5　地球主曲率半径

因为

$$\mathrm{d}s = [(\mathrm{d}x)^2 + (\mathrm{d}z)^2]^{\frac{1}{2}} = (\mathrm{d}x)\left[1+\left(\frac{\mathrm{d}z}{\mathrm{d}x}\right)^2\right]^{\frac{1}{2}} \tag{2.10}$$

根据

$$\frac{\mathrm{d}z}{\mathrm{d}x} = -\cot\varphi$$

代入得

$$\mathrm{d}s = \mathrm{d}x(1+\cot^2\varphi)^{\frac{1}{2}} = \csc\varphi\mathrm{d}x \tag{2.11}$$

即可得到

$$R_{\mathrm{M}}=\csc\varphi\frac{\mathrm{d}x}{\mathrm{d}\varphi} \tag{2.12}$$

根据式（2.9）可得

$$\frac{\mathrm{d}x}{\mathrm{d}\varphi}=\frac{-a\sin\varphi(1-e^{2}\sin^{2}\varphi)^{\frac{1}{2}}+a\cos\varphi(1-e^{2}\sin^{2}\varphi)^{-\frac{1}{2}}e^{2}\sin\varphi\cos\varphi}{(1-e^{2})^{\frac{1}{2}}\sin\varphi} \tag{2.13}$$

整理可得

$$\frac{\mathrm{d}x}{\mathrm{d}\varphi}=\frac{-a(1-e^{2})^{\frac{1}{2}}\sin\varphi}{(1-e^{2}\sin^{2}\varphi)^{\frac{3}{2}}} \tag{2.14}$$

于是可以求出

$$R_{\mathrm{M}}=\frac{a(1-e^{2})^{\frac{1}{2}}}{(1-e^{2}\sin^{2}\varphi)^{\frac{3}{2}}}$$

3）R_{M} 的特性分析

当我们把地球近似为旋转椭球体来研究导航定位问题时，需要应用到椭球体的曲率半径等参数。对椭球体来说，在地球表面的不同位置和不同方向，曲率半径显然是不同的。

4）卯酉圈曲率半径 R_{N}

根据数学推导，卯酉圈曲率半径与纬度圈半径的关系为

$$R_{\mathrm{N}}=\frac{r}{\cos\varphi}$$

代入式（2.9）得

$$R_{\mathrm{N}}=\frac{a}{(1-e^{2}\sin^{2}\varphi)^{\frac{1}{2}}}$$

与子午面垂直的法线平面为卯酉圈曲率半径。

R_{N} 和 R_{M} 的关系式为

$$\frac{R_{\mathrm{M}}}{R_{\mathrm{N}}}=\frac{1-e^{2}\sin^{2}\varphi}{1-e^{2}}=1+\frac{e^{2}\cos^{2}\varphi}{1-e^{2}}$$

只有在 $\varphi=90°$ 处，$R_{\mathrm{N}}=R_{\mathrm{M}}$，在其他地方 $R_{\mathrm{N}}>R_{\mathrm{M}}$。

2.1.4 地理坐标

在地球表面 A 点的位置，可以用直角坐标系表示，也可以用曲线坐标系表示。在惯性导航系统中用曲线坐标，即经纬度坐标表示。

经度的定义是，通过 A 点的经线与基准经线在赤道上所夹的劣弧长。图 2.1 中 GA' 称为经

度，记为λ。经度也可用经过 A 点的子午面与基准子午面之间的两面角，即赤道上劣弧 GA'所对的圆心角$\angle GOA'$来度量。经度以基准经线为 0°，A 点所在经线在基准经线之东称为东经，在基准经线之西称为西经，东西经各从 0°计至 180°，东、西分别用 E、W 表示。计算时，东经为“+”，西经为“−”。单位用度、分、秒（°、'、"）表示。

纬度的定义是，A 点所在的纬圈与赤道在经线上所夹的弧长。图 2.1 中 AA'称为纬度，记为φ。纬度也可用地心与 A 点的连线 OA 与赤道平面的夹角$\angle AOA'$来量度。A 点在北半球，所处纬度称为北纬，在南半球则称为南纬，南、北分别用 S、N 表示。计算时，北纬为“+”，南纬为“−”。

例如，某地的位置用地理坐标表示为φ=39°13′26″N，λ=98°32′30″W。

2.2 坐标系与坐标系变换

物体的运动都是相对某个参考系而言的，导航系统的任务就是确认载体的运动参数，即确定载体在某个参考系中的位置，以及位置的变化率。所以在研究导航问题时，首先要确定坐标系。

对于不同的载体，运动范围不同，应该选择不同的坐标系。例如，外层空间探测器在行星间飞行，甚至飞出太阳系，对于它的定位，应选择地心惯性坐标系或太阳中心惯性坐标系；对于飞行于地球表面或附近的飞行器，可选择地形惯性坐标系或与地球固联的大地坐标系；对于在地球表面局部区域内运动的载体，可选择适合局部运动的、相对定位的坐标系。

本节将对不同坐标系的定义及不同坐标系之间的变换进行讨论。

2.2.1 定义坐标系的三要素

定义一个空间坐标系，需要明确指出如下三点。

（1）坐标系的原点位置。太阳中心惯性坐标系，以太阳中心为坐标原点；大地坐标系，以地球中心（绝对定位）或地球中心附近某点（相对定位）为坐标原点；地理坐标系，以载体在地球椭球体表面上投影的某点位置为坐标原点；陀螺稳定平台，以平台框架轴相交的中心为坐标原点。

（2）坐标系轴的定向。东北天坐标系，沿飞行器纵轴、横轴和竖轴的载体坐标系等。

（3）在所属的坐标系中以什么参数来确定某点的位置。笛卡儿坐标(X,Y,Z)、曲线坐标（纬度φ、经度λ和高度h）等。

2.2.2 常用坐标系

1）太阳中心惯性坐标系

太阳中心惯性坐标系如图 2.6 所示，坐标原点设在太阳中心，又分为太阳中心赤道坐标系 r 和太阳中心黄道坐标系 $ox_s'y_s'z_s'$。

太阳中心赤道坐标系 z_s 轴垂直于地球赤道平面，即平行于地球自转轴，x_s 轴在赤道平面和黄道平面的交线上，y_s 轴与 x_s、z_s 轴构成右手坐标系。

太阳中心黄道坐标系 z_s' 轴垂直于黄道平面，x_s' 与 x_s 轴重合，y_s' 轴在黄道平面内与 x_s'、z_s' 轴构成右手坐标系。

2）地心惯性坐标系

地心惯性坐标系如图 2.7 所示，坐标原点设在地球质量中心，z_i 轴沿地轴方向，x_i、y_i 轴在地球赤道平面，指向某个恒星，构成右手坐标系。地心惯性坐标系不参与地球的旋转运动。

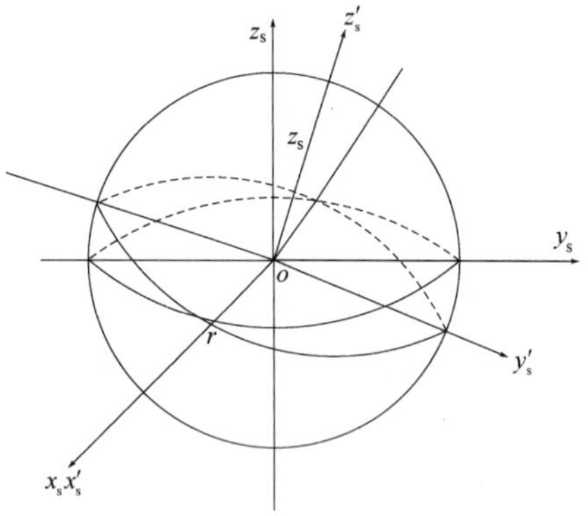

图 2.6 太阳中心惯性坐标系

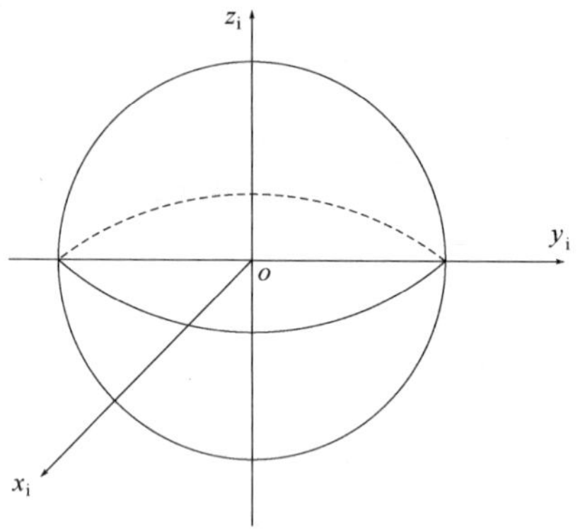

图 2.7 地心惯性坐标系

3）地球坐标系

地球坐标系如图 2.8 所示，地球坐标系 $ox_e y_e z_e$ 的 z_e 轴沿地轴方向，x_e 轴在赤道平面内与格林威治子午面的交线上，y_e 轴也在赤道平面内，与 x_e、z_e 轴构成右手坐标系。$ox_e y_e z_e$ 坐标系与地球固连，随地球一起转动。

4）地理坐标系

地理坐标系如图 2.9 所示，地理坐标系 $ox_t y_t z_t$ 是进行导航系统分析时最常使用的一组坐标系。坐标原点设在地球表面运载体所在点 p（与点 o 重合）上，x_t、y_t 轴在地理水平面内，x_t 轴指向东，y_t 轴指向北，z_t 轴垂直向上构成右手坐标系。地理坐标系随地球的转动和运载体的运动而运动，是水平和方位的基准。

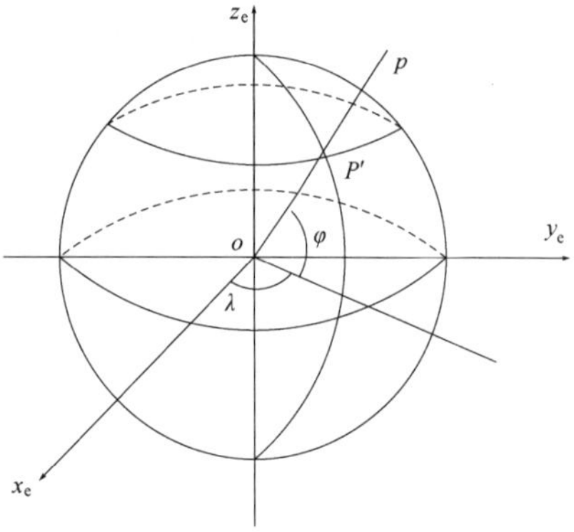

图 2.8 地球坐标系

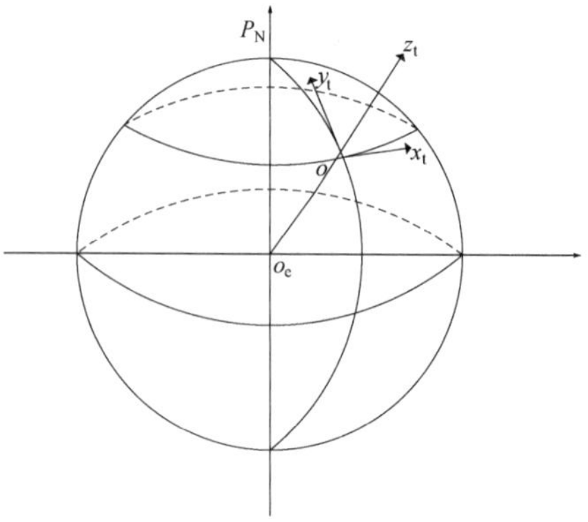

图 2.9 地理坐标系

2.2.3 坐标系间的关系及坐标变换

在载体每瞬时所在的位置上，客观上都存在唯一的经纬度，以及真正的地理水平面和正北方位基准。但在运载体上无法获得上述位置和姿态的基准，惯性导航系统用于模拟位置和姿态基准，用计算的经纬度代替真实的经纬度，用惯性平台建立的水平和方位基准代替地理坐标系。在分析惯性导航系统的运动特性时，将用到多种坐标系，这些坐标系之间并不是相互孤立的，空间中任意两个坐标系都可用坐标变换联系起来，而坐标变换又可以通过坐标轴的旋转来得到，如图 2.10 所示。

坐标系 $ox_py_pz_p$ 以坐标系 $oxyz$ 绕坐标轴的三次旋转来得到。首先绕 z 轴旋转一个角 γ，得到中间坐标系 $ox_s'y_s'z_s'$，再由坐标系 $ox_s'y_s'z_s'$ 绕 x' 轴旋转角 α，得到第二个中间坐标系 $ox_s''y_s''z_s''$，再绕 y_s'' 轴旋转角 β，得到坐标系 $ox_py_pz_p$。

假设矢量 $\boldsymbol{r}$ 在坐标系 $oxyz$ 中，用它在三个坐标轴上的分量 $\boldsymbol{r}_{x0}$、$\boldsymbol{r}_{y0}$、$\boldsymbol{r}_{z0}$ 来表示。现在建立各分量之间的关系。在图中可以看出，矢量 $\boldsymbol{r}$ 在坐标系 $ox_s'y_s'z_s'$ 中的分量为

$$\begin{bmatrix}\boldsymbol{r}_{x1}\\ \boldsymbol{r}_{y1}\\ \boldsymbol{r}_{y1}\end{bmatrix}=\begin{bmatrix}\cos\gamma & \sin\gamma & 0\\ -\sin\gamma & \cos\gamma & 0\\ 0 & 0 & 1\end{bmatrix}\begin{bmatrix}\boldsymbol{r}_{x0}\\ \boldsymbol{r}_{y0}\\ \boldsymbol{r}_{z0}\end{bmatrix} \tag{2.15}$$

记为 $\boldsymbol{r}_1=\boldsymbol{C}_0\boldsymbol{r}_0$。

式中，$\boldsymbol{C}_0$ 是原坐标与中间坐标的坐标变换矩阵。

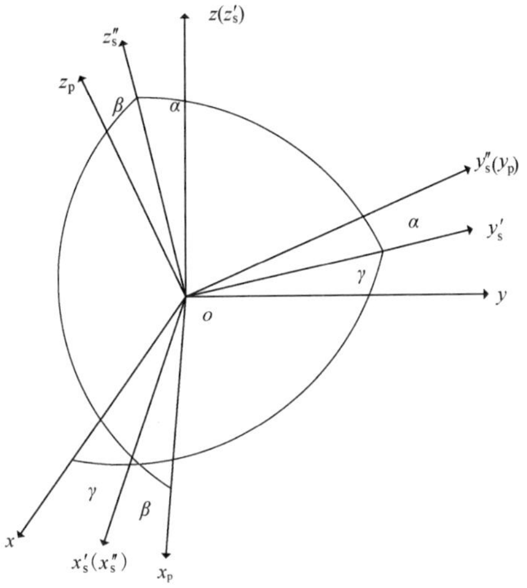

图 2.10 坐标变换

第二次旋转角 α，矢量 $\boldsymbol{r}$ 在坐标系 $ox_s''y_s''z_s''$ 中的分量为

$$\begin{bmatrix}\boldsymbol{r}_{x2}\\ \boldsymbol{r}_{y2}\\ \boldsymbol{r}_{z2}\end{bmatrix}=\begin{bmatrix}1 & 0 & 0\\ 0 & \cos\alpha & \sin\alpha\\ 0 & -\sin\alpha & \cos\alpha\end{bmatrix}\begin{bmatrix}\boldsymbol{r}_{x1}\\ \boldsymbol{r}_{y1}\\ \boldsymbol{r}_{z1}\end{bmatrix} \tag{2.16}$$

记为 $\boldsymbol{r}_2 = C_1\boldsymbol{r}_1$.

于是可得

$$\begin{bmatrix} \boldsymbol{r}_{x2} \\ \boldsymbol{r}_{y2} \\ \boldsymbol{r}_{z2} \end{bmatrix} = \begin{bmatrix} 1 & 0 & 0 \\ 0 & \cos\alpha & \sin\alpha \\ 0 & -\sin\alpha & \cos\alpha \end{bmatrix} \begin{bmatrix} \cos\gamma & \sin\gamma & 0 \\ -\sin\gamma & \cos\gamma & 0 \\ 0 & 0 & 1 \end{bmatrix} \begin{bmatrix} \boldsymbol{r}_{x0} \\ \boldsymbol{r}_{y0} \\ \boldsymbol{r}_{z0} \end{bmatrix} \tag{2.17}$$

第三次旋转得到 $ox_{\mathrm{p}}y_{\mathrm{p}}z_{\mathrm{p}}$，矢量 $\boldsymbol{r}$ 在新坐标系中的分量为

$$\begin{bmatrix} \boldsymbol{r}_{\mathrm{xp}} \\ \boldsymbol{r}_{\mathrm{yp}} \\ \boldsymbol{r}_{\mathrm{zp}} \end{bmatrix} = \begin{bmatrix} \cos\beta & 0 & -\sin\beta \\ 0 & 1 & 0 \\ \sin\beta & 0 & \cos\beta \end{bmatrix} \begin{bmatrix} \boldsymbol{r}_{x2} \\ \boldsymbol{r}_{y2} \\ \boldsymbol{r}_{z2} \end{bmatrix} \tag{2.18}$$

于是可以得到

$$\begin{bmatrix} \boldsymbol{r}_{\mathrm{xp}} \\ \boldsymbol{r}_{\mathrm{yp}} \\ \boldsymbol{r}_{\mathrm{zp}} \end{bmatrix} = \begin{bmatrix} \cos\beta & 0 & -\sin\beta \\ 0 & 1 & 0 \\ \sin\beta & 0 & \cos\beta \end{bmatrix} \begin{bmatrix} 1 & 0 & 0 \\ 0 & \cos\alpha & \sin\alpha \\ 0 & -\sin\alpha & \cos\alpha \end{bmatrix} \begin{bmatrix} \cos\gamma & \sin\gamma & 0 \\ -\sin\gamma & \cos\gamma & 0 \\ 0 & 0 & 1 \end{bmatrix} \begin{bmatrix} \boldsymbol{r}_{x0} \\ \boldsymbol{r}_{y0} \\ \boldsymbol{r}_{z0} \end{bmatrix} \tag{2.19}$$

记为 $\boldsymbol{r}_3 = \boldsymbol{C}_2\boldsymbol{C}_1\boldsymbol{C}_0\boldsymbol{r}_0 = \boldsymbol{C}_3\boldsymbol{r}_0$。

式中

$$\boldsymbol{C}_3 = \begin{bmatrix} \cos\beta & 0 & -\sin\beta \\ 0 & 1 & 0 \\ \sin\beta & 0 & \cos\beta \end{bmatrix} \begin{bmatrix} 1 & 0 & 0 \\ 0 & \cos\alpha & \sin\alpha \\ 0 & -\sin\alpha & \cos\alpha \end{bmatrix} \begin{bmatrix} \cos\gamma & \sin\gamma & 0 \\ -\sin\gamma & \cos\gamma & 0 \\ 0 & 0 & 1 \end{bmatrix} \tag{2.20}$$

根据矩阵乘法法则可得

$$\boldsymbol{C}_3 = \begin{bmatrix} \cos\beta\cos\gamma - \sin\beta\sin\alpha\sin\gamma & \cos\beta\sin\gamma + \sin\beta\sin\alpha\cos\gamma & -\sin\beta\cos\alpha \\ -\cos\alpha\sin\gamma & \cos\alpha\cos\gamma & \sin\alpha \\ \sin\beta\cos\gamma + \cos\beta\sin\alpha\sin\gamma & \sin\beta\sin\gamma - \cos\beta\sin\alpha\cos\gamma & \cos\beta\cos\alpha \end{bmatrix} \tag{2.21}$$

当 α、β、γ 都是小角度时，略去二阶微量，得

$$\boldsymbol{C}_3 = \begin{bmatrix} 1 & \gamma & -\beta \\ -\gamma & 1 & \alpha \\ \beta & -\alpha & 1 \end{bmatrix} \tag{2.22}$$

$\boldsymbol{C}_3$ 是由坐标系 $oxyz$ 变换到坐标系 $ox_{\mathrm{p}}y_{\mathrm{p}}z_{\mathrm{p}}$ 的方向余弦矩阵。

由矩阵乘法法则可知，$\boldsymbol{C}_3$ 与旋转的次序有关。但当 α、β、γ 都是小角度时，则与旋转的次序无关。

由矩阵运算法则，用上述相同的方法，也可以推导出由坐标系 $ox_{\mathrm{p}}y_{\mathrm{p}}z_{\mathrm{p}}$ 变换到坐标系 $oxyz$ 的坐标变换矩阵为

$$\boldsymbol{r}_0 = \boldsymbol{C}_x\boldsymbol{r}_2 = [\boldsymbol{C}_3]^{-1}\boldsymbol{r}$$

在直角坐标变换中，方向余弦矩阵符合正交性定理，方向余弦矩阵 $\boldsymbol{C}_x$ 的逆矩阵与 $\boldsymbol{C}_3$ 的转置矩阵相等，即

$$\boldsymbol{C}_x=[\boldsymbol{C}_3]^{-1}=[\boldsymbol{C}_3]^{\mathrm{T}}=\begin{bmatrix}1 & -\gamma & \beta\\ \gamma & 1 & -\alpha\\ -\beta & \alpha & 1\end{bmatrix}$$

用矩阵方法建立坐标系之间的方向余弦矩阵，可以方便地进行坐标系之间的变换。

2.3 时间系统与电子海图

2.3.1 时间系统

时间：物质存在和运动的基本形式之一。判别事件发生的先后顺序和运动的快慢程度。

时间间隔：客观物质运动两个不同状态之间所经历的时间。

时刻：客观物质在某种运动状态的瞬间与时间坐标轴原点之间的时间间隔。

目前人类认识时间的水平为 10^{-24}～10^{18}s。

时间是物质存在和运动的客观形式，建立时间单位必须以物质的运动为依据。选取的物质运动形式不同，就会有不同的时间系统。这种运动必须满足下列要求。

（1）必须是连续的周期性运动。

（2）运动的周期必须有足够的稳定性。

（3）这种周期性运动必须是可复现的。

目前有几种时间系统在使用，它们以不同的周期性运动为时间基准。为了保证时间具有一定的精确性，要求这种周期性运动必须是均匀且连续的。基于不同的周期性运动，主要有以下几种时间系统。

1）世界时时间系统

世界时时间系统以地球自转这种周期性运动为时间基准。地球自转与人类生活关系极其密切，且在一定范围内非常稳定，所以很自然地把地球自转作为时间基准。但是，由于观察地球自转的空间参考点不同，世界时时间系统又分为恒星时和平太阳时。

（1）恒星时。

由春分点（地球公转轨道面对赤道平面的升交点）作为观察地球自转的空间参考点，由它的周日视运动（真太阳视运动的全年平均值）确定的时间系统称为恒星时。恒星时在数值上等于春分点相对本地子午圈的时角。同一时间不同子午圈上的恒星时不同，所以恒星时具有地方性，有时也称为地方恒星时。春分点是观测不到的，只能通过观测恒星来间接地推算春分点的位置。

（2）平太阳时。

地球相对太阳自转一周的时间称为太阳时。不过地球围绕太阳公转的轨道面为椭圆，使得太阳时不是很均匀，这样得到的时间系统计时不会很准确。所以，将平太阳的周日视运动作为时间基准，地球相对平太阳自转一周的时间叫作平太阳时。在格林威治的平太阳时称为世界时（Universal Time，UT），我们日常生活中采用的计时单位就是平太阳时。

根据近代天文观测发现，地球自转并非均匀不变。地球自转的不均匀性包括长期减慢、各种周期性起伏及不规则变化，部分原因在于潮汐变形和其他质量转移导致的极惯性矩的变化，以及地球自转轴本身的摆动，因此恒星时与世界时不再是均匀的时间系统。

2）原子时时间系统

物质内部原子跃迁时，辐射和吸收的电磁波频率具有很高的稳定性，所以原子时时间系统便成为较理想的时间系统。位于海平面上的铯原子基态的两个超精细能级，在零磁场中辐射振荡 9192631770 周所持续的时间为 1 原子时秒。原子时时间系统不是天文意义上的时间系统，而是用物理方法建立的时间系统，通过原子钟来守时和授时。

3）协调世界时时间系统

自原子时时间系统诞生后，世界时时间系统作为时间基准的作用不断减弱，但其仍旧被用于地球的空间姿态描述，用于研究地球自转的变化规律。由于地球自转的速度不断减慢，世界时时间系统与原子时时间系统之间的差距不断增大，原子时时间系统将与昼夜变化不同步，人们日常生活的起居将受到影响。例如，若采用原子时时间系统作为日常时间系统，则太阳东升西落的时间会不断变化，太阳升起的时间会不断延后。为此，引入协调世界时时间系统的概念，记为 UTC，取原子时时间系统的秒长作为时间单位以度量时间间隔，但通过调整时刻，UTC 及 UT 的时刻差不要太大，即通过控制二者之差，二者时刻差的绝对值不超过 0.9s，若超过则实行跳秒。跳秒时间安排在每年民用时间的 1 月 1 日 0 时或 7 月 1 日 0 时，人为地在 00：00：00 之前加上 23：59：60（称为正跳秒）；否则在 23：59：58 之后紧接着是 00：00：00（负跳秒）。若发生正跳秒，则 UTC 将调慢 1s，否则调快 1s。至今发生的跳秒均为正跳秒。由此可见，UTC 已不再是一种天文意义上的时间系统，而是民用的时间系统，其时间调整方案不是天文意义上的要求，而是民用习惯上的要求。

2.3.2 电子海图

1. 电子海图

电子海图是一个很模糊的概念，一般把各种数字式海图及其应用系统称为电子海图。电子海图显示与信息系统（ECDIS）被认为是继雷达/ARPA 之后在船舶导航方面又一项伟大的技术革命。从最初纸质海图的简单电子复制品到过渡性的电子海图系统（ENS），ECDIS 已发展成为一种新型的船舶导航系统和辅助决策系统，它不仅能连续给出船位，还能提供和综合与航海有关的各种信息，有效防范各种险情。

电子海图按照制作方式可以分为如下两类。

（1）矢量电子海图（Vector Charts）：是将数字化的海图信息分类存储的数据库，使用者可以选择性地查询、显示和使用数据，并可以和其他船舶系统相结合，提供如警戒区、危险区的自动报警等功能。矢量电子海图也被称为智能电子海图。

（2）光栅电子海图（Raster Charts）：通过对纸质海图的光学扫描形成的数据信息文件，可以看作纸质海图的复制品，因此不能提供选择性查询和显示的功能。

目前，电子海图以矢量电子海图为主，光栅电子海图在没有矢量电子海图的海域作为补充使用。

2. 标准电子海图

随着电子海图的发展，相关国际组织通过制订标准，规范和统一电子海图的数据格式，随之产生了标准的光栅电子海图和矢量电子海图，即光栅扫描航海图和电子航海图。

1）*光栅扫描航海图*（Raster Navigational Charts，RNC）

符合国际水道组织（IHO）《光栅航海图产品规范》（S-61）的 RNC，是通过国家水道部或国家水道部授权出版的海图数字扫描而成，并结合显示系统提供连续自动定位功能的电子海图。

RNC 具有以下属性。

（1）由官方纸质海图复制而成。

（2）根据国际标准制作。

（3）内容的保证由发行数据的水道测量局负责。

（4）根据数字化分发的官方改正数据进行定期改正。

2）*电子航海图*（Electronic Navigational Charts，ENC）

ENC 是内容、结构、格式均标准化的数据库，由官方授权的权威水道测量局制作发行，供 ECDIS 使用，其不仅具有安全航行需要的所有信息，还具有被认为是航行安全所需的其他纸质海图没有的信息。

ENC 具有以下属性。

（1）内容基于主管水道测量局的原始数据或官方海图。

（2）只有主管水道测量局发行。

（3）根据国际标准进行编码和编制。

（4）基于 WGS84 坐标系。

（5）内容的保证由发行数据的水道测量局负责。

（6）根据数字化分发的官方改正数据进行定期改正。

通常所说的标准电子海图就是指 ENC。不符合标准的电子海图，以及由非官方机构按自己数据格式生产制作的电子海图属于非标准电子海图。相对 ENC，非标准电子海图存在以下缺点。

（1）不是官方水道测量局制作，数据不具备权威性。

（2）不直接从事水道测量，不能保持数据的实时更新。

（3）通用性较差。

2.4 卡尔曼滤波原理

2.4.1 随机系统状态空间模型

给定随机系统状态空间模型

$$\begin{cases} \boldsymbol{X}_k = \boldsymbol{\Phi}_{k/k-1}\boldsymbol{X}_{k-1} + \boldsymbol{\Gamma}_{k/k-1}\boldsymbol{W}_{k-1} \\ \boldsymbol{Z}_k = \boldsymbol{H}_k\boldsymbol{X}_k + \boldsymbol{V}_k \end{cases} \tag{2.23}$$

式中，$\boldsymbol{X}_k$ 是 n 维的状态矢量；$\boldsymbol{Z}_k$ 是 m 维的量测矢量；$\boldsymbol{\Phi}_{k/k-1}$、$\boldsymbol{\Gamma}_{k/k-1}$ 和 $\boldsymbol{H}_k$ 是已知的系统结构参数，分别称为 n 阶的状态一步转移矩阵、$n \times l$ 阶的系统噪声分配矩阵、$m \times n$ 阶的量测矩阵，为简洁可将 $\boldsymbol{\Gamma}_{k/k-1}$ 简记为 $\boldsymbol{\Gamma}_{k-1}$；$\boldsymbol{W}_{k-1}$ 是 l 维的系统噪声矢量，$\boldsymbol{V}_k$ 是 m 维的量测噪声矢量，二者都是零均值的高斯白噪声矢量序列（服从正态分布），且它们之间互不相关，即满足

$$\begin{cases} E\left[\boldsymbol{W}_k\right] = \boldsymbol{0},\ E\left[\boldsymbol{W}_k\boldsymbol{W}_j^{\mathrm{T}}\right] = \boldsymbol{Q}_k\delta_{kj} \\ E\left[\boldsymbol{V}_k\right] = \boldsymbol{0},\ \left[\boldsymbol{V}_k\boldsymbol{V}_j^{\mathrm{T}}\right] = \boldsymbol{R}_k\delta_{kj} \\ E\left[\boldsymbol{W}_k\boldsymbol{V}_j^{\mathrm{T}}\right] = \boldsymbol{0} \end{cases} \tag{2.24}$$

式（2.24）是卡尔曼滤波状态空间模型中对于噪声要求的基本假设，一般要求 $\boldsymbol{Q}_k$ 是非负定的且 $\boldsymbol{R}_k$ 是正定的，即 $\boldsymbol{Q}_k \geqslant 0$ 且 $\boldsymbol{R}_k > 0$。显然，若 $\boldsymbol{Q}_k$ 不可逆，则总可以重新构造合适的噪声 $\boldsymbol{W}'_{k-1}$ 及噪声分配矩阵 $\boldsymbol{\Gamma}'_{k-1}$，使 $\boldsymbol{\Gamma}'_{k-1}\boldsymbol{W}'_{k-1} = \boldsymbol{\Gamma}_{k-1}\boldsymbol{W}_{k-1}$ 和 $E\left[\boldsymbol{W}'_k(\boldsymbol{W}'_j)^{\mathrm{T}}\right] = \boldsymbol{Q}'_k\delta_{kj}$，并保证 $\boldsymbol{Q}'_k$ 是正定的。

2.4.2 滤波方程的推导

记 $k-1$ 时刻（前一时刻）的状态最优估计为 $\hat{\boldsymbol{X}}_{k-1}$，状态估计误差为 $\tilde{\boldsymbol{X}}_{k-1}$，状态估计的均方误差矩阵为 $\boldsymbol{P}_{k-1}$，即

$$\tilde{\boldsymbol{X}}_{k-1} = \boldsymbol{X}_{k-1} - \hat{\boldsymbol{X}}_{k-1} \tag{2.25}$$

$$\boldsymbol{P}_{k-1} = E\left[\tilde{\boldsymbol{X}}_{k-1}\tilde{\boldsymbol{X}}_{k-1}^{\mathrm{T}}\right] = E\left[(\boldsymbol{X}_{k-1} - \hat{\boldsymbol{X}}_{k-1})(\boldsymbol{X}_{k-1} - \hat{\boldsymbol{X}}_{k-1})^{\mathrm{T}}\right] \tag{2.26}$$

假设已知前一时刻的状态估计 $\hat{\boldsymbol{X}}_{k-1}$ 及其均方误差矩阵 $\boldsymbol{P}_{k-1}$。根据 $\hat{\boldsymbol{X}}_{k-1}$ 和系统的状态方程，可对 k 时刻（当前时刻）的状态 $\boldsymbol{X}_k$ 做最优估计（习惯上称为最优一步预测），结果为

$$\hat{\boldsymbol{X}}_{k/k-1} = E\left[\boldsymbol{\Phi}_{k/k-1}\hat{\boldsymbol{X}}_{k-1} + \boldsymbol{\Gamma}_{k-1}\boldsymbol{W}_{k-1}\right] = \boldsymbol{\Phi}_{k/k-1}\hat{\boldsymbol{X}}_{k-1} \tag{2.27}$$

可见，系统方程中的零均值白噪声 $\boldsymbol{W}_{k-1}$ 对预测不会有任何贡献。

记状态一步预测误差为

$$\tilde{\boldsymbol{X}}_{k/k-1} = \boldsymbol{X}_k - \hat{\boldsymbol{X}}_{k/k-1} \tag{2.28}$$

将式（2.23）中的状态方程及式（2.27）一起代入式（2.28）得

$$\begin{aligned}\tilde{\boldsymbol{X}}_{k/k-1}&=(\boldsymbol{\Phi}_{k/k-1}\boldsymbol{X}_{k-1}+\boldsymbol{\Gamma}_{k-1}\boldsymbol{W}_{k-1})-\boldsymbol{\Phi}_{k/k-1}\hat{\boldsymbol{X}}_{k-1}\\&=\boldsymbol{\Phi}_{k/k-1}(\boldsymbol{X}_{k-1}-\hat{\boldsymbol{X}}_{k-1})+\boldsymbol{\Gamma}_{k-1}\boldsymbol{W}_{k-1}=\boldsymbol{\Phi}_{k/k-1}\tilde{\boldsymbol{X}}_{k-1}+\boldsymbol{\Gamma}_{k-1}\boldsymbol{W}_{k-1}\end{aligned}\tag{2.29}$$

从状态方程时序上可以看出，前一时刻的噪声 $\boldsymbol{W}_{k-1}$ 只影响当前时刻及其之后的状态，即 $\boldsymbol{W}_{k-1}$ 与当前时刻之前的系统状态 $\boldsymbol{X}_i(i\leqslant k-1)$ 不相关；$\boldsymbol{W}_{k-1}$ 与 $\hat{\boldsymbol{X}}_{k-1}$ 不相关，或者说 $\hat{\boldsymbol{X}}_{k-1}$ 没有用到 $\boldsymbol{W}_{k-1}$ 的任何信息。因此，在式(2.29)中，$\tilde{\boldsymbol{X}}_{k-1}=\boldsymbol{X}_{k-1}-\hat{\boldsymbol{X}}_{k-1}$ 与 $\boldsymbol{W}_{k-1}$ 不相关，即 $E\left[\tilde{\boldsymbol{X}}_{k-1}\boldsymbol{W}_{k-1}^{\mathrm{T}}\right]=\mathbf{0}$ 和 $E\left[\boldsymbol{W}_{k-1}\tilde{\boldsymbol{X}}_{k-1}^{\mathrm{T}}\right]=\mathbf{0}$。由式（2.29）得状态一步预测均方误差矩阵为

$$\begin{aligned}\boldsymbol{P}_{k/k-1}&=E\left[\tilde{\boldsymbol{X}}_{k/k-1}\tilde{\boldsymbol{X}}_{k/k-1}^{\mathrm{T}}\right]\\&=E\left[(\boldsymbol{\Phi}_{k/k-1}\tilde{\boldsymbol{X}}_{k-1}+\boldsymbol{\Gamma}_{k-1}\boldsymbol{W}_{k-1})(\boldsymbol{\Phi}_{k/k-1}\tilde{\boldsymbol{X}}_{k-1}+\boldsymbol{\Gamma}_{k-1}\boldsymbol{W}_{k-1})^{\mathrm{T}}\right]\\&=\boldsymbol{\Phi}_{k/k-1}E[\tilde{\boldsymbol{X}}_{k-1}\tilde{\boldsymbol{X}}_{k-1}^{\mathrm{T}}]\boldsymbol{\Phi}_{k/k-1}^{\mathrm{T}}+\boldsymbol{\Gamma}_{k-1}E[\boldsymbol{W}_{k-1}\boldsymbol{W}_{k-1}^{\mathrm{T}}]\boldsymbol{\Gamma}_{k-1}^{\mathrm{T}}\\&=\boldsymbol{\Phi}_{k/k-1}\boldsymbol{P}_{k-1}\boldsymbol{\Phi}_{k/k-1}^{\mathrm{T}}+\boldsymbol{\Gamma}_{k-1}\boldsymbol{Q}_{k-1}\boldsymbol{\Gamma}_{k-1}^{\mathrm{T}}\end{aligned}\tag{2.30}$$

同理，通过状态一步预测 $\hat{\boldsymbol{X}}_{k/k-1}$ 和系统的量测方程可对当前时刻的量测做一步预测：

$$\hat{\boldsymbol{Z}}_{k/k-1}=E\left[\boldsymbol{H}_k\hat{\boldsymbol{X}}_{k/k-1}+\boldsymbol{V}_k\right]=\boldsymbol{H}_k\hat{\boldsymbol{X}}_{k/k-1}\tag{2.31}$$

但是，在当前时刻真实的量测 $\boldsymbol{Z}_k$ 到来时，它与量测一步预测 $\hat{\boldsymbol{Z}}_{k/k-1}$ 之间很可能存在差别，即量测一步预测误差，记为

$$\tilde{\boldsymbol{Z}}_{k/k-1}=\boldsymbol{Z}_k-\hat{\boldsymbol{Z}}_{k/k-1}\tag{2.32}$$

将式（2.23）中的量测方程及式（2.31）一起代入式（2.32）得

$$\begin{aligned}\tilde{\boldsymbol{Z}}_{k/k-1}&=(\boldsymbol{H}_k\boldsymbol{X}_k+\boldsymbol{V}_k)-\boldsymbol{H}_k\hat{\boldsymbol{X}}_{k/k-1}\\&=\boldsymbol{H}_k\tilde{\boldsymbol{X}}_{k/k-1}+\boldsymbol{V}_k\end{aligned}\tag{2.33}$$

同样，根据时序先后关系易知 $\boldsymbol{V}_k$ 与 $\tilde{\boldsymbol{X}}_{k/k-1}$ 不相关，即 $E\left[\tilde{\boldsymbol{X}}_{k/k-1}\boldsymbol{V}_k^{\mathrm{T}}\right]=\mathbf{0}$。记量测一步预测均方误差矩阵为 $\boldsymbol{P}_{\boldsymbol{ZZ},k/k-1}$、状态一步预测与量测一步预测之间的协均方误差矩阵为 $\boldsymbol{P}_{\boldsymbol{XZ},k/k-1}$，则

$$\begin{aligned}\boldsymbol{P}_{\boldsymbol{ZZ},k/k-1}&=E\left[\tilde{\boldsymbol{Z}}_{k/k-1}\tilde{\boldsymbol{Z}}_{k/k-1}^{\mathrm{T}}\right]\\&=E\left[(\boldsymbol{H}_k\tilde{\boldsymbol{X}}_{k/k-1}+\boldsymbol{V}_k)(\boldsymbol{H}_k\tilde{\boldsymbol{X}}_{k/k-1}+\boldsymbol{V}_k)^{\mathrm{T}}\right]\\&=\boldsymbol{H}_kE\left[\tilde{\boldsymbol{X}}_{k/k-1}\tilde{\boldsymbol{X}}_{k/k-1}^{\mathrm{T}}\right]\boldsymbol{H}_k^{\mathrm{T}}+E\left[\boldsymbol{V}_k\boldsymbol{V}_k^{\mathrm{T}}\right]\\&=\boldsymbol{H}_k\boldsymbol{P}_{k/k-1}\boldsymbol{H}_k^{\mathrm{T}}+\boldsymbol{R}_k\end{aligned}\tag{2.34}$$

$$\begin{aligned}\boldsymbol{P}_{\boldsymbol{XZ},k/k-1}&=E\left[\tilde{\boldsymbol{X}}_{k/k-1}\tilde{\boldsymbol{Z}}_{k/k-1}^{\mathrm{T}}\right]\\&=E\left[\tilde{\boldsymbol{X}}_{k/k-1}(\boldsymbol{H}_k\tilde{\boldsymbol{X}}_{k/k-1}+\boldsymbol{V}_k)^{\mathrm{T}}\right]\\&=\boldsymbol{P}_{k/k-1}\boldsymbol{H}_k^{\mathrm{T}}\end{aligned}\tag{2.35}$$

如果仅使用系统状态方程的状态一步预测 $\hat{\boldsymbol{X}}_{k/k-1}$ 去估计 $\boldsymbol{X}_k$，由于没有用到量测方程的任何信息，因此估计精度不高。此外，由式（2.33）可以发现，在使用系统量测方程计算的量测一步预测误差 $\tilde{\boldsymbol{Z}}_{k/k-1}$ 中也包含状态一步预测 $\hat{\boldsymbol{X}}_{k/k-1}$ 的信息。可见，上述两种渠道中都含有状态

信息，一种很自然的想法是综合考虑状态方程和量测方程的影响，先利用 $\tilde{\boldsymbol{Z}}_{k/k-1}$ 修正 $\hat{\boldsymbol{X}}_{k/k-1}$，再作为 $\boldsymbol{X}_k$ 的估计，有助于提高状态估计精度，因而可令 $\boldsymbol{X}_k$ 的最优估计为

$$\hat{\boldsymbol{X}}_k = \hat{\boldsymbol{X}}_{k/k-1} + \boldsymbol{K}_k \tilde{\boldsymbol{Z}}_{k/k-1} \tag{2.36}$$

式中，$\boldsymbol{K}_k$ 为待定的修正系数矩阵。式（2.36）的含义正体现了估计 $\hat{\boldsymbol{X}}_k$ 综合利用状态一步预测 $\hat{\boldsymbol{X}}_{k/k-1}$ 与量测一步预测误差 $\tilde{\boldsymbol{Z}}_{k/k-1}$ 的信息。

将式（2.32）代入式（2.36），整理并考虑到式（2.27）可得

$$\begin{aligned}\hat{\boldsymbol{X}}_k &= \hat{\boldsymbol{X}}_{k/k-1} + \boldsymbol{K}_k(\boldsymbol{Z}_k - \boldsymbol{H}_k\hat{\boldsymbol{X}}_{k/k-1}) \\ &= (\boldsymbol{I} - \boldsymbol{K}_k\boldsymbol{H}_k)\hat{\boldsymbol{X}}_{k/k-1} + \boldsymbol{K}_k\boldsymbol{Z}_k \\ &= (\boldsymbol{I} - \boldsymbol{K}_k\boldsymbol{H}_k)\boldsymbol{\Phi}_{k/k-1}\hat{\boldsymbol{X}}_{k-1} + \boldsymbol{K}_k\boldsymbol{Z}_k\end{aligned} \tag{2.37}$$

式（2.37）显示，当前状态估计 $\hat{\boldsymbol{X}}_k$ 是前一时刻状态估计 $\hat{\boldsymbol{X}}_{k-1}$ 和当前时刻量测 $\boldsymbol{Z}_{kk}$ 的线性组合（加权估计），且从该式的构造方式上看，它综合考虑了状态方程结构参数 $\boldsymbol{\Phi}_{k/k-1}$ 和量测方程结构参数 $\boldsymbol{H}_k$ 的影响。事实上，利用线性最小方差理论也可以证明，式（2.36）正是最优的状态估计表示形式——“预测+修正”形式。在卡尔曼滤波理论中，一般将量测一步预测误差 $\tilde{\boldsymbol{Z}}_{k/k-1}$ 称为新息（Innovation），表示量测一步预测误差中携带关于状态估计的新信息；将系数矩阵 $\boldsymbol{K}_k$ 称为滤波增益（Filter Gain）；将状态一步预测 $\hat{\boldsymbol{X}}_{k/k-1}$ 和估计 $\hat{\boldsymbol{X}}_k$ 分别称为状态 $\boldsymbol{X}_k$ 的先验估计和后验估计。因此，式（2.36）的直观含义就是，利用新息 $\tilde{\boldsymbol{Z}}_{k/k-1}$ 对先验估计 $\hat{\boldsymbol{X}}_{k/k-1}$ 进行修正以得到后验估计 $\hat{\boldsymbol{X}}_k$，后验估计应当比先验估计更加准确。

知道系统状态估计 $\hat{\boldsymbol{X}}_k$ 的表示形式之后，剩下的主要问题就是如何求取系数矩阵 $\boldsymbol{K}_k$，使得 $\hat{\boldsymbol{X}}_k$ 的估计误差最小。

记当前时刻的状态估计误差为

$$\tilde{\boldsymbol{X}}_k = \boldsymbol{X}_k - \hat{\boldsymbol{X}}_k \tag{2.38}$$

将式（2.37）第一行代入式（2.38），整理得

$$\begin{aligned}\tilde{\boldsymbol{X}}_k &= \boldsymbol{X}_k - \left[\hat{\boldsymbol{X}}_{k/k-1} + \boldsymbol{K}_k(\boldsymbol{Z}_k - \boldsymbol{H}_k\hat{\boldsymbol{X}}_{k/k-1})\right] \\ &= \tilde{\boldsymbol{X}}_{k/k-1} - \boldsymbol{K}_k(\boldsymbol{H}_k\boldsymbol{X}_k + \boldsymbol{V}_k - \boldsymbol{H}_k\hat{\boldsymbol{X}}_{k/k-1}) \\ &= (\boldsymbol{I} - \boldsymbol{K}_k\boldsymbol{H}_k)\tilde{\boldsymbol{X}}_{k/k-1} - \boldsymbol{K}_k\boldsymbol{V}_k\end{aligned} \tag{2.39}$$

因而当前时刻状态估计 $\tilde{\boldsymbol{X}}_k$ 的均方误差矩阵为

$$\begin{aligned}\boldsymbol{P}_k &= E\left[\tilde{\boldsymbol{X}}_k\tilde{\boldsymbol{X}}_k^{\mathrm{T}}\right] \\ &= E\left\{\left[(\boldsymbol{I} - \boldsymbol{K}_k\boldsymbol{H}_k)\tilde{\boldsymbol{X}}_{k/k-1} - \boldsymbol{K}_k\boldsymbol{V}_k\right]\left[(\boldsymbol{I} - \boldsymbol{K}_k\boldsymbol{H}_k)\tilde{\boldsymbol{X}}_{k/k-1} - \boldsymbol{K}_k\boldsymbol{V}_k\right]^{\mathrm{T}}\right\} \\ &= (\boldsymbol{I} - \boldsymbol{K}_k\boldsymbol{H}_k)E[\tilde{\boldsymbol{X}}_{k/k-1}\tilde{\boldsymbol{X}}_{k/k-1}^{\mathrm{T}}](\boldsymbol{I} - \boldsymbol{K}_k\boldsymbol{H}_k)^{\mathrm{T}} + \boldsymbol{K}_kE[\boldsymbol{V}_k\boldsymbol{V}_k^{\mathrm{T}}]\boldsymbol{K}_k^{\mathrm{T}} \\ &= (\boldsymbol{I} - \boldsymbol{K}_k\boldsymbol{H}_k)\boldsymbol{P}_{k/k-1}(\boldsymbol{I} - \boldsymbol{K}_k\boldsymbol{H}_k)^{\mathrm{T}} + \boldsymbol{K}_k\boldsymbol{R}_k\boldsymbol{K}_k^{\mathrm{T}}\end{aligned} \tag{2.40}$$

估计误差 $\tilde{\boldsymbol{X}}_k$ 是随机矢量，使其误差最小的含义规定为使各分量的均方误差之和最小，即

$$E\left[(\tilde{\boldsymbol{X}}_k^{(1)})^2\right]+E\left[(\tilde{\boldsymbol{X}}_k^{(2)})^2\right]+\cdots+E\left[(\tilde{\boldsymbol{X}}_k^{(n)})^2\right]=\min \tag{2.41}$$

等价于

$$E\left[\tilde{\boldsymbol{X}}_k^{\mathrm{T}}\tilde{\boldsymbol{X}}_k\right]=\min \tag{2.42}$$

式中，$\tilde{\boldsymbol{X}}_k^{(i)}\ (i=1,2,\cdots,n)$ 为 $\tilde{\boldsymbol{X}}_k$ 的第 i 分量。显然，式（2.42）与线性最小方差估计的准则式是完全相同的。

若将 $E[\tilde{\boldsymbol{X}}_k\tilde{\boldsymbol{X}}_k^{\mathrm{T}}]$ 展开，则

$$E[\tilde{\boldsymbol{X}}_k\tilde{\boldsymbol{X}}_k^{\mathrm{T}}]=\begin{bmatrix} E[(\tilde{\boldsymbol{X}}_k^{(1)})^2] & E[\tilde{\boldsymbol{X}}_k^{(1)}\tilde{\boldsymbol{X}}_k^{(2)}] & \cdots & E[\tilde{\boldsymbol{X}}_k^{(1)}\tilde{\boldsymbol{X}}_k^{(n)}] \\ E[\tilde{\boldsymbol{X}}_k^{(2)}\tilde{\boldsymbol{X}}_k^{(1)}] & E[(\tilde{\boldsymbol{X}}_k^{(2)})^2] & \cdots & E[\tilde{\boldsymbol{X}}_k^{(2)}\tilde{\boldsymbol{X}}_k^{(n)}] \\ \vdots & \vdots & & \vdots \\ E[\tilde{\boldsymbol{X}}_k^{(n)}\tilde{\boldsymbol{X}}_k^{(1)}] & E[\tilde{\boldsymbol{X}}_k^{(n)}\tilde{\boldsymbol{X}}_k^{(2)}] & \cdots & E[(\tilde{\boldsymbol{X}}_k^{(n)})^2] \end{bmatrix} \tag{2.43}$$

等价于

$$\operatorname{tr}(\boldsymbol{P}_k)=\operatorname{tr}\left(E\left[\tilde{\boldsymbol{X}}_k\tilde{\boldsymbol{X}}_k^{\mathrm{T}}\right]\right)=\min \tag{2.44}$$

式中，$\operatorname{tr}(\cdot)$ 表示方阵的求迹运算，其结果为标量函数。

考虑到均方误差矩阵 $\boldsymbol{P}_{k/k-1}$ 必定是对称矩阵，因而式（2.40）可展开为

$$\boldsymbol{P}_k=\boldsymbol{P}_{k/k-1}-\boldsymbol{K}_k\boldsymbol{H}_k\boldsymbol{P}_{k/k-1}-(\boldsymbol{K}_k\boldsymbol{H}_k\boldsymbol{P}_{k/k-1})^{\mathrm{T}}+\boldsymbol{K}_k(\boldsymbol{H}_k\boldsymbol{P}_{k/k-1}\boldsymbol{H}_k^{\mathrm{T}}+\boldsymbol{R}_k)\boldsymbol{K}_k^{\mathrm{T}} \tag{2.45}$$

对式（2.45）两边同时做求迹运算，得

$$\operatorname{tr}(\boldsymbol{P}_k)=\operatorname{tr}(\boldsymbol{P}_{k/k-1})-\operatorname{tr}(\boldsymbol{K}_k\boldsymbol{H}_k\boldsymbol{P}_{k/k-1})-\operatorname{tr}\left[(\boldsymbol{K}_k\boldsymbol{H}_k\boldsymbol{P}_{k/k-1})^{\mathrm{T}}\right]+\operatorname{tr}\left[\boldsymbol{K}_k(\boldsymbol{H}_k\boldsymbol{P}_{k/k-1}\boldsymbol{H}_k^{\mathrm{T}}+\boldsymbol{R}_k)\boldsymbol{K}_k^{\mathrm{T}}\right] \tag{2.46}$$

式（2.46）是关于系数矩阵 $\boldsymbol{K}_k$ 的二次函数，所以 $\operatorname{tr}(\boldsymbol{P}_k)$ 必定存在极值（按概率含义这里应当是极小值）。

为了便于利用求导方法求取式（2.46）的极值，引入方阵的迹对矩阵求导的两个等式，分别为

$$\frac{\mathrm{d}}{\mathrm{d}\boldsymbol{X}}[\operatorname{tr}(\boldsymbol{XB})]=\frac{\mathrm{d}}{\mathrm{d}\boldsymbol{X}}\left[\operatorname{tr}\left((\boldsymbol{XB})^{\mathrm{T}}\right)\right]=\boldsymbol{B}^{\mathrm{T}} \tag{2.47}$$

$$\frac{\mathrm{d}}{\mathrm{d}\boldsymbol{X}}\left[\operatorname{tr}(\boldsymbol{XAX}^{\mathrm{T}})\right]=2\boldsymbol{XA} \tag{2.48}$$

式中，$\boldsymbol{X}$ 表示 $n\times m$ 阶矩阵变量；$\boldsymbol{A}$、$\boldsymbol{B}$ 分别是 m 阶对称矩阵和 $m\times n$ 阶矩阵，均为常系数矩阵。实际上，只需采用矩阵分量表示法并直接展开即可验证式（2.47）成立。

根据式（2.47），将式（2.46）两边同时对 $\boldsymbol{K}_k$ 求导，可得

$$\begin{aligned}\frac{\mathrm{d}}{\mathrm{d}\boldsymbol{K}_k}[\operatorname{tr}(\boldsymbol{P}_k)]&=\boldsymbol{0}-(\boldsymbol{H}_k\boldsymbol{P}_{k/k-1})^{\mathrm{T}}-(\boldsymbol{H}_k\boldsymbol{P}_{k/k-1})^{\mathrm{T}}+2\boldsymbol{K}_k(\boldsymbol{H}_k\boldsymbol{P}_{k/k-1}\boldsymbol{H}_k^{\mathrm{T}}+\boldsymbol{R}_k)\\&=2\left[\boldsymbol{K}_k(\boldsymbol{H}_k\boldsymbol{P}_{k/k-1}\boldsymbol{H}_k^{\mathrm{T}}+\boldsymbol{R}_k)-\boldsymbol{P}_{k/k-1}\boldsymbol{H}_k^{\mathrm{T}}\right]\end{aligned} \tag{2.49}$$

根据函数极值原理，令式（2.49）右端等于零，可解得

$$\boldsymbol{P}_{k/k-1}\boldsymbol{H}_k^{\mathrm{T}}=\boldsymbol{K}_k(\boldsymbol{H}_k\boldsymbol{P}_{k/k-1}\boldsymbol{H}_k^{\mathrm{T}}+\boldsymbol{R}_k) \tag{2.50}$$

由于 $\boldsymbol{H}_k\boldsymbol{P}_{k/k-1}\boldsymbol{H}_k^{\mathrm{T}}$ 是非负定的且 $\boldsymbol{R}_k$ 是正定的，所以 $(\boldsymbol{H}_k\boldsymbol{P}_{k/k-1}\boldsymbol{H}_k^{\mathrm{T}}+\boldsymbol{R}_k)$ 必然是正定可逆的，从式（2.50）可进一步解得

$$\boldsymbol{K}_k=\boldsymbol{P}_{k/k-1}\boldsymbol{H}_k^{\mathrm{T}}(\boldsymbol{H}_k\boldsymbol{P}_{k/k-1}\boldsymbol{H}_k^{\mathrm{T}}+\boldsymbol{R}_k)^{-1} \tag{2.51}$$

这便是满足式（2.42）的系数矩阵 $\boldsymbol{K}_k$ 的取值，此时状态估计误差 $\tilde{\boldsymbol{X}}_k$ 达到最小，或者说 $\hat{\boldsymbol{X}}_k$ 是 $\boldsymbol{X}_k$ 在均方误差指标下的最优估计。

将式（2.50）代入式（2.45），不难求得 $\boldsymbol{P}_k=(\boldsymbol{I}-\boldsymbol{K}_k\boldsymbol{H}_k)\boldsymbol{P}_{k/k-1}$。至此，获得卡尔曼滤波全套算法，可划分为 5 个基本公式。

（1）状态一步预测：

$$\hat{\boldsymbol{X}}_{k/k-1}=\boldsymbol{\Phi}_{k/k-1}\hat{\boldsymbol{X}}_{k-1} \tag{2.52}$$

（2）状态一步预测均方误差矩阵：

$$\boldsymbol{P}_{k/k-1}=\boldsymbol{\Phi}_{k/k-1}\boldsymbol{P}_{k-1}\boldsymbol{\Phi}_{k/k-1}^{\mathrm{T}}+\boldsymbol{\Gamma}_{k-1}\boldsymbol{Q}_{k-1}\boldsymbol{\Gamma}_{k-1}^{\mathrm{T}} \tag{2.53}$$

（3）滤波增益：

$$\boldsymbol{K}_k=\boldsymbol{P}_{k/k-1}\boldsymbol{H}_k^{\mathrm{T}}(\boldsymbol{H}_k\boldsymbol{P}_{k/k-1}\boldsymbol{H}_k^{\mathrm{T}}+\boldsymbol{R}_k)^{-1} \quad \text{或}\ \boldsymbol{K}_k=\boldsymbol{P}_{\boldsymbol{XZ},k/k-1}\boldsymbol{P}_{\boldsymbol{ZZ},k/k-1}^{-1} \tag{2.54}$$

（4）状态估计：

$$\hat{\boldsymbol{X}}_k=\hat{\boldsymbol{X}}_{k/k-1}+\boldsymbol{K}_k(\boldsymbol{Z}_k-\boldsymbol{H}_k\hat{\boldsymbol{X}}_{k/k-1}) \tag{2.55}$$

（5）状态估计均方误差矩阵：

$$\boldsymbol{P}_k=(\boldsymbol{I}-\boldsymbol{K}_k\boldsymbol{H}_k)\boldsymbol{P}_{k/k-1} \tag{2.56}$$

注意，在滤波增益计算公式（2.54）中涉及矩阵求逆问题，由于 $(\boldsymbol{H}_k\boldsymbol{P}_{k/k-1}\boldsymbol{H}_k^{\mathrm{T}}+\boldsymbol{R}_k)$ 是对称正定的，对其求逆可采用所谓的变量循环重新编号法或三角分解法，有利于减少计算量或提高数值稳定性，具体可参见计算方法的相关文献，此处不再详述。

不难证明，以下 2 种滤波增益计算公式等价：

$$\boldsymbol{K}_k=\boldsymbol{P}_{k/k-1}\boldsymbol{H}_k^{\mathrm{T}}(\boldsymbol{H}_k\boldsymbol{P}_{k/k-1}\boldsymbol{H}_k^{\mathrm{T}}+\boldsymbol{R}_k)^{-1} \tag{2.57}$$

$$\boldsymbol{K}_k=\boldsymbol{P}_k\boldsymbol{H}_k^{\mathrm{T}}\boldsymbol{R}_k^{-1} \tag{2.58}$$

还有下列 4 种均方误差矩阵的计算公式也相互等价：

$$\boldsymbol{P}_k=(\boldsymbol{I}-\boldsymbol{K}_k\boldsymbol{H}_k)\boldsymbol{P}_{k/k-1} \tag{2.59}$$

$$\boldsymbol{P}_k=\boldsymbol{P}_{k/k-1}-\boldsymbol{K}_k(\boldsymbol{H}_k\boldsymbol{P}_{k/k-1}\boldsymbol{H}_k^{\mathrm{T}}+\boldsymbol{R}_k)\boldsymbol{K}_k^{\mathrm{T}} \tag{2.60}$$

$$\boldsymbol{P}_k=(\boldsymbol{I}-\boldsymbol{K}_k\boldsymbol{H}_k)\boldsymbol{P}_{k/k-1}(\boldsymbol{I}-\boldsymbol{K}_k\boldsymbol{H}_k)^{\mathrm{T}}+\boldsymbol{K}_k\boldsymbol{R}_k\boldsymbol{K}_k^{\mathrm{T}} \tag{2.61}$$

$$\boldsymbol{P}_k^{-1}=\boldsymbol{P}_{k/k-1}^{-1}+\boldsymbol{H}_k^{\mathrm{T}}\boldsymbol{R}_k^{-1}\boldsymbol{H}_k \tag{2.62}$$

式（2.61）常称为 Joseph 算法，它的对称性和数值稳定性相对式（2.59）和式（2.60）稍好些，但并没有明显的数值计算优势。式（2.62）存在多个求逆运算，在标准卡尔曼滤波算法中一般不推荐采用。可以证明

$$\boldsymbol{P}_k^{-1}\hat{\boldsymbol{X}}_k=\boldsymbol{P}_{k/k-1}^{-1}\hat{\boldsymbol{X}}_{k/k-1}+\boldsymbol{H}_k^{\mathrm{T}}\boldsymbol{R}_k^{-1}\boldsymbol{Z}_k \tag{2.63}$$

实际上，根据线性最小方差估计结果也可以直接给出卡尔曼滤波中的 3 个主要公式。现将

线性最小方差估计公式重写为

$$\begin{cases}\hat{\boldsymbol{X}}_{\text{LMV}}=\boldsymbol{m}_{\text{X}}+\boldsymbol{C}_{\text{X}}\boldsymbol{H}^{\text{T}}(\boldsymbol{H}\boldsymbol{C}_{\text{X}}\boldsymbol{H}^{\text{T}}+\boldsymbol{C}_{\text{V}})^{-1}(\boldsymbol{Z}-\boldsymbol{H}\boldsymbol{m}_{\text{X}})\\ E\left[\tilde{\boldsymbol{X}}_{\text{LMV}}\tilde{\boldsymbol{X}}_{\text{LMV}}^{\text{T}}\right]=\boldsymbol{C}_{\text{X}}-\boldsymbol{C}_{\text{X}}\boldsymbol{H}^{\text{T}}(\boldsymbol{H}\boldsymbol{C}_{\text{X}}\boldsymbol{H}^{\text{T}}+\boldsymbol{C}_{\text{V}})^{-1}\boldsymbol{H}\boldsymbol{C}_{\text{X}}\end{cases} \tag{2.64}$$

经过卡尔曼滤波状态预测之后，对于量测模型 $\boldsymbol{Z}_k=\boldsymbol{H}_k\boldsymbol{X}_k+\boldsymbol{V}_k$，已知正态分布 $\boldsymbol{X}_k\sim N(\hat{\boldsymbol{X}}_{k/k-1},\boldsymbol{P}_{k/k-1})$ 和 $\boldsymbol{V}_k\sim N(\boldsymbol{0},\boldsymbol{R}_k)$，在式（2.64）中只需简单进行符号替换 $\hat{\boldsymbol{X}}_{\text{LMV}}\to\hat{\boldsymbol{X}}_k$，$E\left[\tilde{\boldsymbol{X}}_{\text{LMV}}\tilde{\boldsymbol{X}}_{\text{LMV}}^{\text{T}}\right]\to\boldsymbol{P}_k$，$\boldsymbol{m}_{\text{X}}\to\hat{\boldsymbol{X}}_{k/k-1}$，$\boldsymbol{C}_{\text{X}}\to\boldsymbol{P}_{k/k-1}$，$\boldsymbol{H}\to\boldsymbol{H}_k$，$\boldsymbol{C}_{\text{V}}\to\boldsymbol{R}_k$，$\boldsymbol{Z}\to\boldsymbol{Z}_k$，可立即得

$$\begin{aligned}\hat{\boldsymbol{X}}_k&=\hat{\boldsymbol{X}}_{k/k-1}+\boldsymbol{P}_{k/k-1}\boldsymbol{H}_k^{\text{T}}(\boldsymbol{H}_k\boldsymbol{P}_{k/k-1}\boldsymbol{H}_k^{\text{T}}+\boldsymbol{R}_k)^{-1}(\boldsymbol{Z}_k-\boldsymbol{H}_k\hat{\boldsymbol{X}}_{k/k-1})\\&=\hat{\boldsymbol{X}}_{k/k-1}+\boldsymbol{K}_k(\boldsymbol{Z}_k-\boldsymbol{H}_k\hat{\boldsymbol{X}}_{k/k-1})\end{aligned} \tag{2.65}$$

$$\begin{aligned}\boldsymbol{P}_k&=\boldsymbol{P}_{k/k-1}-\boldsymbol{P}_{k/k-1}\boldsymbol{H}_k^{\text{T}}(\boldsymbol{H}_k\boldsymbol{P}_{k/k-1}\boldsymbol{H}_k^{\text{T}}+\boldsymbol{R}_k)^{-1}\boldsymbol{H}_k\boldsymbol{P}_{k/k-1}\\&=(\boldsymbol{I}-\boldsymbol{K}_k\boldsymbol{H}_k)\boldsymbol{P}_{k/k-1}\end{aligned} \tag{2.66}$$

$$\boldsymbol{K}_k=\boldsymbol{P}_{k/k-1}\boldsymbol{H}_k^{\text{T}}(\boldsymbol{H}_k\boldsymbol{P}_{k/k-1}\boldsymbol{H}_k^{\text{T}}+\boldsymbol{R}_k)^{-1} \tag{2.67}$$

这正是式（2.55）、式（2.59）和式（2.57）。

2.4.3　卡尔曼滤波的几何解释

卡尔曼滤波公式可以用几何方式进行形象化描述，这有助于增强对卡尔曼滤波含义的直观理解。

在式（2.55）中，若将当前估计 $\hat{\boldsymbol{X}}_k$ 逐步回溯递推展开，可得

$$\begin{aligned}\hat{\boldsymbol{X}}_k&=\hat{\boldsymbol{X}}_{k/k-1}+\boldsymbol{K}_k(\boldsymbol{Z}_k-\boldsymbol{H}_k\hat{\boldsymbol{X}}_{k/k-1})\\&=(\boldsymbol{I}-\boldsymbol{K}_k\boldsymbol{H}_k)\boldsymbol{\Phi}_{k/k-1}\hat{\boldsymbol{X}}_{k-1}+\boldsymbol{K}_k\boldsymbol{Z}_k=\boldsymbol{G}_k\hat{\boldsymbol{X}}_{k-1}+\boldsymbol{K}_k\boldsymbol{Z}_k\\&=\boldsymbol{G}_k(\boldsymbol{G}_{k-1}\hat{\boldsymbol{X}}_{k-2}+\boldsymbol{K}_{k-1}\boldsymbol{Z}_{k-1})+\boldsymbol{K}_k\boldsymbol{Z}_k\\&=\boldsymbol{G}_k\boldsymbol{G}_{k-1}\hat{\boldsymbol{X}}_{k-2}+\boldsymbol{G}_k\boldsymbol{K}_{k-1}\boldsymbol{Z}_{k-1}+\boldsymbol{K}_k\boldsymbol{Z}_k\\&=\boldsymbol{G}_k\boldsymbol{G}_{k-1}\boldsymbol{G}_{k-2}\hat{\boldsymbol{X}}_{k-3}+\boldsymbol{G}_k\boldsymbol{G}_{k-1}\boldsymbol{K}_{k-2}\boldsymbol{Z}_{k-2}+\boldsymbol{G}_k\boldsymbol{K}_{k-1}\boldsymbol{Z}_{k-1}+\boldsymbol{K}_k\boldsymbol{Z}_k\\&=\cdots\\&=\left(\prod_{i=1}^{k}\boldsymbol{G}_i\right)\hat{\boldsymbol{X}}_0+\sum_{i=1}^{k}\left(\prod_{j=i+1}^{k}\boldsymbol{G}_j\right)\boldsymbol{K}_i\boldsymbol{Z}_i\end{aligned} \tag{2.68}$$

式中，$\boldsymbol{G}_k=(\boldsymbol{I}-\boldsymbol{K}_k\boldsymbol{H}_k)\boldsymbol{\Phi}_{k/k-1}$。若令初始状态 $\hat{\boldsymbol{X}}_0=\boldsymbol{0}$，则式（2.68）表明当前估计 $\hat{\boldsymbol{X}}_k$ 是以往所有量测序列 $\{\boldsymbol{Z}_1,\boldsymbol{Z}_2,\cdots,\boldsymbol{Z}_k\}$ 的线性组合估计。

卡尔曼滤波的几何解释如图 2.11 所示，已知前一时刻的状态估计 $\hat{\boldsymbol{X}}_{k-1}$ 和当前时刻量测 $\boldsymbol{Z}_k$，若二者不共线，则可以共同确定一个平面，记为 $o\eta\xi$，在此平面基础上建立 $o\eta\xi\gamma$ 空间直角坐标系。$\hat{\boldsymbol{X}}_{k-1}$ 和 $\boldsymbol{Z}_k$ 经伸缩（线性变换）之后分别变成 $\boldsymbol{G}_k\hat{\boldsymbol{X}}_{k-1}$ 和 $\boldsymbol{K}_k\boldsymbol{Z}_k$，合成当前时刻的状态估计 $\hat{\boldsymbol{X}}_k$，所以 $\hat{\boldsymbol{X}}_k$ 是 $\hat{\boldsymbol{X}}_{k-1}$ 和 $\boldsymbol{Z}_k$ 的线性组合，$\hat{\boldsymbol{X}}_k$ 也必定在 $o\eta\xi$ 平面内。但是，当前时刻的状态 $\boldsymbol{X}_k$ 不一定恰好在 $o\eta\xi$ 平面内，只有当估计 $\hat{\boldsymbol{X}}_k$ 等于状态 $\boldsymbol{X}_k$ 在 $o\eta\xi$ 平面上的正交投影时，估计误

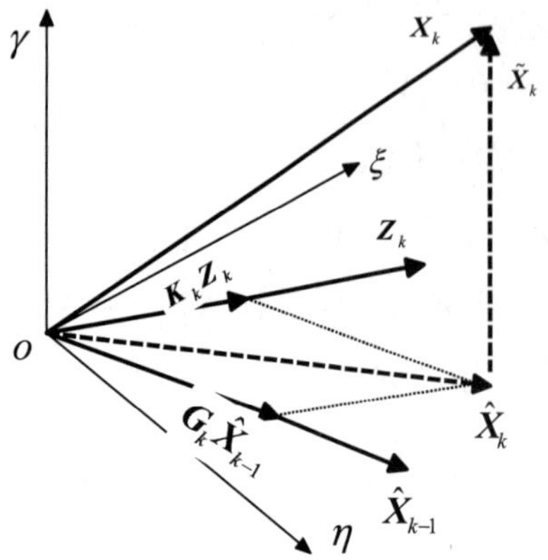

图 2.11　卡尔曼滤波的几何解释

差 $\tilde{\boldsymbol{X}}_k=\boldsymbol{X}_k-\hat{\boldsymbol{X}}_k$ 才会最短。实现这一过程的关键在于确定系数矩阵 $\boldsymbol{K}_k$。根据以上描述容易看出，估计误差 $\tilde{\boldsymbol{X}}_k$ 必定同时垂直（不相关）于 $\hat{\boldsymbol{X}}_{k-1}$ 和 $\boldsymbol{Z}_k$，使用统计公式表示如下：

$$E\left[\tilde{\boldsymbol{X}}_k\hat{\boldsymbol{X}}_{k-1}^{\mathrm{T}}\right]=\boldsymbol{0} \tag{2.69}$$

$$E\left[\tilde{\boldsymbol{X}}_k\boldsymbol{Z}_k^{\mathrm{T}}\right]=\boldsymbol{0} \tag{2.70}$$

实际上，上述几何方式描述的正是卡尔曼滤波（线性最小方差无偏估计）的正交投影性质，即状态 $\boldsymbol{X}_k$ 的最优估计 $\hat{\boldsymbol{X}}_k$ 是 $\boldsymbol{X}_k$ 在由 $\hat{\boldsymbol{X}}_{k-1}$ 和 $\boldsymbol{Z}_k$ 构成的线性空间上的正交投影。根据式（2.68）可知，$\hat{\boldsymbol{X}}_k$ 也是 $\boldsymbol{X}_k$ 在由当前时刻之前所有量测构成的量测序列 $\{\boldsymbol{Z}_1,\boldsymbol{Z}_2,\cdots,\boldsymbol{Z}_k\}$ 上的正交投影，即

$$E\left[\tilde{\boldsymbol{X}}_k\boldsymbol{Z}_j^{\mathrm{T}}\right]=\boldsymbol{0}\qquad(j\leqslant k) \tag{2.71}$$

式（2.71）表明，估计误差 $\tilde{\boldsymbol{X}}_k$ 中已不含量测 $\boldsymbol{Z}_j$ 的任何信息，或者说卡尔曼滤波估计 $\hat{\boldsymbol{X}}_k$ 实现了对量测 $\boldsymbol{Z}_j$ 所有有用信息的提取。

由正交投影还可以得出一个重要的性质，即新息序列 $\left\{\tilde{\boldsymbol{Z}}_{1/0},\tilde{\boldsymbol{Z}}_{2/1},\cdots,\tilde{\boldsymbol{Z}}_{k/k-1},\cdots\right\}$ 为白噪声序列，证明如下。

重写新息表达式并整理，可得

$$\begin{aligned}\tilde{\boldsymbol{Z}}_{k/k-1}&=\boldsymbol{Z}_k-\boldsymbol{H}_k\hat{\boldsymbol{X}}_{k/k-1}=\boldsymbol{Z}_k-\boldsymbol{H}_k\boldsymbol{\Phi}_{k/k-1}\hat{\boldsymbol{X}}_{k-1}\\&=\boldsymbol{H}_k(\boldsymbol{\Phi}_{k/k-1}\boldsymbol{X}_{k-1}+\boldsymbol{\Gamma}_{k-1}\boldsymbol{W}_{k-1})+\boldsymbol{V}_k-\boldsymbol{H}_k\boldsymbol{\Phi}_{k/k-1}\hat{\boldsymbol{X}}_{k-1}\\&=\boldsymbol{H}_k\boldsymbol{\Phi}_{k/k-1}(\boldsymbol{X}_{k-1}-\hat{\boldsymbol{X}}_{k-1})+\boldsymbol{H}_k\boldsymbol{\Gamma}_{k-1}\boldsymbol{W}_{k-1}+\boldsymbol{V}_k\\&=\boldsymbol{H}_k\boldsymbol{\Phi}_{k/k-1}\tilde{\boldsymbol{X}}_{k-1}+\boldsymbol{H}_k\boldsymbol{\Gamma}_{k-1}\boldsymbol{W}_{k-1}+\boldsymbol{V}_k\end{aligned} \tag{2.72}$$

当 $j\neq k$ 时，不妨假设 $k>j$，有

$$E\left[\tilde{\boldsymbol{Z}}_{k/k-1}\tilde{\boldsymbol{Z}}_{j/j-1}^{\mathrm{T}}\right]=E\left[(\boldsymbol{H}_k\boldsymbol{\Phi}_{k/k-1}\tilde{\boldsymbol{X}}_{k-1}+\boldsymbol{H}_k\boldsymbol{\Gamma}_{k-1}\boldsymbol{W}_{k-1}+\boldsymbol{V}_k)(\boldsymbol{Z}_j-\boldsymbol{H}_j\boldsymbol{\Phi}_{j/j-1}\hat{\boldsymbol{X}}_{j-1})^{\mathrm{T}}\right] \tag{2.73}$$

在 $k>j$ 的情况下，由正交投影性质可知 $\tilde{\boldsymbol{X}}_{k-1}$ 与 $\boldsymbol{Z}_j$、$\hat{\boldsymbol{X}}_{j-1}$ 均不相关；从时序上看，$\boldsymbol{W}_{k-1}$、$\boldsymbol{V}_k$ 与 $\boldsymbol{Z}_j$、$\hat{\boldsymbol{X}}_{j-1}$ 也均不相关，从而有

$$E\left[\tilde{\boldsymbol{Z}}_{k/k-1}\tilde{\boldsymbol{Z}}_{j/j-1}^{\mathrm{T}}\right]=\boldsymbol{0} \tag{2.74}$$

当 $j=k$ 时，从时序上看，$\tilde{\boldsymbol{X}}_{k-1}$、$\boldsymbol{W}_{k-1}$ 和 $\boldsymbol{V}_k$ 三者互不相关，从而有

$$E\left[\tilde{\boldsymbol{Z}}_{k/k-1}\tilde{\boldsymbol{Z}}_{k/k-1}^{\mathrm{T}}\right]=\boldsymbol{H}_k\boldsymbol{\Phi}_{k/k-1}\boldsymbol{P}_{k-1}\boldsymbol{\Phi}_{k/k-1}^{\mathrm{T}}\boldsymbol{H}_k^{\mathrm{T}}+\boldsymbol{H}_k\boldsymbol{\Gamma}_{k-1}\boldsymbol{Q}_{k-1}\boldsymbol{\Gamma}_{k-1}^{\mathrm{T}}\boldsymbol{H}_k^{\mathrm{T}}+\boldsymbol{R}_k=\boldsymbol{H}_k\boldsymbol{P}_{k/k-1}\boldsymbol{H}_k^{\mathrm{T}}+\boldsymbol{R}_k$$

综上，有

$$E\left[\tilde{\boldsymbol{Z}}_{k/k-1}\tilde{\boldsymbol{Z}}_{j/j-1}^{\mathrm{T}}\right]=(\boldsymbol{H}_k\boldsymbol{P}_{k/k-1}\boldsymbol{H}_k^{\mathrm{T}}+\boldsymbol{R}_k)\delta_{kj} \tag{2.75}$$

得证。

2.4.4　滤波流程框图与滤波初值的选择

卡尔曼滤波过程可用流程框图表示，如图 2.12～图 2.14 所示。

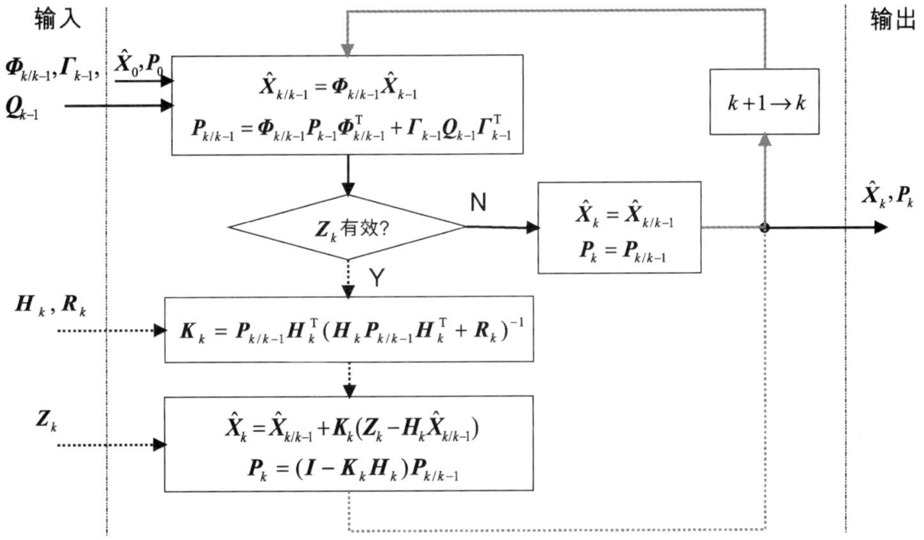

图 2.12　卡尔曼滤波流程框图

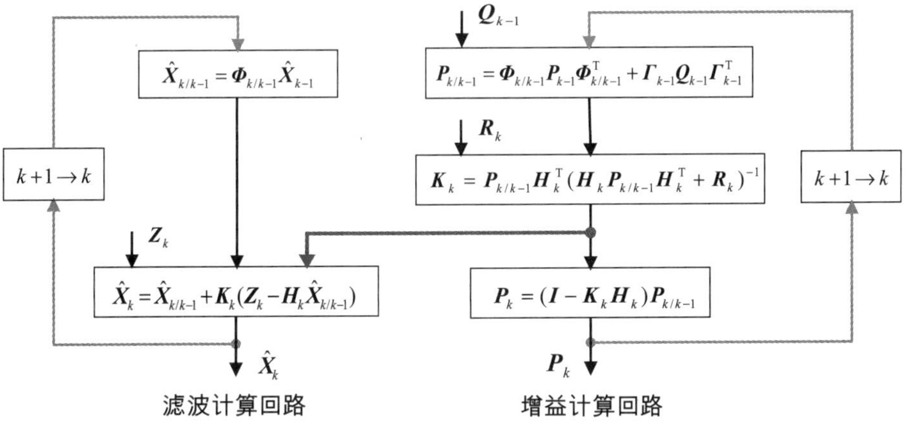

图 2.13　卡尔曼滤波流程框图（滤波计算回路与增益计算回路）

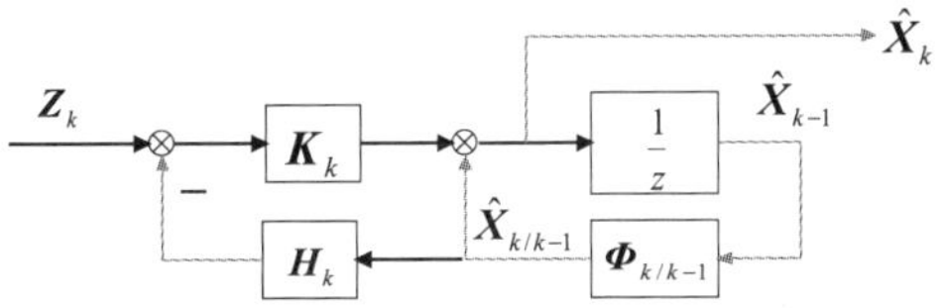

图 2.14　卡尔曼滤波流程框图（滤波计算回路）

在图 2.12 中，实线信号流部分称为时间更新，在系统中的每步更新都需要同时执行状态及其均方误差矩阵预测，即 $\hat{\boldsymbol{X}}_{k/k-1} = \boldsymbol{\Phi}_{k/k-1}\hat{\boldsymbol{X}}_{k-1}$ 和 $\boldsymbol{P}_{k/k-1} = \boldsymbol{\Phi}_{k/k-1}\boldsymbol{P}_{k-1}\boldsymbol{\Phi}_{k/k-1}^{\mathrm{T}} + \boldsymbol{\Gamma}_{k-1}\boldsymbol{Q}_{k-1}\boldsymbol{\Gamma}_{k-1}^{\mathrm{T}}$，为了提高

系统的带宽和计算精度，一般要求较高的滤波时间更新频率，在高动态系统中尤为重要。时间更新之后，若没有量测信息，则量测预测将作为状态的最优估计输出，即 $\hat{\boldsymbol{X}}_k=\hat{\boldsymbol{X}}_{k/k-1}$ 和 $\boldsymbol{P}_k=\boldsymbol{P}_{k/k-1}$，这相当于有量测时的 $\boldsymbol{R}_k=\infty$ 及 $\boldsymbol{K}_k=\boldsymbol{0}$。时间更新之后，若有量测信息，则执行量测更新，即计算增益 $\boldsymbol{K}_k=\boldsymbol{P}_{k/k-1}\boldsymbol{H}_k^{\mathrm{T}}(\boldsymbol{H}_k\boldsymbol{P}_{k/k-1}\boldsymbol{H}_k^{\mathrm{T}}+\boldsymbol{R}_k)^{-1}$，以及状态估计 $\hat{\boldsymbol{X}}_k=\hat{\boldsymbol{X}}_{k/k-1}+\boldsymbol{K}_k(\boldsymbol{Z}_k-\boldsymbol{H}_k\hat{\boldsymbol{X}}_{k/k-1})$ 和 $\boldsymbol{P}_k=(\boldsymbol{I}-\boldsymbol{K}_k\boldsymbol{H}_k)\boldsymbol{P}_{k/k-1}$，如图 2.12 中虚线信号流所示，获得状态最优估计，量测更新频率取决于量测传感器的量测频率。理论上，量测频率一般越高越好，但实际中往往低于时间更新的频率。

在图 2.13 中，卡尔曼滤波被明显地划分为两个回路，一个是与状态 $\hat{\boldsymbol{X}}_k$ 计算有关的回路，称为滤波计算回路；另一个是与均方误差矩阵 $\boldsymbol{P}_k$ 计算有关的回路，称为增益计算回路。两个回路之间的唯一联系是矩阵 $\boldsymbol{K}_k$，且联系是单向的，即滤波计算回路受增益计算回路的影响，而滤波计算回路不对增益计算回路产生任何影响。图 2.14 单独给出了滤波计算回路的流程框图，更清楚地显示了滤波信号的输入、输出关系。

量测 $\boldsymbol{Z}_k$ 是卡尔曼滤波的最主要输入，但对于时变系统，系统结构参数 $\boldsymbol{\Phi}_{k/k-1}$、$\boldsymbol{\Gamma}_{k-1}$、$\boldsymbol{H}_k$ 及噪声 $\boldsymbol{Q}_{k-1}$、$\boldsymbol{R}_k$ 中的全部或部分是时变的，也可视为滤波算法的输入，需要实时更新。除了状态估计 $\hat{\boldsymbol{X}}_k$，状态估计均方误差矩阵 $\boldsymbol{P}_k$ 也是卡尔曼滤波输出的重要组成部分，$\boldsymbol{P}_k$ 对评价状态估计的质量发挥着非常重要的作用。

此外，欲启动卡尔曼滤波器，必须预设初始值 $\hat{\boldsymbol{X}}_0$ 和 $\boldsymbol{P}_0$。理论上，若取卡尔曼滤波器的状态初值为

$$\hat{\boldsymbol{X}}_0=E[\boldsymbol{X}_0] \tag{2.76}$$

则滤波结果 $\hat{\boldsymbol{X}}_i(i\geqslant 1)$ 都是无偏的，即 $\hat{\boldsymbol{X}}_i=E[\boldsymbol{X}_i]$，简要说明如下。

将状态空间模型式（2.23）代入状态估计式（2.37），展开得

$$\begin{aligned}\hat{\boldsymbol{X}}_k&=(\boldsymbol{I}-\boldsymbol{K}_k\boldsymbol{H}_k)\hat{\boldsymbol{X}}_{k/k-1}+\boldsymbol{K}_k\boldsymbol{Z}_k\\&=(\boldsymbol{I}-\boldsymbol{K}_k\boldsymbol{H}_k)\boldsymbol{\Phi}_{k/k-1}\hat{\boldsymbol{X}}_{k-1}+\boldsymbol{K}_k\left[\boldsymbol{H}_k(\boldsymbol{\Phi}_{k/k-1}\boldsymbol{X}_{k-1}+\boldsymbol{\Gamma}_{k-1}\boldsymbol{W}_{k-1})+\boldsymbol{V}_k\right]\\&=\boldsymbol{\Phi}_{k/k-1}\hat{\boldsymbol{X}}_{k-1}+\boldsymbol{K}_k\boldsymbol{H}_k\boldsymbol{\Phi}_{k/k-1}(\boldsymbol{X}_{k-1}-\hat{\boldsymbol{X}}_{k-1})+\boldsymbol{K}_k(\boldsymbol{H}_k\boldsymbol{\Gamma}_{k-1}\boldsymbol{W}_{k-1}+\boldsymbol{V}_k)\end{aligned} \tag{2.77}$$

对式（2.77）两边同时求均值，得

$$E\left[\hat{\boldsymbol{X}}_k\right]=\boldsymbol{\Phi}_{k/k-1}E\left[\hat{\boldsymbol{X}}_{k-1}\right]+\boldsymbol{K}_k\boldsymbol{H}_k\boldsymbol{\Phi}_{k/k-1}\left(E[\boldsymbol{X}_{k-1}]-E\left[\hat{\boldsymbol{X}}_{k-1}\right]\right) \tag{2.78}$$

若直接对状态方程两边同时求均值，可得

$$E[\boldsymbol{X}_k]=\boldsymbol{\Phi}_{k/k-1}E[\boldsymbol{X}_{k-1}] \tag{2.79}$$

比较式（2.78）和式（2.79）可知，只要 $E\left[\hat{\boldsymbol{X}}_{k-1}\right]=E[\boldsymbol{X}_{k-1}]$，就有 $E\left[\hat{\boldsymbol{X}}_k\right]=E[\boldsymbol{X}_k]$，利用数学归纳法不难推知，只要 $\hat{\boldsymbol{X}}_0$ 是无偏的，$\hat{\boldsymbol{X}}_i(i\geqslant 1)$ 就是无偏的。在实际应用中，某次滤波过程只会是随机过程总体的一个实现样本，而且滤波状态初始值的真值往往是未知的，所以一般将滤波状态初始值设置为真值附近的某值，有时甚至直接设置为零矢量。因而，理论上，卡尔曼滤波的估计结果总是有偏的，但只要滤波系统是渐进稳定的，随着滤波步数的增加，初始值的影响将逐渐消失。

至于初始均方误差矩阵的设置，若取

$$P_0 = \mathrm{Var}\left[X_0\right] \tag{2.80}$$

则理论上 $P_i(i \geqslant 1)$ 将准确描述状态估计 $\hat{X}_i$ 的均方误差。实际上，与 $E\left[X_0\right]$ 一样，$\mathrm{Var}\left[X_0\right]$ 也不可能准确已知，一般将初始均方误差矩阵 P_0 设置为对角矩阵，各对角线元素的平方根粗略地反映了相应状态分量初始值的不确定度。

在实践中，对于可观测性较强的状态分量，对应的状态初始值和均方误差矩阵设置偏差容许适当大些，它们随着滤波更新快速收敛，若均方误差矩阵设置太小，则收敛速度变慢。而对于可观测性较弱的状态分量，对应的状态初始值和均方误差矩阵设置应该尽量准确，若均方误差矩阵设置过大，则容易引起状态估计的剧烈波动；反之，如果均方误差矩阵设置过小，同样会使状态收敛速度变慢。在这两种情况下，均方误差矩阵都不宜用于评估相应状态估计的精度。对于不可观测的状态分量，其状态估计和均方误差矩阵不会随着滤波更新而变化，即不会有滤波效果。

2.4.5　带确定性输入的滤波方程

带确定性输入的状态空间模型可表示为

$$\begin{cases} X_k = \Phi_{k/k-1} X_{k-1} + B_{k-1} u_{k-1} + \Gamma_{k-1} W_{k-1} \\ Z_k = H_k X_k + Y_k + V_k \end{cases} \tag{2.81}$$

式中，u_{k-1} 和 Y_k 均为已知的确定性输入；B_{k-1} 为输入系数矩阵。可将 u_{k-1} 当作系统方程的控制输入，而 Y_k 视为测量设备的已知偏差，其他符号同式（2.23）。

仿照前面卡尔曼滤波公式的推导过程，不难得到针对式（2.81）的滤波公式为

$$\begin{cases} \hat{X}_{k/k-1} = \Phi_{k/k-1} \hat{X}_{k-1} + B_{k-1} u_{k-1} \\ P_{k/k-1} = \Phi_{k/k-1} P_{k-1} \Phi_{k/k-1}^{\mathrm{T}} + \Gamma_{k-1} Q_{k-1} \Gamma_{k-1}^{\mathrm{T}} \\ K_k = P_{k/k-1} H_k^{\mathrm{T}} (H_k P_{k/k-1} H_k^{\mathrm{T}} + R_k)^{-1} \\ \hat{X}_k = \hat{X}_{k/k-1} + K_k (Z_k - Y_k - H_k \hat{X}_{k/k-1}) \\ P_k = (I - K_k H_k) P_{k/k-1} \end{cases} \tag{2.82}$$

与式（2.52）～式（2.56）相比，式（2.82）只在第一式和第四式存在差别，一是在状态一步预测中引入了控制项 u_{k-1} 的作用；二是相当于将 $Z_k - Y_k$ 作为新的量测使用，而其他三个公式保持不变，这说明模型中的确定性输入丝毫不影响状态估计均方误差矩阵的传播，也不影响卡尔曼滤波增益矩阵的计算。

2.4.6　卡尔曼滤波举例

【例 2-1】设有一维线性定常系统

$$\begin{cases} X_k = \varphi X_{k-1} + W_{k-1} \\ Z_k = X_k + V_k \end{cases}$$

式中，$\boldsymbol{W}_k$ 和 $\boldsymbol{V}_k$ 均为零均值白噪声，方差分别为 $Q \geqslant 0$ 和 $R > 0$，且二者互不相关，试分析该系统的卡尔曼滤波结果。

解：根据卡尔曼滤波方程式（2.52）～式（2.56）得

$$\hat{\boldsymbol{X}}_{k/k-1} = \varphi \hat{\boldsymbol{X}}_{k-1} \tag{2.83}$$

$$\boldsymbol{P}_{k/k-1} = \varphi^2 \boldsymbol{P}_{k-1} + Q \tag{2.84}$$

$$\boldsymbol{K}_k = \frac{\boldsymbol{P}_{k/k-1}}{\boldsymbol{P}_{k/k-1} + R} = \frac{\varphi^2 \boldsymbol{P}_{k-1} + Q}{\varphi^2 \boldsymbol{P}_{k-1} + Q + R} \tag{2.85}$$

$$\hat{\boldsymbol{X}}_k = \hat{\boldsymbol{X}}_{k/k-1} + \boldsymbol{K}_k(\boldsymbol{Z}_k - \hat{\boldsymbol{X}}_{k/k-1}) = (1 - \boldsymbol{K}_k)\hat{\boldsymbol{X}}_{k/k-1} + \boldsymbol{K}_k \boldsymbol{Z}_k \tag{2.86}$$

$$\boldsymbol{P}_k = (1 - \boldsymbol{K}_k)\boldsymbol{P}_{k/k-1} = \left(1 - \frac{\boldsymbol{P}_{k/k-1}}{\boldsymbol{P}_{k/k-1} + R}\right)\boldsymbol{P}_{k/k-1} = R\boldsymbol{K}_k \tag{2.87}$$

不难看出，在式（2.85）中，增益 $\boldsymbol{K}_k$ 的取值区间为 $(0,1)$。式（2.86）显示，状态估计 $\hat{\boldsymbol{X}}_k$ 是状态一步预测 $\hat{\boldsymbol{X}}_{k/k-1}$ 与量测 $\boldsymbol{Z}_k$ 的加权平均。若状态噪声 Q 越大（表示使用状态方程做状态预测的可信度不高），则式（2.85）中的增益 $\boldsymbol{K}_k$ 越大，导致式（2.86）中对状态一步预测 $\hat{\boldsymbol{X}}_{k/k-1}$ 的利用率降低，相应地对量测 $\boldsymbol{Z}_k$ 的利用率就提高了；反之，若状态噪声 Q 越小，则在式（2.86）中将会提高状态一步预测 $\hat{\boldsymbol{X}}_{k/k-1}$ 的利用率，相应减小量测 $\boldsymbol{Z}_k$ 的利用率。若量测噪声 R 越大（表示量测信息可信度不高），则式（2.85）中的增益 $\boldsymbol{K}_k$ 越小，导致式（2.86）中对量测 $\boldsymbol{Z}_k$ 的利用率降低，相应地对状态一步预测 $\hat{\boldsymbol{X}}_{k/k-1}$ 的利用率就提高了；反之亦然。由此可见，卡尔曼滤波根据状态噪声和量测噪声的大小，自动调节状态方程信息和量测方程信息的利用率，从而对当前状态做出较合理的估计。

特别地，当 $\varphi = Q = 1$，$R = 2$，$P_0 = 3$ 时，$\boldsymbol{P}_{k/k-1}$、$\boldsymbol{P}_k$ 和 $\boldsymbol{K}_k$ 的卡尔曼滤波变化曲线如图 2.15 所示。随着滤波步数 k 的增大，滤波增益 $\boldsymbol{K}_k$（或滤波误差 $\boldsymbol{P}_k$）逐渐减小，这意味着滤波刚开始时对状态的估计更依赖量测，之后滤波精度不断提高，状态一步预测的可信度得到了加强，量测的作用相对减弱了。“锯齿”形虚线表明，在同一时刻的滤波误差 $\boldsymbol{P}_k$ 总是小于预测误差 $\boldsymbol{P}_{k/k-1}$，体现了量测对状态一步预测的修正作用，或者说后验估计的估计精度总是优于先验估计。

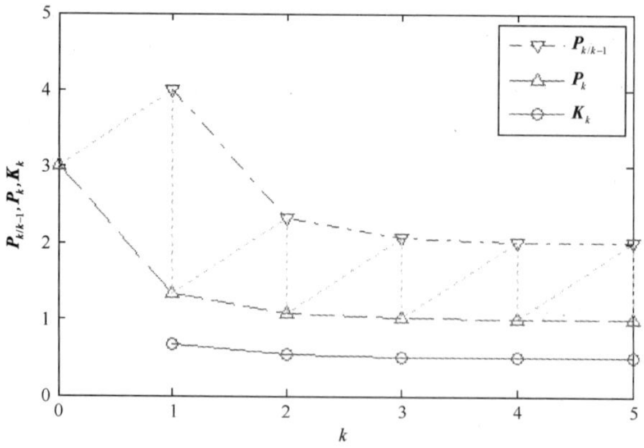

图 2.15　卡尔曼滤波变化曲线

鲁道夫·卡尔曼（Rudolf Emil Kalman），美国数学家、电气工程师。1971 年以后任佛罗里达大学教授和数学系统理论中心主任；1973 年以后兼任苏黎世工业大学数学系统理论教授；1994 年被选为美国国家科学院院士。卡尔曼提出了一种现称为卡尔曼滤波的新的滤波方法和能控性、能观性的概念，为 20 世纪 50 年代末至 60 年代初发展起来的现代控制理论做出了杰出贡献。他的工作直接针对科学地理解现代工程中的创新过程（如已知的控制、计算机和信息等组织）。他的方法着重于数学概念，这种抽象方法对工程的实用价值，已为 1963 年美国宇宙飞船在卡尔曼滤波器导引下登上月球所证实。现在卡尔曼滤波器已被广泛地应用于时间序列分析、动态系统辨识、水文学及流体动力学，甚至经济领域。因以上的贡献，卡尔曼于 1974 年获得美国电气与电子工程师学会（IEEE）荣誉奖章。他提出的一些概念、方法是现代控制理论和系统与控制实践的基石，导致系统理论的快速发展，现在已使用了微分方程、代数、几何等数学工具。因此卡尔曼在 1986 年获得美国数学会的斯蒂尔奖。此外，1976 年获得美国机械工程师学会的鲁弗斯·奥尔登堡格奖章；1985 年获得日本京都奖。1968 年曾与人合作著有《数学系统理论问题》(*Topics in Mathematical System Theory*)。

习题 2

1. 常用的坐标系有哪些？并简述各坐标系的含义

2. 什么是地球的主曲率半径，如何求出地球上某点的主曲率半径？

3. 在惯性导航系统中如何表示地球表面某点的位置？

4. 在什么条件下变换矩阵与旋转的次序无关？

5. 时间系统的分类有哪些，请简述。

6. 标准电子海图有哪些类型，它们各自的特点是什么？

7. 给出卡尔曼滤波的定义及其适用系统的特点，写出卡尔曼滤波的五个基本方程，并解释方程中矩阵 $\boldsymbol{P}$、$\boldsymbol{Q}$、$\boldsymbol{R}$ 的物理意义？

第3章

卫星导航定位系统

随着人类社会的不断发展，人们的导航方式也在不断发展。理解卫星导航系统的基本概念和掌握卫星导航的基本原理至关重要。本章对卫星导航定位的基本方法进行了简单描述，对差分定位技术和卫星导航增强系统进行了阐述。

知识目标

1. 理解并掌握卫星导航定位的基本原理。
2. 掌握多种差分定位技术的原理。
3. 了解卫星导航增强系统的类型及其特点。

能力目标

1. 根据已知卫星坐标和用户坐标能求解相关定位方程。
2. 掌握卫星增强系统的方法。

课程思政与职业素养

1. 场景引入：随着近年来北斗卫星导航系统的正式使用，北斗卫星导航系统是中国自行研制的全球卫星导航系统，也是继 GPS、GLONASS 之后的第三个成熟的卫星导航系统。北斗卫星导航技术着眼于国家安全和经济社会发展需要，是一套为全球用户实时提供准确导航定位等服务的国家重要根底设施。自北斗卫星导航系统投入使用以来，其在我国各行各业中都发挥了不可或缺的作用，为我国经济社会建设提供了巨大动力，产生了显著的社会效益。

2. 工程科技伦理：我们通过本章的学习要树立正确的世界观、人生观、价值观，从而让技术更好地服务于人类。同时通过所学课程专业知识，在学科的应用性和实践过程中，培养形象思维、逻辑推理、观察与实践创新的能力。

3.1　卫星导航定位基础及基本方法

卫星导航定位系统是一种使用卫星对目标进行准确定位的系统，它从最初的定位精度低、不能实时定位、难以提供及时的导航服务，发展到如今的高精度 GPS 全球定位系统，实现了在任意时刻、在地球上任意一点都可以同时观测到 4 颗卫星，以便实现导航、定位、授时等功能。卫星定位可以引导飞机、船舶、车辆、个人，安全、准确地沿着选定的路线，准时到达目的地。卫星导航定位还可以应用到手机追寻等功能中。

3.1.1　卫星导航定位系统的特点与发展概况

卫星导航定位系统的建立，最初完全是出于军事目的的。例如，1964 年投入使用的海军导航卫星系统（又称子午仪系统），就是为北极星导弹潜艇在远海中导航定位而研制的。随着冷战时代的结束，以及卫星导航定位系统的发展和完善，卫星导航定位中的国际协作活动日益增多，卫星导航定位的商业化趋势也越来越明显，从而形成今后卫星导航定位技术的发展特点。当前，美国 GPS、俄罗斯格洛纳斯系统（GLONASS）、中国北斗卫星导航系统（BDS）及欧洲伽利略系统（Galileo）四大全球卫星导航定位系统均已开通全球服务，世界卫星导航定位正进入多频、多星座服务的全球新时代。在全球任何一个地方，都可以观测到几十颗导航卫星，用户能享受的导航定位服务更加快捷方便。

卫星导航定位系统属于星基无线电导航定位系统，与其他导航技术相比，它具有下列特点。

（1）受外界条件（如昼夜、季节、气象条件等）的限制较小。

（2）导航定位精度高、定位速度快（如 GPS、BDS 近乎实时定位）。

（3）可靠性高，经济效益好。

3.1.2　卫星导航定位系统的分类

根据系统工作的不同特点，可对卫星导航定位系统进行不同的分类。下面从 5 个方面概要介绍卫星导航定位系统的分类。

1．按测量的参数分类

1）测距导航系统

测距导航系统通过测量卫星与用户之间的距离进行定位，可分为如下两类。

（1）无源测距导航系统采用卫星发射信号，通过测量卫星到用户间距离的方法实现定位。GPS 就属于无源测距导航系统。

（2）有源测距导航系统采用双向测距定位。例如，地面站通过两颗（或更多颗）卫星向用户发射询问信号，用户接收并发出应答信号，由地面站测量信号的传播距离。由于地面站和卫星的坐标是已知的，因此可以求得用户位置。BDS 就属于有源测距导航系统。

测距导航系统的卫星可以是静止卫星，也可以不是静止卫星，只要工作过程中位于地面站视界内即可，用户则要处于卫星的工作区内。

测距的方法有电磁波测距和激光测距两种。激光测距比电磁波测距精确，但成本较高，因此较少使用。

2）测距差导航系统

在同一时刻对几颗卫星进行距离测量，或者在几个位置上对同颗卫星的距离进行测量，利用距离差来定位的系统被称为测距差导航系统。

3）卫星多普勒导航系统

用测量卫星多普勒频率实现导航定位的系统被称为卫星多普勒导航系统。子午仪系统就是一种卫星多普勒导航系统。

卫星在轨道上运行，由于卫星与卫星导航仪之间的距离在变化，因此会产生多普勒效应，卫星导航仪接收到的卫星信号频率与卫星发射频率之间相差一个多普勒频率，又称多普勒频移。多普勒频移与卫星和卫星导航仪之间的距离变化率成正比，所以可用它来确定卫星导航仪与卫星之间的相对位置。

一般卫星导航仪用测量多普勒频移积分值的方法来定位，而不是通过测量瞬时的多普勒频率来定位，因为测量多普勒频移积分值比测量瞬时多普勒频率更精确。

4）测角导航系统

用一颗或多颗卫星相对某基准方向的夹角（如仰角）来实现定位的系统叫作测角导航系统。

5）混合导航系统

同时采用两种以上测量方法来定位的系统叫作混合导航系统，如测距法与测量多普勒频移积分值相结合的系统。

2．按用户设备是否发射信号分类

1）无源系统

在无源系统里，仅由卫星发射信号，用户只需装备接收设备即可通过接收卫星信号进行导航定位。由于用户不发射信号，因此这种系统的隐蔽性好，且用户数量不受限制，但卫星设备和用户设备较复杂。子午仪系统、GPS 都属于无源系统。

2）有源系统

有源系统的卫星和用户设备都要发射和接收信号，隐蔽性不好，但卫星和用户设备较简单。

3．按工作区域分类

1）全球覆盖系统

全球覆盖系统里的导航定位的作用范围可覆盖全球。例如，子午仪系统、BDS 和 GPS 都可实现全球范围的导航定位。

2）区域覆盖系统

区域覆盖系统的导航定位作用范围有限。例如，印度和日本部署了区域系统，以补充 GNSS 网络提供的覆盖范围。

4．按能否连续定位分类

1）连续定位的卫星导航系统

连续定位的卫星导航系统可实现连续的、近乎实时的导航定位。例如，GPS 每天可提供 24h 的连续导航定位，系统完成一次定位只要几秒，最多几十秒。

2）断续定位的卫星导航系统

断续定位的卫星导航系统每次导航定位之间有较长的间隔，只能间断定位。例如，子午仪系统只能实现间断定位，系统完成一次定位需要 8～10 min，不同地理位置的测站，需要 1.5～4 h 才能定位一次。

5．按卫星运行轨道的高度分类

1）低轨道（近地轨道）

低轨道的卫星轨道高度为 900～2700 km。子午仪系统的卫星轨道约为 1000 km，属于低轨道。

2）中高度轨道

中高度轨道的卫星轨道高度为 10000～20000 km。GPS 的卫星轨道约为 20000 km，属于中高度轨道。

3）同步轨道

同步轨道的卫星轨道高度为 36000 km。BDS 的卫星轨道就是同步轨道。

3.1.3　卫星定位的基本原理

卫星定位就是在测站上以卫星为观测目标，获取测站至卫星的观测矢量 $\boldsymbol{\rho}$，利用观测矢量和已知的卫星位置矢量 $\boldsymbol{r}$ 计算测站矢量。

卫星定位示意图如图 3.1 所示。在测站观测卫星，已知卫星位置矢量为 $\boldsymbol{r}$，若得到观测矢量 $\boldsymbol{\rho}$，则测站矢量为

$$\boldsymbol{x}=\boldsymbol{r}-\boldsymbol{\rho} \tag{3.1}$$

相反，若已知测站矢量 $\boldsymbol{x}$，则由观测矢量 $\boldsymbol{\rho}$ 可求出卫星位置矢量为

$$\boldsymbol{r}=\boldsymbol{x}+\boldsymbol{\rho} \tag{3.2}$$

式（3.1）是利用卫星进行测站点定位的基本方程式。式（3.2）是由已知点测定卫星位置的基本方程式。

式（3.1）的前提是确定观测矢量的距离和方向。现代导航卫星多采用测距离差或测距离体制进行定位。因此，导航卫星的定位原理与上述稍有不同。其进行测站点定位的基本方程式仍是式（3.1），不同的是应联立多个距离差或距离方程来确定用户坐标。

下面介绍双曲线交会定位和三球交汇定位的基本原理。

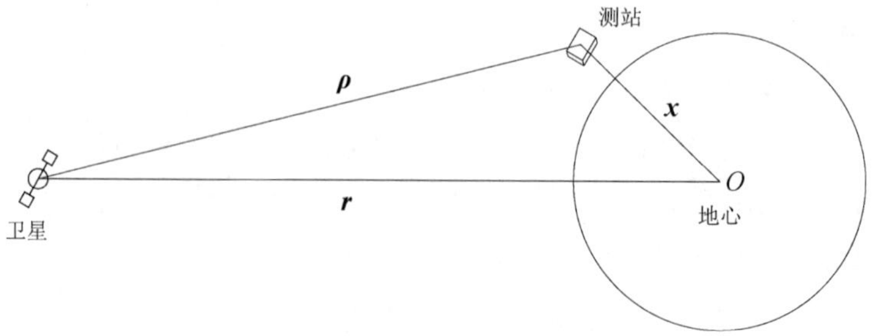

图 3.1　卫星定位示意图

1．双曲线交会定位

双曲线是到两定点（焦点）的距离之差为常数的动点的轨迹。设 U 点为测站，S_1 和 S_2 为两颗卫星，在 U 点观测到两颗卫星的距离差，由这个距离差可做一对双曲线（在三维空间为双曲面），其中一条双曲线（双曲面）过测站。如果在 U 点测得三个距离差（需要四颗卫星 S_1、S_2、S_3 和 S_4），就可确定三个双曲面。这三个双曲面的公共交点就是测站点。这就是双曲线交会定位的基本原理，其示意图如图 3.2 所示。

距离差的测定有许多方法，有的采用多普勒法，如子午仪系统；有的采用相位差法，如欧米伽导航系统；有的采用脉冲时间差法，如罗兰导航系统。这些方法的具体内容可参阅有关文献。

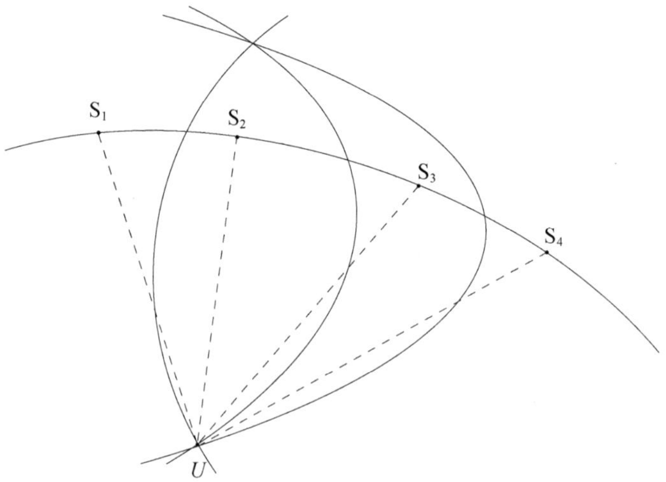

图 3.2　双曲线交会定位示意图

2．三球交会定位

所谓三球交会，即以位置已知的点（卫星点或地心点）为球心，以观测边长为半径，三个这样的大球可交会出测站点坐标。三球交会定位示意图如图 3.3 所示，S_1、S_2 和 S_3 为三颗位置已知的卫星，ρ_1、ρ_2 和 ρ_3 为测站点 U 观测各卫星所得的对应边长。

对每个大球都可列出方程：

$$\sqrt{(X-X_i)^2+(Y-Y_i)^2+(Z-Z_i)^2}-\rho_i=0\ (i=1,2,3) \tag{3.3}$$

式中，(X,Y,Z) 为测站点待求坐标；(X_i,Y_i,Z_i) 为已知卫星坐标。三个观测值可列出三个方程。

由于球心坐标已知，三个方程只有三个未知数，故可以求解测站点坐标。GPS 利用四球相交，因为解算中还要推求时钟改正数，所以 GPS 用四个方程求解四个未知数，即四维定位。BDS 用两个以卫星为球心的大球，同通过测站的近似地球的椭球相交，实质也是三球交会，但近似椭球高程要已知，所以双星定位是二维定位。

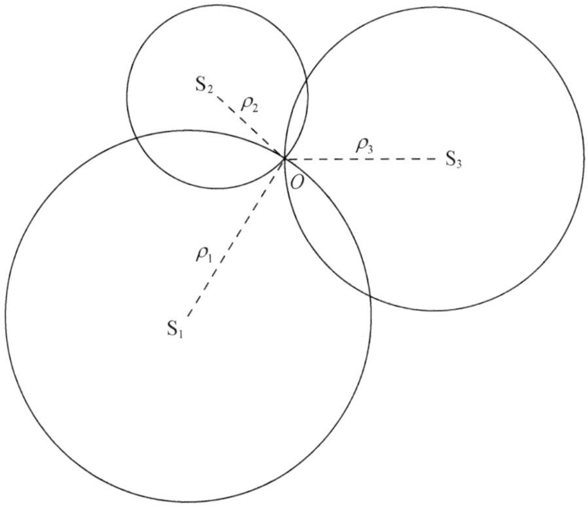

图 3.3　三球交会定位示意图

3.2　差分定位技术

卫星导航差分定位技术利用卫星导航定位系统的误差随时间变化缓慢，而且与距离和路径强相关的特性，通过求差的方法消除公共误差和绝大部分传播延迟误差，从而显著提高系统的定位精度。

根据差分基准站发送的信息内容的不同，差分定位系统可分为位置差分、伪距差分、相位平滑伪距差分和载波相位差分。这四类差分方式的工作原理是相同的，都是由差分基准站发送误差改正信息，由用户站接收并对测量结果进行改正，以获得精确的定位结果。不同的是，各类差分方式发送的改正信息的具体内容不同，差分方式的技术难度、定位精度也不同。按照作用范围的不同，差分定位技术可分为单基准站差分（简称单站差分）和具有多个基准站的区域差分两类。单站差分结构和算法简单，技术上也比较成熟，主要用于小范围的差分定位工作；对于较大的范围则应采用区域差分。

差分定位示意图如图 3.4 所示。差分定位技术的基本原理是通过在一个地理位置精确已知点建立差分基准台（一般称为基准站）B，实时计算出与位置有关的误差，并将此误差信息传送给用户站 U，用户即可对本机的定位结果或观测值进行修正。这种差分修正主要有两种实现方式：在测量过程中修正（如伪距差分、相位平滑伪距差分、载波相位差分等）和对计算结果修正（如位置差分）。

除特别说明外，在本章后面的介绍中，均以 $\boldsymbol{x}_{\mathrm{b}}=\left[x_{\mathrm{b}},y_{\mathrm{b}},z_{\mathrm{b}}\right]^{\mathrm{T}}$ 表示差分基准站的精确位置矢

量，可通过事先精密测量获得；$\boldsymbol{x}_{\mathrm{u}}=[x_{\mathrm{u}},y_{\mathrm{u}},z_{\mathrm{u}}]^{\mathrm{T}}$ 表示待解算的用户站位置矢量。

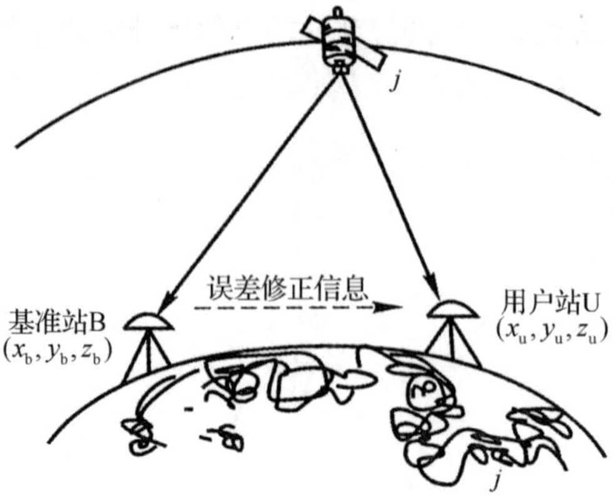

图 3.4　差分定位示意图

3.2.1　位置差分

位置差分是最简单的差分方法，任何一种 GPS 接收机均可改装和组成这种差分系统。由于存在轨道误差、时钟误差、大气传播误差、多径效应误差及其他误差，解算出的坐标与基准站的已知坐标是不一样的，存在误差，即

$$\left.\begin{aligned}\Delta X&=X_{\mathrm{b}}'-X_{\mathrm{b}}\\ \Delta Y&=Y_{\mathrm{b}}'-Y_{\mathrm{b}}\\ \Delta Z&=Z_{\mathrm{b}}'-Z_{\mathrm{b}}\end{aligned}\right\}\tag{3.4}$$

式中，X_{b}'、Y_{b}'、Z_{b}' 为 GPS 实测的坐标；X_{b}、Y_{b}、Z_{b} 为采用其他方法求得的基准站精准坐标；ΔX、ΔY、ΔZ 为坐标改正数。基准站利用数据链将此改正数发送出去，由用户站接收，并对其解算的用户站坐标 $(X_{\mathrm{u}},Y_{\mathrm{u}},Z_{\mathrm{u}})$ 进行改正，即

$$\left.\begin{aligned}X_{\mathrm{u}}&=X_{\mathrm{u}}'-\Delta X\\ Y_{\mathrm{u}}&=Y_{\mathrm{u}}'-\Delta Y\\ Z_{\mathrm{u}}&=Z_{\mathrm{u}}'-\Delta Z\end{aligned}\right\}\tag{3.5}$$

得到改正后的用户站坐标消除了基准站与用户站的共同误差，如卫星轨道误差、大气影响等，提高了定位精度。以上先决条件是基准站和用户站观测同组卫星的情况。这种差分方式的优点是计算方法简单，只需要在解算的坐标中加改正数，适用于一切 GPS 接收机，包括最简单的接收机。

根据误差源性质，伪距误差可分为系统误差和随机误差两部分。系统误差主要由电离层效应、对流层效应引起；随机误差主要由接收机通道误差、接收机噪声、地面多路径效应等引起，通过对位置差分下的 GPS 定位误差进行协方差分析可知，位置差分已将绝大部分系统误差消除，由测距随机误差引起的定位误差增大，但其引起的定位误差在系统总误差中所占比例很小，所以，总体上的定位误差大幅度降低。

另外，通过分析可知，消除系统误差的关键取决于卫星至用户矢径的方向余弦，以及卫星至用户的电磁波传播路径。若用户至卫星的矢径指向变化介于 1°～2°，则可以认为系统误差变化不大，由于用户至卫星的距离大于 20000 km，矢径方向变化 1°～2°，相当于地面上用户位置变化 350～700km，因此，位置差分法适用于用户站与基准站距离在 1000 km 以内的情况。

3.2.2　伪距差分

伪距差分是目前使用较广泛的一种差分定位技术，几乎所有的商用差分 GPS 接收机均采用这种技术。

在基准站上的接收机要求得到它至可见卫星的距离，先将计算出的距离与含有误差的测量值加以比较，求出其偏差；然后将所有卫星的测距误差传输给用户，用户利用此测距误差来修正测量的伪距；最后用户利用修正后的伪距求解本身的位置，就可消除公共误差，提高定位精度。伪距差分示意图如图 3.5 所示。

基准站的 GPS 接收机测量出全部卫星的伪距 ρ_i，收集全部卫星的星历文件和轨道参数。利用已采集的轨道参数可计算出各个卫星的地心坐标 (X_i, Y_i, Z_i)，同时采用各种方法精确求出基准站的地心坐标 (X_b, Y_b, Z_b)。这样，利用每时刻计算的卫星地心坐标和基准站的已知地心坐标反求出每时刻到基准站的真实距离 R_i。

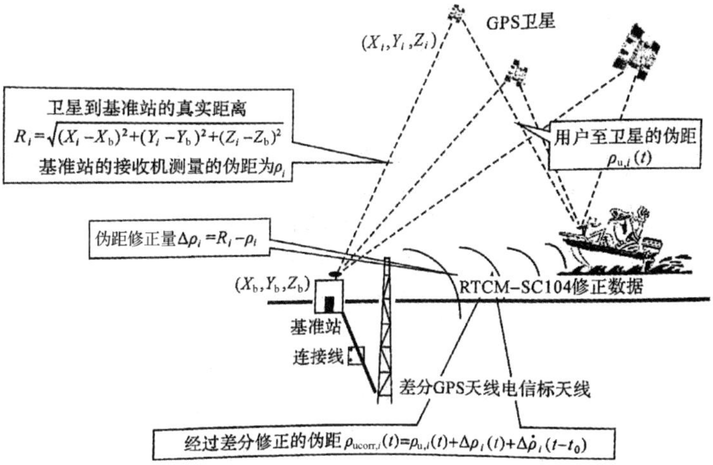

图 3.5　伪距差分示意图

设基准站的地心坐标为 (X_b, Y_b, Z_b)，基准站到卫星 $S_i(X_i, Y_i, Z_i)$ 的真实距离为

$$R_i=\sqrt{(X_i - X_b)^2 + (Y_i - Y_b)^2 + (Z_i - Z_b)^2} \tag{3.6}$$

伪距修正量和它的变化率分别为

$$\left.\begin{aligned}\Delta\rho_i &= R_i - \rho_i \\ \Delta\dot{\rho}_i &= \Delta\rho_i / \Delta t\end{aligned}\right\} \tag{3.7}$$

式中，下标 i 表示第 i 颗卫星；Δt 为观测时间间隔，因而用户伪距修正量为

$$\Delta\rho_{\mathrm{u},i}=\Delta\rho_i+\Delta\dot{\rho}_i(t-t_0) \tag{3.8}$$

基准站将 $\Delta\rho_i$ 和 $\Delta\dot{\rho}_i$ 传送给用户，用户测量出伪距 $\rho_{\mathrm{u},i}$，加上以上的改正数，求得经过改正的伪距，即

$$\rho_{\mathrm{ucorr},i}(t)=\rho_{\mathrm{u},i}(t)+\Delta\rho_i(t)+\Delta\dot{\rho}_i(t-t_0) \tag{3.9}$$

只要观测 4 颗卫星，利用修正后的伪距 $\rho_{\mathrm{ucorr},i}$ 就可计算用户的坐标 $R_{\mathrm{u},i}$，即

$$\begin{aligned}\rho_{\mathrm{ucorr},i}&=R_{\mathrm{u},i}+C\mathrm{d}\tau+n_i\\&=\sqrt{(X_i-X_{\mathrm{b}})^2+(Y_i-Y_{\mathrm{b}})^2+(Z_i-Z_{\mathrm{b}})^2}\\&\quad+C\mathrm{d}\tau+n_i\end{aligned} \tag{3.10}$$

式中，$\mathrm{d}\tau$ 为用户钟误差；n_i 为用户接收机噪声。

伪距差分的优点主要如下。

（1）修正量是直接在 WGS84 坐标系上计算的，无须坐标变换，因而可保证精度。

（2）能提供伪距修正量及其变化率，可以精确地考虑时间延迟的影响，使在未得到改正数的时间间隔内能继续进行精密定位。

（3）能提供所有卫星的修正量，用户可选用任意 4 颗或多颗卫星定位，采用具有差分功能的简易接收机。

与位置差分相似，伪距差分能将两站绝大部分公共误差消除，但随着用户到基准站距离的增加，系统误差将增大。

广域差分是伪距差分在空域上的扩展，目的是在一个广阔的地区内提供高精度的差分 GPS 服务，以消除用户至基准站距离对差分工作的影响。广域差分示意图如图 3.6 所示，主差分站接收来自各监控站的差分改正信号并将其组合，以形成在扩展区域内的有效差分 GPS 改正电文。通过卫星通信线路或无线电数据链把扩展 GPS 改正信号传输给用户。这就形成了扩展的差分 GPS。它不仅扩大了差分 GPS 的有效工作范围，而且保证了该区域内的定位精度。

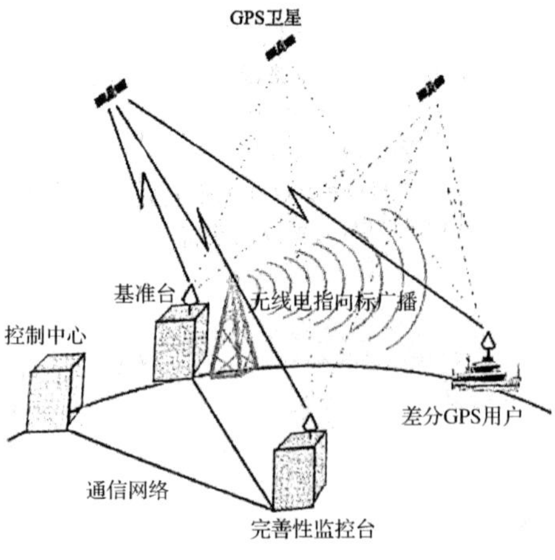

图 3.6　广域差分示意图

3.2.3　相位平滑伪距差分

GPS 接收机除了可以提供伪距测量，还可以提供载波相位测量。由于载波相位的测量精度比码相位的测量精度高两个数量级，因此，如果能获得载波整周数，就可以获得近乎无噪声的伪距测量。载波整周数（又称整周模糊度）的求解很困难，是目前正在研究的课题。但要获得载波多普勒频率却是比较方便的，载波多普勒计数测量反映了载波相位变化信息，也反映了伪距的变化率，利用这一信息来辅助码伪距测量，可以获得比单独采用码伪距测量更高的精度，称为载波多普勒计数平滑伪距差分。另外，在同一颗卫星的两历元间求差，可消除整周模糊度，可利用历元间的相位差观测值对伪距进行修正，即所谓的相位平滑伪距差分。关于相位平滑伪距差分的具体公式推证过程可参见其他 GPS 方面的文献，此处略。

3.2.4　载波相位差分

载波相位差分技术又称为 RTK（Real-Time Kinematic）技术，建立在实时处理两个用户测点的载波相位基础上。它能实时提供观测点的三维坐标，并达到厘米级的精度。

载波相位差分与伪距差分原理相同，由基准站通过数据链实时将其载波观测值及站坐标信息一同传送给用户。用户接收 GPS 卫星的载波相位与来自基准站的载波相位，组成相位差分观测值进行实时处理。实现载波相位差分 GPS 的方法分为两类：修正法和相位法。前者与伪距差分类似，基准站将载波相位修正量发送给用户站；后者直接将基准站与用户相位进行差分。

设安置在基线端点的 GPS 接收机 $T_i\left(i=1,2\right)$ 相对 GPS 卫星 S^j 和 S^k，在历元 $t_i\left(i=1,2\right)$ 进行同步观测，则可获得以下独立的载波相位的观测值：$\varphi_1^j\left(t_1\right)$、$\varphi_1^j\left(t_2\right)$、$\varphi_1^k\left(t_1\right)$、$\varphi_1^k\left(t_2\right)$、$\varphi_2^j\left(t_1\right)$、$\varphi_2^j\left(t_2\right)$、$\varphi_2^k\left(t_1\right)$、$\varphi_2^k\left(t_2\right)$。在静态相对定位中，目前普遍采用的是这些独立观测值的三种差分形式：单差、双差、三次差。

1．单差

取符号 $\Delta\varphi^j\left(t\right)$、$\Delta\varphi_i\left(t\right)$、$\Delta\varphi_i^j\left(t\right)$ 分别表示不同接收机之间、不同卫星之间、不同历元之间的相位观测值的一次差（见图 3.7），称为站间单差、星间单差和历元间单差。

将载波代入式（3.8），可分别获得站间单差观测方程、星间单差观测方程和历元间单差观测方程：

$$\left.\begin{aligned}\Delta\varphi^j\left(t\right)&=\varphi_2^j\left(t\right)-\varphi_1^j\left(t\right)\\\Delta\varphi_i\left(t\right)&=\varphi_1^k\left(t\right)-\varphi_i^j\left(t\right)\\\Delta\varphi_i^j\left(t\right)&=\varphi_i^j\left(t_2\right)-\varphi_i^j\left(t_1\right)\end{aligned}\right\}\tag{3.11}$$

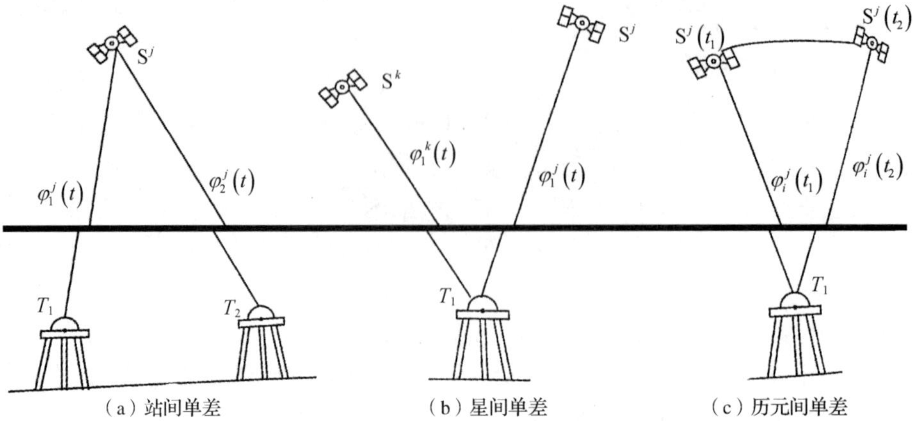

图 3.7　单差

2．双差

（1）取符号 $\nabla\Delta\varphi^k$ 表示对站间单差，关于不同卫星求二次差，称为站间星间双差（见图 3.8）。

$$\nabla\Delta\varphi^k = \Delta\varphi^k(t) - \Delta\varphi^j(t) = \left[\varphi_2^k(t) - \varphi_1^k(t)\right] - \left[\varphi_2^j(t) - \varphi_1^j(t)\right] \tag{3.12}$$

（2）取 $\Delta\nabla\varphi_i(t)$ 表示对星间单差，关于不同历元求二次差，称为星间历元间双差。

$$\begin{aligned}\Delta\nabla\varphi_i(t) &= \Delta\varphi_i(t_2) - \Delta\varphi_i(t_1) \\ &= \left[\varphi_i^k(t_2) - \varphi_i^j(t_2)\right] - \left[\varphi_i^k(t_1) - \varphi_i^j(t_1)\right]\end{aligned} \tag{3.13}$$

（3）取符号 $\Delta\nabla\varphi^j(t)$ 表示对站间单差，对于不同历元求二次差，称为站间历元间双差。

$$\begin{aligned}&\Delta\nabla\varphi^j(t) \\ &= \Delta\varphi^j(t_2) - \Delta\varphi^j(t_1) \\ &= \left[\varphi_2^j(t_2) - \varphi_1^j(t_2)\right] - \left[\varphi_2^j(t_1) - \varphi_1^j(t_1)\right]\end{aligned} \tag{3.14}$$

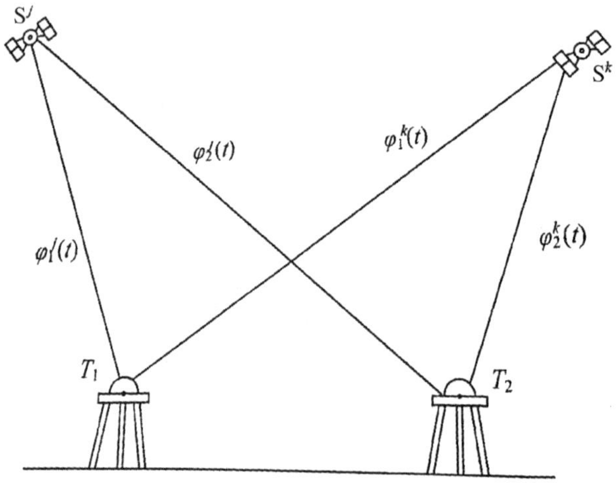

图 3.8　站间星间双差

3. 三次差

由上述三种双差分观测值中的任意一种，按第三个要素求差，所得的三次差分观测值都是相同的。三次差分模式中不包含整周待定值，因此可以利用三次差分方法来探测和修复周跳，由于还在相邻历元间求差，历元间隔一般取几秒至几分钟，因此接收机钟误差前面的系数较小，钟误差的影响也就较小。若接收机频率漂移不大，则可仅取起始历元的两接收机的相对钟误差作为待定钟误差参数，而舍去其他钟误差参数。但必须注意的是，三次差分观测值的量值较小，因此更需要注意右端各项的小量舍取和计算误差。三次差分观测值与双差分观测值相比，其相关性更强，在组成观测值的权矩阵时需要做相应考虑。由三次差分观测值进行最小二乘求解，也可得出相对定位解，但解的稳定性往往不如对站间星间双差分观测值的求解结果。不用求解整周待定值可减少待定参数的数量是三次差分的优点，但从另一个方面来说，三次差分不能像站间星间双差那样利用其整数特性，作为衡量观测质量的一个标志。上述是关于载波相位原始观测值的不同线性组合。可根据需要选择某些差分的观测值作为相对定位的基础观测值，解算所需的未知位置参数。在工程应用或科学研究中，所有差分模型都获得了广泛应用。

虽然载波相位差分法精度较高，但由于存在整周模糊度不确定性问题，解算过程比较复杂，这是其缺点。

3.3　卫星导航增强系统

为弥补传统导航设备在安全、容量和效率上的不足，国际民航组织（ICAO）于 1983 年提出，利用卫星和其他辅助设备提供的通信导航和监视（Communication, Navigation and Surveillance，CNS）技术，在太空、飞机离地面建立新航行系统（Future Aero Navigation System，FANS）。由于空中交通管理（Air Transportation Management，ATM）是 CNS 技术实现的关键，因此，FANS 也称为 CNS/ATM 系统。FANS 计划中有一项重要内容就是利用全球导航卫星系统（GNSS）、各类 GNSS 增强系统和惯性导航替代传统的地面导航设备，以解决航路导航和航路监视受限于地面设施的问题，从而增加航路设计的灵活性，加强飞机进近和着陆的安全保障。

由于卫星导航具有独特的全球、全天时、全天候定位优势，20 世纪 90 年代，一些学者开始研究将 GNSS 作为主要的导航系统应用于民用航空的精密进近和着陆，以取代价格昂贵的微波着陆系统（Microwave Landing System，MLS）和仪表着陆系统（Instrument Landing System，ILS）。然而，单独的 GNSS 定位精度很难满足各个飞行阶段的要求，而且缺乏完好性和可用性，无法直接应用，为此，以美国的广域增强系统和局域增强系统为代表的各类 GNSS 增强系统被广泛研究，以满足航空导航的需求。ICAO 根据增强信息的来源将这些增强系统分为以下三种类型。

（1）星基增强系统（Satellite Based Augmentation System，SBAS）。

（2）地基增强系统（Ground Based Augmentation System，GBAS）。

（3）机载增强系统（Aircraft Based Augmentation System，ABAS）。

这些增强系统的建立，大大提高了 GNSS 的独立导航性能。在增强系统的服务区内，不仅航空用户，只要拥有能够接收和处理 GNSS 及其增强信号的接收机的用户，均可享受这一服务。

3.3.1 SBAS

SBAS 实际上是星基广域差分技术、完好性监测和地球静止轨道（GEO）卫星测距三者的组合系统。它通过 GEO 卫星向用户广播测距信号广域差分修正信息和完好性信息，以提高 GNSS 的精度、完好性、连续性和可用性，满足航空导航的需求。

目前，世界各地建立的 SBAS 均以增强 GPS/GLONASS 为主，如美国的广域增强系统（WAAS）、欧洲的静地卫星导航重叠服务系统（EGNOS）、日本的多功能卫星增强系统（MSAS）、印度的 GPS 辅助静地轨道增强系统（GAGAN）。由于采用统一的开发标准，各国建立的 SBAS 基本原理大致相同，因而这些系统能够相互兼容，并具备互操作性。

本节先对目前全球 SBAS 的建设情况进行介绍，然后介绍 SBAS 的数据通信与电文格式。

1. 全球 SBAS 的建设情况

1）WAAS

WAAS 是根据美国联邦航空局（FAA）导航需求而建设的 GPS 性能增强系统，由若干已知点位的参考站、中心站、地球同步卫星和具有差分处理功能的用户接收机组成。WAAS 由 3 个主站（兼参考站）、38 个参考站、1 个上行注入站和 3 颗地球同步静止卫星组成，覆盖北美和墨西哥周边地区。参考站的布设密度主要与系统误差改正精度和实时性有关。

WAAS 为单频伪距差分，采用 GEO 卫星播发修正数据，下行信号采用 L 频段，频点为 1575.42MHz，与 GPS L1 频段重合，方便用户终端接收使用，定位精度为 1～2m。WAAS 广播数据内容包括卫星轨道修正数据、钟差修正数据和电离层格网延迟，基本数据传输速率为 250bps，采用标准的 RTCA DO-229 格式进行传播。此外，WAAS 正准备在 L5 频段信号上播发差分修正和完好性信息，用来支持双频接收机用户。

2）EGNOS

EGNOS 由欧洲空间局（ESA）、欧盟（EC）及欧洲航行安全局（Eurocontrol）联合设计建设，于 1998 年 11 月实施建设，自 2002 年 5 月开始进行相应的研发与验证。在系统组成上，空间部分、地面部分、用户部分及支持系统 4 部分共同组成完整的 EGNOS。其中空间部分为 3 颗地球同步静止卫星，负责在 L1 频段播发修正和完好性信息，一般至少有 2 颗 GEO 卫星同时播发操作信号；地面部分包含 4 个主控中心（MCC）、41 个测距与完好性监视站（RIMS）、7 个导航地面站（NLES）及 EGNOS 广域网（EWAN），主要负责向欧洲及周边地区的用户发送 GPS 和 GLONASS 的广域差分改正数和完好性信息。对于用户部分，接收机除了可接收 GPS 信号，还可接收 GLONASS 及 EGNOS 信号；而支持系统则综合包括工程详细技术设计、开发验收平台、系统性能评价及问题发现等系统。EGNOS 可提供三类增强服务：测距功能、广域差分（WAD）校正及 GPS 完好性通道。这三类信息通过 GEO 卫星播发给用户，使用户获得的导航精度、完好性、连续性及可用性得以改善。

3）MSAS

日本基于 MTSAT（多功能运输卫星）的扩增系统（Multi-Functional Satellite Augmentation System，MSAS）是符合民航组织标准和推荐做法的基于卫星的扩增系统之一。基于 2 颗 GEO 卫星 MTSAT-1R 和 MTSAT-2 的服务，MSAS 提供的导航服务可覆盖整个日本空域的所有航空器。MSAS 包括 2 个主控站（MCS）、4 个地面参考站（GMS）、2 颗 GEO 卫星、2 个测距监测站（MRS）。2007 年 9 月 27 日，MSAS 正式投入运营。大部分亚太地区都可被 MTSAT 卫星播发的 MSAS 信号覆盖，在此区域内，可以实现无缝隙空中航行，且更安全、更可靠。我国几乎所有地区都可接收 MSAS 信号。

4）GAGAN 系统

为了便于示范利用星基增强系统技术，印度开发了 GPS 辅助型对地静止轨道增强导航系统，即 GAGAN 系统。GAGAN 是一个致力于在印度提供无缝导航的系统，可与其他星基增强系统互通互用。虽然 GAGAN 系统主要用于民航，但也会为其他用户带来好处。另外，中国的北斗星基增强系统正在测试使用过程中。

2. SBAS 的数据通信与电文格式

SBAS 信号的功能和设计思想如下。

（1）干扰现有卫星导航接收机（主要是指 GPS 接收机）对信号的接收。

（2）提供一种附加的距离测量信号。

（3）提供具有较高可靠性的完好性能力和差分修正。

（4）以较小的复杂程度完成对现有 GPS 接收机的修改，方便 SBAS 信号的接收。

目前用于 SBAS 的 GEO 卫星发射的信号采用与 GPS LI 频段兼容的频率和伪随机码，并与 GPS 时间同步。由于 SBAS 的测距信号与 GPS 信号类似，因此，对 GPS 接收机稍做修改便可接收这种信号。

从 SBAS 的工作原理可知，GEO 卫星播发的信号一方面为 GPS 用户提供附加测距服务，另一方面可搭载完好性信息或同时搭载完好性告警信息与差分修正信息。主控站负责处理原始数据，确定被观测的每颗卫星的完好性信息和差分修正信息，并计算静止轨道卫星的星历和时钟信息。其中差分修正信息分为 3 类：快变参数，如卫星钟差快变量；慢变参数，如卫星钟长期漂移量和卫星轨道参数；对所有用户广播的缓变参数，如电离层延迟修正量。将这些信息数据全部采用卷积编码，编制成导航电文，其信息速率为 250bps，编码后符号速率为 500bps。将导航电文传送给地面站，地面站将这些导航电文上传发送至 GEO 卫星加以播发。

SBAS 的电文传输具有快速高效的特点，主要原因如下。

（1）快速修正：电文中包含的伪距误差快变化部分采用较高的速率传送，而且电文字节数较少。对于不需要高速播发的慢变化误差分量，采用单独的电文传送。

（2）无变化率修正：与多数局域差分系统的数据格式不一样，对快速变化的卫星误差分量而言，SBAS 不发送变化率的修正值，而是依靠用户接收机利用最近两次快速校正值的差来估计变化率的修正值。

（3）时标：用来指明卫星在快速修正电文中的时隙。之所以在 SBAS 电文中采用时标来指明时隙，是因为其数据格式必须能够传送所有在轨卫星的修正值。与此相似，电离层时标用来指明不同地理区域的不同电离层修正值所分配的时隙。

（4）GEO 卫星导航电文：与 GPS 卫星不同，SBAS 卫星运行在地球同步轨道，因此其加速度远低于 GPS 卫星，因而 SBAS 卫星的星历无须快速更新。

（5）与 GPS 相比，甚至与大多数局域差分 GPS 数据链相比，校验规则 SBAS 导航电文用来确定传输误差的算法功能要强得多。SBAS 误差校验方法对于 226 位有效数字，只需附加 24 位校验位，而在多数局域差分 GPS 数据格式中，每 24 位数据便需要 6 位校验位。因此，校验的平均长度比由 6/30=0. 2 减少为 24/250≈0.1。

SBAS 导航电文采用数据块的方式发送，长度为 250 位，播发数据率为 250bps，一帧导航电文的持续时间是 1s。SBAS 导航电文由以下几部分组成。

（1）8 位前导字（或同步头）。

（2）6 位电文类型。

（3）212 位数据信息。

（4）24 位 CRC（循环冗余校验）。

SBAS 导航电文类型及内容如表 3.1 所示。

表 3.1　SBAS 导航电文类型及内容

电 文 类 型	内　　容
0	不使用（仅供 SBAS 测试使用）
1	PRN 屏蔽码分配，最多为 210 位中的 51 位
2～5	快速修正值
6	完好性信息
7	快速修正值衰退因子
8	保留
9	GEO 导航电文
10	衰退参数
11	保留
12	SBAS 网络时间/（UTC）偏移参数
13～16	保留
17	GEO 卫星历书
18	电离层格点屏蔽码
19～23	保留
24	快速修正/长期卫星误差估计的混合电文
25	长期卫星误差修正值
26	电离层延迟误差估计
27	SBAS 服务电文
28	时钟星历协方差矩阵电文
29～61	保留
62	内部测试电文
63	空电文

3.3.2 GBAS

GBAS 的空间段由 GNSS 星座构成，用户端通常采用多模接收机（集成 GBAS 和 ILS 功能），地面设备则包括参考接收机、数据处理单元和 VHF 数据链。设置在地面的多个参考站通过局域差分定位原理实现 GNSS 导航性能的增强，以满足航空导航终端、进近和着陆需求。

实际上，只要陆地安置的信号源能够产生增强 GNSS 性能的信号，由此构成的系统就可被称为 GBAS，包括第 7 章介绍的各种差分定位系统，以及伪卫星增强系统、罗兰-C 与 GNSS 的组合、联合精密进近和着陆系统（Joint Precision Approach and Landing System，JPALS）等都属于 GBAS，其中典型的 GBAS 为美国的局域增强系统（Local Area Augmentation System，LAAS）。为克服只利用地面设备增强导航性能带来的覆盖范围的缺陷和开发 SBAS 的高成本，可以同时利用陆地增强信号源和 GEO 卫星提供的信息实现地基区域增强系统（Ground-based Regional Augmentation System，GRAS），GRAS 实际上是 SBAA 与 GBAS 的折中方案。

3.3.3 ABAS

ABAS 利用 GNSS 信息和其他机载传感器信息，实现机载导航系统的完好性监测。目前普遍应用的增强系统完好性监测主要有接收机自主完好性监测（Receiver Autonomous Integrity Monitoring，RAIM）和飞行器自主完好性监测（Aircraft Autonomous Integrity Monitoring，AAIM）两种，其中，AAIM 可从多种类型的传感器中获得冗余位置估计值，实现完好性监测。ABAS 至少应具备 RAIM，当 RAIM 不可用时，可以使用 INS 作为 GNSS 完好性监测的补充，使得 GNSS 定位的连续性仍然有效。

已有研究表明，GPS 和气压高度表、精密时钟组合最容易实现，且能够达到航路、非精密进近几乎 100%的可用性。若 GPS 导航数据和地基无线电导航系统组合，则略复杂，导航台需要进行误差和故障的识别与建模，同时考虑与 GPS 间的坐标变换问题。若采用 GPS 与罗兰-C 的组合模式，则可实现非精密进近的可用性从单独 GPS 的 97.335%提升至 99.982%，所以，GPS 与罗兰-C 的组合仍然不能满足非精密进近的要求。对于其他组合方案，研究表明，GPS 和 INS 的组合能够达到几乎 100%的可用性，能够满足非精密进近的要求，是未来的发展方向。

3.3.4 GNSS 多系统组合应用

目前，天空中同时运行着超过 140 颗 GNSS 卫星，卫星导航服务将进入多频、多模、多系统时代。对全球用户来说，可选择的余地变大了。而如何合理地选择不同系统或增强系统的信号，即实现多系统组合应用，是目前及将来需要解决的问题。

当前在不同应用领域，受应用需求牵引出现了不同组合应用方式，大体呈现如下规律。

（1）纯卫星导航组合的方式。目前市面上大量的导航定位接收机多采用这种模式，如GPS/GLONASS、GPS/GLONASS/BDS、GPS/Galileo/BDS等组合形式的接收机。当前由于GPS技术发展较成熟，占有的市场份额较大，因此多以其为主根据需求组合其他系统。

（2）GNSS与INS组合的方式。这也是目前主流的组合应用模式，随着微机电系统（Micro-Electro-Mechanical System，MEMS）技术的快速发展，出现了MEMS的INS元件，其显著的特点是体积小、功耗低、搭载方便、价格便宜，在许多领域采用其与GNSS组合实现连续的导航定位服务，如手机导航芯片，组合后便于在GNSS信号受到短期遮挡（如穿越隧道、高楼林立的街道等）的情况下提供连续的导航服务。

（3）多模式组合的方式。在该模式下采用不同体制的信号源组合来提高导航定位的可靠性，其组合模式更灵活，如组合采用卫星导航、无线电导航、惯性导航等多种手段，这一方式切合目前国内外研究热点“全源导航”的概念，即采用可利用的一切信号源，如商用卫星、光波、电视信号、蜂窝移动通信网络、Wi-Fi、Internet、伪卫星、无线电信标甚至闪电等进行导航定位，在组合模式上采用快捷的“即插即用”方式，提高了设备的执行效率和定位保障能力。

对用户而言，多个卫星导航定位系统并存的情形，可以提升导航定位服务的精度、可靠性和连续性，但是从系统层面来讲，多系统并存产生了许多问题。由于卫星导航系统在系统构成、定位原理、工作频率、信号调制方式及星历数据结构等方面有相同或类似之处，对卫星导航系统而言，频率资源、轨道资源是有限的。随着越来越多的卫星占用有限的中高度轨道轨位，越来越多的信号占用拥挤而宝贵的L波段卫星导航频带资源，同时随着卫星信号功率的增加，系统间干扰（兼容性）和相互协作（互操作）问题越来越引起人们的关注。

兼容性是指在两个或多个系统同时工作时，不会引起冲突，相对单系统工作的情况不会产生显著的性能下降，即系统间干扰引起的性能降低应在一个可接受的范围内。互操作性是指在两个或多个系统同时工作时，通过联合利用不同星座的多颗卫星的信息（如伪距观测值、导航电文）来提高导航定位的可用性和精度的方法，实现互操作的系统服务性能显著超过其中任何一个系统单独工作的效果。兼容性与互操作性是互相交织、密不可分的。兼容性是必需的、基本的要求，是互操作性的前提（不兼容的系统根本谈不上性能的互相增强），一般可以从用户设备层面来考察；互操作性则是进步的要求，需要从系统级来考察。互操作水平是优化处理的结果，是可以通过努力在用户层面上达到的。

国际上，各导航大国针对多系统兼容互操作问题展开了积极的交流与合作。从全球导航卫星系统的发展趋势来看，民用L频段信号间的干扰已不可避免，而且随着导航系统数量和服务类型的增加，系统间和系统内的干扰还会进一步加剧。发达国家就导航信号的兼容和互操作问题展开了多轮谈判，并签署了若干协议。为了最大可能减少系统间的干扰，在民用信号领域，类似的协议还将出现，多模导航信号很有可能形成国际标准。例如，GPS和Galileo系统都将在L1频段播发MBOC信号，采用几乎相同的信号体制，并将其作为未来民用主流信号。GPS的L5信号与Galileo系统的E5a信号是兼容且互操作的。而GLONASS也在未来的现代化计划中考虑了L1CR信号和L5R信号，分别与L1（1575.42 MHz）和L5（1176.45 MHz）频段的信号实现兼容与互操作。显然，L1（1575.42 MHz）和L5（1176.45 MHz）两个频段的信号体制很有可能形成国际标准。

在兼容性和互操作性的前提下，如何设计信号才能使导航系统具有更高的精度、更好的抗多径和抗干扰能力是导航信号设计追求的目标。通过采用新的调制方式实现信号功率谱峰远离中心频率，一方面可以最大程度减少与原有信号的干扰，另一方面可以通过改变 Gabor 带宽减小接收机码跟踪误差。在多模兼容的基础上提高导航信号的性能是导航系统发展的趋势。

显然，GNSS 的兼容性与互操作性能够带来导航定位和授时性能的显著提高。在未来一段时间内，随着各系统建设的推进及增强系统的完善，组合应用模式层出不穷，应用领域也将逐步扩大，“GNSS 的应用仅受到人类想象力的限制”将是其应用的真实写照，在众多领域将大幅提升导航定位服务的性能，丰富人们的生活方式，提升人们的生活品质。

刘经南，男，中国工程院院士、武汉大学教授、博士生导师，曾任武汉大学校长、昆山杜克大学校长、国家“973 计划”顾问组专家。现任国家卫星导航定位系统工程技术研究中心主任、国际 GPS 地球动力学服务组织协调成员、中国北斗卫星导航系统专家委员会委员。我国卫星导航技术领域学科带头人，也是我国卫星导航定位工程应用领域开拓者。在理论研究方面，刘经南建立了系统的卫星导航定位理论与技术体系，研制了具有国际影响力的卫星导航定位数据处理与分析软件，在中国卫星导航定位领域实现了多个“第一”，攻克了北斗卫星导航系统的多个关键问题，建立了亚太地区首个北斗高精度国际分析中心，实现了中国北斗异构星座高精度数据处理关键技术的自主掌控；在工程应用方面，刘经南建立了中国首个卫星导航定位连续运行参考站系统，总体设计了国家北斗地基增强系统，负责研制的世界上第一个完全无人值守连续自动运行的大坝 GPS 自动监测系统，为 1998 年长江抗洪科学决策提供了技术支撑，在湖北省建立了中国国内首个省级区域的北斗地基增强系统；在产学研方面，刘经南创建的武汉大学卫星导航定位技术研究中心，已成为国际全球卫星导航系统服务组织（IGS）三大数据与分析中心之一，带领团队研发了湖北首颗自主知识产权的北斗多模多频高精度芯片，也是中国首颗 40nm 消费类北斗导航定位芯片，并在此基础上继续设计模块、板卡、高精度接收机及基准站网应用平台。他带领科研团队不畏艰难、勇攀高峰，从跟随、超越到引领，在我国卫星导航定位领域填补了多个空白，实现了多个第一。

新时代我们要以刘经南教授为榜样，学习刘教授的教育理念“未来教育要让学生了解知识、掌握知识的同时，更要注重培养学生发现知识、创造知识的能力。在实践中发现需求、提炼问题，创造出新的知识来解决问题”。共同实现中华民族伟大复兴中国梦，培养能创造、创新、创业的复合型人才。

习题 3

1．试写出目前四大卫星导航系统的名称。

2．载波相位相对定位普遍采用将相位观测值进行线性组合的方法，具体方法有几种，分别是什么？

3．为什么说 GPS 定位技术具有广阔的应用领域？

4．根据增强信息的来源，可将增强系统分为哪几类？

5．请简述卫星导航系统的特点。

6．卫星导航系统按测量参数分类可分为几类，写出每个类别的名称。

7．设(X_i,Y_i,Z_i)（$i=1,2,3,4$）为卫星坐标，(X,Y,Z)为用户坐标，试根据图 3.2 写出双曲线测距离差定位方程。

8．设$X=X_0+\Delta X$，$Y=Y_0+\Delta Y$，$Z=Z_0+\Delta Z$，试将三球定位方程［式（3.3）］线性化。

9．差分定位技术的特点是什么？

10．试述卫星导航广域差分和广域增强系统的关键技术。

第4章

惯性导航系统

惯性导航系统往往是组合导航系统的核心组成部分，是水下航行器必不可少的导航系统。本章主要介绍惯性导航系统的基本知识、基本原理及相关技术。并为接下来组合导航系统的学习打下基础。

知识目标

1. 理解并掌握惯性导航系统的基础知识。
2. 理解捷联式惯性导航系统的基本原理。
3. 了解捷联式惯性导航系统的初始对准技术、阻尼技术和综合校正技术。

能力目标

1. 能够理解惯性导航系统的工作原理，学会比力方程的推导。
2. 掌握捷联式惯性导航系统的解算方法和误差特性。

课程思政与职业素养

1. 场景引入：2022 年俄乌冲突爆发。双方使用了大量的精确制导武器，这些精确制导武器中均配备有惯性导航系统或惯性器件。目前，惯性导航系统的性能会直接影响武器的反应速度和打击精度。通过对惯性导航系统的学习，不仅可以培养学生的学科交叉能力，还可以让学生了解到所学知识对于国防建设的重要性，培养学生的历史使命感和时代责任感。

2. 科技伦理：近年来，我国科技实力迅速提升，创新指数排名连续 9 年稳步上升，国际顶尖期刊论文数量排名世界第二，实现了在世界科技舞台上由“跟跑”到“并跑”乃至在部分领域“领跑”的转变。但同时，中国学者论文撤稿事件、生物医学的争议性实验等科技伦理事件时有发生。作为科研人员，要紧紧把握“科研底线”，杜绝学术不端问题，让科技真正服务人类。

3. 了解基础学科发展，关注新型惯性传感器、新惯性导航机制的研发进程，展望惯性导航系统在民用领域的发展前景。

4.1 惯性导航系统的基础知识

惯性导航（简称惯导）系统利用惯性器件在水下航行器内部测量水下航行器相对惯性空间的线运动和角运动参数（加速度和角速度），在给定的运动初始条件下，根据牛顿运动定律，实时计算水下航行器的导航参数。

4.1.1 惯性导航系统概论

惯性导航系统涉及控制技术、计算机技术、测试技术、精密机械工艺等多门应用技术学科，是现代高精尖技术的产物，但其导航原理并不复杂。

假设水下航行器在较小范围内航行，在这种情况下，航行器的活动区域可以近似为一个平面，因此球面导航转化为平面导航。在水下航行器上安装一个三轴陀螺稳定平台，隔离载体的角运动，平台的三根稳定轴分别指东、指北及指天，即平台水平且方位指北。沿平台的正东方向和正北方向各安装一个加速度计，从两个加速度计的输出中，可以提取航行器沿东向和北向的加速度：a_{E} 和 a_{N}。

提取加速度计输出的加速度 a_{E} 和 a_{N} 经过一次积分，并与初始的东向和北向速度相加，即可计算出载体的东向速度、北向速度为

$$\begin{cases} v_{\mathrm{E}} = v_{\mathrm{E0}} + \int_0^t a_{\mathrm{E}} \mathrm{d}t \\ v_{\mathrm{N}} = v_{\mathrm{N0}} + \int_0^t a_{\mathrm{N}} \mathrm{d}t \end{cases} \tag{4.1}$$

根据 v_{E} 和 v_{N} 可得出载体位置坐标经纬度（经度 λ、纬度 φ）的变化率，对经纬度的变化率进行积分可得经纬度的变化量，加上初始坐标即可实时得到航行器的位置为

$$\begin{cases} \varphi = \varphi_0 + \int_0^t \frac{v_{\mathrm{N}}}{R} \mathrm{d}t \\ \lambda = \lambda_0 + \int_0^t \frac{v_{\mathrm{E}}}{R\cos\varphi} \mathrm{d}t \end{cases} \tag{4.2}$$

式中，R 为地球半径。

由此可见，惯性导航的理论基础是牛顿第二运动定律。从本质上说，惯性导航系统就是一个根据加速度推算速度和位置的系统。上面介绍的是平台式惯性导航系统方案。在惯性导航系统的发展过程中，一直存在平台式惯性导航系统与捷联式惯性导航系统两种。

平台式惯性导航系统（见图 4.1）将陀螺仪安装在由框架构成的物理稳定的平台上，用陀螺仪敏感平台的角运动，通过平台稳定回路控制平台保持指向上的稳定（通常保证指东、指北和指天）。把加速度计也放在平台上，其敏感轴的指向也是明确的。加速度计的输出信息由导航计算机处理，可方便提取载体的加速度，计算载体速度、位置及对平台的控制量。在实现定位的同时，可以从平台的框架轴上直接测量得到载体的航向、姿态信息。

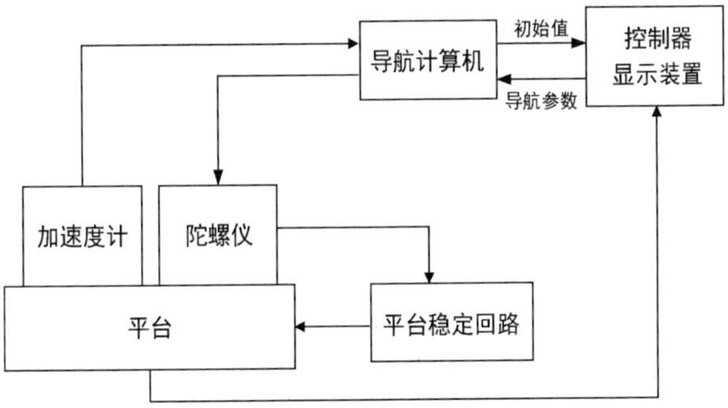

图 4.1　平台式惯性导航系统

捷联式惯性导航系统将陀螺仪、加速度计构成的惯性测量单元直接与载体固联，测量得到的载体角运动和线运动参数是沿与载体固联的坐标轴上的分量。导航计算机先通过计算“姿态矩阵”将加速度的输出转换到惯性坐标系或当地地理坐标系，然后进行速度、位置的计算，如图 4.2 所示。

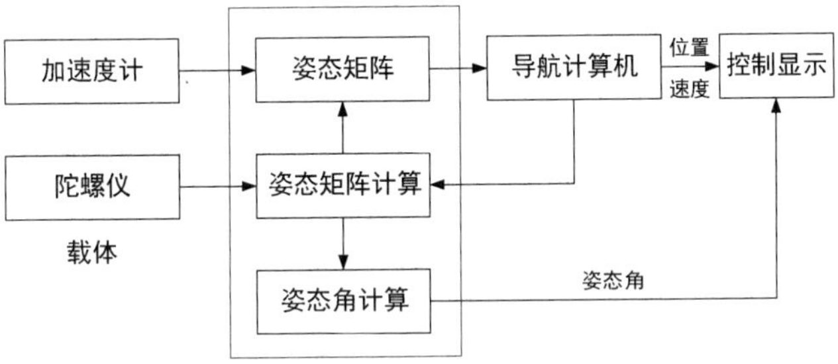

图 4.2　捷联式惯性导航系统

在平台式惯性导航系统中，平台将惯性器件与载体的角运动隔离开来，这样陀螺仪的测量范围较小，易于保证系统的精度。但平台的机械结构非常复杂，制造成本高、可靠性差、体积大，这是其最主要的缺点。对于无人水下航行器而言，由于其体积有限，因此平台式惯性导航系统不适合体积小的水下平台。而捷联式惯性导航系统没有平台，结构简单，体积容易控制，加工容易，可以通过余度技术提高系统的容错能力，因此对于中小型水下航行器而言，捷联式惯性导航系统是最常用的，本章主要介绍捷联式惯性导航系统的基本知识。

4.1.2　陀螺仪测量原理

陀螺仪是惯性导航系统中的核心器件，它的性能直接影响惯性导航系统的精度。陀螺仪能测得载体的转角或角速度，依据的是惯性力或惯性力矩，而且测量结果是相对惯性空间的，所以把陀螺仪称作惯性器件。

陀螺仪一般由陀螺转子、内环、外环及基座组成。陀螺转子由内环支承，可以高速转动，陀螺转子的转动轴称为陀螺主轴或自转轴；内环通过内环轴支承在外环上，可相对外环转动；外环通过外环轴支承在基座上，可绕外环轴相对基座转动。陀螺仪的主轴、内环轴、外环轴相交于一点，该点被称为陀螺仪的支点。

工程上常用的陀螺仪转子的支承方式多种多样，为减小作用在陀螺仪上的有害力矩，特别是摩擦力，人们想出了许多办法，如液浮、气浮、磁悬浮、静电支承、挠性支承等，因而陀螺仪有很多种类。一般来说，陀螺仪都有高速转动的转子，主轴有一个或两个转动自由度。随着科学技术的发展进步，出现了一些没有转子的新型陀螺仪，如光纤陀螺仪、振动陀螺仪、原子陀螺仪等，这些陀螺仪虽然没有转子，但具备陀螺仪的一些特性，能够当成“陀螺”来使用，因而也被称为陀螺仪。

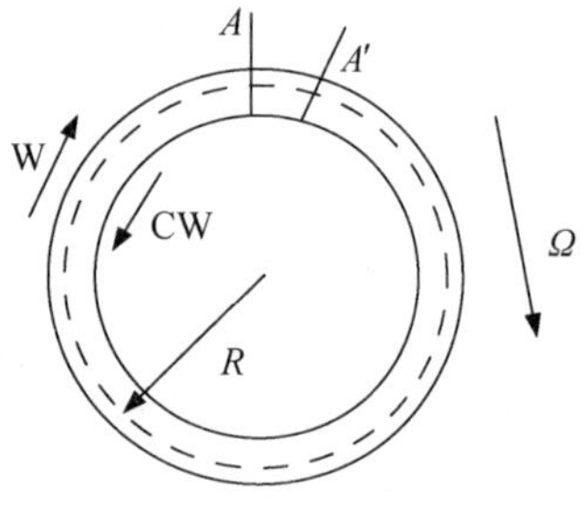

图 4.3　Sagnac 效应

目前，光学陀螺仪占据 80%以上的市场，是较为常用的惯性器件，而转子陀螺仪正在被淘汰。因此本节主要介绍光学陀螺仪的测量原理

光学陀螺仪包括激光陀螺仪（GL）和光纤陀螺仪（FOG）两种，其工作原理都基于 Sagnac 效应，如图 4.3 所示。在闭合光路中，同时从 A 点开始沿相反方向（顺时针 W 和逆时针 CW）传播的两列光波，当闭合光路静止时（角速度 $\Omega=0$），两列光波回到 A 点所花费的时间是一样的，在这种情况下，两列光波不产生相位差；当闭合回路以角速度 Ω（沿顺时针方向）转动时，两列光波回到 A 点所花费的时间不同，因为 A 点已经转到了位置 A'。有下列关系：

$$t_{\mathrm{CW}}=\frac{2\pi R}{C_{\mathrm{CW}}-R\Omega} \tag{4.3}$$

$$t_{\mathrm{CCW}}=\frac{2\pi R}{C_{\mathrm{CCW}}+R\Omega} \tag{4.4}$$

式中，C_{CW} 和 C_{CCW} 为顺时针方向和逆时针方向的传播光速，约等于真空中的光速 C；R 为回路直径。

所以两列光波的传播时间差为

$$\Delta t=t_{\mathrm{CW}}-t_{\mathrm{CCW}}=\frac{4\pi R^2}{C^2}\Omega \tag{4.5}$$

相应的两列光波产生的 Sagnac 相位差为

$$\Delta\Phi=\frac{8\pi^2R^2}{\lambda C}\Omega \tag{4.6}$$

式中，λ 为真空中光的波长。

所以通过检测相位差就可以测量转动角速度，这就是 Sagnac 效应。

4.1.3　加速度计测量原理

和陀螺仪一样，加速度计也是惯性导航系统中使用的核心器件。惯性导航系统利用加速度计测量航行器的加速度信息，从而推算出航行器的速度与位置。

根据牛顿第二运动定律，若任何物体所受力的合力不为零，则相对惯性空间做变速运动，要在惯性空间保持静止或匀速运动，物体所受合力必须为零；若物体相对惯性空间有运动加速度，则所受合力必然不为零，这就是惯性空间中力与运动的关系。

在分析任一运动物体的受力时，都可以把物体所受合力 F 分为两部分：一部分是各种天体（如地球、太阳、月亮等）的引力 F_g；另一部分是作用于该物体的其他力，统称为非引力 F_m。

若运动载体相对惯性空间的运动加速度为 a_i，根据牛顿定律，则应该有

$$F = F_g + F_m = ma_i \tag{4.7}$$

式中，m 为物体质量。

于是有

$$\frac{F_g}{m} + \frac{F_m}{m} = a_i \tag{4.8}$$

我们关心的是载体的运动加速度 a_i。理论上，若能测得引力 F_g、非引力 F_m，当然可以得到加速度 a_i，但是，天体的引力是无法直接测得的，而非引力则可以通过一定办法测得。由于非引力可以直接测得，且与加速度有密切的关系，这里我们赋予单位质量的物体受力中的非引力一个名词——比力。记比力为 f，于是有

$$f = a_i - \frac{F_g}{m} = a_i - G \tag{4.9}$$

式中，G 为单位质量物体所受到的引力，即引力加速度。式（4.9）表明，作用于单位质量物体的比力等于该物体的绝对加速度与引力加速度之差。

前面已经指出，物体受力的非引力，即比力，可以通过一定的方法测得，而加速度计是一种测量比力的装置。下面以一个理想化的电位计式线性加速度计为例，说明加速度计如何测量比力。

电位计式线性加速度计的结构示意图如图 4.4 所示。壳体中有一检测质量块，该质量块可以沿导轨在壳体内滑动，假设滑动是无摩擦的，当壳体相对惯性空间有运动加速度 a_i 时，受惯性力与天体引力共同作用，质量块会沿导轨方向产生位移，因此根据电位计的输出电压可以检测到该位移量。

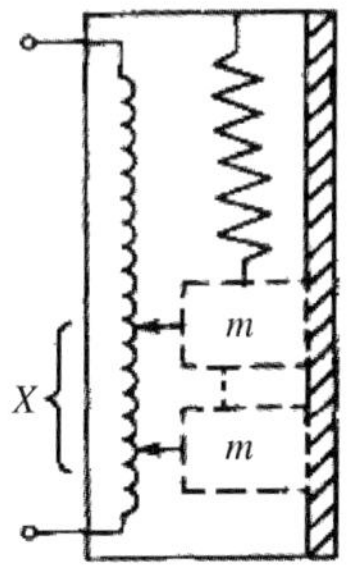

图 4.4 电位计式线性加速度计的结构示意图

4.1.4 比力方程

在导航计算中，需要知道航行器相对地球的加速度在导航坐标系中的分量。为此，有必要研究比力分量与相对加速度的关系，即比力方程。

1. 哥氏定理

哥式定理描述了矢量在不同坐标系中的变化率之间的关系。设有矢量 $\boldsymbol{r}$，m 和 n 是两个空间坐标系，坐标系 n 相对坐标系 m 的旋转角速度矢量为 $\boldsymbol{\omega}_{mn}$，两个坐标系的原点没有相对运动速度。

在坐标系 m 中观察到的矢量 $\boldsymbol{r}$ 的变化率，即矢量 $\boldsymbol{r}$ 的矢端相对坐标系 m 的速度矢量，记为 $\left.\frac{\mathrm{d}\boldsymbol{r}}{\mathrm{d}t}\right|_{\mathrm{m}}$；在坐标系 n 中观察到的矢量 $\boldsymbol{r}$ 的变化率，即矢量 $\boldsymbol{r}$ 的矢端相对坐标系 n 的速度矢量，记为 $\left.\frac{\mathrm{d}\boldsymbol{r}}{\mathrm{d}t}\right|_{\mathrm{n}}$，则

$$\left.\frac{\mathrm{d}\boldsymbol{r}}{\mathrm{d}t}\right|_{\mathrm{m}}=\left.\frac{\mathrm{d}\boldsymbol{r}}{\mathrm{d}t}\right|_{\mathrm{n}}+\boldsymbol{\omega}_{\mathrm{mn}}\times\boldsymbol{r} \tag{4.10}$$

式中，$\boldsymbol{\omega}_{\mathrm{mn}}\times\boldsymbol{r}$ 是由于矢量 $\boldsymbol{r}$ 跟随坐标系 n 一起相对坐标系 m 旋转形成的矢端速度，是牵连速度。

对于矢量的叉乘 $\boldsymbol{\omega}_{\mathrm{mn}}\times\boldsymbol{r}$ 可以通过矩阵运算其分量。

令 $\boldsymbol{\omega}_{\mathrm{mn}}=\begin{bmatrix}\omega_x & \omega_y & \omega_z\end{bmatrix}^{\mathrm{T}}$，$\boldsymbol{r}=\begin{bmatrix}r_x & r_y & r_z\end{bmatrix}^{\mathrm{T}}$，则

$$\boldsymbol{\omega}_{\mathrm{mn}}\times\boldsymbol{r}=\begin{bmatrix}0 & -\omega_z & \omega_y\\ \omega_z & 0 & -\omega_x\\ -\omega_y & \omega_x & 0\end{bmatrix}\begin{bmatrix}r_x\\ r_y\\ r_z\end{bmatrix} \tag{4.11}$$

2．绝对加速度

当动点的牵连运动为转动时，动点的绝对加速度 $\boldsymbol{a}_{\mathrm{i}}$ 是相对加速度 $\boldsymbol{a}_{\mathrm{r}}$、牵连加速度 $\boldsymbol{a}_{\mathrm{e}}$ 与哥氏加速度 $\boldsymbol{a}_{\mathrm{c}}$ 三种成分的矢量和，即

$$\boldsymbol{a}_{\mathrm{i}}=\boldsymbol{a}_{\mathrm{r}}+\boldsymbol{a}_{\mathrm{e}}+\boldsymbol{a}_{\mathrm{c}} \tag{4.12}$$

这就是一般情况的加速度合成定理。当航行器在地球表面附近航行时，航行器一方面相对地球运动，另一方面参与地球相对惯性空间的相对运动。因此，航行器的绝对加速度应该是上述三项的矢量和。

在日心惯性坐标系中分析绝对加速度，如图 4.5 所示，设地球附近的运动载体位于 P 点，它在日心惯性坐标系中的位置矢量是 $\boldsymbol{R}$，在地球坐标系中的位置矢量是 $\boldsymbol{r}$，地心在日心惯性坐标系中的位置矢量是 $\boldsymbol{R}_0$，显然有

$$\boldsymbol{R}=\boldsymbol{R}_0+\boldsymbol{r} \tag{4.13}$$

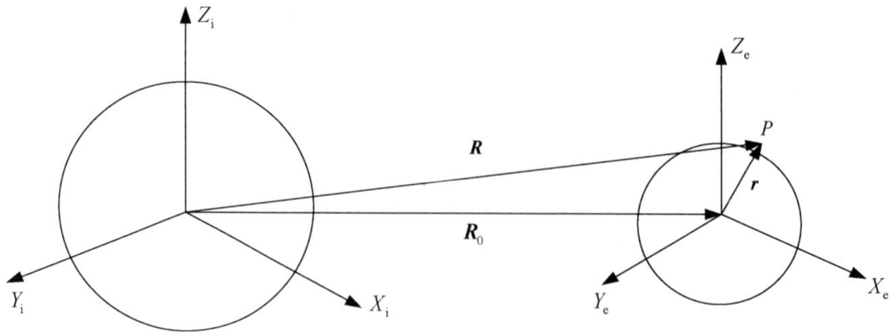

图 4.5　矢量相对关系图

相对惯性坐标系求取式（4.13）各项的变化率为

$$\left.\frac{\mathrm{d}\boldsymbol{R}}{\mathrm{d}t}\right|_{\mathrm{i}}=\left.\frac{\mathrm{d}\boldsymbol{R}_0}{\mathrm{d}t}\right|_{\mathrm{i}}+\left.\frac{\mathrm{d}\boldsymbol{r}}{\mathrm{d}t}\right|_{\mathrm{i}} \tag{4.14}$$

位置矢量 $\boldsymbol{r}$ 相对惯性坐标系的变化率为绝对速度。在地球坐标系 e 中观察到的矢量 $\boldsymbol{r}$ 的变化率记为 $\left.\frac{\mathrm{d}\boldsymbol{r}}{\mathrm{d}t}\right|_{\mathrm{e}}$ ，地球坐标系相对惯性坐标系的自转角速度矢量为 $\boldsymbol{\omega}_{\mathrm{ie}}$，依据哥式定理有

$$\left.\frac{\mathrm{d}\boldsymbol{r}}{\mathrm{d}t}\right|_{\mathrm{i}}=\left.\frac{\mathrm{d}\boldsymbol{r}}{\mathrm{d}t}\right|_{\mathrm{e}}+\boldsymbol{\omega}_{\mathrm{ie}}\times\boldsymbol{r}=\boldsymbol{v}_{\mathrm{ep}}+\boldsymbol{\omega}_{\mathrm{ie}}\times\boldsymbol{r} \tag{4.15}$$

式中，$\left.\frac{\mathrm{d}\boldsymbol{r}}{\mathrm{d}t}\right|_{\mathrm{e}}$ 是载体相对地球的速度，简称载体速度。

将式（4.15）代入式（4.14）得

$$\left.\frac{\mathrm{d}\boldsymbol{R}}{\mathrm{d}t}\right|_{\mathrm{i}}=\left.\frac{\mathrm{d}\boldsymbol{R}_0}{\mathrm{d}t}\right|_{\mathrm{i}}+\boldsymbol{v}_{\mathrm{ep}}+\boldsymbol{\omega}_{\mathrm{ie}}\times\boldsymbol{r} \tag{4.16}$$

求导得到式（4.16）各项矢量在惯性坐标系中的变化率为

$$\left.\frac{\mathrm{d}^2\boldsymbol{R}}{\mathrm{d}t^2}\right|_{\mathrm{i}}=\left.\frac{\mathrm{d}^2\boldsymbol{R}_0}{\mathrm{d}t^2}\right|_{\mathrm{i}}+\left.\frac{\mathrm{d}\boldsymbol{v}_{\mathrm{ep}}}{\mathrm{d}t}\right|_{\mathrm{i}}+\left.\frac{\mathrm{d}\left(\boldsymbol{\omega}_{\mathrm{ie}}\times\boldsymbol{r}\right)}{\mathrm{d}t}\right|_{\mathrm{i}} \tag{4.17}$$

地球自转角速度 $\boldsymbol{\omega}_{\mathrm{ie}}$ 相对惯性坐标系基本不变，可看作常值矢量 $\left.\frac{\mathrm{d}\boldsymbol{\omega}_{\mathrm{ie}}}{\mathrm{d}t}\right|_{\mathrm{i}}=\boldsymbol{0}$，因此

$$\left.\frac{\mathrm{d}\left(\boldsymbol{\omega}_{\mathrm{ie}}\times\boldsymbol{r}\right)}{\mathrm{d}t}\right|_{\mathrm{i}}=\boldsymbol{\omega}_{\mathrm{ie}}\times\left.\frac{\mathrm{d}\boldsymbol{r}}{\mathrm{d}t}\right|_{\mathrm{i}}=\boldsymbol{\omega}_{\mathrm{ie}}\times\left(\boldsymbol{v}_{\mathrm{ep}}+\boldsymbol{\omega}_{\mathrm{ie}}\times\boldsymbol{r}\right) \tag{4.18}$$

运用哥式定理求取 $\boldsymbol{v}_{\mathrm{ep}}$ 相对地球坐标系的变化率为

$$\left.\frac{\mathrm{d}\boldsymbol{v}_{\mathrm{ep}}}{\mathrm{d}t}\right|_{\mathrm{i}}=\left.\frac{\mathrm{d}\boldsymbol{v}_{\mathrm{ep}}}{\mathrm{d}t}\right|_{\mathrm{e}}+\boldsymbol{\omega}_{\mathrm{ie}}\times\boldsymbol{v}_{\mathrm{ep}} \tag{4.19}$$

将式（4.18）和式（4.19）代入式（4.17）得

$$\left.\frac{\mathrm{d}^2\boldsymbol{R}}{\mathrm{d}t^2}\right|_{\mathrm{i}}=\left.\frac{\mathrm{d}^2\boldsymbol{R}_0}{\mathrm{d}t^2}\right|_{\mathrm{i}}+\left.\frac{\mathrm{d}\boldsymbol{v}_{\mathrm{ep}}}{\mathrm{d}t}\right|_{\mathrm{e}}+2\boldsymbol{\omega}_{\mathrm{ie}}\times\boldsymbol{v}_{\mathrm{ep}}+\boldsymbol{\omega}_{\mathrm{ie}}\times\left(\boldsymbol{\omega}_{\mathrm{ie}}\times\boldsymbol{r}\right) \tag{4.20}$$

式（4.20）就是载体的绝对加速度表达式，各项代表的物理意义为：$\left.\frac{\mathrm{d}^2\boldsymbol{R}}{\mathrm{d}t^2}\right|_{\mathrm{i}}$ 表示载体相对惯性坐标系的加速度；$\left.\frac{\mathrm{d}^2\boldsymbol{R}_0}{\mathrm{d}t^2}\right|_{\mathrm{i}}$ 表示地球公转造成的地心相对惯性坐标系的加速度，是牵连加速度的一部分；$\boldsymbol{v}_{\mathrm{ep}}$ 表示载体相对地球的速度；$\left.\frac{\mathrm{d}\boldsymbol{v}_{\mathrm{ep}}}{\mathrm{d}t}\right|_{\mathrm{e}}$ 表示地球坐标系中观测到的 $\boldsymbol{v}_{\mathrm{ep}}$ 的变化率，也就是载体相对地球坐标系的运动加速度；$\boldsymbol{\omega}_{\mathrm{ie}}\times\left(\boldsymbol{\omega}_{\mathrm{ie}}\times\boldsymbol{r}\right)$ 表示地球自转引起的向心加速度，是载体牵连运动加速度的一部分；$2\boldsymbol{\omega}_{\mathrm{ie}}\times\boldsymbol{v}_{\mathrm{ep}}$ 表示载体相对地球运动和地球自转角速度相互作用引起的哥氏加速度。载体的绝对加速度表达式描述了地球表面附近运动物体的绝对加速度与相对地球的相对加速度之间的关系。

3．比力方程

将绝对加速度表达式代入比力的定义公式得

$$\begin{aligned} f = \boldsymbol{a}_{\mathrm{i}} - G = \left.\frac{\mathrm{d}^2\boldsymbol{R}}{\mathrm{d}t^2}\right|_{\mathrm{i}} - G(\boldsymbol{R}) \\ = \left.\frac{\mathrm{d}^2\boldsymbol{R}_0}{\mathrm{d}t^2}\right|_{\mathrm{i}} + \left.\frac{\mathrm{d}\boldsymbol{v}_{\mathrm{ep}}}{\mathrm{d}t}\right|_{\mathrm{e}} + 2\boldsymbol{\omega}_{\mathrm{ie}} \times \boldsymbol{v}_{\mathrm{ep}} + \boldsymbol{\omega}_{\mathrm{ie}} \times (\boldsymbol{\omega}_{\mathrm{ie}} \times \boldsymbol{r}) - G(\boldsymbol{R}) \end{aligned} \tag{4.21}$$

对地球表面的载体来说，引力加速度 G 包括地球的引力加速度 $G_{\mathrm{e}}(\boldsymbol{r})$、太阳的引力加速度 $G_{\mathrm{s}}(\boldsymbol{R})$、月亮的引力加速度 $G_{\mathrm{m}}(\boldsymbol{R})$和太阳系其他行星的引力加速度等。由计算可知，月亮对地球上的物体的引力加速度 $G_{\mathrm{m}}(\boldsymbol{R})$的最大值为$4\times10^{-6}g$，太阳系其他行星的引力加速度更小，在一般的惯性导航问题中可以忽略不计。因此引力加速度主要为地球及太阳的引力加速度，即

$$G(\boldsymbol{R}) = G_{\mathrm{e}}(\boldsymbol{r}) + G_{\mathrm{s}}(\boldsymbol{R}) \tag{4.22}$$

由于地球距离太阳较远，地球表面的物体到太阳的距离与地心到太阳的距离可以近似认为相等。地心绕太阳运动的加速度$\left.\frac{\mathrm{d}^2\boldsymbol{R}_0}{\mathrm{d}t^2}\right|_{\mathrm{i}}$是太阳对地球的引力造成的，与太阳对地球表面物体的引力加速度 $G_{\mathrm{s}}(\boldsymbol{R})$几乎相等，于是在式（4.21）中，地心绕太阳运动的加速度和引力加速度$G(\boldsymbol{R})$中的太阳的引力加速度 $G_{\mathrm{s}}(\boldsymbol{R})$可以相互抵消，则

$$f = \left.\frac{\mathrm{d}\boldsymbol{v}_{\mathrm{ep}}}{\mathrm{d}t}\right|_{\mathrm{e}} + 2\boldsymbol{\omega}_{\mathrm{ie}} \times \boldsymbol{v}_{\mathrm{ep}} + \boldsymbol{\omega}_{\mathrm{ie}} \times (\boldsymbol{\omega}_{\mathrm{ie}} \times \boldsymbol{r}) - G_{\mathrm{e}}(\boldsymbol{r}) \tag{4.23}$$

地球对其附近物体的引力可以分解为重力和跟随地球自转所需的向心力两部分。地球的重力加速度也可以分解为两部分，即

$$G_{\mathrm{e}}(\boldsymbol{r}) = \boldsymbol{g}(\boldsymbol{r}) + \boldsymbol{\omega}_{\mathrm{ie}} \times (\boldsymbol{\omega}_{\mathrm{ie}} \times \boldsymbol{r}) \tag{4.24}$$

式中，$\boldsymbol{g}(\boldsymbol{r})$为重力加速度矢量；$\boldsymbol{\omega}_{\mathrm{ie}} \times (\boldsymbol{\omega}_{\mathrm{ie}} \times \boldsymbol{r})$为跟随地球自转的向心加速度。

将式（4.24）代入式（4.23），有

$$f = \left.\frac{\mathrm{d}\boldsymbol{v}_{\mathrm{ep}}}{\mathrm{d}t}\right|_{\mathrm{e}} + 2\boldsymbol{\omega}_{\mathrm{ie}} \times \boldsymbol{v}_{\mathrm{ep}} - \boldsymbol{g}(\boldsymbol{r}) \tag{4.25}$$

式（4.25）等号右侧第一项是在地球坐标系中观测到的载体速度$\boldsymbol{v}_{\mathrm{ep}}$的变化率。惯性导航系统在导航坐标系中计算载体速度和位置，需要求取载体速度$\boldsymbol{v}_{\mathrm{ep}}$在导航坐标系中的变化率，即在导航坐标系中观测到的加速度。

记在平台坐标系中观测到的载体速度$\boldsymbol{v}_{\mathrm{ep}}$的变化率为$\left.\frac{\mathrm{d}\boldsymbol{v}_{\mathrm{ep}}}{\mathrm{d}t}\right|_{\mathrm{p}}$，也就是在平台坐标系中观测到的载体相对地球的加速度，平台坐标系 p 相对地球坐标系的转动角速度为$\boldsymbol{\omega}_{\mathrm{ep}}$，根据哥式定理有

$$\left.\frac{\mathrm{d}\boldsymbol{v}_{\mathrm{ep}}}{\mathrm{d}t}\right|_{\mathrm{e}} = \left.\frac{\mathrm{d}\boldsymbol{v}_{\mathrm{ep}}}{\mathrm{d}t}\right|_{\mathrm{p}} + \boldsymbol{\omega}_{\mathrm{ep}} \times \boldsymbol{v}_{\mathrm{ep}} \tag{4.26}$$

记 $\dot{\boldsymbol{v}}_{\text{ep}} = \left.\dfrac{\text{d}\boldsymbol{v}_{\text{ep}}}{\text{d}t}\right|_{\text{p}}$，则

$$f = \dot{\boldsymbol{v}}_{\text{ep}} + \left(2\boldsymbol{\omega}_{\text{ie}} + \boldsymbol{\omega}_{\text{ep}}\right) \times \boldsymbol{v}_{\text{ep}} - \boldsymbol{g}(\boldsymbol{r}) \tag{4.27}$$

式（4.27）反映了比力与载体相对加速度之间的关系，称为比力方程。

若令

$$\boldsymbol{a}_{\text{b}} = -\left(2\boldsymbol{\omega}_{\text{ie}} + \boldsymbol{\omega}_{\text{ep}}\right) \times \boldsymbol{v}_{\text{ep}} + \boldsymbol{g}(\boldsymbol{r}) \tag{4.28}$$

则

$$f = \dot{\boldsymbol{v}}_{\text{ep}} - \boldsymbol{a}_{\text{b}} \tag{4.29}$$

从测量加速度的角度来看，$\boldsymbol{a}_{\text{b}}$ 是比力中不希望有的成分，在惯性导航中称为有害加速度。导航计算中需要的是载体相对加速度 $\dot{\boldsymbol{v}}_{\text{ep}}$，但加速度计本身不能分辨载体的真实加速度和有害加速度。因此，必须从加速度计所测得的比力中补偿掉有害加速度，才能得到 $\dot{\boldsymbol{v}}_{\text{ep}}$，经过进一步运算获得载体相对地球的速度和位置等导航参数。

4.2 捷联式惯性导航系统的基本原理

捷联式惯性导航系统（Strap-down Inertial Navigation System，SINS）主要由惯性测量单元（Inertial Measurement Unit，IMU）、导航计算机和控制显示器组成。IMU 包括陀螺仪组件和加速度计组件。陀螺仪组件沿载体坐标系的三个轴测量角速度信号，并将其发送到导航计算机；误差补偿计算后，进行姿态矩阵计算。加速度计组件沿载体坐标系的三个轴测量加速度信号，并将它们发送到导航计算机；误差补偿计算后，进行从载体坐标系到平台坐标系的坐标变换计算。一方面利用姿态矩阵进行坐标变换，即将沿载体坐标系的加速度信号变换为平台坐标系（导航坐标系）各轴的加速度信号，以便计算导航参数；另一方面利用姿态矩阵的元素可以提取出水平姿态角和航向角信息。这样捷联式惯性导航系统中的矩阵计算、加速度计信号的坐标变换计算、姿态航向计算就实现了平台式惯性导航系统中实体陀螺仪稳定平台的功能，从而形成“数学平台”。

4.2.1 捷联式惯性导航系统姿态矩阵的计算

姿态矩阵是载体坐标系与导航坐标系之间的方向余弦矩阵。载体姿态角实际上就是载体坐标系 $o_{\text{b}}x_{\text{b}}y_{\text{b}}z_{\text{b}}$ 和导航坐标系 $o_{\text{n}}x_{\text{n}}y_{\text{n}}z_{\text{n}}$ 之间的转换关系，一般将东-北-天地理坐标系 $oENU$ 作为导航坐标系。根据前文的推导可以得到

$$\boldsymbol{C}_{\text{b}}^{\text{n}} = \begin{bmatrix} \cos\psi\cos\gamma - \sin\psi\sin\theta\sin\gamma & -\sin\psi\cos\theta & \cos\psi\sin\gamma - \sin\psi\sin\theta\cos\gamma \\ \cos\psi\sin\theta\sin\gamma + \sin\psi\sin\gamma & \cos\theta\cos\psi & \sin\psi\sin\gamma - \cos\psi\sin\theta\cos\gamma \\ -\cos\theta\sin\gamma & \sin\theta & \cos\theta\cos\gamma \end{bmatrix} \tag{4.30}$$

式中，$\boldsymbol{C}_{\mathrm{b}}^{\mathrm{n}}$ 为姿态矩阵或捷联矩阵；ψ、θ、γ 为载体的姿态角，分别为载体纵轴轴向在水平面内投影与北向基准线之间的夹角——航向角，载体纵轴与水平面之间的夹角——纵摇角和载体横轴与水平面之间的夹角——横摇角。

下面介绍两种姿态矩阵的更新计算方法：欧拉角法、四元数法。

1．欧拉角法

一个动坐标系相对参考坐标系的方位，完全可以由动坐标系依次绕三个不同轴转动的三个转角来确定。把载体坐标系 $o_{\mathrm{b}}x_{\mathrm{b}}y_{\mathrm{b}}z_{\mathrm{b}}$ 作为动坐标系，导航坐标系 $o_{\mathrm{n}}x_{\mathrm{n}}y_{\mathrm{n}}z_{\mathrm{n}}$ 作为参考坐标系，三个转角用欧拉角表示为 ψ、θ、γ。用 $\boldsymbol{\omega}_{\mathrm{nb}}^{\mathrm{b}}$ 表示载体坐标系相对地理坐标系的角速度矢量在载体坐标系轴向的分量，则 $\boldsymbol{\omega}_{\mathrm{nb}}^{\mathrm{b}}$ 和 ψ、θ、γ 的关系为

$$\begin{bmatrix}\boldsymbol{\omega}_{\mathrm{nb}x}^{\mathrm{b}}\\ \boldsymbol{\omega}_{\mathrm{nb}y}^{\mathrm{b}}\\ \boldsymbol{\omega}_{\mathrm{nb}z}^{\mathrm{b}}\end{bmatrix}=\boldsymbol{C}_{\psi}\boldsymbol{C}_{\theta}\begin{bmatrix}0\\0\\-\dot{\psi}\end{bmatrix}+\boldsymbol{C}_{\gamma}\begin{bmatrix}\dot{\theta}\\0\\0\end{bmatrix}+\begin{bmatrix}0\\ \dot{\gamma}\\0\end{bmatrix} \tag{4.31}$$

式中

$$\boldsymbol{C}_{\gamma}=\begin{bmatrix}\cos\gamma & 0 & -\sin\gamma\\ 0 & 1 & 0\\ \sin\gamma & 0 & \cos\gamma\end{bmatrix},\ \boldsymbol{C}_{\theta}=\begin{bmatrix}1 & 0 & 0\\ 0 & \cos\theta & \sin\theta\\ 0 & -\sin\theta & \cos\theta\end{bmatrix},\ \boldsymbol{C}_{\psi}=\begin{bmatrix}\cos\psi & \sin\psi & 0\\ -\sin\psi & \cos\psi & 0\\ 0 & 0 & 1\end{bmatrix} \tag{4.32}$$

展开并合并得

$$\begin{bmatrix}\dot{\gamma}\\ \dot{\theta}\\ \dot{\psi}\end{bmatrix}=\frac{1}{\cos\theta}\begin{bmatrix}-\sin\gamma\sin\theta & \cos\theta & -\cos\gamma\sin\theta\\ \cos\gamma\cos\theta & 0 & \sin\gamma\cos\theta\\ -\sin\gamma & 0 & -\cos\gamma\end{bmatrix}\begin{bmatrix}\boldsymbol{\omega}_{\mathrm{nb}x}^{\mathrm{b}}\\ \boldsymbol{\omega}_{\mathrm{nb}y}^{\mathrm{b}}\\ \boldsymbol{\omega}_{\mathrm{nb}z}^{\mathrm{b}}\end{bmatrix} \tag{4.33}$$

式（4.33）为欧拉角微分方程。根据姿态初值求解方程可以得到三个欧拉角，也就是姿态角。根据姿态角和姿态矩阵元素之间的关系即可得到姿态矩阵 $\boldsymbol{C}_{\mathrm{b}}^{\mathrm{n}}$。

2．四元数法

四元数的定义为

$$Q=(q_0,q_1,q_2,q_3)=q_0+q_1\mathrm{i}+q_2\mathrm{j}+q_3\mathrm{k}=q_0+q_{\mathrm{v}} \tag{4.34}$$

式中，q_0、q_1、q_2 和 q_3 都是实数，q_0 称为实部；$q_{\mathrm{v}}=q_1\mathrm{i}+q_2\mathrm{j}+q_3\mathrm{k}$ 称为虚部。四元数可以看作复数概念的扩充，有时也称为超复数，当 $q_2=q_3=0$ 时，四元数退化为复数。四元数的虚数单位 i、j、k 之间满足如下乘法运算规则：

$$\begin{cases}\mathrm{i}\cdot\mathrm{i}=\mathrm{j}\cdot\mathrm{j}=\mathrm{k}\cdot\mathrm{k}=-1\\ \mathrm{i}\cdot\mathrm{j}=\mathrm{k},\quad \mathrm{j}\cdot\mathrm{k}=\mathrm{i},\quad \mathrm{k}\cdot\mathrm{i}=\mathrm{j},\quad \mathrm{j}\cdot\mathrm{i}=-\mathrm{k},\quad \mathrm{k}\cdot\mathrm{j}=-\mathrm{i},\quad \mathrm{i}\cdot\mathrm{k}=-\mathrm{j}\end{cases} \tag{4.35}$$

四元数也可以表示为三角函数的形式。在刚体定轴转动理论中，根据欧拉定理，动坐标系相对参考坐标系的角度关系，等效于动坐标系绕某个等效转轴转动一个角度 ϑ。若用 $\boldsymbol{u}$ 表示等效转轴方向的单位矢量，则动坐标系的方位完全由 $\boldsymbol{u}$ 和 ϑ 两个参数确定。用 $\boldsymbol{u}$ 和 ϑ 可构造一个四元数：

$$Q=\cos\frac{\vartheta}{2}+\boldsymbol{u}\sin\frac{\vartheta}{2} \tag{4.36}$$

此时四元数的范数为

$$\|Q\|=q_0^2+q_1^2+q_2^2+q_3^2=1 \tag{4.37}$$

这样的四元数称为规范四元数。这样就可以把三维空间和四维空间联系起来，用四维空间的性质和运算规则来解决三维空间中刚体的定轴转动问题。

假设有如下两个四元数：

$$P=p_0+p_\mathrm{v}=p_0+p_1\mathrm{i}+p_2\mathrm{j}+p_3\mathrm{k} \tag{4.38}$$

$$Q=q_0+q_\mathrm{v}=q_0+q_1\mathrm{i}+q_2\mathrm{j}+q_3\mathrm{k} \tag{4.39}$$

则四元数乘法运算结果为

$$\begin{aligned}P\otimes Q&=(p_0+p_1\mathrm{i}+p_2\mathrm{j}+p_3\mathrm{k})\otimes(q_0+q_1\mathrm{i}+q_2\mathrm{j}+q_3\mathrm{k})\\&=(p_0q_0-p_1q_1-p_2q_2-p_3q_3)+(p_0q_1+p_1q_0+p_2q_3-p_3q_2)\mathrm{i}\\&\quad+(p_0q_2+p_2q_0+p_3q_1-p_1q_3)\mathrm{j}+(p_0q_3+p_3q_0+p_1q_2-p_2q_1)\mathrm{k}\end{aligned} \tag{4.40}$$

式中，$\otimes$ 表示四元数的乘法预运算符号。

若采用矩阵表示法，则四元数乘法式可写为

$$P\otimes Q=\begin{bmatrix}p_0&-p_1&-p_2&-p_3\\p_1&p_0&-p_3&p_2\\p_2&p_3&p_0&-p_1\\p_3&-p_2&p_1&p_0\end{bmatrix}\begin{bmatrix}q_0\\q_1\\q_2\\q_3\end{bmatrix}=\boldsymbol{M}_PQ=\begin{bmatrix}q_0&-q_1&-q_2&-q_3\\q_1&q_0&q_3&-q_2\\q_2&-q_3&q_0&q_1\\q_3&q_2&-q_1&q_0\end{bmatrix}\begin{bmatrix}p_0\\p_1\\p_2\\p_3\end{bmatrix}=\boldsymbol{M}'_QP \tag{4.41}$$

式中

$$\boldsymbol{M}_P=\begin{bmatrix}p_0&-p_1&-p_2&-p_3\\p_1&p_0&-p_3&p_2\\p_2&p_3&p_0&-p_1\\p_3&-p_2&p_1&p_0\end{bmatrix},\quad \boldsymbol{M}'_Q=\begin{bmatrix}q_0&-q_1&-q_2&-q_3\\q_1&q_0&q_3&-q_2\\q_2&-q_3&q_0&q_1\\q_3&q_2&-q_1&q_0\end{bmatrix} \tag{4.42}$$

三维空间的矢量可以看作标量为零的四元数。假定矢量 $\boldsymbol{r}$ 固定不动，动坐标系相对参考坐标系转动一个角度。若转动后的矢量在动坐标系中用 $\boldsymbol{r}'$ 表示，则以四元数描述的 $\boldsymbol{r}'$ 和 $\boldsymbol{r}$ 间的关系为

$$\boldsymbol{r}'=Q\otimes\boldsymbol{r}\otimes Q^* \tag{4.43}$$

式中，$Q^*=q_0-q_\mathrm{v}=q_0-q_1\mathrm{i}-q_2\mathrm{j}-q_3\mathrm{k}$ 为四元数 Q 的共轭四元数。

令 $\boldsymbol{r}'=[0,x_t,y_t,z_t]^\mathrm{T}$，$\boldsymbol{r}=[0,x_b,y_b,z_b]^\mathrm{T}$，则式（4.43）可展开为

$$\begin{bmatrix}0\\x_t\\y_t\\z_t\end{bmatrix}=\begin{bmatrix}1&0&0&0\\0&q_0^2+q_1^2-q_2^2-q_3^2&2(q_1q_2-q_0q_3)&2(q_1q_3+q_0q_2)\\0&2(q_1q_2+q_0q_3)&q_0^2-q_1^2+q_2^2-q_3^2&2(q_2q_3-q_0q_1)\\0&2(q_1q_3-q_0q_2)&2(q_2q_3+q_0q_1)&q_0^2-q_1^2-q_2^2+q_3^2\end{bmatrix}\begin{bmatrix}0\\x_b\\y_b\\z_b\end{bmatrix} \tag{4.44}$$

由式（4.44）可以直接得到矢量$[x_t, y_t, z_t]^{\mathrm{T}}$和$[x_b, y_b, z_b]^{\mathrm{T}}$在不同坐标系下的转换关系为

$$\begin{bmatrix} x_t \\ y_t \\ z_t \end{bmatrix} = \begin{bmatrix} q_0^2+q_1^2-q_2^2-q_3^2 & 2(q_1q_2-q_0q_3) & 2(q_1q_3+q_0q_2) \\ 2(q_1q_2+q_0q_3) & q_0^2-q_1^2+q_2^2-q_3^2 & 2(q_2q_3-q_0q_1) \\ 2(q_1q_3-q_0q_2) & 2(q_2q_3+q_0q_1) & q_0^2-q_1^2-q_2^2+q_3^2 \end{bmatrix} \begin{bmatrix} x_b \\ y_b \\ z_b \end{bmatrix} = \boldsymbol{C}_b^t \begin{bmatrix} x_b \\ y_b \\ z_b \end{bmatrix} \tag{4.45}$$

由此可知变换四元数 Q 的四个元，就可以得到矢量在不同坐标系下的转换关系，也就可以得到姿态矩阵的九个元素。反之，若姿态矩阵的九个元素已知，则可以相应地计算出变换四元数的四个元。

这里直接给出姿态四元数的微分方程：

$$\dot{Q}(t) = \frac{1}{2} Q(t) \otimes \boldsymbol{\omega}_{\mathrm{nb}}^{bq}(t) \tag{4.46}$$

式中，$Q(t)$为姿态四元数；$\boldsymbol{\omega}_{\mathrm{nb}}^{bq}$为以$\boldsymbol{\omega}_{\mathrm{nb}}^{\mathrm{b}}$为分量构成的四元数，$\boldsymbol{\omega}_{\mathrm{nb}}^{bq} = \left[0, \boldsymbol{\omega}_{\mathrm{nb}x}^{\mathrm{b}}, \boldsymbol{\omega}_{\mathrm{nb}y}^{\mathrm{b}}, \boldsymbol{\omega}_{\mathrm{nb}z}^{\mathrm{b}}\right]^{\mathrm{T}}$，$\boldsymbol{\omega}_{\mathrm{nb}}^{\mathrm{b}}$为载体坐标系相对导航坐标系的角速度。

上式可以改写为

$$\dot{Q}(t) = \frac{1}{2}\left[\boldsymbol{\omega}_{\mathrm{nb}}^{bq}(t)\right] Q(t) \tag{4.47}$$

式中

$$\left[\boldsymbol{\omega}_{\mathrm{nb}}^{bq}(t)\right] = \begin{bmatrix} 0 & -\boldsymbol{\omega}_{\mathrm{nb}x}^{\mathrm{b}}(t) & -\boldsymbol{\omega}_{\mathrm{nb}y}^{\mathrm{b}}(t) & -\boldsymbol{\omega}_{\mathrm{nb}z}^{\mathrm{b}}(t) \\ \boldsymbol{\omega}_{\mathrm{nb}x}^{\mathrm{b}}(t) & 0 & \boldsymbol{\omega}_{\mathrm{nb}z}^{\mathrm{b}}(t) & -\boldsymbol{\omega}_{\mathrm{nb}y}^{\mathrm{b}}(t) \\ \boldsymbol{\omega}_{\mathrm{nb}y}^{\mathrm{b}}(t) & -\boldsymbol{\omega}_{\mathrm{nb}z}^{\mathrm{b}}(t) & 0 & \boldsymbol{\omega}_{\mathrm{nb}x}^{\mathrm{b}}(t) \\ \boldsymbol{\omega}_{\mathrm{nb}z}^{\mathrm{b}}(t) & \boldsymbol{\omega}_{\mathrm{nb}y}^{\mathrm{b}}(t) & -\boldsymbol{\omega}_{\mathrm{nb}x}^{\mathrm{b}}(t) & 0 \end{bmatrix} \tag{4.48}$$

根据四元数初值，结合四元数微分方程可以实时计算捷联式惯性导航系统的姿态矩阵。工程中求解四元数微分方程通常使用数值积分算法。本章将对四阶龙格–库塔法加以介绍。

四元数微分方程解的形式为

$$Q(t+T) = Q(t) + \frac{T}{6}(k_1 + 2k_2 + 2k_3 + k_4) \tag{4.49}$$

式中

$$k_1 = \frac{T}{2}\left[\boldsymbol{\omega}_{nb}^{bq}(t)\right] Q(t) \tag{4.50}$$

$$k_2 = \frac{T}{2}\left[\boldsymbol{\omega}_{\mathrm{nb}}^{\mathrm{b}q}\left(t+\frac{T}{2}\right)\right]\left(Q(t) + \frac{k_1}{2}\right) \tag{4.51}$$

$$k_3 = \frac{T}{2}\left[\boldsymbol{\omega}_{\mathrm{nb}}^{\mathrm{b}q}\left(t+\frac{T}{2}\right)\right]\left(Q(t) + \frac{k_2}{2}\right) \tag{4.52}$$

$$k_4 = \frac{T}{2}\left[\boldsymbol{\omega}_{\mathrm{nb}}^{\mathrm{b}q}(t+T)\right]\left(Q(t) + k_3\right) \tag{4.53}$$

由姿态更新求出姿态矩阵就可以获取航向角ψ、横摇角γ及俯仰角θ，它们的主值为

$$\begin{cases}\psi_{主} = \arctan\left(\dfrac{\left(\boldsymbol{C}_{b}^{n}\right)_{12}}{\left(\boldsymbol{C}_{b}^{n}\right)_{22}}\right) \\ \theta_{主} = \arcsin\left(\left(\boldsymbol{C}_{b}^{n}\right)_{32}\right) \\ \gamma_{主} = -\arctan\left(\dfrac{\left(\boldsymbol{C}_{b}^{n}\right)_{31}}{\left(\boldsymbol{C}_{b}^{n}\right)_{33}}\right)\end{cases} \tag{4.54}$$

$\theta_{主} = \theta_{真}$，由$\psi_{主}$、$\gamma_{主}$判断真值的过程如表 4.1 和表 4.2 所示。

表 4.1　ψ 真值选取

$\psi_{主}$	$\left(\boldsymbol{C}_{b}^{n}\right)_{22}$	$\psi_{真}$	$\psi_{主}$	$\left(\boldsymbol{C}_{b}^{n}\right)_{22}$	$\psi_{真}$
+	+	$\psi_{主}$	+	−	$180°+\psi_{主}$
−	−	$180°+\psi_{主}$	−	+	$360°+\psi_{主}$

表 4.2　γ 真值选取

$\gamma_{主}$	$\left(\boldsymbol{C}_{b}^{n}\right)_{33}$	$\gamma_{真}$	$\gamma_{主}$	$\left(\boldsymbol{C}_{b}^{n}\right)_{33}$	$\gamma_{真}$
+	+	$\gamma_{主}$	−	−	$180°+\gamma_{主}$
−	+	$\gamma_{主}$	+	−	$180°-\gamma_{主}$

4.2.2　捷联式惯性导航系统速度及位置解算

在捷联式惯性导航系统中，为了能够实时计算航行器的速度，需要航行器的加速度信息，根据前文推导的比力方程可以得到导航坐标系下的航行器加速度为

$$\boldsymbol{a}^{n} = \dot{\boldsymbol{v}}_{en}^{n} = \boldsymbol{f}^{n} - \left(2\boldsymbol{\omega}_{ie}^{n} + \boldsymbol{\omega}_{en}^{n}\right) \times \boldsymbol{v}_{en}^{n} + \boldsymbol{g}^{n} \tag{4.55}$$

式中，比力 $\boldsymbol{f}^{n} = \boldsymbol{C}_{b}^{n}\boldsymbol{f}^{b} = \left[f_{E}^{n}, f_{N}^{n}, f_{U}^{n}\right]^{T}$；$\boldsymbol{C}_{b}^{n}$ 为捷联式惯性导航系统解算的姿态矩阵；$\boldsymbol{f}^{b}$ 为加速度计的输出，由于捷联式惯性导航系统中加速度计和航行器固连，因此捷联式惯性导航系统中加速度计输出的是投影在载体坐标系中的结果，需要转换到导航坐标系；$\boldsymbol{\omega}_{ie}^{n}$ 为地球自转角速度在导航坐标系下的投影，$\boldsymbol{\omega}_{ie}^{n} = \left[0, \omega_{ie}\cos\varphi, \omega_{ie}\sin\varphi\right]^{T}$，$\omega_{ie}$ 表示地球转动角速度约为 15°/h，φ 表示导航坐标系原点所在的当地地理纬度；$\boldsymbol{\omega}_{en}^{n}$ 为导航坐标系相对地球的转动角速度，$\boldsymbol{\omega}_{en}^{n} = \left[-\dfrac{v_{N}^{n}}{R_{M}}, \dfrac{v_{E}^{n}}{R_{N}}, \dfrac{v_{U}^{n}}{R_{N}}\tan\varphi\right]^{T}$；$\boldsymbol{v}_{en}^{n} = \left[v_{E}^{n}, v_{N}^{n}, v_{U}^{n}\right]^{T}$ 为航行器相对地球的运动速度，也是导航中需要获得的物理量；$\boldsymbol{g}^{n}$ 为重力加速度在导航坐标系下的投影，$\boldsymbol{g}^{n} = [0, 0, -g]^{T}$。

将各分量代入式（4.55）并展开得

$$\begin{cases}\dot{v}_{\mathrm{E}}^{\mathrm{n}}=f_{\mathrm{E}}^{\mathrm{n}}+\left(2\omega_{\mathrm{ie}}\sin\varphi+\dfrac{v_{\mathrm{E}}^{\mathrm{n}}}{R_{\mathrm{N}}}\tan\varphi\right)v_{\mathrm{N}}^{\mathrm{n}}-\left(2\omega_{\mathrm{ie}}\cos\varphi+\dfrac{v_{\mathrm{E}}^{\mathrm{n}}}{R_{\mathrm{N}}}\right)v_{\mathrm{U}}^{\mathrm{n}}\\ \dot{v}_{\mathrm{N}}^{\mathrm{n}}=f_{\mathrm{N}}^{\mathrm{n}}-\left(2\omega_{\mathrm{ie}}\sin\varphi+\dfrac{v_{\mathrm{E}}^{\mathrm{n}}}{R_{\mathrm{N}}}\tan\varphi\right)v_{\mathrm{E}}^{\mathrm{n}}-\dfrac{v_{\mathrm{N}}^{\mathrm{n}}}{R_{\mathrm{M}}}v_{\mathrm{U}}^{\mathrm{n}}\\ \dot{v}_{\mathrm{U}}^{\mathrm{n}}=f_{\mathrm{U}}^{\mathrm{n}}+\left(2\omega_{\mathrm{ie}}\cos\varphi+\dfrac{v_{\mathrm{E}}^{\mathrm{n}}}{R_{\mathrm{N}}}\right)v_{\mathrm{E}}^{\mathrm{n}}+\dfrac{v_{\mathrm{N}}^{\mathrm{n}}}{R_{\mathrm{M}}}v_{\mathrm{N}}^{\mathrm{n}}-g\end{cases}\tag{4.56}$$

获得各个方向加速度分量后，一次积分就可以实时计算航行器的运动速度：

$$\begin{cases}v_{\mathrm{E}}^{\mathrm{n}}(t)=\int_0^t\dot{v}_{\mathrm{E}}^{\mathrm{n}}\mathrm{d}t+v_{\mathrm{E}}^{\mathrm{n}}(0)\\ v_{\mathrm{N}}^{\mathrm{n}}(t)=\int_0^t\dot{v}_{\mathrm{N}}^{\mathrm{n}}\mathrm{d}t+v_{\mathrm{N}}^{\mathrm{n}}(0)\\ v_{\mathrm{U}}^{\mathrm{n}}(t)=\int_0^t\dot{v}_{\mathrm{U}}^{\mathrm{n}}\mathrm{d}t+v_{\mathrm{U}}^{\mathrm{n}}(0)\end{cases}\tag{4.57}$$

在工程上，由于水下航行器的机动性通常较弱，因此不需要采用飞机、导弹这类高机动载体应用的复杂数值算法。在一般情况下，二阶龙格-库塔法就可以满足速度更新的精度要求。

假设航行器运动速度的微分方程如下：

$$\dot{\boldsymbol{v}}_{\mathrm{en}}^{\mathrm{n}}(t)=\boldsymbol{f}^{\mathrm{n}}(t)-\left(2\boldsymbol{\omega}_{\mathrm{ie}}^{\mathrm{n}}(t)+\boldsymbol{\omega}_{\mathrm{en}}^{\mathrm{n}}(t)\right)\times\boldsymbol{v}_{\mathrm{en}}^{\mathrm{n}}(t)+\boldsymbol{g}^{\mathrm{n}}(t)\tag{4.58}$$

则采用二阶龙格-库塔法对速度微分方程进行数值解算的过程如下：

$$\boldsymbol{v}_{\mathrm{en}}^{\mathrm{n}}\left(t+\frac{T}{2}\right)=\boldsymbol{v}_{\mathrm{en}}^{\mathrm{n}}(t)+\frac{T}{2}\left(\boldsymbol{f}^{\mathrm{n}}(t)-\left(2\boldsymbol{\omega}_{\mathrm{ie}}^{\mathrm{n}}(t)+\boldsymbol{\omega}_{\mathrm{en}}^{\mathrm{n}}(t)\right)\times\boldsymbol{v}_{\mathrm{en}}^{\mathrm{n}}(t)+\boldsymbol{g}^{\mathrm{n}}(t)\right)\tag{4.59}$$

$$\begin{aligned}&\boldsymbol{v}_{\mathrm{en}}^{\mathrm{n}}(t+T)=\boldsymbol{v}_{\mathrm{en}}^{\mathrm{n}}(t)+\\&T\left(\boldsymbol{f}^{\mathrm{n}}\left(t+\frac{T}{2}\right)-\left(2\boldsymbol{\omega}_{\mathrm{ie}}^{\mathrm{n}}\left(t+\frac{T}{2}\right)+\boldsymbol{\omega}_{\mathrm{en}}^{\mathrm{n}}\left(t+\frac{T}{2}\right)\right)\times\boldsymbol{v}_{\mathrm{en}}^{\mathrm{n}}\left(t+\frac{T}{2}\right)+\boldsymbol{g}^{\mathrm{n}}\left(t+\frac{T}{2}\right)\right)\end{aligned}\tag{4.60}$$

式中，T 为采样时间。

经纬度及高度变化率与航行器速度的关系为

$$\begin{cases}\dot{\varphi}=\dfrac{v_{\mathrm{N}}^{\mathrm{n}}}{R_{\mathrm{M}}}\\ \dot{\lambda}=\dfrac{v_{\mathrm{E}}^{\mathrm{n}}}{R_{\mathrm{N}}\cos\varphi}\\ \dot{h}=v_{\mathrm{U}}^{\mathrm{n}}\end{cases}\tag{4.61}$$

类似捷联式惯性导航系统的速度更新，可以通过对获得的速度进行一次积分来实时计算位置。与捷联式惯性导航系统的姿态和速度更新算法相比，位置更新算法引起的误差一般较小。可以采用简单的梯形积分法求解位置微分方程：

$$\begin{cases}\varphi(t+T)=\varphi(t)+T\left(\dfrac{v_{\mathrm{N}}^{\mathrm{n}}(t)+v_{\mathrm{N}}^{\mathrm{n}}(t+T)}{2R_{\mathrm{M}}}\right)\\ \lambda(t+T)=\lambda(t)+T\left(\dfrac{v_{\mathrm{E}}^{\mathrm{n}}(t)+v_{\mathrm{E}}^{\mathrm{n}}(t+T)}{2R_{\mathrm{N}}\cos\varphi}\right)\\ h(t+T)=h(t)+T\left(\dfrac{v_{\mathrm{U}}^{\mathrm{n}}(t)+v_{\mathrm{U}}^{\mathrm{n}}(t+T)}{2}\right)\end{cases} \tag{4.62}$$

4.2.3　捷联式惯性导航系统的误差方程

由于存在惯性器件误差及导航算法误差，捷联式惯性导航系统输出的位置、速度和姿态信息都存在一定误差。它们不仅与使用的惯性器件精度有关，而且与系统误差控制技术有关。为了分析各种误差源在捷联式惯性导航系统中的传播特性，需要建立捷联式惯性导航系统的误差模型，误差模型是捷联式惯性导航系统的重要误差分析工具，也是组合导航系统误差抑制与补偿的基础。

1. 姿态误差

假设从理想的导航坐标系（n 坐标系）到载体坐标系（b 坐标系）的捷联式惯性导航姿态矩阵为 $\boldsymbol{C}_{\mathrm{b}}^{\mathrm{n}}$，而导航计算机解算出的姿态矩阵为 $\tilde{\boldsymbol{C}}_{\mathrm{b}}^{\mathrm{n}}$，二者之间存在偏差。对于变换矩阵 $\boldsymbol{C}_{\mathrm{b}}^{\mathrm{n}}$ 和 $\tilde{\boldsymbol{C}}_{\mathrm{b}}^{\mathrm{n}}$，一般认为它们的 b 坐标系是重合的，而将与 $\tilde{\boldsymbol{C}}_{\mathrm{b}}^{\mathrm{n}}$ 对应的导航坐标系称为计算导航坐标系，简记为 n′ 坐标系，所以也常将计算姿态矩阵记为 $\boldsymbol{C}_{\mathrm{b}}^{\mathrm{n}'}$。因此，$\boldsymbol{C}_{\mathrm{b}}^{\mathrm{n}'}$ 与 $\boldsymbol{C}_{\mathrm{b}}^{\mathrm{n}}$ 之间的偏差在于 n′ 坐标系与 n 坐标系之间的偏差。

根据矩阵链乘规则有

$$\boldsymbol{C}_{\mathrm{b}}^{\mathrm{n}'}=\boldsymbol{C}_{\mathrm{n}}^{\mathrm{n}'}\boldsymbol{C}_{\mathrm{b}}^{\mathrm{n}} \tag{4.63}$$

以 n 坐标系为参考坐标系，记从 n 坐标系至 n′ 坐标系的等效旋转矢量为 $\boldsymbol{f}_{\mathrm{nn}'}$（后面简记为 $\boldsymbol{\phi}$），常称其为失准角误差。假设 $\boldsymbol{\phi}$ 为小量，则方向余弦矩阵可以近似为

$$\boldsymbol{C}_{\mathrm{n}'}^{\mathrm{n}}\approx\boldsymbol{I}+(\boldsymbol{\phi}\times) \tag{4.64}$$

式中，$\boldsymbol{\phi}\times$ 表示反对称矩阵操作，若 $\boldsymbol{\phi}=\left[\phi_x,\phi_y,\phi_z\right]^{\mathrm{T}}$，则

$$\boldsymbol{\phi}\times=\begin{bmatrix}0 & -\phi_z & \phi_y\\ \phi_z & 0 & -\phi_x\\ -\phi_y & \phi_x & 0\end{bmatrix} \tag{4.65}$$

式（4.65）转置，有

$$\boldsymbol{C}_{\mathrm{n}}^{\mathrm{n}'}=(\boldsymbol{C}_{\mathrm{n}'}^{\mathrm{n}})^{\mathrm{T}}\approx\boldsymbol{I}-(\boldsymbol{\phi}\times) \tag{4.66}$$

将式（4.66）代入式（4.63），可得

$$\boldsymbol{C}_{\mathrm{b}}^{\mathrm{n}'}=\left[\boldsymbol{I}-(\boldsymbol{\phi}\times)\right]\boldsymbol{C}_{\mathrm{b}}^{\mathrm{n}} \tag{4.67}$$

利用姿态微分方程 $\dot{\boldsymbol{C}}_{\mathrm{b}}^{\mathrm{n}}=\boldsymbol{C}_{\mathrm{b}}^{\mathrm{n}}(\boldsymbol{\omega}_{\mathrm{nb}}^{\mathrm{b}}\times)$ 可得

$$\begin{aligned}\dot{\boldsymbol{C}}_{\mathrm{b}}^{\mathrm{n}}&=\boldsymbol{C}_{\mathrm{b}}^{\mathrm{n}}(\boldsymbol{\omega}_{\mathrm{nb}}^{\mathrm{b}}\times)=\boldsymbol{C}_{\mathrm{b}}^{\mathrm{n}}[(\boldsymbol{\omega}_{\mathrm{ib}}^{\mathrm{b}}-\boldsymbol{\omega}_{\mathrm{in}}^{\mathrm{b}})\times]=\boldsymbol{C}_{\mathrm{b}}^{\mathrm{n}}(\boldsymbol{\omega}_{\mathrm{ib}}^{\mathrm{b}}\times)-\boldsymbol{C}_{\mathrm{b}}^{\mathrm{n}}(\boldsymbol{\omega}_{\mathrm{in}}^{\mathrm{b}}\times)\\&=\boldsymbol{C}_{\mathrm{b}}^{\mathrm{n}}(\boldsymbol{\omega}_{\mathrm{ib}}^{\mathrm{b}}\times)-\boldsymbol{C}_{\mathrm{b}}^{\mathrm{n}}(\boldsymbol{\omega}_{\mathrm{in}}^{\mathrm{b}}\times)\boldsymbol{C}_{\mathrm{n}}^{\mathrm{b}}\boldsymbol{C}_{\mathrm{b}}^{\mathrm{n}}=\boldsymbol{C}_{\mathrm{b}}^{\mathrm{n}}(\boldsymbol{\omega}_{\mathrm{ib}}^{\mathrm{b}}\times)-(\boldsymbol{\omega}_{\mathrm{in}}^{\mathrm{n}}\times)\boldsymbol{C}_{\mathrm{b}}^{\mathrm{n}}\end{aligned}\tag{4.68}$$

而实际计算时各量是含误差的，表示为

$$\dot{\boldsymbol{C}}_{\mathrm{b}}^{\mathrm{n'}}=\boldsymbol{C}_{\mathrm{b}}^{\mathrm{n'}}(\tilde{\boldsymbol{\omega}}_{\mathrm{ib}}^{\mathrm{b}}\times)-(\tilde{\boldsymbol{\omega}}_{\mathrm{in}}^{\mathrm{n}}\times)\boldsymbol{C}_{\mathrm{b}}^{\mathrm{n'}}\tag{4.69}$$

式中

$$\begin{cases}\tilde{\boldsymbol{\omega}}_{\mathrm{ib}}^{\mathrm{b}}=\boldsymbol{\omega}_{\mathrm{ib}}^{\mathrm{b}}+\delta\boldsymbol{\omega}_{\mathrm{ib}}^{\mathrm{b}}\\\tilde{\boldsymbol{\omega}}_{\mathrm{in}}^{\mathrm{n}}=\boldsymbol{\omega}_{\mathrm{in}}^{\mathrm{n}}+\delta\boldsymbol{\omega}_{\mathrm{in}}^{\mathrm{n}}\end{cases}\tag{4.70}$$

$\delta\boldsymbol{\omega}_{\mathrm{ib}}^{\mathrm{b}}$ 为陀螺测量误差；$\delta\boldsymbol{\omega}_{\mathrm{in}}^{\mathrm{n}}$ 为导航坐标系计算误差。

将式（4.67）两边同时微分，其右端应当正好等于式（4.69）的右端，即

$$(-\dot{\boldsymbol{\phi}}\times)\boldsymbol{C}_{\mathrm{b}}^{\mathrm{n}}+(\boldsymbol{I}-\boldsymbol{f}\times)\dot{\boldsymbol{C}}_{\mathrm{b}}^{\mathrm{n}}=\boldsymbol{C}_{\mathrm{b}}^{\mathrm{n'}}(\tilde{\boldsymbol{\omega}}_{\mathrm{ib}}^{\mathrm{b}}\times)-(\tilde{\boldsymbol{\omega}}_{\mathrm{in}}^{\mathrm{n}}\times)\boldsymbol{C}_{\mathrm{b}}^{\mathrm{n'}}\tag{4.71}$$

将式（4.67）、式（4.69）和式（4.70）代入式（4.71），可得

$$\begin{aligned}&(-\dot{\boldsymbol{\phi}}\times)\boldsymbol{C}_{\mathrm{b}}^{\mathrm{n}}+(\boldsymbol{I}-\boldsymbol{\phi}\times)\left[\boldsymbol{C}_{\mathrm{b}}^{\mathrm{n}}(\boldsymbol{\omega}_{\mathrm{ib}}^{\mathrm{b}}\times)-(\boldsymbol{\omega}_{\mathrm{in}}^{\mathrm{n}}\times)\boldsymbol{C}_{\mathrm{b}}^{\mathrm{n}}\right]\\&=(\boldsymbol{I}-\boldsymbol{\phi}\times)\boldsymbol{C}_{\mathrm{b}}^{\mathrm{n}}\left[(\boldsymbol{\omega}_{\mathrm{ib}}^{\mathrm{b}}+\delta\boldsymbol{\omega}_{\mathrm{ib}}^{\mathrm{b}})\times\right]-\left[(\boldsymbol{\omega}_{\mathrm{in}}^{\mathrm{n}}+\delta\boldsymbol{\omega}_{\mathrm{in}}^{\mathrm{n}})\times\right](\boldsymbol{I}-\boldsymbol{\phi}\times)\boldsymbol{C}_{\mathrm{b}}^{\mathrm{n}}\end{aligned}\tag{4.72}$$

上式两边同时右乘 $\boldsymbol{C}_{\mathrm{n}}^{\mathrm{b}}$，展开略去关于误差量的二阶小量，整理得

$$(\dot{\boldsymbol{\phi}}\times)=\left[(\boldsymbol{\phi}\times)(\boldsymbol{\omega}_{\mathrm{in}}^{\mathrm{n}}\times)-(\boldsymbol{\omega}_{\mathrm{in}}^{\mathrm{n}}\times)(\boldsymbol{\phi}\times)\right]+(\delta\boldsymbol{\omega}_{\mathrm{in}}^{\mathrm{n}}\times)-\boldsymbol{C}_{\mathrm{b}}^{\mathrm{n}}(\delta\boldsymbol{\omega}_{\mathrm{ib}}^{\mathrm{b}}\times)\boldsymbol{C}_{\mathrm{n}}^{\mathrm{b}}\tag{4.73}$$

在上式右边第一项中运用反对称矩阵的运算公式 $(\boldsymbol{V}_1\times)(\boldsymbol{V}_2\times)-(\boldsymbol{V}_2\times)(\boldsymbol{V}_1\times)=\left[(\boldsymbol{V}_1\times\boldsymbol{V}_2)\times\right]$，并在第三项中运用反对称矩阵的相似变换性质 $\boldsymbol{C}_{\mathrm{b}}^{\mathrm{n}}(\delta\boldsymbol{\omega}_{\mathrm{ib}}^{\mathrm{b}}\times)\boldsymbol{C}_{\mathrm{n}}^{\mathrm{b}}=\delta\boldsymbol{\omega}_{\mathrm{ib}}^{\mathrm{n}}\times$，则上式简化为

$$\begin{aligned}(\dot{\boldsymbol{\phi}}\times)&=\left[(\boldsymbol{\phi}\times\boldsymbol{\omega}_{\mathrm{in}}^{\mathrm{n}})\times\right]+(\delta\boldsymbol{\omega}_{\mathrm{in}}^{\mathrm{n}}\times)-(\delta\boldsymbol{\omega}_{\mathrm{ib}}^{\mathrm{n}}\times)\\&=\left[(\boldsymbol{\phi}\times\boldsymbol{\omega}_{\mathrm{in}}^{\mathrm{n}}+\delta\boldsymbol{\omega}_{\mathrm{in}}^{\mathrm{n}}-\delta\boldsymbol{\omega}_{\mathrm{ib}}^{\mathrm{n}})\times\right]\end{aligned}\tag{4.74}$$

所以有

$$\dot{\boldsymbol{\phi}}=\boldsymbol{\phi}\times\boldsymbol{\omega}_{\mathrm{in}}^{\mathrm{n}}+\delta\boldsymbol{\omega}_{\mathrm{in}}^{\mathrm{n}}-\delta\boldsymbol{\omega}_{\mathrm{ib}}^{\mathrm{n}}\tag{4.75}$$

上式称为捷联式惯性导航系统的姿态误差方程，反映了计算导航坐标系（n′坐标系）相对理想导航坐标系（n 坐标系）的失准角变化规律。

2. 速度误差方程

速度误差是指惯性导航系统导航计算机计算的速度与理想速度之间的偏差，描述这一偏差变化规律的微分方程称为速度误差（微分）方程。计算速度表示为 $\tilde{\boldsymbol{v}}_{\mathrm{en'}}^{\mathrm{n'}}$，可简记为 $\tilde{\boldsymbol{v}}^{\mathrm{n}}$，则速度误差定义为

$$\delta\boldsymbol{v}^{\mathrm{n}}=\tilde{\boldsymbol{v}}^{\mathrm{n}}-\boldsymbol{v}^{\mathrm{n}}\tag{4.76}$$

对上式两边同时求微分，得

$$\delta\dot{\boldsymbol{v}}^{\mathrm{n}}=\dot{\tilde{\boldsymbol{v}}}^{\mathrm{n}}-\dot{\boldsymbol{v}}^{\mathrm{n}}\tag{4.77}$$

比力方程的理论公式见式（4.27），为方便叙述重写如下：

$$\dot{\boldsymbol{v}}^{\mathrm{n}} = \boldsymbol{C}_{\mathrm{b}}^{\mathrm{n}} \boldsymbol{f}^{\mathrm{b}} - (2\boldsymbol{\omega}_{\mathrm{ie}}^{\mathrm{n}} + \boldsymbol{\omega}_{\mathrm{en}}^{\mathrm{n}}) \times \boldsymbol{v}^{\mathrm{n}} + \boldsymbol{g}^{\mathrm{n}} \tag{4.78}$$

在实际计算时，表示为

$$\dot{\tilde{\boldsymbol{v}}}^{\mathrm{n}} = \tilde{\boldsymbol{C}}_{\mathrm{b}}^{\mathrm{n}} \tilde{\boldsymbol{f}}^{\mathrm{b}} - (2\tilde{\boldsymbol{\omega}}_{\mathrm{ie}}^{\mathrm{n}} + \tilde{\boldsymbol{\omega}}_{\mathrm{en}}^{\mathrm{n}}) \times \tilde{\boldsymbol{v}}^{\mathrm{n}} + \tilde{\boldsymbol{g}}^{\mathrm{n}} \tag{4.79}$$

式中

$$\begin{cases} \tilde{\boldsymbol{f}}^{\mathrm{b}} = \boldsymbol{f}^{\mathrm{b}} + \delta\boldsymbol{f}^{\mathrm{b}} \\ \tilde{\boldsymbol{\omega}}_{\mathrm{ie}}^{\mathrm{n}} = \boldsymbol{\omega}_{\mathrm{ie}}^{\mathrm{n}} + \delta\boldsymbol{\omega}_{\mathrm{ie}}^{\mathrm{n}} \\ \tilde{\boldsymbol{\omega}}_{\mathrm{en}}^{\mathrm{n}} = \boldsymbol{\omega}_{\mathrm{en}}^{\mathrm{n}} + \delta\boldsymbol{\omega}_{\mathrm{en}}^{\mathrm{n}} \\ \tilde{\boldsymbol{g}}^{\mathrm{n}} = \boldsymbol{g}^{\mathrm{n}} + \delta\boldsymbol{g}^{\mathrm{n}} \end{cases} \tag{4.80}$$

$\delta\boldsymbol{f}^{\mathrm{b}}$ 为加速度计测量误差；$\delta\boldsymbol{\omega}_{\mathrm{ie}}^{\mathrm{n}}$、$\delta\boldsymbol{\omega}_{\mathrm{en}}^{\mathrm{n}}$、$\delta\boldsymbol{g}^{\mathrm{n}}$ 分别为地球自转角速度计算误差、导航坐标系旋转计算误差和重力误差。

将式（4.79）减去式（4.78），得

$$\begin{aligned} \delta\dot{\boldsymbol{v}}^{\mathrm{n}} &= \dot{\tilde{\boldsymbol{v}}}^{\mathrm{n}} - \dot{\boldsymbol{v}}^{\mathrm{n}} \\ &= (\tilde{\boldsymbol{C}}_{\mathrm{b}}^{\mathrm{n}} \tilde{\boldsymbol{f}}^{\mathrm{b}} - \boldsymbol{C}_{\mathrm{b}}^{\mathrm{n}} \boldsymbol{f}^{\mathrm{b}}) - \left[(2\tilde{\boldsymbol{\omega}}_{\mathrm{ie}}^{\mathrm{n}} + \tilde{\boldsymbol{\omega}}_{\mathrm{en}}^{\mathrm{n}}) \times \tilde{\boldsymbol{v}}^{\mathrm{n}} - (2\boldsymbol{\omega}_{\mathrm{ie}}^{\mathrm{n}} + \boldsymbol{\omega}_{\mathrm{en}}^{\mathrm{n}}) \times \boldsymbol{v}^{\mathrm{n}} \right] + (\tilde{\boldsymbol{g}}^{\mathrm{n}} - \boldsymbol{g}^{\mathrm{n}}) \end{aligned} \tag{4.81}$$

将式（4.67）、式（4.80）代入式（4.81），展开并略去关于误差的二阶小量，得

$$\begin{aligned} \delta\dot{\boldsymbol{v}}^{\mathrm{n}} &= \left[(\boldsymbol{I} - \boldsymbol{\phi}\times)\boldsymbol{C}_{\mathrm{b}}^{\mathrm{n}} (\boldsymbol{f}^{\mathrm{b}} + \delta\boldsymbol{f}^{\mathrm{b}}) - \boldsymbol{C}_{\mathrm{b}}^{\mathrm{n}} \boldsymbol{f}^{\mathrm{b}} \right] \\ &\quad - \left\{ \left[2(\boldsymbol{\omega}_{\mathrm{ie}}^{\mathrm{n}} + \delta\boldsymbol{\omega}_{\mathrm{ie}}^{\mathrm{n}}) + (\boldsymbol{\omega}_{\mathrm{en}}^{\mathrm{n}} + \delta\boldsymbol{\omega}_{\mathrm{en}}^{\mathrm{n}}) \right] \times (\boldsymbol{v}^{\mathrm{n}} + \delta\boldsymbol{v}^{\mathrm{n}}) - (2\boldsymbol{\omega}_{\mathrm{ie}}^{\mathrm{n}} + \boldsymbol{\omega}_{\mathrm{en}}^{\mathrm{n}}) \times \boldsymbol{v}^{\mathrm{n}} \right\} + \delta\boldsymbol{g}^{\mathrm{n}} \\ &\approx -(\boldsymbol{\phi}\times)\boldsymbol{C}_{\mathrm{b}}^{\mathrm{n}} \boldsymbol{f}^{\mathrm{b}} + \boldsymbol{C}_{\mathrm{b}}^{\mathrm{n}} \delta\boldsymbol{f}^{\mathrm{b}} - (2\delta\boldsymbol{\omega}_{\mathrm{ie}}^{\mathrm{n}} + \delta\boldsymbol{\omega}_{\mathrm{en}}^{\mathrm{n}}) \times \boldsymbol{v}^{\mathrm{n}} - (2\boldsymbol{\omega}_{\mathrm{ie}}^{\mathrm{n}} + \boldsymbol{\omega}_{\mathrm{en}}^{\mathrm{n}}) \times \delta\boldsymbol{v}^{\mathrm{n}} + \delta\boldsymbol{g}^{\mathrm{n}} \\ &= \boldsymbol{f}^{\mathrm{n}} \times \boldsymbol{\phi} + \boldsymbol{v}^{\mathrm{n}} \times (2\delta\boldsymbol{\omega}_{\mathrm{ie}}^{\mathrm{n}} + \delta\boldsymbol{\omega}_{\mathrm{en}}^{\mathrm{n}}) - (2\boldsymbol{\omega}_{\mathrm{ie}}^{\mathrm{n}} + \boldsymbol{\omega}_{\mathrm{en}}^{\mathrm{n}}) \times \delta\boldsymbol{v}^{\mathrm{n}} + \delta\boldsymbol{f}^{\mathrm{n}} + \delta\boldsymbol{g}^{\mathrm{n}} \end{aligned} \tag{4.82}$$

这便是捷联式惯性导航系统的速度误差方程。

3．位置误差

分别对捷联式惯性导航系统的位置（纬度、经度和高度）微分方程求偏差，但考虑到式中 R_{M}、R_{N} 在短时间内变化很小，因此将其视为常值，可得

$$\delta\dot{\varphi} = \frac{1}{R_{\mathrm{M}}}\delta v_{\mathrm{N}}^{\mathrm{n}} - \frac{v_{\mathrm{N}}^{\mathrm{n}}}{(R_{\mathrm{M}})^2}\delta h \tag{4.83}$$

$$\delta\dot{\lambda} = \frac{\sec\varphi}{R_{\mathrm{N}}}\delta v_{\mathrm{E}}^{\mathrm{n}} + \frac{v_{\mathrm{E}}^{\mathrm{n}}\sec\varphi\tan\varphi}{R_{\mathrm{N}}}\delta\varphi - \frac{v_{\mathrm{E}}^{\mathrm{n}}\sec\varphi}{(R_{\mathrm{N}})^2}\delta h \tag{4.84}$$

$$\delta\dot{h} = \delta v_{\mathrm{U}} \tag{4.85}$$

式中，$\delta\varphi$、$\delta\lambda$ 和 δh 分别表示纬度误差、经度误差和高度误差，并且记惯性导航速度分量 $\boldsymbol{v}^{\mathrm{n}} = \left[v_{\mathrm{E}}^{\mathrm{n}}, v_{\mathrm{N}}^{\mathrm{n}}, v_{\mathrm{U}}^{\mathrm{n}} \right]^{\mathrm{T}}$ 和速度误差分量 $\delta\boldsymbol{v}^{\mathrm{n}} = \left[\delta v_{\mathrm{E}}^{\mathrm{n}}, \delta v_{\mathrm{N}}^{\mathrm{n}}, \delta v_{\mathrm{U}}^{\mathrm{n}} \right]^{\mathrm{T}}$。

4．误差方程整理

首先，将地球自转角速度 $\boldsymbol{\omega}_{\mathrm{ie}}^{\mathrm{n}}$ 及导航坐标系转动角速度 $\boldsymbol{\omega}_{\mathrm{en}}^{\mathrm{n}}$ 表达式重写如下：

$$\boldsymbol{\omega}_{ie}^{n}=\begin{bmatrix}0\\ \omega_{ie}\cos\varphi\\ \omega_{ie}\sin\varphi\end{bmatrix},\quad \boldsymbol{\omega}_{en}^{n}=\begin{bmatrix}-v_{N}^{n}/R_{M}\\ v_{E}^{n}/R_{N}\\ v_{E}^{n}\tan\varphi/R_{N}\end{bmatrix} \tag{4.86}$$

对上式求偏差，分别得

$$\delta\boldsymbol{\omega}_{ie}^{n}=\begin{bmatrix}0\\ -\omega_{ie}\sin\varphi\cdot\delta\varphi\\ \omega_{ie}\cos\varphi\cdot\delta\varphi\end{bmatrix} \tag{4.87}$$

$$\begin{aligned}\delta\boldsymbol{\omega}_{en}^{n}&=\begin{bmatrix}-\delta v_{N}^{n}/R_{M}+v_{N}^{n}\delta h/R_{M}^{2}\\ \delta v_{E}^{n}/R_{N}-v_{E}^{n}\delta h/R_{N}^{2}\\ \tan\varphi\cdot\delta v_{E}^{n}/R_{N}+v_{E}^{n}\sec^{2}\varphi\cdot\delta\varphi/R_{N}-v_{E}^{n}\tan\varphi\cdot\delta h/R_{N}^{2}\end{bmatrix}\\ &=\begin{bmatrix}-\delta v_{N}^{n}/R_{M}+v_{N}^{n}\delta h/R_{M}^{2}\\ \delta v_{E}^{n}/R_{N}-v_{E}^{n}\delta h/R_{N}^{2}\\ \tan\varphi\cdot\delta v_{E}^{n}/R_{N}+v_{E}^{n}\sec^{2}\varphi\cdot\delta\varphi/R_{N}-v_{E}^{n}\tan\varphi\cdot\delta h/R_{N}^{2}\end{bmatrix}\end{aligned} \tag{4.88}$$

其次，正常重力公式可以表示如下：

$$g=g_{e}(1+\beta\sin^{2}\varphi-\beta_{1}\sin^{2}2\varphi)-\beta_{2}h \tag{4.89}$$

式中，β、β_1和β_2为重力模型的系数，所采用的重力模型不同，这些系数也有所不同。

对上式求偏差，得

$$\begin{aligned}\delta g&=g_{e}(2\beta\sin\varphi\cos\varphi\cdot\delta\varphi-4\beta_{1}\sin2\varphi\cos2\varphi\cdot\delta\varphi)-\beta_{2}\delta h\\ &=g_{e}\sin2\varphi(\beta-4\beta_{1}\cos2\varphi)\delta\varphi-\beta_{2}\delta h\end{aligned} \tag{4.90}$$

从而有重力矢量误差为

$$\delta\boldsymbol{g}^{n}=\begin{bmatrix}0 & 0 & -\delta g\end{bmatrix}^{T} \tag{4.91}$$

将上述误差分量代入误差方程得各导航误差分量如下：

$$\dot{\phi}_{E}=(\omega_{U}+\frac{v_{E}^{n}\tan\varphi}{R_{N}})\phi_{N}-(\omega_{N}+\frac{v_{E}^{n}}{R_{N}})\phi_{U}-\frac{1}{R_{M}}\delta v_{N}^{n}+\frac{v_{N}^{n}}{R_{M}^{2}}\delta h-\varepsilon_{E} \tag{4.92}$$

$$\dot{\phi}_{N}=-(\omega_{U}+\frac{v_{E}^{n}\tan\varphi}{R_{N}})\phi_{E}-\frac{v_{N}^{n}}{R_{M}}\phi_{U}+\frac{1}{R_{N}}\delta v_{E}^{n}-\omega_{U}\delta\varphi-\frac{v_{E}^{n}}{R_{M}^{2}}\delta h-\varepsilon_{N} \tag{4.93}$$

$$\dot{\phi}_{U}=(\omega_{N}+\frac{v_{E}^{n}}{R_{N}})\phi_{E}+\frac{v_{N}^{n}}{R_{M}}\phi_{N}+\frac{\tan\varphi}{R_{N}}\delta v_{E}^{n}+(\omega_{N}+\frac{v_{E}^{n}\sec^{2}\varphi}{R_{N}})\delta\varphi-\frac{v_{E}^{n}\tan\varphi}{R_{N}^{2}}\delta h-\varepsilon_{U} \tag{4.94}$$

$$\begin{aligned}\delta\dot{v}_{E}^{n}=&-f_{U}\phi_{N}+f_{N}\phi_{U}+\frac{v_{N}^{n}\tan\varphi-v_{U}^{n}}{R_{N}}\delta v_{E}^{n}+(2\omega_{U}+\frac{v_{E}^{n}\tan\varphi}{R_{N}})\delta v_{N}^{n}-(2\omega_{N}+\frac{v_{E}^{n}}{R_{N}})\delta v_{U}^{n}\\ &+\left[2(v_{N}^{n}\omega_{N}+v_{U}^{n}\omega_{U})+\frac{v_{E}^{n}v_{N}^{n}\sec^{2}\varphi}{R_{N}}\right]\delta\varphi+\frac{v_{E}^{n}(v_{U}^{n}-v_{N}^{n}\tan\varphi)}{R_{N}^{2}}\delta h+\nabla_{E}\end{aligned} \tag{4.95}$$

$$\begin{aligned}\delta\dot{v}_{N}^{n}=&f_{U}\phi_{E}-f_{E}\phi_{U}-2(\omega_{U}+\frac{v_{E}^{n}\tan\varphi}{R_{N}})\delta v_{E}^{n}-\frac{v_{U}^{n}}{R_{M}}\delta v_{N}^{n}-\frac{v_{N}^{n}}{R_{M}}\delta v_{U}^{n}\\ &-v_{E}^{n}(2\omega_{N}+\frac{v_{E}^{n}\sec^{2}\varphi}{R_{N}})\delta\varphi+(\frac{v_{N}^{n}v_{U}^{n}}{R_{M}^{2}}+\frac{(v_{E}^{n})^{2}\tan\varphi}{R_{N}^{2}})\delta h+\nabla_{N}\end{aligned} \tag{4.96}$$

$$\delta\dot{v}_{\mathrm{U}}^{\mathrm{n}}=-f_{\mathrm{N}}\phi_{\mathrm{E}}+f_{\mathrm{E}}\phi_{\mathrm{N}}+2(\omega_{\mathrm{N}}+\frac{v_{\mathrm{E}}^{\mathrm{n}}}{R_{\mathrm{N}}})\delta v_{\mathrm{E}}^{\mathrm{n}}+\frac{2v_{\mathrm{N}}^{\mathrm{n}}}{R_{\mathrm{M}}}\delta v_{\mathrm{N}}^{\mathrm{n}}$$
$$-\left[2\omega_{\mathrm{U}}v_{\mathrm{E}}^{\mathrm{n}}+g_{\mathrm{e}}\sin2\varphi(\beta-4\beta_1\cos2\varphi)\right]\delta\varphi-\left(\frac{\left(v_{\mathrm{E}}^{\mathrm{n}}\right)^2}{R_{\mathrm{Nh}}^2}+\frac{\left(v_{\mathrm{N}}^{\mathrm{n}}\right)^2}{R_{\mathrm{Mh}}^2}-\beta_2\right)\delta h+\nabla_{\mathrm{U}} \tag{4.97}$$

$$\delta\dot{\varphi}=\frac{1}{R_{\mathrm{M}}}\delta v_{\mathrm{N}}^{\mathrm{n}}-\frac{v_{\mathrm{N}}^{\mathrm{n}}}{R_{\mathrm{M}}^2}\delta\varphi \tag{4.98}$$

$$\delta\dot{\lambda}=\frac{\sec\varphi}{R_{\mathrm{N}}}\delta v_{\mathrm{E}}^{\mathrm{n}}+\frac{v_{\mathrm{E}}^{\mathrm{n}}\sec\varphi\tan\varphi}{R_{\mathrm{N}}}\delta\varphi-\frac{v_{\mathrm{E}}^{\mathrm{n}}\sec\varphi}{R_{\mathrm{N}}^2}\delta h \tag{4.99}$$

$$\delta\dot{h}=\delta v_{\mathrm{U}}^{\mathrm{n}} \tag{4.100}$$

记分量形式：

$$\boldsymbol{\phi}=\begin{bmatrix}\phi_{\mathrm{E}} & \phi_{\mathrm{N}} & \phi_{\mathrm{U}}\end{bmatrix}^{\mathrm{T}},\ \boldsymbol{\omega}_{\mathrm{ie}}^{\mathrm{n}}=\begin{bmatrix}\omega_{\mathrm{E}} & \omega_{\mathrm{N}} & \omega_{\mathrm{U}}\end{bmatrix}^{\mathrm{T}},\ \delta\boldsymbol{\omega}_{\mathrm{ib}}^{\mathrm{n}}=\begin{bmatrix}\varepsilon_{\mathrm{E}} & \varepsilon_{\mathrm{N}} & \varepsilon_{\mathrm{U}}\end{bmatrix}^{\mathrm{T}} \tag{4.101}$$

$$\boldsymbol{f}^{\mathrm{n}}=\boldsymbol{C}_{\mathrm{b}}^{\mathrm{n}}\boldsymbol{f}^{\mathrm{b}}=\begin{bmatrix}f_{\mathrm{E}} & f_{\mathrm{N}} & f_{\mathrm{U}}\end{bmatrix}^{\mathrm{T}},\ \delta\boldsymbol{f}^{\mathrm{n}}=\boldsymbol{C}_{\mathrm{b}}^{\mathrm{n}}\delta\boldsymbol{f}^{\mathrm{b}}=\begin{bmatrix}\nabla_{\mathrm{E}} & \nabla_{\mathrm{N}} & \nabla_{\mathrm{U}}\end{bmatrix}^{\mathrm{T}} \tag{4.102}$$

4.2.4　静基座条件下的误差分析

上节分析得到了捷联式惯性导航系统的失准角误差方程、速度误差方程、位置误差方程。接下来将从误差方程的特征方程式及误差传播特性方面对捷联式惯性导航系统的误差进行分析。

在静基座条件下，惯性导航真实速度为 $\boldsymbol{v}^{\mathrm{n}}=\boldsymbol{0}$，真实位置 $\boldsymbol{p}=\begin{bmatrix}\varphi & \lambda & h\end{bmatrix}^{\mathrm{T}}$ 一般准确已知，比力在导航坐标系的投影为 $\boldsymbol{f}_{\mathrm{sf}}^{\mathrm{n}}=\begin{bmatrix}0 & 0 & g\end{bmatrix}^{\mathrm{T}}$，可将 R_{M} 和 R_{N} 近似为地球平均半径 R，式（4.97）可简化并解耦为高度通道和水平通道，分别如下：

$$\begin{cases}\delta\dot{v}_{\mathrm{U}}^{\mathrm{n}}=2\omega_{\mathrm{N}}\delta v_{\mathrm{E}}^{\mathrm{n}}-g_{\mathrm{e}}\sin2\varphi(\beta-4\beta_1\cos2\varphi)\delta\varphi+\beta_2\delta h+\nabla_{\mathrm{U}}\\ \delta\dot{h}=\delta v_{\mathrm{U}}^{\mathrm{n}}\end{cases} \tag{4.103}$$

$$\begin{cases}\dot{\phi}_{\mathrm{E}}^{\mathrm{n}}=\omega_{\mathrm{U}}\phi_{\mathrm{N}}-\omega_{\mathrm{N}}\phi_{\mathrm{U}}-\delta v_{\mathrm{N}}^{\mathrm{n}}/R-\varepsilon_{\mathrm{E}}\\ \dot{\phi}_{\mathrm{N}}^{\mathrm{n}}=-\omega_{\mathrm{U}}\phi_{\mathrm{E}}+\delta v_{\mathrm{E}}^{\mathrm{n}}/R-\omega_{\mathrm{U}}\delta\varphi-\varepsilon_{\mathrm{N}}\\ \dot{\phi}_{\mathrm{U}}^{\mathrm{n}}=\omega_{\mathrm{N}}\phi_{\mathrm{E}}+\delta v_{\mathrm{E}}^{\mathrm{n}}\tan\varphi/R+\omega_{\mathrm{N}}\delta\varphi-\varepsilon_{\mathrm{U}}\\ \delta\dot{v}_{\mathrm{E}}^{\mathrm{n}}=-g\phi_{\mathrm{N}}+2\omega_{\mathrm{U}}\delta v_{\mathrm{N}}^{\mathrm{n}}+\nabla_{\mathrm{E}}\\ \delta\dot{v}_{\mathrm{N}}^{\mathrm{n}}=g\phi_{\mathrm{E}}-2\omega_{\mathrm{U}}\delta v_{\mathrm{E}}^{\mathrm{n}}+\nabla_{\mathrm{N}}\\ \delta\dot{\varphi}=\delta v_{\mathrm{N}}^{\mathrm{n}}/R\\ \delta\dot{\lambda}=\delta v_{\mathrm{E}}^{\mathrm{n}}\sec\varphi/R\end{cases} \tag{4.104}$$

在高度通道中，可以认为惯性导航的水平速度不大（$v_{\mathrm{E}}^{\mathrm{n}}\approx v_{\mathrm{N}}^{\mathrm{n}}\approx0$）且运动平稳（$f_{\mathrm{E}}\approx f_{\mathrm{N}}\approx0$）；而在水平通道中，则认为天向速度和高度，以及它们的误差均为零。下面分别对高度通道和水平通道进行详细分析。

1. 高度通道

图 4.6 给出了与式（4.103）等效的控制系统结构图，图中等效天向加速度计零偏输入为 $\nabla'_{\mathrm{U}} = 2\omega_{\mathrm{N}}\delta v_{\mathrm{E}} - g_{\mathrm{e}}\sin 2L(\beta - 4\beta_1\cos 2L)\delta L + \nabla_{\mathrm{U}}$，系统传递函数为

$$\delta h(s) = \frac{1}{s^2 - \beta_2}\nabla'_{\mathrm{U}}(s) \tag{4.105}$$

显然，上式的特征方程中含有一个正根 $s = \sqrt{\beta_2}$，系统只要受到一点扰动，包括 δv_{E}、δL、∇_{U}、$\delta v_{\mathrm{U}}(0)$、$\delta h(0)$ 等干扰，高度误差 δh 都会随时间不断发散，因此，纯惯性导航系统的高度通道是不稳定的。

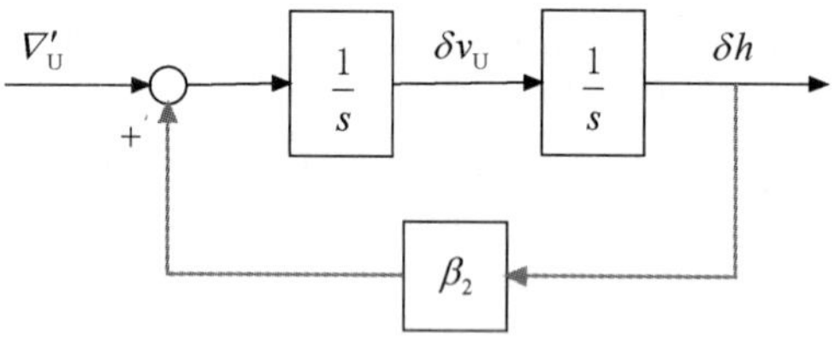

图 4.6 高度通道的控制系统结构图

纯惯性导航系统的高度通道不能长时间单独使用，必须使用深度计等其他测量设备进行高度阻尼，或者在一些高度变化不大的应用，如在海面上使用，此时不需要精确的海拔高度信息，就可以在整个导航过程中使用导航开始时的固定高度值。

2. 水平通道

不难看出，式（4.99）中经度误差 $\delta\lambda$ 的传播是一个相对独立的过程，它仅仅是东向速度误差 $\delta v_{\mathrm{E}}^{\mathrm{N}}$ 的一次积分，$\delta\lambda$ 与其他误差之间没有交联关系。若分别设置如下状态矢量 $\boldsymbol{X}$、输入矢量 $\boldsymbol{U}$ 和系统矩阵 $\boldsymbol{F}$：

$$\boldsymbol{X} = \begin{bmatrix} \varphi_{\mathrm{E}} & \varphi_{\mathrm{N}} & \varphi_{\mathrm{U}} & \delta v_{\mathrm{E}}^{\mathrm{n}} & \delta v_{\mathrm{N}}^{\mathrm{n}} & \delta\phi \end{bmatrix}^{\mathrm{T}} \tag{4.106}$$

$$\boldsymbol{U} = \begin{bmatrix} -\varepsilon_{\mathrm{E}} & -\varepsilon_{\mathrm{N}} & -\varepsilon_{\mathrm{U}} & \nabla_{\mathrm{E}} & \nabla_{\mathrm{N}} & 0 \end{bmatrix}^{\mathrm{T}} \tag{4.107}$$

$$\boldsymbol{F} = \begin{bmatrix} 0 & \omega_{\mathrm{U}} & -\omega_{\mathrm{N}} & 0 & -1/R & 0 \\ -\omega_{\mathrm{U}} & 0 & 0 & 1/R & 0 & -\omega_{\mathrm{U}} \\ \omega_{\mathrm{N}} & 0 & 0 & \tan\varphi/R & 0 & \omega_{\mathrm{N}} \\ 0 & -g & 0 & 0 & 2\omega_{\mathrm{U}} & 0 \\ g & 0 & 0 & -2\omega_{\mathrm{U}} & 0 & 0 \\ 0 & 0 & 0 & 0 & 1/R & 0 \end{bmatrix} \tag{4.108}$$

则式（4.104）可简写为

$$\dot{\boldsymbol{X}} = \boldsymbol{F}\boldsymbol{X} + \boldsymbol{U} \tag{4.109}$$

$$\delta\dot{\lambda} = \frac{\delta v_{\mathrm{E}}^{\mathrm{n}}}{R}\sec\varphi \tag{4.110}$$

上述两式所示的系统均为定常系统，对其取拉普拉斯变换，分别得

$$\boldsymbol{X}(s) = (s\boldsymbol{I} - \boldsymbol{F})^{-1}\left[\boldsymbol{X}(0) + \boldsymbol{U}(s)\right] \tag{4.111}$$

$$\delta\lambda(s) = \frac{1}{s}\left[\frac{\delta v_{\mathrm{E}}^{\mathrm{n}}(s)}{R}\sec\varphi + \delta\lambda(0)\right] \tag{4.112}$$

式中，状态矢量 $\boldsymbol{X}$ 的初值记为 $\boldsymbol{X}(0) = \begin{bmatrix} \phi_{\mathrm{E}}(0) & \phi_{\mathrm{N}}(0) & \phi_{\mathrm{U}}(0) & \delta v_{\mathrm{E}}^{\mathrm{n}}(0) & \delta v_{\mathrm{N}}^{\mathrm{n}}(0) & \delta\varphi(0) \end{bmatrix}^{\mathrm{T}}$。

以下主要针对式（4.111）进行分析。根据矩阵求逆公式，可得

$$(s\boldsymbol{I}-\boldsymbol{F})^{-1}=\frac{\boldsymbol{N}(s)}{|s\boldsymbol{I}-\boldsymbol{F}|} \tag{4.113}$$

式中，$\boldsymbol{N}(s)$ 为 $(s\boldsymbol{I}-\boldsymbol{F})$ 的伴随矩阵，其矩阵元素的详细展开式非常复杂，但是通过展开和仔细整理，可获得如式（4.114）所示的分母特征多项式：

$$\varDelta(s)=|s\boldsymbol{I}-\boldsymbol{F}|=(s^2+\omega_{\mathrm{ie}}^2)\left[(s^2+\omega_{\mathrm{s}}^2)^2+4s^2\omega_{\mathrm{f}}^2\right] \tag{4.114}$$

式中，$\omega_{\mathrm{s}}=\sqrt{g/R}$ 为舒勒角频率；$\omega_{\mathrm{f}}=\omega_{\mathrm{ie}}\sin L$ 为傅科角频率。若取 $g=9.8\mathrm{m/s^2}$、$R=6371\mathrm{km}$，可计算得舒勒周期 $T_{\mathrm{s}}=2\pi/\omega_{\mathrm{s}}=84.4\min$；$\omega_{\mathrm{f}}=\omega_{\mathrm{U}}$ 为地球自转的天向分量，傅科周期在地球极点处最小，为 24h，随纬度减小而增大，而在赤道上傅科周期会消失。显然，总有 $\omega_{\mathrm{s}}>>\omega_{\mathrm{f}}$。

在式（4.111）中，若令 $\varDelta(s)=0$，可解得特征根为

$$\begin{cases}s_{1,2}=\pm\mathrm{j}\omega_{\mathrm{ie}}\\ s_{3,4}=\pm\mathrm{j}(\sqrt{\omega_{\mathrm{s}}^2+\omega_{\mathrm{f}}^2}+\omega_{\mathrm{f}})\approx\pm\mathrm{j}(\omega_{\mathrm{s}}+\omega_{\mathrm{f}})\\ s_{5,6}=\pm\mathrm{j}(\sqrt{\omega_{\mathrm{s}}^2+\omega_{\mathrm{f}}^2}-\omega_{\mathrm{f}})\approx\pm\mathrm{j}(\omega_{\mathrm{s}}-\omega_{\mathrm{f}})\end{cases} \tag{4.115}$$

可见，惯性导航系统误差水平通道式（4.104）除 $\delta\lambda$ 外的六个特征根全部为虚根，该误差系统为无阻尼振荡系统，它包含地球、舒勒和傅科三种周期振荡。由于 $\omega_{\mathrm{s}}>>\omega_{\mathrm{f}}$，频率 $\omega_{\mathrm{s}}+\omega_{\mathrm{f}}$ 和 $\omega_{\mathrm{s}}-\omega_{\mathrm{f}}$ 之间非常接近，二者叠加会产生拍频现象；根据三角函数的积化和差运算有 $\sin(\omega_{\mathrm{s}}+\omega_{\mathrm{f}})t+\sin(\omega_{\mathrm{s}}-\omega_{\mathrm{f}})t=2\sin\omega_{\mathrm{s}}t\cdot\cos\omega_{\mathrm{f}}t$，或者说舒勒振荡的幅值总是受傅科振荡的调制作用（舒勒振荡视为载波，傅科振荡视为调制信号）。

为了更直观地了解捷联式惯性导航系统的静态误差传播特性，图 4.7 和图 4.8 给出了两组仿真结果。纬度取 30°，仿真时间为 24h，其中图 4.7 仅设置了东向陀螺常值漂移误差 ε_{E}=0.01°/h，而图 4.8 仅设置了东向加速度计常值偏值误差 ∇_{E}=100μg，从图中可以明显地看出傅科振荡对舒勒振荡的调制作用。

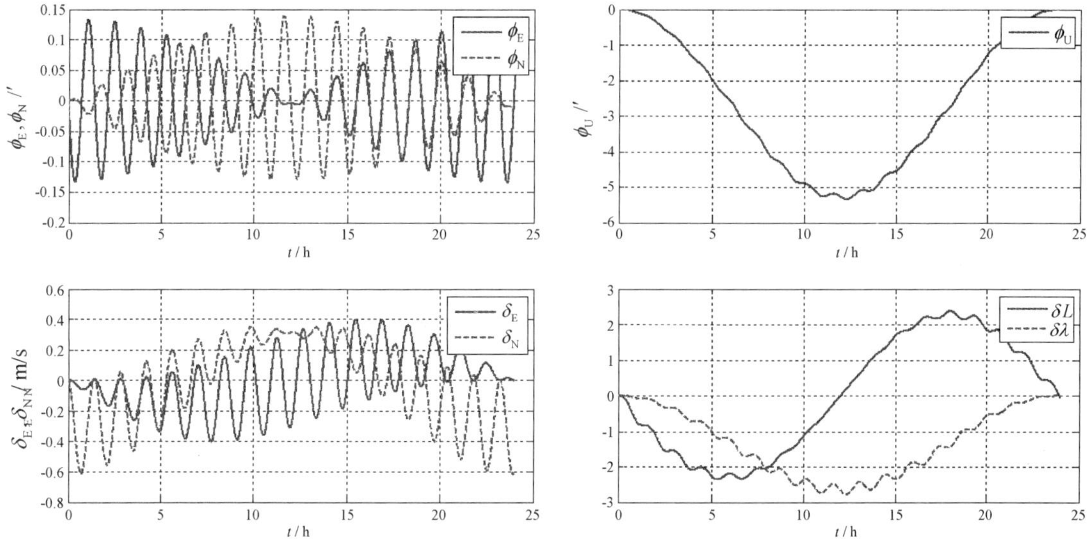

图 4.7　东向陀螺常值漂移引起的静态导航误差

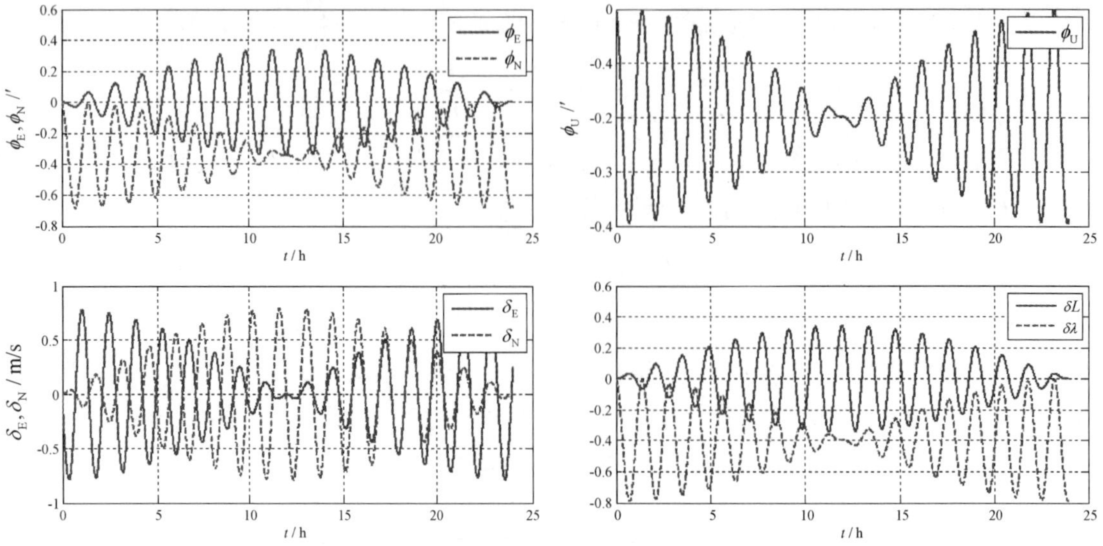

图 4.8　东向加速度计常值偏值引起的静态导航误差

由于惯性导航系统的误差传播特性复杂，在此不给出具体的推导公式。有兴趣的同学可以参考相关资料。这里只给出陀螺漂移和加速度计零偏对系统误差影响的结论。

东向陀螺漂移对经度和航向角产生恒定的误差分量，误差不随时间累积；北向陀螺漂移和方位陀螺漂移引起的系统误差相似，除了纬度和东向速度的常值误差，还会产生随时间累积的经度误差，这说明惯性导航系统的定位误差会随着时间不断累积。

加速度计的零位误差引起经纬度误差和水平姿态误差的常值分量，但不会引起速度误差的常值分量。可以说惯性导航系统的水平姿态精度是由加速度计的零位误差决定的。

4.3　捷联式惯性导航系统的初始对准技术

所谓初始对准，就是捷联式惯性导航系统正式进入导航状态之前建立导航状态所必需的初始条件。捷联式惯性导航系统的初始速度和初始位置可以很容易地通过其他传感器（如 GPS 的测速及定位功能）获得，但其初始姿态不能由其他传感器直接获得，因此捷联式惯性导航系统的初始对准问题可以看作初始姿态的确定问题。目前，捷联式惯性导航系统的初始对准过程通常分为两个阶段：粗对准阶段和精对准阶段。粗对准阶段是为了让捷联式惯性导航系统获得粗略的姿态矩阵。精对准阶段是在粗对准阶段的基础上进行的。对粗对准阶段中计算出的导航坐标系与真实导航坐标系的失准角进行修正，使其尽可能接近于零，从而得到准确的姿态矩阵。初始对准要求系统在保证精度的前提下尽快完成。由于篇幅所限，本节仅介绍静态条件下的初始对准技术。动态条件下的初始对准技术的研究思路与静态条件下的研究思路类似，只是需要引入外部参考速度/位置。对捷联式惯性导航系统的初始对准技术感兴趣的同学可以参考其他资料。

4.3.1　粗对准阶段

1. 矢量定姿原理

设在三维空间中有两个直角坐标系 r 和 b，已知两个不共线的参考矢量$\boldsymbol{V}_1$和$\boldsymbol{V}_2$，它们在两坐标系下的投影坐标分别记为$\boldsymbol{V}_1^{\mathrm{r}}$、$\boldsymbol{V}_2^{\mathrm{r}}$、$\boldsymbol{V}_1^{\mathrm{b}}$和$\boldsymbol{V}_2^{\mathrm{b}}$，通过已知投影坐标求解 b 坐标系和 r 坐标系之间的方位角度关系问题，称为双矢量定姿。

两个坐标系间的方位关系可用方向余弦矩阵（姿态矩阵）来描述，记为$\boldsymbol{C}_{\mathrm{b}}^{\mathrm{r}}$。显然，两个矢量在不同坐标系下存在如下转换关系式：

$$\boldsymbol{V}_1^{\mathrm{r}} = \boldsymbol{C}_{\mathrm{b}}^{\mathrm{r}} \boldsymbol{V}_1^{\mathrm{b}} \tag{4.116}$$

$$\boldsymbol{V}_2^{\mathrm{r}} = \boldsymbol{C}_{\mathrm{b}}^{\mathrm{r}} \boldsymbol{V}_2^{\mathrm{b}} \tag{4.117}$$

上述两式中共含有 6 个标量方程，为了便于求解$\boldsymbol{C}_{\mathrm{b}}^{\mathrm{r}}$，构造一个矢量等式（含 3 个标量方程），构造的方法是将式（4.116）叉乘式（4.117），得辅助矢量等式为

$$\boldsymbol{V}_1^{\mathrm{r}} \times \boldsymbol{V}_2^{\mathrm{r}} = (\boldsymbol{C}_{\mathrm{b}}^{\mathrm{r}} \boldsymbol{V}_1^{\mathrm{b}}) \times (\boldsymbol{C}_{\mathrm{b}}^{\mathrm{r}} \boldsymbol{V}_2^{\mathrm{b}}) = \boldsymbol{C}_{\mathrm{b}}^{\mathrm{r}} (\boldsymbol{V}_1^{\mathrm{b}} \times \boldsymbol{V}_2^{\mathrm{b}}) \tag{4.118}$$

将前述三式合并在一起，写成矩阵形式，得

$$\begin{bmatrix} \boldsymbol{V}_1^{\mathrm{r}} & \boldsymbol{V}_2^{\mathrm{r}} & \boldsymbol{V}_1^{\mathrm{r}} \times \boldsymbol{V}_2^{\mathrm{r}} \end{bmatrix} = \boldsymbol{C}_{\mathrm{b}}^{\mathrm{r}} \begin{bmatrix} \boldsymbol{V}_1^{\mathrm{b}} & \boldsymbol{V}_2^{\mathrm{b}} & \boldsymbol{V}_1^{\mathrm{b}} \times \boldsymbol{V}_2^{\mathrm{b}} \end{bmatrix} \tag{4.119}$$

由于矢量$\boldsymbol{V}_1$和$\boldsymbol{V}_2$不共线，因而$\boldsymbol{V}_1^{\mathrm{b}}$、$\boldsymbol{V}_2^{\mathrm{b}}$和$\boldsymbol{V}_1^{\mathrm{b}} \times \boldsymbol{V}_2^{\mathrm{b}}$三者必定不共面，即$\begin{bmatrix} \boldsymbol{V}_1^{\mathrm{b}} & \boldsymbol{V}_2^{\mathrm{b}} & \boldsymbol{V}_1^{\mathrm{b}} \times \boldsymbol{V}_2^{\mathrm{b}} \end{bmatrix}$可逆，由式（4.119）可直接解得

$$\boldsymbol{C}_{\mathrm{b}}^{\mathrm{r}} = \begin{bmatrix} \boldsymbol{V}_1^{\mathrm{r}} & \boldsymbol{V}_2^{\mathrm{r}} & \boldsymbol{V}_1^{\mathrm{r}} \times \boldsymbol{V}_2^{\mathrm{r}} \end{bmatrix} \begin{bmatrix} \boldsymbol{V}_1^{\mathrm{b}} & \boldsymbol{V}_2^{\mathrm{b}} & \boldsymbol{V}_1^{\mathrm{b}} \times \boldsymbol{V}_2^{\mathrm{b}} \end{bmatrix}^{-1} \tag{4.120}$$

考虑到$\boldsymbol{C}_{\mathrm{b}}^{\mathrm{r}}$是单位正交矩阵，有$\boldsymbol{C}_{\mathrm{b}}^{\mathrm{r}} = \left[\left(\boldsymbol{C}_{\mathrm{b}}^{\mathrm{r}} \right)^{\mathrm{T}} \right]^{-1}$，上式两边同时转置后求逆，不难得到

$$\boldsymbol{C}_{\mathrm{b}}^{\mathrm{r}} = \begin{bmatrix} (\boldsymbol{V}_1^{\mathrm{r}})^{\mathrm{T}} \\ (\boldsymbol{V}_2^{\mathrm{r}})^{\mathrm{T}} \\ (\boldsymbol{V}_1^{\mathrm{r}} \times \boldsymbol{V}_2^{\mathrm{r}})^{\mathrm{T}} \end{bmatrix}^{-1} \begin{bmatrix} (\boldsymbol{V}_1^{\mathrm{b}})^{\mathrm{T}} \\ (\boldsymbol{V}_2^{\mathrm{b}})^{\mathrm{T}} \\ (\boldsymbol{V}_1^{\mathrm{b}} \times \boldsymbol{V}_2^{\mathrm{b}})^{\mathrm{T}} \end{bmatrix} \tag{4.121}$$

式（4.121）是求解双矢量定姿问题常用的比较简单的算法，等式右边两个矩阵中的每行矢量均表示相应矢量（含辅助矢量）在两坐标系上的投影坐标，只要三个行矢量不共面即可。然而，实际上$\boldsymbol{V}_1^{\mathrm{r}}$、$\boldsymbol{V}_2^{\mathrm{r}}$、$\boldsymbol{V}_1^{\mathrm{b}}$和$\boldsymbol{V}_2^{\mathrm{b}}$中的某些值，甚至所有值，是由测量设备提供的，存在一定的测量误差，使得按式（4.118）求解的姿态矩阵并不能严格满足单位正交化要求。

针对式（4.121）进行改进，一种思路是预先对参与解算的所有矢量进行正交及单位化处理。图 4.9 给出了由测量矢量$\tilde{\boldsymbol{V}}_1^{\mathrm{b}}$和$\tilde{\boldsymbol{V}}_2^{\mathrm{b}}$求解三个单位正交矢量$\dfrac{\tilde{\boldsymbol{V}}_1^{\mathrm{b}}}{\left|\tilde{\boldsymbol{V}}_1^{\mathrm{b}}\right|}$、$\dfrac{\tilde{\boldsymbol{V}}_1^{\mathrm{b}} \times \tilde{\boldsymbol{V}}_2^{\mathrm{b}}}{\left|\tilde{\boldsymbol{V}}_1^{\mathrm{b}} \times \tilde{\boldsymbol{V}}_2^{\mathrm{b}}\right|}$和$\dfrac{\tilde{\boldsymbol{V}}_1^{\mathrm{b}} \times \tilde{\boldsymbol{V}}_2^{\mathrm{b}} \times \tilde{\boldsymbol{V}}_1^{\mathrm{b}}}{\left|\tilde{\boldsymbol{V}}_1^{\mathrm{b}} \times \tilde{\boldsymbol{V}}_2^{\mathrm{b}} \times \tilde{\boldsymbol{V}}_1^{\mathrm{b}}\right|}$的几何示意图。注意，图 4.9 中$\tilde{\boldsymbol{V}}_1^{\mathrm{b}}$被选为主矢量。选择主矢量的原则是选择两个矢量中的重要性较大者（或测量误差较小者）。

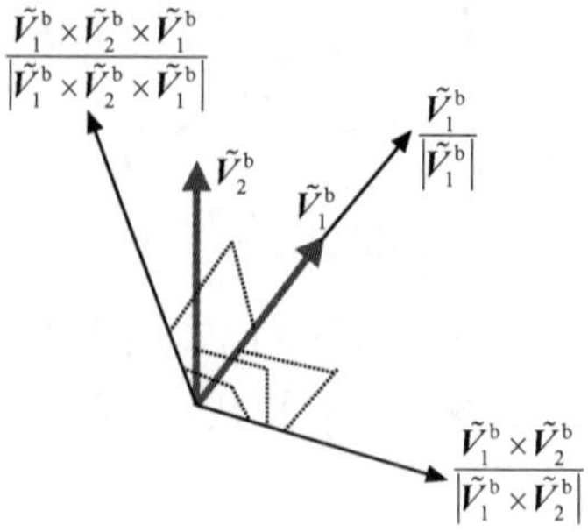

图 4.9　由两个非共线矢量构造三个正交化矢量

类似地，由$\tilde{\boldsymbol{V}}_1^{\mathrm{r}}$和$\tilde{\boldsymbol{V}}_2^{\mathrm{r}}$可求得$\dfrac{\tilde{\boldsymbol{V}}_1^{\mathrm{r}}}{|\tilde{\boldsymbol{V}}_1^{\mathrm{r}}|}$、$\dfrac{\tilde{\boldsymbol{V}}_1^{\mathrm{r}}\times\tilde{\boldsymbol{V}}_2^{\mathrm{r}}}{|\tilde{\boldsymbol{V}}_1^{\mathrm{r}}\times\tilde{\boldsymbol{V}}_2^{\mathrm{r}}|}$和$\dfrac{\tilde{\boldsymbol{V}}_1^{\mathrm{r}}\times\tilde{\boldsymbol{V}}_2^{\mathrm{r}}\times\tilde{\boldsymbol{V}}_1^{\mathrm{r}}}{|\tilde{\boldsymbol{V}}_1^{\mathrm{r}}\times\tilde{\boldsymbol{V}}_2^{\mathrm{r}}\times\tilde{\boldsymbol{V}}_1^{\mathrm{r}}|}$，根据式（4.121），构造姿态矩阵如下：

$$\begin{aligned}\hat{\boldsymbol{C}}_{\mathrm{b}}^{\mathrm{r}} &= \begin{bmatrix}(\tilde{\boldsymbol{V}}_1^{\mathrm{r}})^{\mathrm{T}}/|\tilde{\boldsymbol{V}}_1^{\mathrm{r}}| \\ (\tilde{\boldsymbol{V}}_1^{\mathrm{r}}\times\tilde{\boldsymbol{V}}_2^{\mathrm{r}})^{\mathrm{T}}/|\tilde{\boldsymbol{V}}_1^{\mathrm{r}}\times\tilde{\boldsymbol{V}}_2^{\mathrm{r}}| \\ (\tilde{\boldsymbol{V}}_1^{\mathrm{r}}\times\tilde{\boldsymbol{V}}_2^{\mathrm{r}}\times\tilde{\boldsymbol{V}}_1^{\mathrm{r}})^{\mathrm{T}}/|\tilde{\boldsymbol{V}}_1^{\mathrm{r}}\times\tilde{\boldsymbol{V}}_2^{\mathrm{r}}\times\tilde{\boldsymbol{V}}_1^{\mathrm{r}}|\end{bmatrix}^{-1}\begin{bmatrix}(\tilde{\boldsymbol{V}}_1^{\mathrm{b}})^{\mathrm{T}}/|\tilde{\boldsymbol{V}}_1^{\mathrm{b}}| \\ (\tilde{\boldsymbol{V}}_1^{\mathrm{b}}\times\tilde{\boldsymbol{V}}_2^{\mathrm{b}})^{\mathrm{T}}/|\tilde{\boldsymbol{V}}_1^{\mathrm{b}}\times\tilde{\boldsymbol{V}}_2^{\mathrm{b}}| \\ (\tilde{\boldsymbol{V}}_1^{\mathrm{b}}\times\tilde{\boldsymbol{V}}_2^{\mathrm{b}}\times\tilde{\boldsymbol{V}}_1^{\mathrm{b}})^{\mathrm{T}}/|\tilde{\boldsymbol{V}}_1^{\mathrm{b}}\times\tilde{\boldsymbol{V}}_2^{\mathrm{b}}\times\tilde{\boldsymbol{V}}_1^{\mathrm{b}}|\end{bmatrix} \\ &= \begin{bmatrix}\dfrac{\tilde{\boldsymbol{V}}_1^{\mathrm{r}}}{|\tilde{\boldsymbol{V}}_1^{\mathrm{r}}|} & \dfrac{\tilde{\boldsymbol{V}}_1^{\mathrm{r}}\times\tilde{\boldsymbol{V}}_2^{\mathrm{r}}}{|\tilde{\boldsymbol{V}}_1^{\mathrm{r}}\times\tilde{\boldsymbol{V}}_2^{\mathrm{r}}|} & \dfrac{\tilde{\boldsymbol{V}}_1^{\mathrm{r}}\times\tilde{\boldsymbol{V}}_2^{\mathrm{r}}\times\tilde{\boldsymbol{V}}_1^{\mathrm{r}}}{|\tilde{\boldsymbol{V}}_1^{\mathrm{r}}\times\tilde{\boldsymbol{V}}_2^{\mathrm{r}}\times\tilde{\boldsymbol{V}}_1^{\mathrm{r}}|}\end{bmatrix}\begin{bmatrix}(\tilde{\boldsymbol{V}}_1^{\mathrm{b}})^{\mathrm{T}}/|\tilde{\boldsymbol{V}}_1^{\mathrm{b}}| \\ (\tilde{\boldsymbol{V}}_1^{\mathrm{b}}\times\tilde{\boldsymbol{V}}_2^{\mathrm{b}})^{\mathrm{T}}/|\tilde{\boldsymbol{V}}_1^{\mathrm{b}}\times\tilde{\boldsymbol{V}}_2^{\mathrm{b}}| \\ (\tilde{\boldsymbol{V}}_1^{\mathrm{b}}\times\tilde{\boldsymbol{V}}_2^{\mathrm{b}}\times\tilde{\boldsymbol{V}}_1^{\mathrm{b}})^{\mathrm{T}}/|\tilde{\boldsymbol{V}}_1^{\mathrm{b}}\times\tilde{\boldsymbol{V}}_2^{\mathrm{b}}\times\tilde{\boldsymbol{V}}_1^{\mathrm{b}}|\end{bmatrix}\end{aligned} \tag{4.122}$$

式中，$\hat{\boldsymbol{C}}_{\mathrm{b}}^{\mathrm{r}}$自然满足单位正交化要求。

2．解析粗对准方法

初始对准一般在航行器相对地球静止的环境中进行，即航行器既没有明显的直线运动，又没有明显的角运动，对准地点的地理位置是可以准确获得的，也就是说重力矢量和地球自转角速度矢量在地理坐标系（初始对准参考坐标系）下的分量准确已知：

$$\boldsymbol{g}^n = \begin{bmatrix}0\\0\\-g\end{bmatrix},\quad \boldsymbol{\omega}_{\mathrm{ie}}^{\mathrm{n}} = \begin{bmatrix}0\\ \omega_{\mathrm{ie}}\cos L\\ \omega_{\mathrm{ie}}\sin L\end{bmatrix} = \begin{bmatrix}0\\ \omega_{\mathrm{N}}\\ \omega_{\mathrm{U}}\end{bmatrix} \tag{4.123}$$

式中，L、g和ω_{ie}分别表示当地纬度、重力加速度大小和地球自转角速率大小。

实际上，在惯性导航系统中，陀螺仪和加速度计测量到的分别是重力矢量和地球自转角速度在载体坐标系中的投影，但有时会存在角晃动和线晃动干扰，并且存在加速度计测量误差和陀螺仪测量误差。假设姿态矩阵为$\boldsymbol{C}_{\mathrm{b}}^{\mathrm{n}}$，则有如下惯性导航角速度关系及比力方程：

$$\boldsymbol{C}_{\mathrm{b}}^{\mathrm{n}}\boldsymbol{\omega}_{\mathrm{ib}}^{\mathrm{b}} = \boldsymbol{\omega}_{\mathrm{ib}}^{\mathrm{n}} = \boldsymbol{\omega}_{\mathrm{ie}}^{\mathrm{n}} + \boldsymbol{\omega}_{\mathrm{en}}^{\mathrm{n}} + \boldsymbol{\omega}_{\mathrm{nb}}^{\mathrm{n}} \tag{4.124}$$

$$\dot{\boldsymbol{v}}^{\mathrm{n}} = \boldsymbol{C}_{\mathrm{b}}^{\mathrm{n}}\boldsymbol{f}_{\mathrm{sf}}^{\mathrm{b}} - (2\boldsymbol{\omega}_{\mathrm{ie}}^{\mathrm{n}} + \boldsymbol{\omega}_{\mathrm{en}}^{\mathrm{n}})\times\boldsymbol{v}^{\mathrm{n}} + \boldsymbol{g}^{\mathrm{n}} \tag{4.125}$$

在静基座条件下，线运动引起的$\boldsymbol{\omega}_{\mathrm{en}}^{\mathrm{n}}$和$(2\boldsymbol{\omega}_{\mathrm{ie}}^{\mathrm{n}} + \boldsymbol{\omega}_{\mathrm{en}}^{\mathrm{n}})\times\boldsymbol{v}^{\mathrm{n}}$非常小，可以近似为零并忽略，考虑陀螺仪和加速度计测量误差后，上述两式分别改写为

$$\boldsymbol{C}_{\mathrm{b}}^{\mathrm{n}}(\tilde{\boldsymbol{\omega}}_{\mathrm{ib}}^{\mathrm{b}}-\delta\boldsymbol{\omega}_{\mathrm{ib}}^{\mathrm{b}})-\boldsymbol{\omega}_{\mathrm{nb}}^{\mathrm{n}}=\boldsymbol{\omega}_{\mathrm{ie}}^{\mathrm{n}} \tag{4.126}$$

$$\boldsymbol{C}_{\mathrm{b}}^{\mathrm{n}}(\tilde{\boldsymbol{f}}^{\mathrm{b}}-\delta\boldsymbol{f}^{\mathrm{b}})-\dot{\boldsymbol{v}}^{\mathrm{n}}=-\boldsymbol{g}^{\mathrm{n}} \tag{4.127}$$

即

$$\boldsymbol{C}_{\mathrm{b}}^{\mathrm{n}}\tilde{\boldsymbol{\omega}}_{\mathrm{ib}}^{\mathrm{b}}-\widehat{\boldsymbol{\varepsilon}}^{\mathrm{n}}=\boldsymbol{\omega}_{\mathrm{ie}}^{\mathrm{n}} \tag{4.128}$$

$$\boldsymbol{C}_{\mathrm{b}}^{\mathrm{n}}\tilde{\boldsymbol{f}}^{\mathrm{b}}-\widehat{\tilde{\nabla}}^{\mathrm{n}}=-\boldsymbol{g}^{\mathrm{n}} \tag{4.129}$$

式中，$\widehat{\boldsymbol{\varepsilon}}^{\mathrm{n}}=\boldsymbol{C}_{\mathrm{b}}^{\mathrm{n}}\delta\boldsymbol{\omega}_{\mathrm{ib}}^{\mathrm{b}}+\boldsymbol{\omega}_{\mathrm{nb}}^{\mathrm{b}}$ 为等效陀螺仪测量误差；$\widehat{\nabla}^{\mathrm{n}}=\boldsymbol{C}_{\mathrm{b}}^{\mathrm{n}}\delta\tilde{\boldsymbol{f}}^{\mathrm{b}}+\dot{\boldsymbol{v}}^{\mathrm{n}}$ 为等效加速度计测量误差，当误差远小于有用信号，如 $\left|\widehat{\boldsymbol{\varepsilon}}^{\mathrm{n}}\right|<\dfrac{1}{10}\left|\boldsymbol{\omega}_{\mathrm{ie}}^{\mathrm{n}}\right|$ 且 $\left|\widehat{\nabla}^{\mathrm{n}}\right|<\dfrac{1}{100}\left|-\boldsymbol{g}^{\mathrm{n}}\right|$ 时，式（4.128）和式（4.129）近似估计为

$$\tilde{\boldsymbol{C}}_{\mathrm{b}}^{\mathrm{n}}\tilde{\boldsymbol{\omega}}_{\mathrm{ib}}^{\mathrm{b}}=\boldsymbol{\omega}_{\mathrm{ie}}^{\mathrm{n}} \tag{4.130}$$

$$\tilde{\boldsymbol{C}}_{\mathrm{b}}^{\mathrm{n}}\tilde{\boldsymbol{f}}^{\mathrm{b}}=-\boldsymbol{g}^{\mathrm{n}} \tag{4.131}$$

选择 $-\boldsymbol{g}^{\mathrm{n}}$ 作为主参考矢量，由式（4.122）可得姿态矩阵估计为

$$\hat{\boldsymbol{C}}_{\mathrm{b}}^{\mathrm{n}}=$$

$$\begin{bmatrix}\dfrac{(-\boldsymbol{g}^{\mathrm{n}})}{\left|(-\boldsymbol{g}^{\mathrm{n}})\right|} & \dfrac{(-\boldsymbol{g}^{\mathrm{n}})\times\boldsymbol{\omega}_{\mathrm{ie}}^{\mathrm{n}}}{\left|(-\boldsymbol{g}^{\mathrm{n}})\times\boldsymbol{\omega}_{\mathrm{ie}}^{\mathrm{n}}\right|} & \dfrac{(-\boldsymbol{g}^{\mathrm{n}})\times\boldsymbol{\omega}_{\mathrm{ie}}^{\mathrm{n}}\times(-\boldsymbol{g}^{\mathrm{n}})}{\left|(-\boldsymbol{g}^{\mathrm{n}})\times\boldsymbol{\omega}_{\mathrm{ie}}^{\mathrm{n}}\times(-\boldsymbol{g}^{\mathrm{n}})\right|}\end{bmatrix}\begin{bmatrix}(\tilde{\boldsymbol{f}}^{\mathrm{b}})^{\mathrm{T}}/\left|\tilde{\boldsymbol{f}}^{\mathrm{b}}\right| \\ (\tilde{\boldsymbol{f}}^{\mathrm{b}}\times\tilde{\boldsymbol{\omega}}_{ib}^{\mathrm{b}})^{\mathrm{T}}/\left|\tilde{\boldsymbol{f}}^{\mathrm{b}}\times\tilde{\boldsymbol{\omega}}_{\mathrm{ib}}^{\mathrm{b}}\right| \\ (\tilde{\boldsymbol{f}}^{\mathrm{b}}\times\tilde{\boldsymbol{\omega}}_{\mathrm{ib}}^{\mathrm{b}}\times\tilde{\boldsymbol{f}}^{\mathrm{b}})^{\mathrm{T}}/\left|\tilde{\boldsymbol{f}}^{\mathrm{b}}\times\tilde{\boldsymbol{\omega}}_{\mathrm{ib}}^{\mathrm{b}}\times\tilde{\boldsymbol{f}}^{\mathrm{b}}\right|\end{bmatrix} \tag{4.132}$$

将式（4.123）代入式（4.132），得

$$\begin{aligned}\hat{\boldsymbol{C}}_{\mathrm{b}}^{\mathrm{n}}&=\begin{bmatrix}0 & -1 & 0\\ 0 & 0 & 1\\ 1 & 0 & 0\end{bmatrix}\begin{bmatrix}(\tilde{\boldsymbol{f}}^{\mathrm{b}})^{\mathrm{T}}/\left|\tilde{\boldsymbol{f}}^{\mathrm{b}}\right| \\ (\tilde{\boldsymbol{f}}^{\mathrm{b}}\times\tilde{\boldsymbol{\omega}}_{\mathrm{ib}}^{\mathrm{b}})^{\mathrm{T}}/\left|\tilde{\boldsymbol{f}}^{\mathrm{b}}\times\tilde{\boldsymbol{\omega}}_{\mathrm{ib}}^{\mathrm{b}}\right| \\ (\tilde{\boldsymbol{f}}^{\mathrm{b}}\times\tilde{\boldsymbol{\omega}}_{\mathrm{ib}}^{\mathrm{b}}\times\tilde{\boldsymbol{f}}^{\mathrm{b}})^{\mathrm{T}}/\left|\tilde{\boldsymbol{f}}^{\mathrm{b}}\times\tilde{\boldsymbol{\omega}}_{\mathrm{ib}}^{\mathrm{b}}\times\tilde{\boldsymbol{f}}^{\mathrm{b}}\right|\end{bmatrix}\\&=\begin{bmatrix}-(\tilde{\boldsymbol{f}}^{\mathrm{b}}\times\tilde{\boldsymbol{\omega}}_{\mathrm{ib}}^{\mathrm{b}})^{\mathrm{T}}/\left|\tilde{\boldsymbol{f}}^{\mathrm{b}}\times\tilde{\boldsymbol{\omega}}_{\mathrm{ib}}^{\mathrm{b}}\right| \\ (\tilde{\boldsymbol{f}}^{\mathrm{b}}\times\tilde{\boldsymbol{\omega}}_{\mathrm{ib}}^{\mathrm{b}}\times\tilde{\boldsymbol{f}}^{\mathrm{b}})^{\mathrm{T}}/\left|\tilde{\boldsymbol{f}}^{\mathrm{b}}\times\tilde{\boldsymbol{\omega}}_{\mathrm{ib}}^{\mathrm{b}}\times\tilde{\boldsymbol{f}}^{\mathrm{b}}\right| \\ (\tilde{\boldsymbol{f}}^{\mathrm{b}})^{\mathrm{T}}/\left|\tilde{\boldsymbol{f}}^{\mathrm{b}}\right|\end{bmatrix}\end{aligned} \tag{4.133}$$

由式（4.133）可见，根据实际陀螺仪和加速度计测量值即可直接实现姿态矩阵估计，这一过程表面上与地理位置无关，实际上地理纬度信息隐含在两个矢量 $\tilde{\boldsymbol{\omega}}_{\mathrm{ib}}^{\mathrm{b}}$ 与 $\tilde{\boldsymbol{f}}^{\mathrm{b}}$ 的夹角之中，即应当有 $\angle\left(\tilde{\boldsymbol{\omega}}_{\mathrm{ib}}^{\mathrm{b}},\tilde{\boldsymbol{f}}^{\mathrm{b}}\right)\approx\pi/2-L$。在实际应用中，为了降低传感器高频噪声及高频环境晃动的影响，尤其是针对陀螺仪高频噪声和高频角晃动的影响，常常需要采集一段时间 $[0,T]$ 内的传感器数据，假设角增量为 $\Delta\boldsymbol{\theta}(T)$ 和速度增量为 $\Delta\boldsymbol{V}(T)$，求解该时间段内的平均角速度为 $\bar{\boldsymbol{\omega}}_{\mathrm{ib}}^{\mathrm{b}}=\Delta\boldsymbol{\theta}(T)/T$ 及比力为 $\bar{\boldsymbol{f}}_{\mathrm{ib}}^{\mathrm{b}}=\Delta\boldsymbol{V}(T)/T$，分别代替式（4.133）中的 $\tilde{\boldsymbol{\omega}}_{\mathrm{ib}}^{\mathrm{b}}$ 和 $\tilde{\boldsymbol{f}}^{\mathrm{b}}$，从而可以估计得 $\hat{\boldsymbol{C}}_{\mathrm{b}}^{\mathrm{n}}$。在一般情况下，在 $[0,T]$ 时间段内，当低频晃动角小于 $\boldsymbol{\omega}_{\mathrm{ie}}T/10$ 且速度变化小于 $\boldsymbol{g}_{\mathrm{ie}}T/10$ 时，能够求得具有一定近似精度的粗对准结果。

4.3.2 精对准阶段

在粗对准阶段之后，捷联式惯性导航系统得到一个粗略的姿态矩阵，即粗略的地理坐标系指向，其与真实地理坐标系相比往往存在一定的失准角误差，通常水平失准角（东向和北向）可以达到数角分，而航向失准角可以达到几度。如果直接进入纯惯性导航系统，导航误差很快就会发散。因此，需要进行精对准，以降低失准角的影响。

实际上，静基座条件下的导航解算的速度就是速度误差。根据惯性导航系统误差方程的规律，可以从速度误差推导出失准角误差。初始对准是在静基座条件下进行的，由于真实惯性导航系统的地理位置没有明显移动，且真实速度为零（至多因干扰而产生微小晃动），因而对准过程中的惯性导航解算可以使用如下简化导航算法。

首先，航行器处于静止状态，$\boldsymbol{\omega}_{\mathrm{en}}^{\mathrm{b}}=\mathbf{0}$，得简化姿态算法为

$$\dot{\boldsymbol{C}}_{\mathrm{b}}^{\mathrm{n}}=\boldsymbol{C}_{\mathrm{b}}^{\mathrm{n}}(\boldsymbol{\omega}_{\mathrm{nb}}^{\mathrm{b}}\times)=\boldsymbol{C}_{\mathrm{b}}^{\mathrm{n}}\left[(\boldsymbol{\omega}_{\mathrm{ib}}^{\mathrm{b}}-\boldsymbol{\omega}_{\mathrm{ie}}^{\mathrm{b}}-\boldsymbol{\omega}_{\mathrm{en}}^{\mathrm{b}})\times\right]=\boldsymbol{C}_{\mathrm{b}}^{\mathrm{n}}\left[(\boldsymbol{\omega}_{\mathrm{ib}}^{\mathrm{b}}-\boldsymbol{\omega}_{\mathrm{ie}}^{\mathrm{b}})\times\right] \tag{4.134}$$

其次，在比力方程式（4.27）中，令航行器的运动速度为0，即$\boldsymbol{v}^{\mathrm{n}}=\mathbf{0}$，得简化速度算法为

$$\dot{\boldsymbol{v}}^{\mathrm{n}}=\boldsymbol{C}_{\mathrm{b}}^{\mathrm{n}}\boldsymbol{f}_{\mathrm{sf}}^{\mathrm{b}}+\boldsymbol{g}^{\mathrm{n}} \tag{4.135}$$

相应的姿态和速度数值更新算法，这里不再赘述。

仿照捷联式惯性导航系统误差方程的推导过程，或者直接在它们的基础上进行简化，不难获得与简化算法式（4.134）和式（4.135）相对应的误差方程，分别为

$$\begin{cases}\dot{\boldsymbol{\phi}}=\boldsymbol{\phi}\times\boldsymbol{\omega}_{\mathrm{ie}}^{\mathrm{n}}-\boldsymbol{\varepsilon}^{\mathrm{n}}\\ \delta\dot{\boldsymbol{v}}^{\mathrm{n}}=\boldsymbol{f}_{\mathrm{sf}}^{\mathrm{n}}\times\boldsymbol{\phi}+\boldsymbol{\nabla}^{\mathrm{n}}\end{cases} \tag{4.136}$$

式中

$$\boldsymbol{\varepsilon}^{\mathrm{n}}=\begin{bmatrix}\varepsilon_{\mathrm{E}}\\ \varepsilon_{\mathrm{N}}\\ \varepsilon_{\mathrm{U}}\end{bmatrix}=\begin{bmatrix}C_{11}\varepsilon_x^{\mathrm{b}}+C_{12}\varepsilon_y^{\mathrm{b}}+C_{13}\varepsilon_z^{\mathrm{b}}\\ C_{21}\varepsilon_x^{\mathrm{b}}+C_{22}\varepsilon_y^{\mathrm{b}}+C_{23}\varepsilon_z^{\mathrm{b}}\\ C_{31}\varepsilon_x^{\mathrm{b}}+C_{32}\varepsilon_y^{\mathrm{b}}+C_{33}\varepsilon_z^{\mathrm{b}}\end{bmatrix} \tag{4.137}$$

$$\boldsymbol{\nabla}^{\mathrm{n}}=\begin{bmatrix}\nabla_{\mathrm{E}}\\ \nabla_{\mathrm{N}}\\ \nabla_{\mathrm{U}}\end{bmatrix}=\begin{bmatrix}C_{11}\nabla_x^{\mathrm{b}}+C_{12}\nabla_y^{\mathrm{b}}+C_{13}\nabla_z^{\mathrm{b}}\\ C_{21}\nabla_x^{\mathrm{b}}+C_{22}\nabla_y^{\mathrm{b}}+C_{23}\nabla_z^{\mathrm{b}}\\ C_{31}\nabla_x^{\mathrm{b}}+C_{32}\nabla_y^{\mathrm{b}}+C_{33}\nabla_z^{\mathrm{b}}\end{bmatrix} \tag{4.138}$$

$\boldsymbol{\varepsilon}^{\mathrm{n}}$为等效陀螺仪随机常值漂移，在静基座条件下，姿态矩阵$\boldsymbol{C}_{\mathrm{b}}^{\mathrm{n}}$近似为常值，若$\boldsymbol{\varepsilon}^{\mathrm{b}}=\begin{bmatrix}\varepsilon_x^{\mathrm{b}} & \varepsilon_y^{\mathrm{b}} & \varepsilon_z^{\mathrm{b}}\end{bmatrix}^{\mathrm{T}}$为常值，则$\boldsymbol{\varepsilon}^{\mathrm{n}}$也为常值；$\boldsymbol{\nabla}^{\mathrm{n}}$为等效加速度计随机常值零偏，亦可视为常值。

由此可见，基于简化导航算法的误差方程比较简洁，这有利于初始对准误差特性的分析。进一步在静基座条件下，速度误差方程式（4.135）中还可作近似$\boldsymbol{f}^{\mathrm{n}}\approx-\boldsymbol{g}^{\mathrm{n}}$，若将式（4.136）展开，则有

$$\begin{cases}\dot{\phi}_{\mathrm{E}}=\omega_{\mathrm{U}}\phi_{\mathrm{N}}-\omega_{\mathrm{N}}\phi_{\mathrm{U}}-\varepsilon_{\mathrm{E}}\\ \dot{\phi}_{\mathrm{N}}=-\omega_{\mathrm{U}}\phi_{\mathrm{E}}-\varepsilon_{\mathrm{N}}\\ \dot{\phi}_{\mathrm{U}}=\omega_{\mathrm{N}}\phi_{\mathrm{E}}-\varepsilon_{\mathrm{U}}\\ \delta\dot{v}_{\mathrm{E}}=-g\phi_{\mathrm{N}}+\nabla_{\mathrm{E}}\\ \delta\dot{v}_{\mathrm{N}}=g\phi_{\mathrm{E}}+\nabla_{\mathrm{N}}\\ \delta\dot{v}_{\mathrm{U}}=\nabla_{\mathrm{U}}\end{cases} \tag{4.139}$$

在上述方程中，最后一个方程 $\delta\dot{v}_{\mathrm{U}}^{\mathrm{n}}=\nabla_{\mathrm{U}}$ 与其他方程之间没有任何交联关系，可见，天向速度误差对失准角估计不会有任何作用。通常，在静基座条件下，天向速度误差仅用于天向加速度计零偏的估计，在分析初始对准失准角估计时，一般可忽略天向通道（天向速度和加速度计零偏）的影响。

在实际应用时，一般使用卡尔曼滤波进行状态估计，系统模型应视为随机模型，为了降低计算量，减少不可观测状态的影响，将 ∇_{E}、∇_{N} 和 ε_{E} 略去，建立七维随机系统模型如下：

$$\begin{cases}\dot{\boldsymbol{X}}=\boldsymbol{F}\boldsymbol{X}+\boldsymbol{G}\boldsymbol{W}^{\mathrm{b}}\\ \boldsymbol{Z}=\boldsymbol{H}\boldsymbol{X}+\boldsymbol{V}\end{cases} \tag{4.140}$$

式中

$$\boldsymbol{X}=\begin{bmatrix}\phi_{\mathrm{E}} & \phi_{\mathrm{N}} & \phi_{\mathrm{U}} & \delta v_{\mathrm{E}} & \delta v_{\mathrm{N}} & \varepsilon_{\mathrm{N}} & \varepsilon_{\mathrm{U}}\end{bmatrix}^{\mathrm{T}} \tag{4.141}$$

$$\boldsymbol{F}=\begin{bmatrix}0 & \omega_{\mathrm{U}} & -\omega_{\mathrm{N}} & 0 & 0 & 0 & 0\\ -\omega_{\mathrm{U}} & 0 & 0 & 0 & 0 & -1 & 0\\ \omega_{\mathrm{N}} & 0 & 0 & 0 & 0 & 0 & -1\\ 0 & -g & 0 & 0 & 0 & 0 & 0\\ g & 0 & 0 & 0 & 0 & 0 & 0\\ & & & 0_{2\times 7} & & & \end{bmatrix},\quad \boldsymbol{G}=\begin{bmatrix}-C_{11} & -C_{12} & -C_{13} & 0 & 0 & 0\\ -C_{21} & -C_{22} & -C_{23} & 0 & 0 & 0\\ -C_{31} & -C_{32} & -C_{33} & 0 & 0 & 0\\ 0 & 0 & 0 & C_{11} & C_{12} & C_{13}\\ 0 & 0 & 0 & C_{21} & C_{22} & C_{23}\\ & & 0_{2\times 6} & & & \end{bmatrix} \tag{4.142}$$

$$\boldsymbol{W}^{\mathrm{b}}=\begin{bmatrix}w_{gx}^{\mathrm{b}}\\ w_{gy}^{\mathrm{b}}\\ w_{gz}^{\mathrm{b}}\\ w_{ax}^{\mathrm{b}}\\ w_{ay}^{\mathrm{b}}\\ w_{az}^{\mathrm{b}}\end{bmatrix},\quad \boldsymbol{H}=\begin{bmatrix}0 & 0 & 0 & 1 & 0 & 0 & 0\\ 0 & 0 & 0 & 0 & 1 & 0 & 0\end{bmatrix},\quad \boldsymbol{V}=\begin{bmatrix}V_{\mathrm{E}}\\ V_{\mathrm{N}}\end{bmatrix} \tag{4.143}$$

$w_{gi}^{\mathrm{b}}(i=x,y,z)$ 为陀螺角速率白噪声，一般设 $E\left[w_{gi}^{\mathrm{b}}\right]=0$、$E\left[w_{gi}^{\mathrm{b}}(t)w_{gi}^{\mathrm{b}}(\tau)\right]=q_{gi}^{\mathrm{b}}\delta(t-\tau)$，$\sqrt{q_{gi}^{\mathrm{b}}}$ 为角度随机游走系数；$w_{ai}^{\mathrm{b}}(i=x,y,z)$ 为加速度计比力白噪声，一般设 $E\left[w_{ai}^{\mathrm{b}}\right]=0$、$E\left[w_{ai}^{\mathrm{b}}(t)w_{ai}^{\mathrm{b}}(\tau)\right]=q_{ai}^{\mathrm{b}}\delta(t-\tau)$，$\sqrt{q_{ai}^{\mathrm{b}}}$ 为速度随机游走系数，V_{E} 和 V_{N} 分别为等效东向和北向速度量测噪声。

实际上，在静基座条件下，噪声分配矩阵 $\boldsymbol{G}$ 近似为常值矩阵，可将系统噪声 $\boldsymbol{G}\boldsymbol{W}^{\mathrm{b}}$ 作等效，记 $\boldsymbol{W}=\boldsymbol{G}\boldsymbol{W}^{\mathrm{b}}$，则系统模型式（4.140）可简化为

$$\begin{cases}\dot{\boldsymbol{X}}=\boldsymbol{F}\boldsymbol{X}+\boldsymbol{W}\\ \boldsymbol{Z}=\boldsymbol{H}\boldsymbol{X}+\boldsymbol{V}\end{cases} \tag{4.144}$$

式中

$$\boldsymbol{W}=\begin{bmatrix} w_{gE} & w_{gN} & w_{gU} & w_{aE} & w_{aN} & 0 & 0 \end{bmatrix}^{T} \tag{4.145}$$

$w_{gi}\left(i=E,N,U\right)$为等效陀螺噪声；$w_{ai}\left(i=E,N\right)$为等效加速度计噪声。

将式（4.144）离散化，采用卡尔曼滤波方法进行估计，便可实现惯性导航系统的精对准。

4.4 捷联式惯性导航系统的阻尼技术

捷联式惯性导航系统是一个临界稳定系统，受到误差源的激励，系统输出的导航信息包含周期性振荡误差。陀螺仪常值漂移、加速度计零偏及初始误差等常值误差源会引起等幅的周期性振荡误差，而随机误差源会导致随时间发散的振荡误差。对于长时间工作的惯性导航系统，误差的发散会使系统失去定位能力，因此需要想办法抑制误差的发散。有效的方法是在系统回路中加入校正网络，令惯性导航系统的特征根具有负实部，使临界稳定的捷联式惯性导航系统成为渐进稳定系统。从自动控制理论的角度来看，增加一个校正网络意味着给系统增加“阻尼”。有了阻尼，系统误差振荡的幅度将随时间衰减。当然，阻尼只能抑制振荡误差，不能抑制常值和随时间增长的误差分量。例如，由北向（或方位角）陀螺仪漂移引起的随时间增长的经度误差分量是无法阻尼掉的。带阻尼的惯性导航系统称为阻尼惯性导航系统。

4.3 节的分析指出惯性导航系统存在三种周期振荡误差，分别是舒勒周期误差、地球周期误差和傅科周期误差。其中，抑制舒勒周期振荡误差的技术称为水平阻尼。由于傅科周期误差和舒勒周期误差是相乘的关系，因此当舒勒周期误差消失时，傅科周期误差也随之消失；抑制地球周期误差的技术称为方位阻尼。通常，方位阻尼不是单独使用的，而是与水平阻尼一起使用的，形成全阻尼。传统的阻尼方法通过人为在惯性导航系统的前向通道上加入一个阻尼网络为系统添加阻尼，阻尼网络根据一定的设计原则通过试凑法得到。本节简要介绍目前通用的水平阻尼和方位阻尼。

4.4.1 水平阻尼

无阻尼北向水平回路框图如图 4.10 所示。

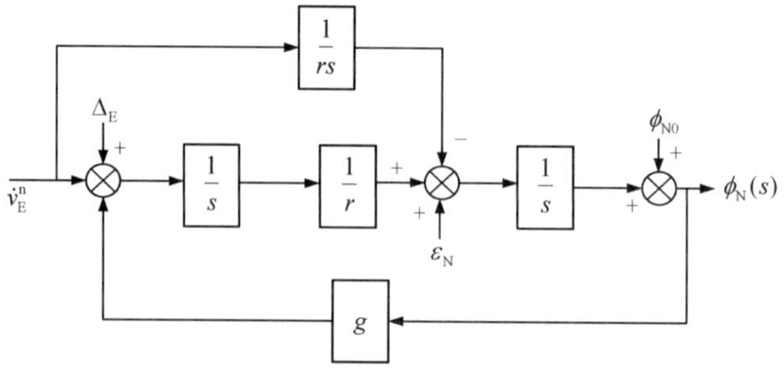

图 4.10 无阻尼北向水平回路框图

由图 4.10 可以得知，北向失准角与北向陀螺漂移之间的传递函数为

$$\frac{\phi_{\mathrm{N}}(s)}{\varepsilon_{\mathrm{N}}(s)}=\frac{s}{s^{2}+\omega_{\mathrm{s}}^{2}} \tag{4.146}$$

式（4.146）表明北向水平回路的两个闭环极点均为纯虚数，北向回路为一个临界稳定系统，受常值误差源的影响，系统将产生舒勒周期振荡误差。为了对舒勒周期误差进行抑制，传统的水平阻尼方法通过在前向通道上加入一个水平阻尼网络 $H_x(s)$ 使北向水平回路具有阻尼，如图 4.11 所示。

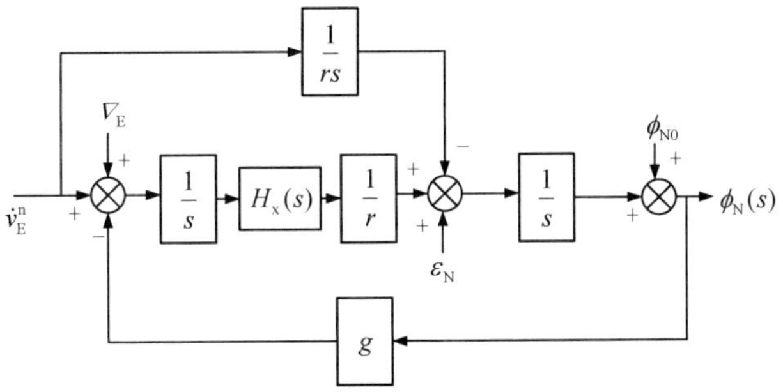

图 4.11 阻尼北向水平回路框图

加入 $H_x(s)$ 后，北向水平回路的特征方程变为

$$s^{2}+\omega_{\mathrm{s}}^{2}H_{x}(s)=0 \tag{4.147}$$

式（4.147）表明，通过合理设计 $H_x(s)$，北向水平回路具有阻尼。由于水平阻尼的引入在抑制舒勒周期误差的同时破坏系统的舒勒调谐条件，载体机动会对系统造成干扰，因此在选取 $H_x(s)$ 时，除了要保证闭环系统的稳定性，还应使 $H_x(s)$ 尽可能接近于 1，且使得系统的闭环阻尼比在 0.5 左右。一个常用的 $H_x(s)$ 如下：

$$H_{x}(s)=\frac{\left(s+8.80\times10^{-4}\right)\left(s+1.97\times10^{-2}\right)^{2}}{\left(s+4.41\times10^{-3}\right)\left(s+8.80\times10^{-3}\right)^{2}} \tag{4.148}$$

从 $H_x(s)$ 中的系数可看出，其设计过程十分复杂，通常 $H_x(s)$ 一经确定便不再进行更改，也就是说，传统的阻尼惯性导航系统通常为一个固定阻尼系统。尽管增大阻尼比可以加快振荡误差的收敛速度，但同时会加剧载体机动对系统的干扰，因此通常折中取阻尼比为 0.5。对于东向水平回路的阻尼方法与北向水平回路相同，这里不再赘述，接下来简要介绍方位阻尼。

4.4.2 方位阻尼

方位阻尼通过人为在陀螺仪的施矩角速度 $\boldsymbol{\omega}_{\mathrm{in}}^{\mathrm{n}}$ 中引入一个方位阻尼网络使惯性导航系统具有方位阻尼，这一过程如下：

$$\begin{cases} \omega_{\text{iny}}^{\text{n}}(s) = Y(s)\omega_{\text{ie}}\cos\varphi + \dfrac{v_{\text{E}}^{\text{n}}(s)}{R_{\text{N}}}H_x(s) \\ \omega_{\text{inz}}^{\text{n}}(s) = Y(s)\omega_{\text{ie}}\sin\varphi + \dfrac{v_{\text{E}}^{\text{n}}(s)}{R_{\text{N}}}\tan\varphi H_x(s) \end{cases} \tag{4.149}$$

式中，$\boldsymbol{\omega}_{\text{in}}^{\text{n}} = \left[\omega_{\text{inx}}^{\text{n}}, \omega_{\text{iny}}^{\text{n}}, \omega_{\text{inz}}^{\text{n}}\right]^{\text{T}}$，$\omega_{\text{iny}}^{\text{n}}$ 和 $\omega_{\text{inz}}^{\text{n}}$ 分别表示北向陀螺和天向陀螺的施矩角速度；$Y(s)$ 为方位阻尼网络，当 $Y(s)=1$ 时，系统不具有方位阻尼，当 $Y(s)\neq 1$ 时，系统工作在方位阻尼状态。与水平阻尼网络 $H_x(s)$ 的设计类似，在设计 $Y(s)$ 时需要注意以下几点。

（1）保证闭环系统的稳定性。

（2）为了减小载体机动对系统的影响，$Y(s)$ 应尽量接近于 1。

（3）闭环阻尼比在 0.5 左右。

满足以上三点的一个方位阻尼网络如下：

$$Y(s) = 1.67\frac{s^2 + 7.2\times 10^{-5}s + 2.2\times 10^{-9}}{\left(s + 6\times 10^{-5}\right)^2} \tag{4.150}$$

从式（4.150）可以看出，方位阻尼方法与水平阻尼方法类似，方位阻尼网络 $Y(s)$ 的设计过程较为复杂，且其系数同样不能轻易更改，$Y(s)$ 的选取是在加快振荡误差的抑制速度与减小载体机动对系统的干扰间的一种折中。值得一提的是，地球周期主要体现在方位误差和纬度误差上，而方位阻尼主要是为了抑制地球振荡周期。由于地球周期是 24h，若用一个半周期来抑制地球周期振荡的误差，则需要 36h。为了快速阻尼，阻尼系数必须大。但是，若阻尼系数较大，则系统会受到载体加速度的极大干扰。因此，由于方位阻尼过程耗时较长，一般惯性导航系统不会工作在方位阻尼状态。只有在外部信息长时间无法用于惯性导航的校正时，才使用全阻尼。例如，当核潜艇长时间在水下航行时，全阻尼是惯性导航常见的工作状态。

下面给出一组捷联式惯性导航系统无阻尼与全阻尼的姿态误差和水平定位误差比较，如图 4.12 所示，从图中可以看出，在无阻尼情况下，捷联式惯性导航系统误差存在明显的舒勒振荡周期，经过全阻尼后，振荡误差被明显削弱。

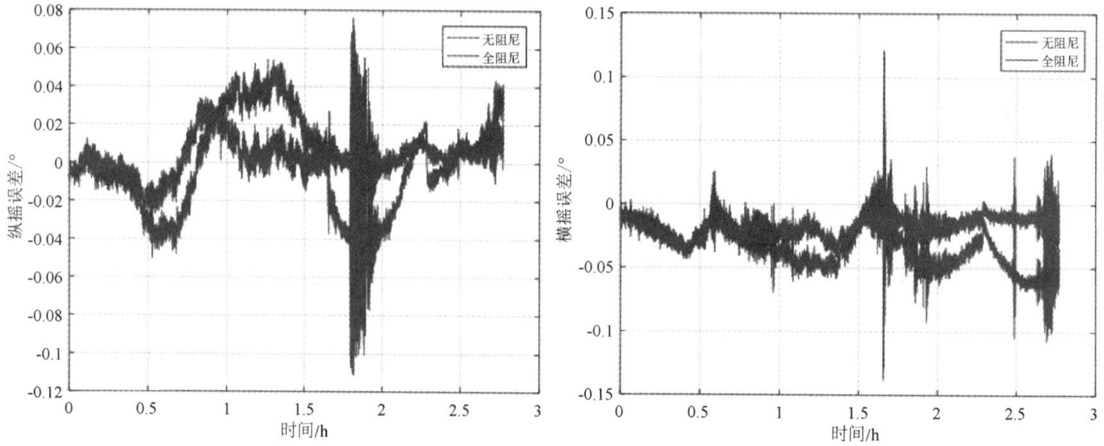

图 4.12　捷联式惯性导航系统无阻尼与全阻尼的姿态误差与水平定位误差比较

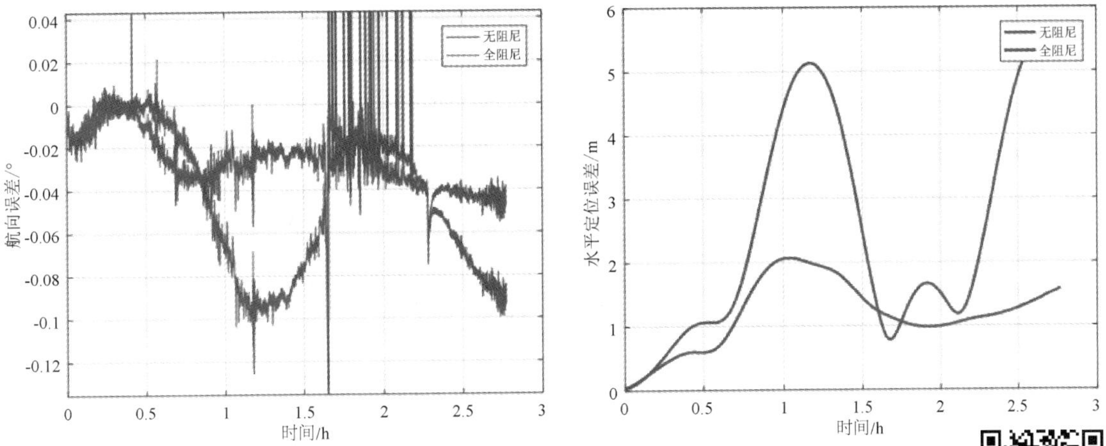

图 4.12　捷联式惯性导航系统无阻尼与全阻尼的姿态误差与水平定位误差比较（扫二维码）（续）

4.5　捷联式惯性导航系统的综合校正技术

综合校正也是长航时捷联式惯性导航系统的关键技术。从 4.4 节的内容可以看出，阻尼技术可以抑制惯性导航系统中的振荡误差，但对常值误差和随时间增长的误差无能为力。这两种误差，尤其是随时间增长的误差，是制约惯性导航系统精度的重要因素。综合校正可以实现对这两个误差的校正，修正的方法通常是利用外部导航信息，如 GPS 定位信息、天文导航系统航向信息等，重新调整惯性导航系统的输出。综合校正还有一个重要任务，就是估计陀螺仪的常值漂移。陀螺仪常值漂移是惯性导航系统位置误差发散的主要原因。因此，补偿陀螺恒定漂移可以有效提高惯性导航系统的独立工作能力。综合校正主要用于长时间无法接收外部导航信息的场合，因此如何最大限度地利用外部观测信息提高陀螺仪常值漂移的估计精度是综合校正最重要的研究内容。

综合校正技术主要分为两大类：第一类是多点综校，基于几个间断点的外部观测信息对陀螺仪常值漂移进行估计，其优点是对随机噪声的过滤效果较好，缺点是至少要两点以上（对于水下航行器，一点代表一次上浮）才能完成对陀螺仪常值漂移的估计，较为费时，且相邻校正点的间隔要远离 24h 的整数倍，以免产生较大误差；第二类是利用卡尔曼滤波的最优综合校正法，仅需要一段连续观测即可完成对陀螺仪常值漂移的估计，因而所需时间较短。本节主要对捷联式惯性导航系统的最优综合校正法进行介绍。

4.5.1　相关误差角定义及相互关系

在介绍最优综合校正法前，先定义一个计算坐标系 c，即惯性导航系统解算位置的东北天坐标系，其坐标原点 O_c 位于捷联式惯性导航系统解算出的位置，x_c、y_c 和 z_c 轴分别指向东向、北向和天向，与 n 坐标系间的关系由惯性导航系统的位置误差决定。

介绍不同误差角的定义及其符号：n′坐标系和 c 坐标系之间的误差角称为平台漂移角 ψ；n′坐标系和 n 坐标系之间的误差角称为失准角 ϕ；c 坐标系和 n 坐标系之间的误差角称为位置误差角 $\delta\vartheta$。计算坐标系与导航坐标系关系图如图 4.13 所示。

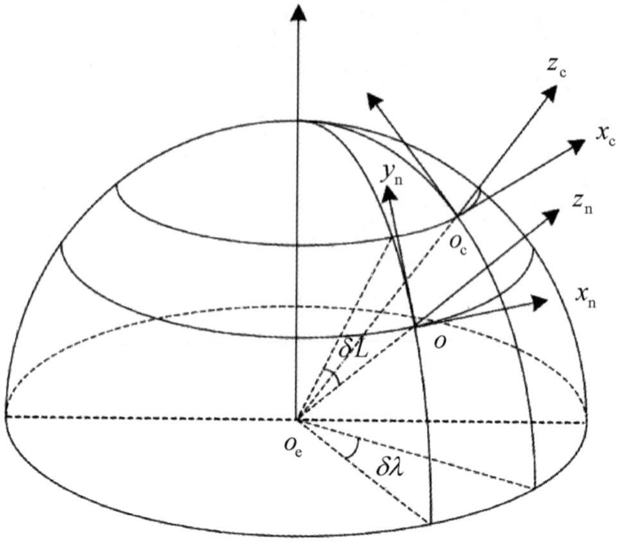

图 4.13　计算坐标系与导航坐标系关系图

位置误差角与惯性导航位置误差的关系为

$$\begin{cases}\delta\vartheta_E = -\delta\varphi \\ \delta\vartheta_N = \delta\lambda\cos\varphi \\ \delta\vartheta_U = \delta\lambda\sin\varphi\end{cases} \tag{4.151}$$

因此，通过 GPS 提供的经纬度信息与惯性导航系统解算的经纬度信息比较就可以获得位置误差角。以上三种误差角的关系为

$$\phi = \psi^n + \delta\vartheta \tag{4.152}$$

要想求得失准角 ϕ 对姿态矩阵进行修正，还要求得平台漂移角。此外，陀螺的常值漂移也应该在最优综合校正法中被补偿。因此，最优综合校正法的目标是有效估计平台漂移角及陀螺仪常值漂移。在这里我们给出基于惯性坐标系的最优综合校正法。

4.5.2　惯性坐标系最优综合校正系统方程

在惯性坐标系中

$$\dot{\psi}^i = \delta\omega_{ib}^i = \boldsymbol{C}_b^i \delta\omega_{ib}^b \tag{4.153}$$

式中，ε^i 为陀螺漂移在惯性坐标系下的投影；$\boldsymbol{C}_b^i$ 可以通过下式获得：

$$\boldsymbol{C}_b^i = \boldsymbol{C}_n^i \boldsymbol{C}_b^n \tag{4.154}$$

设在综合校正开始的 t 时刻，GPS 提供的经纬度为 φ_{GPS} 和 λ_{GPS}，则 $\boldsymbol{C}_{\text{n}}^{\text{i}}$ 可通过下式计算：

$$\boldsymbol{C}_{\text{n}}^{\text{i}}(t)=$$
$$\begin{bmatrix} -\sin(\lambda_{\text{GPS}}+\omega_{\text{ie}}t) & -\sin\varphi_{\text{GPS}}\cos(\lambda_{\text{GPS}}+\omega_{\text{ie}}t) & \cos\varphi_{\text{GPS}}\cos(\lambda_{\text{GPS}}+\omega_{\text{ie}}t) \\ \cos(\lambda_{\text{GPS}}+\omega_{\text{ie}}t) & -\sin\varphi_{\text{GPS}}\sin(\lambda_{\text{GPS}}+\omega_{\text{ie}}t) & \cos\varphi_{\text{GPS}}\sin(\lambda_{\text{GPS}}+\omega_{\text{ie}}t) \\ 0 & \cos\varphi_{\text{GPS}} & \sin\varphi_{\text{GPS}} \end{bmatrix} \tag{4.155}$$

设 t 时刻惯性导航系统输出的姿态矩阵为 $\boldsymbol{C}_{\text{b}}^{\text{n}'}(t)$，由于长航时惯性导航系统通常工作在阻尼模式下，水平失准角很小，因此 $\boldsymbol{C}_{\text{b}}^{\text{n}'}(t)$ 的误差主要由天向失准角 ϕ_{U} 造成，此时，可通过天文导航系统对 ϕ_{U} 进行修正，修正后可得 $\boldsymbol{C}_{\text{b}}^{\text{n}}(t)$ 的计算值为

$$\boldsymbol{C}_{\text{b}}^{\text{n}}(t)=\begin{bmatrix} 1 & -\phi_{\text{U}} & 0 \\ \phi_{\text{U}} & 0 & 0 \\ 0 & 0 & 0 \end{bmatrix}\boldsymbol{C}_{\text{b}}^{\text{n}'}(t) \tag{4.156}$$

将式（4.155）和式（4.156）代入式（4.154）即可得到 $\boldsymbol{C}_{\text{b}}^{\text{i}}$。

对于捷联式惯性导航系统的陀螺漂移 $\delta\omega_{\text{ib}}^{\text{b}}$，将其建模为常值 ε^{b} 和随机噪声 w 的形式：

$$\delta\omega_{\text{ib}}^{\text{b}}=\varepsilon^{\text{b}}+w \tag{4.157}$$

利用式（4.153）和式（4.157）得到系统方程为

$$\begin{bmatrix} \dot{\psi}^{\text{i}} \\ \dot{\varepsilon}^{\text{b}} \end{bmatrix}=\begin{bmatrix} 0_{3\times3} & \boldsymbol{C}_{\text{b}}^{\text{i}} \\ 0_{3\times3} & 0_{3\times3} \end{bmatrix}\begin{bmatrix} \psi^{\text{i}} \\ \varepsilon^{\text{b}} \end{bmatrix}+\begin{bmatrix} \boldsymbol{C}_{\text{b}}^{\text{i}}w \\ 0_{3\times1} \end{bmatrix} \tag{4.158}$$

4.5.3 惯性坐标系最优综合校正观测方程

假设 t 时刻的外部观测值为

$$\boldsymbol{Z}=\begin{bmatrix} \delta\lambda \\ \delta\varphi \\ \phi_{\text{U}} \end{bmatrix}=\begin{bmatrix} \lambda_{\text{SINS}}-\lambda_{\text{GPS}} \\ \varphi_{\text{SINS}}-\varphi_{\text{GPS}} \\ \gamma_{\text{SINS}}-\gamma_{\text{CNS}} \end{bmatrix} \tag{4.159}$$

式中，λ_{SINS} 和 λ_{GPS} 分别为捷联式惯性导航系统和 GPS 输出的经度；φ_{SINS} 和 φ_{GPS} 分别为惯性导航系统和 GPS 输出的纬度；γ_{SINS} 和 γ_{CNS} 分别为惯性导航系统和天文导航系统输出的航向值。

将式（4.151）代入式（4.152）并展开得

$$\begin{cases} \phi_{\text{E}}=\psi_{\text{E}}^{\text{n}}+\delta\vartheta_{\text{E}}=\psi_{\text{E}}^{\text{n}}-\delta\varphi \\ \phi_{\text{N}}=\psi_{\text{N}}^{\text{n}}+\delta\vartheta_{\text{N}}=\psi_{\text{N}}^{\text{n}}+\delta\lambda\cos\varphi \\ \phi_{\text{U}}=\psi_{\text{U}}^{\text{n}}+\delta\vartheta_{\text{U}}=\psi_{\text{U}}^{\text{n}}+\delta\lambda\sin\varphi \end{cases} \tag{4.160}$$

考虑捷联式惯性导航系统水平失准角较小，可以忽略，因此上式简化为

$$\begin{cases} \psi_{\text{E}}^{\text{n}}=\delta\varphi \\ \psi_{\text{N}}^{\text{n}}=-\delta\lambda\cos\varphi \\ \psi_{\text{U}}^{\text{n}}=\phi_{\text{U}}-\delta\lambda\sin\varphi \end{cases} \tag{4.161}$$

整理并展开为矩阵形式：

$$\begin{bmatrix}\delta\lambda\\ \delta\varphi\\ \phi_{\mathrm{U}}\end{bmatrix}=\begin{bmatrix}0 & -\sec\varphi & 0\\ 1 & 0 & 0\\ 0 & -\tan\varphi & 1\end{bmatrix}\psi^{\mathrm{n}}=\begin{bmatrix}0 & -\sec\varphi & 0\\ 1 & 0 & 0\\ 0 & -\tan\varphi & 1\end{bmatrix}\boldsymbol{C}_{\mathrm{i}}^{\mathrm{n}}\psi^{\mathrm{i}} \tag{4.162}$$

令 $\boldsymbol{M}=\begin{bmatrix}0 & -\sec\varphi & 0\\ 1 & 0 & 0\\ 0 & -\tan\varphi & 1\end{bmatrix}$ 得

$$\boldsymbol{Z}(t)=\begin{bmatrix}\boldsymbol{M}\boldsymbol{C}_{\mathrm{i}}^{\mathrm{n}} & 0_{3\times3}\end{bmatrix}\begin{bmatrix}\psi^{\mathrm{i}}\\ \varepsilon^{\mathrm{b}}\end{bmatrix}+v \tag{4.163}$$

式中，$\boldsymbol{M}$ 及 $\boldsymbol{C}_{\mathrm{i}}^{\mathrm{n}}$ 中的经纬度根据 GPS 的实时位置输出进行设置；v 为系统观测噪声，由 GPS 位置输出的随机噪声及天文导航系统的航向观测噪声构成。

式（4.158）和式（4.163）构成了最优综合校正法的系统方程和观测方程。将其离散化并利用卡尔曼滤波器就可以对平台漂移角和陀螺仪常值漂移进行估计。

图 4.14 给出了捷联式惯性导航系统无阻尼、两点综合校正与最优综合校正的航向误差角（天向失准角）仿真结果。总仿真时间 100h，两点校正的时间分别为 20h 和 30h；最优综合校正开始于 20h，时间为 5min，校正结束后对捷联式惯性导航系统进行重调并对常值漂移进行补偿。从图中可以看出，最优综合校正的效果好于两点综合校正，且两点综合校正在 20h 至 30h 之间无法对捷联式惯性导航系统的误差进行有校修正，而最优综合校正只需数分钟就可以完成捷联式惯性导航系统的误差修正，效率更高。

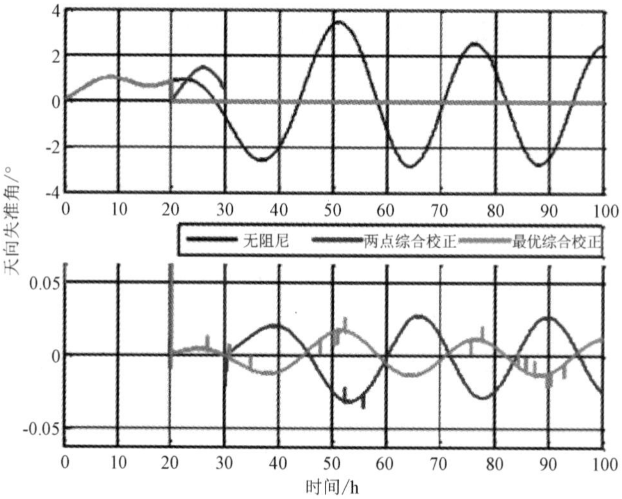

图 4.14　捷联式惯性导航系统无阻尼、两点综合校正与最优综合校正的航向误差角仿真结果（扫二维码）

高伯龙（1928 年 6 月 29 日—2017 年 12 月 6 日），男，激光陀螺专家，中国工程院院士，国防科技大学光电科学与工程学院教授、博士生导师，环形激光器研究室主任。20 世纪 60 年代初，美国发明的世界上第一台红宝石激光器和第一台氦氖红光激光器，引发了世界光学领域的一场革命。把激光应用于航空航天领域的设想，更引起了包括我国在内的世界各国科学家的普遍关注，并纷纷开始进行“环形激光器”的研制工作。1971 年，在钱学森教授的建议下，高伯龙调任国防科技大学激光研究实验室，开始将主要时间和精力投入激光陀螺研制工程。完全依靠自主创新进行的激光陀螺研制，是一项理论探索性极强、工艺技术极其复杂的系统工程，涉及工程组织实施、对外协作协调、工艺技术攻关、研制团队建设、研究条件改善等诸多方面。而仅就工艺技术攻关而言，就有镀膜、机械加工、电子技术、装配等各个方面，诸多繁难问题非短时间所能解决。而从基本理论研究到原理样机、实验样机、工程样机的研制成功，旷日持久长达20余年。高伯龙主持并研制成功有关激光陀螺原理样机、实验室样机，为国内领先；工程化样机具有独创性，可以进入实用阶段。同时研制出新的激光器，使中国成为继美、德之后第三个掌握该型激光器制造技术的国家并达到国际先进水平。高伯龙为中国激光技术领域填补了七项空白，以十余篇（部）精辟的论文和专著把中国激光技术的若干理论推到了世界前列，并为这个领域培养造就了一批高质量的博士、硕士研究生，先后获得多项国家和军队科技成果奖。新时代我们要以高伯龙院士为榜样，学习他埋头苦干数十年坚持“己见”不放弃的坚强精神，学习他努力拼博，为国防建设鞠躬尽瘁的崇高精神。

习题4

1．惯性导航系统使用了哪两种主要器件，器件的主要功能是什么？惯性导航系统的优缺点是什么？

2．在地球表面舒勒周期是多少，如果惯性导航系统放置在火星上还存在舒勒周期吗？

3．惯性导航系统分为哪两大类，它们的主要区别在哪里？

4．试推导姿态阵微分方程 $\dot{\boldsymbol{C}}_{\mathrm{b}}^{\mathrm{n}}=\boldsymbol{C}_{\mathrm{b}}^{\mathrm{n}}(\boldsymbol{\omega}_{\mathrm{nb}}^{\mathrm{b}}\times)$。

5．假设 $ox_0y_0z_0$ 为右手直角参考坐标系，对其实施如下三次转动：首先坐标系 $ox_0y_0z_0$ 绕 oz_0 轴正向转动角 α 得坐标系 $ox_1y_1z_1$，显然两坐标系具有共同的 oz 轴；接着坐标系 $ox_1y_1z_1$ 绕 ox_1 轴正向转动角 β 得坐标系 $ox_2y_2z_2$，两坐标系具有共同的 ox 轴；最后坐标系 $ox_2y_2z_2$ 绕 oz_2 轴正向转动角 γ 得坐标系 $ox_3y_3z_3$，两坐标系具有共同的 oz 轴。求参考坐标系 $ox_0y_0z_0$ 至动坐标系 $ox_3y_3z_3$ 的方向余弦矩阵 $\boldsymbol{C}_3^0$。

6．用四元数 Q 表示坐标系转动，证明 Q 和 $(-Q)$ 表示相同的转动。

7．什么是惯性导航系统的初始对准，惯性导航系统的初始对准分为哪两个阶段？

8．惯性导航系统存在哪些周期性振荡误差，消除这些周期振荡误差所采用的技术是什么？

9．惯性导航系统的综合校正技术与阻尼技术都是对惯性导航系统的误差进行抑制，它们的区别在哪里？

第5章

水声导航系统

随着科技的进步，多普勒计程仪和水声导航系统朝着集成化、系列化的方向发展，理解水声导航的基本概念并掌握相关仪器设备的基本工作原理，有助于实践的提升。本章对多普勒计程仪和水声导航系统的工作原理进行了阐述，并分析了常见误差源对其的影响，使读者对水声导航有初步的认识。

知识目标

1. 理解和掌握声波的基本特性及水声定位原理。
2. 了解长基线、短基线、超短基线水声定位系统的工作原理。
3. 了解不同波束多普勒计程仪的工作原理及测速误差。

能力目标

1. 掌握多普勒计程仪的误差方程。
2. 掌握长基线、短基线、超短基线水声定位系统的误差方程。

课程思政与职业素养

1. 场景引入："蛟龙"号在2014年试验性应用航次第一航段的科考任务中，首次使用了由哈尔滨工程大学自主研发的国产高精度"超短基线水声定位系统"，打破了国外技术垄断格局。在一些先进设备被国外封锁的情况下，无数中国工程师和技术工人挑战制造极限、攻克技术难关，实现了从无到有，赶超世界先进水平。其所凝聚的爱国情怀、奋斗姿态不仅要求学生切实掌握先进科学技术，更是成为了激励每位学生接续奋斗的精神指引。

2. 工程科技伦理：2018年，美国哈佛大学医学院发布了一项调查结果，在医学领域，尤其是干细胞研究领域掀起了轩然大波。调查称，作为心肌再生领域开创者和顶尖人物的 Piero Anversa 教授有31篇学术论文存在数据造假，应予撤稿。这件事使我们认识到科研工作者应该加强科研自律、涵养科学精神，用务实的科研行为营造诚信学风、用扎实的科研成果推动科技进步。

5.1　声波的基本传播特性及水声定位原理

相较光波和电磁波而言，声波在水下的衰减远小于二者的衰减，且声波在水介质中的传播性能比在大气介质中好得多。这些优点使得以声波为基础的水声技术成为开拓海洋的重要工具，被广泛用于探测、定位、测速、测深等海洋开发和军事应用领域。

5.1.1　声波的传播特性

声波是物质波，是在弹性介质（气体、液体和固体）中传播的压力、应力、质点运动等一种或多种变化，其传播特性可以归纳为以下几种。

1）声源的方向性

声源的方向性主要取决于声波波长和声源几何尺寸。当声波波长远大于声源几何尺寸时，声波均匀地向各个方向传播；在其余情况下，声波集中地向正前方一个尖锐的圆锥体的范围内传播。

2）声波的恒速性

声波需要物质才能进行传播，这种物质被称为介质。对于不同的介质，声波的传播速度是不同的。在理想气体中传播时，声波具有恒速性，其速度只与温度有关，声速计算公式如下：

$$V = 331 \times \sqrt{1 + T/273} \tag{5.1}$$

3）声波的反射和折射

当声波在空气传播过程中遇到的坚硬障碍物的长度和宽度均大于声波波长时，声波会发生反射。声波的反射同光的反射一样，遵循反射定律，即反射角等于入射角。声波除了被反射，还会有一部分进入障碍物，进入的多少与障碍物自身的特性相关。若障碍物较为坚硬，则声波的大部分能量被反射，而小部分能量被吸收；若障碍物质地松软且多孔，则声波的大部分能量被吸收，只有小部分能量被反射。在这两种情况下，声波从一种介质传播到另一种介质，这种现象称为折射。

5.1.2　水声定位的基本原理和方法

水声定位系统在一般情况下由两部分组成：船台设备及水下设备。其中，船台设备包括一台具有发射、接收和测距功能的控制、显示设备和安装在船底或船后“拖鱼”内的换能器及水听器阵列；水下设备主要是声学应答器基阵，基阵是指若干位置已经校准完成并铺设在海底的应答器阵列。以下给出水下设备的具体介绍。

换能器：一种使得声振荡和电振荡相互转换的声电转换器，实现水声天线的功能，能够发射或接收声波信号。

水听器：自身无法发射声信号，只具有接收功能。接收到的声信号被换能器转换为电信号并输入船台的接收机。

应答器：作为水声定位系统的关键水下设备，不仅能够接收声信号，还能够发射频率与接收信号有所区别的应答信号。

水声定位有两种不同的方式：测距定位和测向定位。

1．测距定位

船台发射机通过换能器 A 向海底发射一个声脉冲信号，这个信号被安装在海底且位置已知的应答器 B 接收，随后应答器 B 返回一个应答信号。通过船台接收机记录得到的发射信号与应答信号之间的时间间隔 t 及声波在海水中的传播速度 C，即可计算得到船舶与应答器间的距离 S。这就是测距定位的基本原理，如图 5.1 所示。距离计算公式如下：

$$S = \frac{1}{2}Ct \tag{5.2}$$

已知应答器 B 位于海底的深度为 Z，由此可计算得到船舶与应答器间的水平距离为

$$D = \sqrt{S^2 - Z^2} \tag{5.3}$$

当海底有两个应答器时，能够计算得到两个水平距离，此时可根据双圆交会得到船舶所在位置。当海底有三个及以上的应答器时，可根据最小二乘法求得船舶位置的平差值。

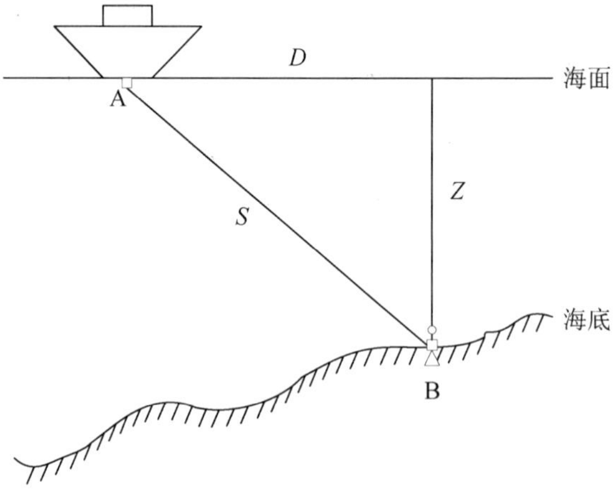

图 5.1　测距定位的基本原理

2．测向定位

与测距定位不同的是，船舶上除了有换能器，还在两侧对称地安装了两个水听器 a 和 b。假设换能器、应答器连线与两个水听器连线间的夹角为 θ，水听器间距离为 d，且 aA=bA=$\frac{d}{2}$。测向定位的基本原理如图 5.2 所示。

首先换能器 A 发射一个声脉冲信号，应答器 B 接收后返回一个应答信号，此时水听器 a、b 及换能器 A 均可接收到这个应答信号。由于水听器 a、b 间的距离远小于换能器 A 与应答器 B 间的距离，所以可以将水听器接收到的应答信号的方向视为平行于换能器 A 发射声脉冲信号的方向。水听器 a、b 及换能器 A 到应答器 B 的距离是不相等的，假设以换能器 A 为中心，

则水听器 a 接收到的应答信号相位超前于换能器 A，而水听器 b 接收到的应答信号相位滞后于换能器 A。设 Δt 和 $\Delta t'$ 分别为水听器 a、b 相位超前和滞后的时间延迟，则根据图 5.2 可计算得到水听器 a、b 接收应答信号的相位分别为

$$\phi_{\mathrm{a}} = \omega\Delta t = -\frac{\pi d\cos\theta}{\lambda},\quad \phi_{\mathrm{b}} = \omega\Delta t' = \frac{\pi d\cos\theta}{\lambda} \tag{5.4}$$

则水听器 a、b 的相位差为

$$\Delta\phi = \phi_{\mathrm{b}} - \phi_{\mathrm{a}} = \frac{2\pi d\cos\theta}{\lambda} \tag{5.5}$$

由式（5.5）可知，当夹角 $\theta = 90°$ 时，相位差 $\Delta\phi = 0$，这说明此时船首线位于应答器 B 的正上方。所以在实际航行过程中，只要水听器 a、b 的相位差为 0，就能将船舶引导至应答器 B 的正上方。

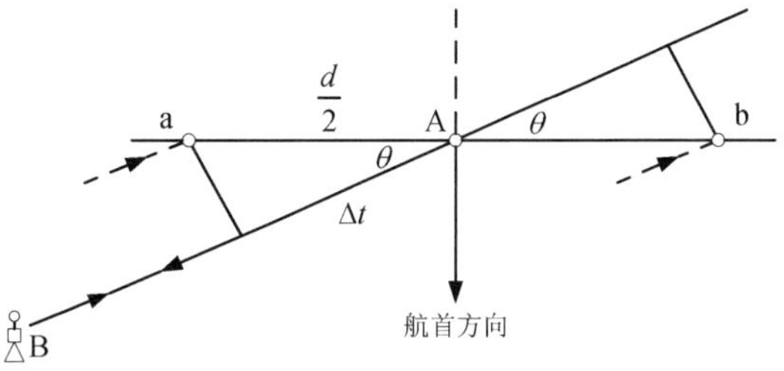

图 5.2　测向定位的基本原理

5.2　水声定位系统

水声定位系统的工作方式具有多样性，如直接工作方式、 中继工作方式、长基线工作方式、拖鱼工作方式、短基线工作方式、超短基线工作方式和双短基线工作方式等。不同的水声定位系统可以具有一种或多种工作方式。本节仅介绍具有三种最基本工作方式的水声定位系统，即长基线、短基线和超短基线。其中，基线的定义为应答器间的连线距离。水声定位系统的基线长度如表 5.1 所示，其中包含长基线、短基线、超短基线水声定位系统的基线长度[1]。

表 5.1　水声定位系统的基线长度

分　类	基线长度
长基线（Long Baseline，LBL）	100～6000m
短基线（Short Baseline，SBL）	20～50m
超短基线（Ultra-short Baseline，USBL）	＜10cm

5.2.1　长基线水声定位系统

长基线水声定位系统由两部分组成：安装在船舶或水下航行器上的换能器，以及若干固定在海底的位置已知的应答器，长基线水声定位系统组成如图 5.3 所示。图中 t 表示换能器；R_1、R_2、R_3 表示测距距离；T_1、T_2、T_3 表示应答器；BL_{12}、BL_{13}、BL_{23} 表示基线。相较短基线和超短基线水声定位系统，其基线长度在几百米至几千米之间，因此被称为长基线水声定位系统。它的工作原理是测量换能器与应答器之间的距离，采用测量中的前方或后方交会，即可得到目标船舶或水下航行器的位置。长基线水声定位系统不受深度的影响，也不需要安装姿态和

陀螺罗经设备。在实际的定位工作中，长基线水声定位系统可以利用 1 个应答器进行定位，亦可利用 2～3 个甚至数量更多的应答器进行定位。

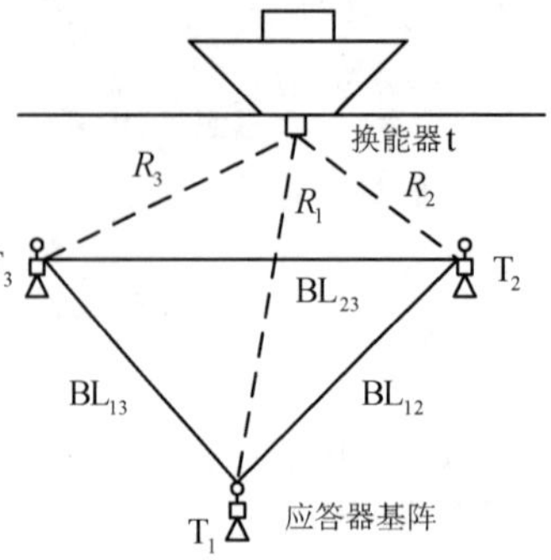

图 5.3　长基线水声定位系统组成

1．单应答器定位方式

图 5.4 所示为长基线水声定位系统的单应答器定位方式，图中 $T(x_0, y_0)$ 表示应答器的位置坐标；船舶航向角为 K；A、B、C 表示船舶在不同时刻的位置，D_A、D_B、D_C 表示应答器至各船位的水平距离。假设船舶的航行速度为 v，从船位 A 至船位 B、船位 B 至船位 C 的航行时间分别为 t_1、t_2。因此由几何关系可得到如下距离方程：

$$\begin{cases}(x_A - x_0)^2 + (y_A - y_0)^2 = D_A^2 \\ (x_B - x_0)^2 + (y_B - y_0)^2 = D_B^2 \\ (x_C - x_0)^2 + (y_C - y_0)^2 = D_C^2\end{cases} \tag{5.6}$$

式中

$$\begin{aligned}&x_A = x_B - vt_1\cos K,\ \ y_A = y_B - vt_1\sin K \\ &x_C = x_B + vt_2\cos K,\ \ y_C = y_B + vt_2\sin K\end{aligned} \tag{5.7}$$

根据式（5.6）和式（5.7）可知，应答器位置 $T(x_0, y_0)$，应答器至各船位的水平距离 D_A、D_B、D_C，航速 v，航行时间 t_1、t_2 及航向角 K 均为已知量，方程中仅存在 x_B、y_B 两个未知数，因此可由最小二乘法计算得到船位 B 的坐标。将结果代入式（5.7）便可得到船位 A 和船位 C 的坐标。这种单应答器定位方式要求船舶的航行速度、航向角的误差较小，通常定位精度不高。

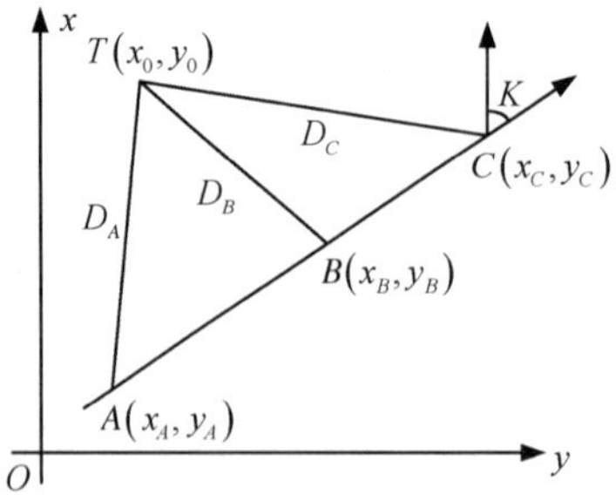

图 5.4　长基线水声定位系统的单应答器定位方式

2. 双应答器定位方式

图 5.5 所示为长基线水声定位系统的双应答器定位方式，图中 $T_1(x_1,y_1)$、$T_2(x_2,y_2)$ 分别表示两个应答器的位置坐标，$A(x,y)$ 表示船舶此刻的位置，α_{12} 表示应答器基线 d 的方位角，β 表示应答器 T_1 处的三角形顶角，D_1、D_2 分别表示船位 A 到应答器 T_1、T_2 的水平距离。因此，可以计算得到方位角和顶角为

$$\alpha_{12} = \arctan\frac{y_2 - y_1}{x_2 - x_1} \tag{5.8}$$

$$\beta = \arccos\frac{D_1^2 + d^2 - D_2^2}{2dD_1} \tag{5.9}$$

由式（5.8）、式（5.9）及两个应答器的位置可以求得船位 A 的坐标：

$$x = x_1 + D_1\cos(\alpha_{12} - \beta),\ \ y = y_1 + \sin(\alpha_{12} - \beta) \tag{5.10}$$

若船位 A 位于基线的另一侧，则式（5.10）将改写为

$$x = x_1 + D_1\cos(\alpha_{12} + \beta),\ \ y = y_1 + \sin(\alpha_{12} + \beta) \tag{5.11}$$

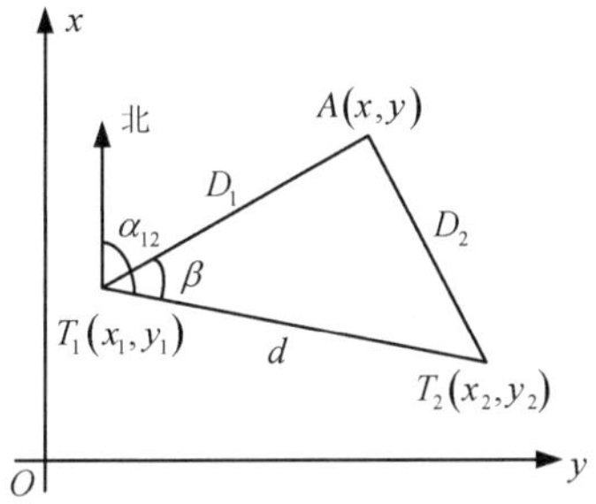

图 5.5 长基线水声定位系统的双应答器定位方式

3. 三应答器定位方式

三应答器定位方式与图 5.3 相同。假设船舶此时的水平位置坐标为(x,y)，换能器 t 的吃水深度为z，应答器 T_1、T_2、T_3 的坐标分别为(x_1,y_1,z_1)、(x_2,y_2,z_2)、(x_3,y_3,z_3)，船舶至应答器 T_1、T_2、T_3 的距离分别为R_1、R_2、R_3。由几何关系可以得到如下距离方程：

$$\begin{cases}(x-x_1)^2+(y-y_1)^2+(z-z_1)^2=R_1^2\\(x-x_2)^2+(y-y_2)^2+(z-z_2)^2=R_2^2\\(x-x_3)^2+(y-y_3)^2+(z-z_3)^2=R_3^2\end{cases} \tag{5.12}$$

求解式（5.12）可得

$$\begin{aligned}x&=\frac{\eta_1(y_3-y_2)+\eta_2(y_1-y_3)+\eta_3(y_2-y_1)}{2\left[x_1(y_3-y_2)+x_2(y_1-y_3)+x_3(y_2-y_1)\right]}\\y&=\frac{\eta_1(x_3-x_2)+\eta_2(x_1-x_3)+\eta_3(x_2-x_1)}{2\left[x_1(x_3-x_2)+x_2(x_1-x_3)+x_3(x_2-x_1)\right]}\end{aligned} \tag{5.13}$$

式中，$\eta_i = x_i^2 + y_i^2 + z_i^2 - R_i^2 - 2z_i z\left(i=1,2,3\right)$。

从式（5.13）中可以看出，三应答器定位方式对测距精度的要求较高且换能器 t 的吃水深度 z 需已知。

长基线水声定位系统的优点是独立于水深值[2]；由于冗余观测值的存在，其能够获得较高的相对定位精度；此外，该系统的换能器体积十分小巧，安装和拆卸较为简便。缺点是系统过于复杂，操作烦琐；在实际工作时需要事先在海底布设数量巨大的声基阵，并对其进行详细测量和校准，且回收维护不便[2]；此外，该系统的相关设备造价较高。

5.2.2 短基线水声定位系统

短基线水声定位系统的水下设备仅有一个水声应答器，而船上设备由安装在船底的一个水听器阵列组成。换能器之间的距离通常大于 10m，且它们之间的相互位置关系需要精确测定，构成了声基阵坐标系。声基阵坐标系与船坐标系的相互关系由常规测量方法确定。短基线水声定位系统的定位原理如下：只有一个换能器发射声脉冲信号，所有换能器接收信号，得到一个斜距观测值和不同于这个观测值的多个斜距值。系统根据声基阵相对船坐标系的固定关系，结合外部传感器观测值，如压力传感器、动态传感器单元、陀螺罗经提供的船位、姿态和船舷向值，计算得到海底点的大地坐标。系统的工作方式是距离测量。

图 5.6 所示为短基线水声定位系统的配置。其中，H_1、H_2、H_3 表示水听器，O 表示换能器，也可视为船坐标系的坐标原点。水听器正交安装于船底，H_1 与 H_2 间的基线长度为 b_x，指向船首方向，即 X 轴正方向。H_2 与 H_3 间的基线长度为 b_y，平行于指向船右并垂直于 X 轴的 Y 轴，Z 轴指向海底。假设声线与船坐标系三个坐标轴间的夹角分别为 θ_{mx}、θ_{my}、θ_{mz}，水听器 H_1、H_2 间和 H_2、H_3 间接收到应答信号的时间差分别为 Δt_1 和 Δt_2。图 5.7 所示为短基线水声定位系统的空间关系。

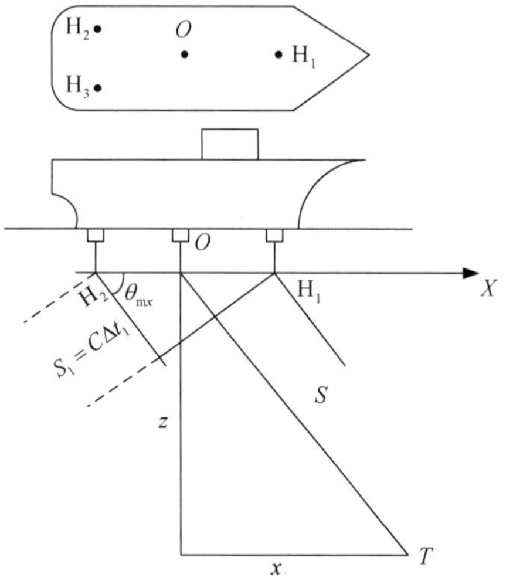

图 5.6　短基线水声定位系统的配置

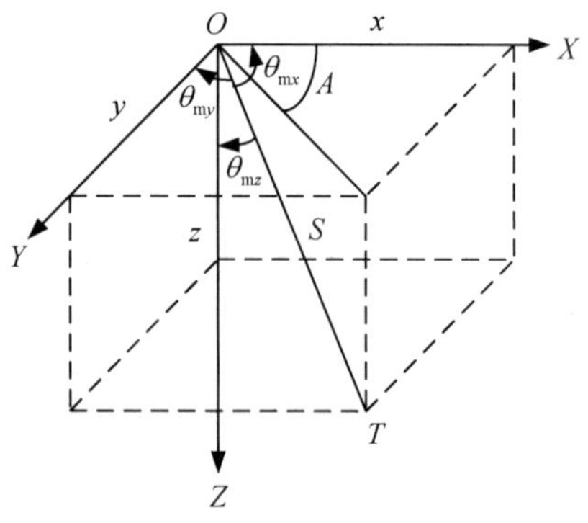

图 5.7　短基线水声定位系统的空间关系

短基线水声定位系统的工作方式有两种：一种是基于测向定位方式的方位-方位法；另一种是测距定位方式和测向定位方式同时采用的方位-距离法。

1. 方位-方位法

从图 5.6 中的几何关系可得

$$x=\frac{\cos\theta_{mx}}{\cos\theta_{mz}}\cdot z,\quad y=\frac{\cos\theta_{my}}{\cos\theta_{mz}}\cdot z \tag{5.14}$$

$$\begin{cases}\cos\theta_{mx}=\dfrac{C\cdot\Delta t_1}{b_x}=\dfrac{\lambda\Delta\phi_x}{2\pi b_x}\\ \cos\theta_{my}=\dfrac{C\cdot\Delta t_2}{b_y}=\dfrac{\lambda\Delta\phi_y}{2\pi b_y}\\ \cos\theta_{mz}=\left(1-\cos^2\theta_{mx}-\cos^2\theta_{my}\right)^{\frac{1}{2}}\end{cases} \tag{5.15}$$

式中，z 为水听器阵列中心到应答器的垂直距离；$\Delta\phi_x$ 和 $\Delta\phi_y$ 分别为 H_1、H_2 间和 H_2、H_3 间接收到应答信号的相位差。

2. 方位-距离法

从图 5.7 中的几何关系可得

$$\begin{cases}x=S\cdot\cos\theta_{mx}\\ y=S\cdot\cos\theta_{my}\\ z=S\cdot\cos\theta_{mz}\end{cases} \tag{5.16}$$

式中，$\cos\theta_{mx}$、$\cos\theta_{my}$、$\cos\theta_{mz}$ 的表达式如式（5.15）所示。

短基线水声定位系统的优点在于其操作简单、造价较低且换能器的体积小巧，易于安装拆卸。然而，该系统要想在深水区域获得较高的测量精度，基线长度通常要超过 40m。此外，在船坞安装换能器时，需要对其进行严格校准。

5.2.3　超短基线水声定位系统

超短基线水声定位系统安装在一个应答器中，构成一个声基阵，各个声单元之间的相互位置关系需要精确测定，从而组成声基阵坐标系。在安装声基阵时，需要精确测得其坐标系与船体坐标系之间的关系，即测定相对船体坐标系的位置偏差和声基阵的安装偏差角度（横摇角、纵摇角和水平旋转角）。超短基线水声定位系统的工作原理如下：首先通过测定声单元的相位差来确定换能器到船舶的方位（垂直和水平角度）；其次通过测定声波在海水中的传播时间，用声速剖面修正波束线，确定换能器与船舶之间的距离。在方位与距离的测定过程中，声速对垂直角和距离的测定影响特别大，其中垂直角的测量十分关键，直接影响定位精度。所以，建议多数超短基线水声定位系统在应答器中安装深度传感器，从而提高垂直角的测量精度。

想要通过超短基线水声定位系统确定船舶的绝对位置，需要已知以下参数：声基阵的位置、姿态及船首向，这些参数可以由 GPS、运动传感器和陀螺罗经提供。系统的工作方式是距离和角度测量。

相较短基线水声定位系统，超短基线水声定位系统的不同点在于其声单元之间的距离很短，小于半个声波波长，仅有几厘米，声单元按照等腰直角三角形排列并安装在一个体积较小的壳体内。根据短基线水声定位系统中的方位-距离法可知，此时 H_1 与 H_2 间的基线长度为 b_x，和 H_2 与 H_3 间的基线长度 b_y 相等，即 $b_x = b_y$，结合式（5.16）可以计算得到船舶此刻在三个坐标轴方向上与应答器间的距离：

$$\begin{cases} x_a = S \cdot \cos\theta_{\mathrm{mx}} = \dfrac{1}{2}Ct \cdot \dfrac{\lambda\Delta\phi_x}{2\pi b} = \dfrac{Ct\lambda\Delta\phi_x}{4\pi b} \\ y_a = S \cdot \cos\theta_{\mathrm{my}} = \dfrac{1}{2}Ct \cdot \dfrac{\lambda\Delta\phi_y}{2\pi b} = \dfrac{Ct\lambda\Delta\phi_y}{4\pi b} \\ z_a = S \cdot \cos\theta_{\mathrm{mz}} = \dfrac{1}{2}Ct \cdot \left(1 - \cos^2\theta_{\mathrm{mx}} - \cos^2\theta_{\mathrm{my}}\right)^{\frac{1}{2}} \end{cases} \tag{5.17}$$

由式（5.17）还可计算得到声线方向与船首方向间的夹角：

$$\tan A = \frac{y_a}{x_a} = \frac{\Delta\phi_y}{\Delta\phi_x}，\ A = \arctan\frac{\Delta\phi_y}{\Delta\phi_x} \tag{5.18}$$

所以船舶水平面内的位置坐标为

$$\begin{cases} x = x_{\mathrm{T}} - D\cos(A+K) \\ y = y_{\mathrm{T}} - D\sin(A+K) \\ z = z_{\mathrm{T}} - z_a \end{cases} \tag{5.19}$$

式中，$(x_{\mathrm{T}}, y_{\mathrm{T}}, z_{\mathrm{T}})$ 为应答器在导航坐标系中的已知坐标；K 为船舶的航向角；D 为坐标原点 O 与应答器之间的水平距离。

相较长基线水声定位系统的若干应答器，短基线和超短基线水声定位系统都只需要一个应答器便能完成定位，定位精度受应答器的影响较小。对于超短基线和长基线水声定位系统，船体的动态变换对超短基线水声定位系统所使用的水听器阵列影响较小，因此超短基线水声定位系统具有更高的定位精度，可适用于任何体积的船舶，更为方便灵活。接下来，简单研究一下长基线和超短基线水声定位系统的定位误差。由式（5.14）～式（5.16）可得

$$x = S \cdot \frac{C\Delta t_1}{b_x}，\ y = S \cdot \frac{C\Delta t_2}{b_y} \tag{5.20}$$

对式（5.20）先进行微分再求方差，得到

$$\begin{cases} \sigma_x^2 = x^2\left[\dfrac{\sigma_x^2}{S^2} + \dfrac{\sigma^2\Delta t_1}{(\Delta t_1)^2} + \dfrac{\sigma_c^2}{C^2} + \dfrac{\sigma^2 b_x}{b_x^2}\right] \\ \sigma_y^2 = y^2\left[\dfrac{\sigma_x^2}{S^2} + \dfrac{\sigma^2\Delta t_2}{(\Delta t_2)^2} + \dfrac{\sigma_c^2}{C^2} + \dfrac{\sigma^2 b_y}{b_y^2}\right] \end{cases} \tag{5.21}$$

由式（5.21）可以得知，船舶越接近应答器上方，定位精度越高，若船舶的水平位移很大，

则会降低系统的定位精度。与此同时，定位精度与斜距测定误差、声速测定误差及水听器阵列接收信号的时间间隔测定误差有关。

超短基线水声定位系统的优点在于其造价较低、操作简单。缺点是系统安装后的校准需要非常准确，而这往往难以达到；测量目标的绝对位置精度依赖外围设备（陀螺罗经、姿态和深度）的精度。

5.3　多普勒计程仪的工作原理及测速误差

多普勒计程仪是一种基于多普勒效应制成的高精度测速仪器[3]。多普勒效应的具体内容是指，如果声源与观察者之间存在相对运动，那么观察者听到的声波频率 f_1 与声源发出的频率 f_0 不一致。多普勒计程仪的优点在于其速度误差不会随时间积累，这一特性很好地弥补了惯性导航位置误差不断发散的缺点。因此多普勒计程仪能够辅助惯性导航系统提供参考速度信息，最终达到校正系统的导航参数的目的，成为水下辅助导航常用的设备之一。

5.3.1　多普勒计程仪的工作原理

1．单波束情况

图 5.8 所示为单波束多普勒计程仪示意图。

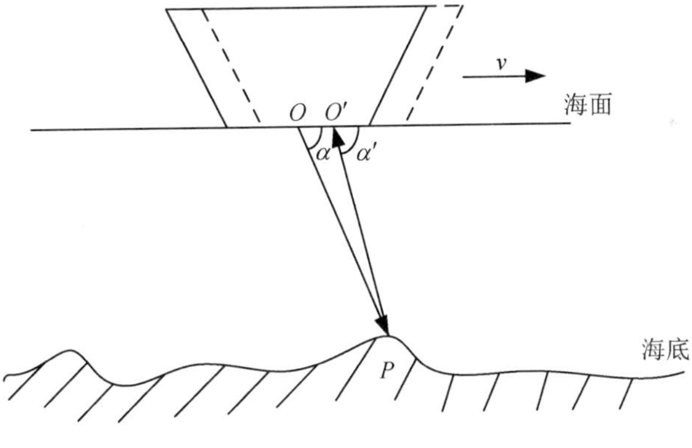

图 5.8　单波束多普勒计程仪示意图

假设船舶以速度 v 相对海面行驶，在某一时刻船舶行驶到位置 O 并向海底 P 点发射一频率为 f_0 的声波，且声波与海面之间的夹角为 α，则到达 P 点的声波频率为

$$f_1 = \frac{cf_0}{c - v\cos\alpha} \tag{5.22}$$

式中，c 表示声波在海水中的传播速率。声波达到海底后会被反射回来，此时船舶已经行驶到位置 O'，则位置 O' 收到的反射波的频率为

$$f_2 = \frac{c + v\cos\alpha'}{c} f_1 = \frac{c + v\cos\alpha'}{c - v\cos\alpha} f_0 \tag{5.23}$$

所以将多普勒计程仪的接收、发射频率相减即可得到多普勒频移：

$$\begin{aligned} f_{\mathrm{d}} &= f_2 - f_0 \\ &= \frac{c + v\cos\alpha'}{c - v\cos\alpha} f_0 - f_0 \\ &= \frac{v(\cos\alpha + \cos\alpha')}{c - v\cos\alpha} f_0 \end{aligned} \tag{5.24}$$

由于船舶的航行速度 v 与 c 相比小得多，所以可以认为 $\alpha \approx \alpha'$ 及 $c - v\cos\alpha \approx c$，则式(5.24)可以简化为如下形式：

$$f_{\mathrm{d}} = \frac{2v\cos\alpha}{c} f_0 \tag{5.25}$$

从式（5.25）中可以看出，发射声波频率 f_0、声波夹角 α 及声波在海水中的传播速率 c 均为已知量，因此只要知晓多普勒频移 f_{d} 就能够求得船舶的航行速度：

$$v = \frac{c}{2f_0\cos\alpha} f_{\mathrm{d}} \tag{5.26}$$

式（5.26）为多普勒计程仪在单波束情况下的测速原理。

在单波束情况下测得的只是船舶单方向的速度，无法得到三维速度，因此会出现非线性误差且受船舶横摇、纵摇的影响。随后出现的以詹纳斯（Janus）配置为代表的多波束系统，极大地减小了上述影响，提高了多普勒计程仪的测速精度。

2. 双波束詹纳斯配置

双波束詹纳斯配置时，多普勒计程仪分别向船首和船尾发射声波，两个声波的频率均为 f_0，与海面夹角也均为 α，双波束多普勒计程仪示意图如图 5.9 所示。

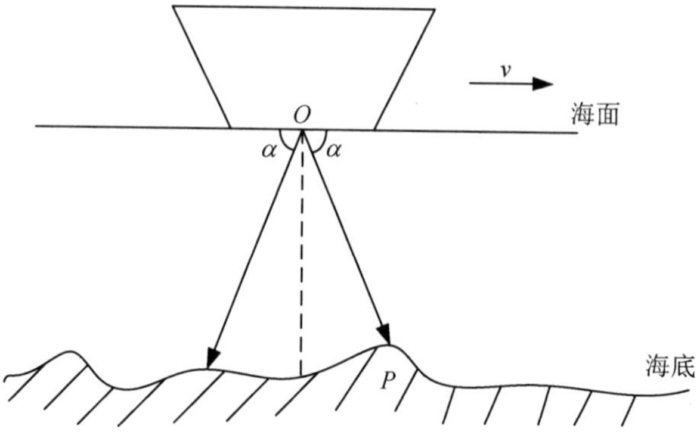

图 5.9 双波束多普勒计程仪示意图

由于双波束具有对称性，可削弱船舶横摇、纵摇对测速精度的影响，相较单波束可以得到更高精度的速度信息，其向船首发射的声波接收频率为

$$f_{\mathrm{r1}} = \frac{2v\cos\alpha}{c} f_0 \tag{5.27}$$

向船尾发射的声波，其方向与船舶航向相反，所以此时认为v是负值，则船尾方向的声波接收频率为

$$f_{\mathrm{r2}}=\frac{-2v\cos\alpha}{c}f_0 \tag{5.28}$$

由式（5.27）与式（5.28）即可求得双波束詹纳斯配置下的多普勒频移为

$$\begin{aligned}f_{\mathrm{d}}&=f_{\mathrm{r1}}-f_{\mathrm{r2}}\\&=\frac{2v\cos\alpha}{c}f_0-\frac{-2v\cos\alpha}{c}f_0\\&=\frac{4v\cos\alpha}{c}f_0\end{aligned} \tag{5.29}$$

由式（5.29）可得双波束詹纳斯配置下船舶的航行速度为

$$v=\frac{c}{4f_0\cos\alpha}f_{\mathrm{d}} \tag{5.30}$$

3．四波束詹纳斯配置

具有四波束系统的多普勒计程仪因其波束方向固定及波束的对称性，测速精度较高[4]。图 5.10 所示为四波束多普勒计程仪示意图。

由于多普勒计程仪的仪器坐标系与运载体坐标系在三个轴的设置指向上是一致的，因此在仪器坐标系下测得的速度为在运载体坐标系上的速度。假设f_1、f_2、f_3、f_4四个波束是对称分布的，每个波束与水平面之间的倾角均为α，与运载体坐标系纵向对称面的水平偏角均为β。由图 5.10 可得，每个波束在运载体坐标系下表示为

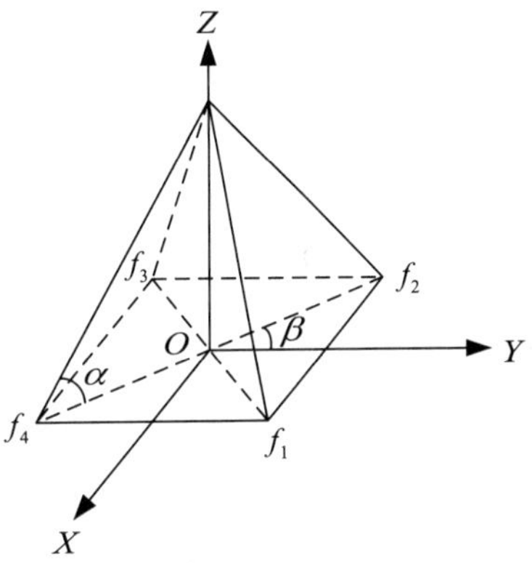

图 5.10　四波束多普勒计程仪示意图

$$\begin{cases}f_1=\boldsymbol{i}\cos\alpha\sin\beta+\boldsymbol{j}\cos\alpha\cos\beta-\boldsymbol{k}\sin\alpha\\f_2=-\boldsymbol{i}\cos\alpha\sin\beta+\boldsymbol{j}\cos\alpha\cos\beta-\boldsymbol{k}\sin\alpha\\f_3=-\boldsymbol{i}\cos\alpha\sin\beta-\boldsymbol{j}\cos\alpha\cos\beta-\boldsymbol{k}\sin\alpha\\f_4=\boldsymbol{i}\cos\alpha\sin\beta-\boldsymbol{j}\cos\alpha\cos\beta-\boldsymbol{k}\sin\alpha\end{cases} \tag{5.31}$$

假设沿四个波束f_1、f_2、f_3、f_4方向的速度分别为v_1、v_2、v_3、v_4，则根据式（5.31）可将沿各个波束方向的速度用载体速度$\boldsymbol{v}=\left[v_x,v_y,v_z\right]^{\mathrm{T}}$表示，即

$$\begin{cases}v_1=v_x\cos\alpha\sin\beta+v_y\cos\alpha\cos\beta-v_z\sin\alpha\\v_2=-v_x\cos\alpha\sin\beta+v_y\cos\alpha\cos\beta-v_z\sin\alpha\\v_3=-v_x\cos\alpha\sin\beta-v_y\cos\alpha\cos\beta-v_z\sin\alpha\\v_4=v_x\cos\alpha\sin\beta-v_y\cos\alpha\cos\beta-v_z\sin\alpha\end{cases} \tag{5.32}$$

则各个波束的多普勒频移为

$$\begin{cases} f_{d1}=\dfrac{2\left(v_x\cos\alpha\sin\beta+v_y\cos\alpha\cos\beta-v_z\sin\alpha\right)}{c}f_0 \\ f_{d2}=\dfrac{2\left(-v_x\cos\alpha\sin\beta+v_y\cos\alpha\cos\beta-v_z\sin\alpha\right)}{c}f_0 \\ f_{d3}=\dfrac{2\left(-v_x\cos\alpha\sin\beta-v_y\cos\alpha\cos\beta-v_z\sin\alpha\right)}{c}f_0 \\ f_{d4}=\dfrac{2\left(v_x\cos\alpha\sin\beta-v_y\cos\alpha\cos\beta-v_z\sin\alpha\right)}{c}f_0 \end{cases} \tag{5.33}$$

将式（5.33）写成矩阵形式：

$$\begin{bmatrix} f_{d1} \\ f_{d2} \\ f_{d3} \\ f_{d4} \end{bmatrix}=\frac{2f_0}{c}\begin{bmatrix} v_1 \\ v_2 \\ v_3 \\ v_4 \end{bmatrix}=\frac{2f_0}{c}\begin{bmatrix} \cos\alpha\sin\beta & \cos\alpha\cos\beta & -\sin\alpha \\ -\cos\alpha\sin\beta & \cos\alpha\cos\beta & -\sin\alpha \\ -\cos\alpha\sin\beta & -\cos\alpha\cos\beta & -\sin\alpha \\ \cos\alpha\sin\beta & -\cos\alpha\cos\beta & -\sin\alpha \end{bmatrix}\begin{bmatrix} v_x \\ v_y \\ v_z \end{bmatrix} \tag{5.34}$$

并且记

$$\boldsymbol{A}=\frac{2f_0}{c}\begin{bmatrix} \cos\alpha\sin\beta & \cos\alpha\cos\beta & -\sin\alpha \\ -\cos\alpha\sin\beta & \cos\alpha\cos\beta & -\sin\alpha \\ -\cos\alpha\sin\beta & -\cos\alpha\cos\beta & -\sin\alpha \\ \cos\alpha\sin\beta & -\cos\alpha\cos\beta & -\sin\alpha \end{bmatrix} \tag{5.35}$$

则利用最小二乘法可得到最佳解为

$$\begin{bmatrix} v_x \\ v_y \\ v_z \end{bmatrix}=\left(\boldsymbol{A}^{\mathrm{T}}\boldsymbol{A}\right)^{-1}\boldsymbol{A}^{\mathrm{T}}\begin{bmatrix} f_{d1} \\ f_{d2} \\ f_{d3} \\ f_{d4} \end{bmatrix} \tag{5.36}$$

由此可算得偏流角为

$$\Delta=\arctan\frac{v_x}{v_y} \tag{5.37}$$

5.3.2 多普勒计程仪的测速误差

1. 单波束的测速误差

由单波束情况下多普勒计程仪的测速公式（5.26）可知，其测速精度主要受到以下几个因素的影响。

1）公式简化造成的误差

由式（5.24）可知，无误差时的多普勒频移为

$$f_{\mathrm{d}} = \frac{v(\cos\alpha + \cos\alpha')}{c - v\cos\alpha} f_0 \tag{5.38}$$

由于在水中 $c \gg v$，可以认为 $\alpha \approx \alpha'$，则式（5.38）可以简化为

$$f_{\mathrm{d}} = \frac{2v\cos\alpha}{c - v\cos\alpha} f_0 \tag{5.39}$$

对式（5.39）进行泰勒级数展开，并且舍去其中的高阶项，则可得到近似后的多普勒频移为

$$f_{\mathrm{d1}} = \frac{2v\cos\alpha}{c} f_0 \tag{5.40}$$

从而可计算出近似操作引入的相对误差为

$$\frac{\Delta f_{\mathrm{d}}}{f_{\mathrm{d}}} = \frac{f_{\mathrm{d}} - f_{\mathrm{d1}}}{f_{\mathrm{d}}} = \frac{v\cos\alpha}{c} \tag{5.41}$$

2）船舶颠簸的影响

由于海上风浪的作用，船舶在航行过程中，会在海面上下颠簸，此时在船舶的垂直方向上将产生一个速度 u，船舶颠簸对单波束测速的影响如图 5.11 所示。

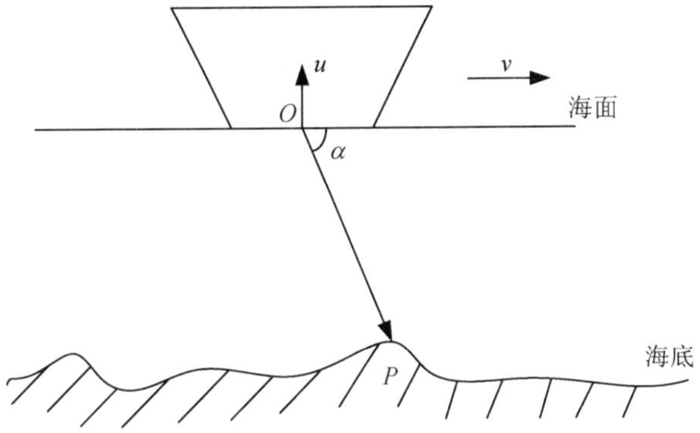

图 5.11　船舶颠簸对单波束测速的影响

在这种情况下，船舶在波束方向上投影的速度为

$$v_1' = v\cos\alpha - u\cos(90^\circ - \alpha) = v\cos\alpha - u\sin\alpha \tag{5.42}$$

此时的多普勒频移为

$$f_{\mathrm{d1}} = \frac{2v_1'}{c} f_0 = \frac{2(v\cos\alpha - u\sin\alpha)}{c} f_0 \tag{5.43}$$

从而可计算出相对误差为

$$\frac{\Delta f_{\mathrm{d}}}{f_{\mathrm{d}}} = \frac{f_{\mathrm{d}} - f_{\mathrm{d1}}}{f_{\mathrm{d}}} = \frac{u}{v}\tan\alpha \tag{5.44}$$

3）船舶纵摇的影响

当船舶纵摇时，假设其围绕摇摆中心的倾角为 $\Delta\alpha$，船舶纵摇对单波束测速的影响如图 5.12 所示。

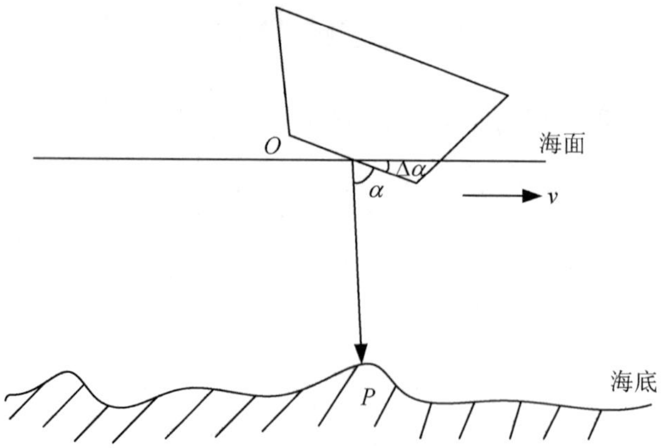

图 5.12　船舶纵摇对单波束测速的影响

在这种情况下，船舶在波束方向上投影的速度为

$$v_1'' = v\cos\left(\alpha + \Delta\alpha\right) \tag{5.45}$$

此时的多普勒频移为

$$f_{d1} = \frac{2v_1''}{c} f_0 = \frac{2v\cos\left(\alpha + \Delta\alpha\right)}{c} f_0 \tag{5.46}$$

从而可计算出相对误差为

$$\frac{\Delta f_d}{f_d} = \frac{f_d - f_{d1}}{f_d} = 1 - \frac{\cos\left(\alpha + \Delta\alpha\right)}{\cos\alpha} = 1 - \cos\Delta\alpha + \tan\alpha\sin\Delta\alpha \tag{5.47}$$

4）声速误差的影响

为了简便起见，通常认为声波在海水中的传播速率是一常值，为$1500\text{m}/\text{s}$，但是在实际情况下，受海域条件的影响，特别是海水的温度、深度及盐度。据统计，海水的温度每升高 1℃，声波的传播速率大约变换$3.3\text{m}/\text{s}$，造成多普勒计程仪的测速误差约为 2.2%；海水的盐度每改变 1%，声波的传播速率改变$1.5\text{m}/\text{s}$，造成多普勒计程仪的测速误差约为 0.07%。

受到天气条件、不同水域水质情况及海洋环境复杂性的影响，多普勒计程仪想要测量得到较高精度的速度，就必须对声波的传播速率进行校正。在实际使用时，声波的传播速率校正采用威尔逊经验公式：

$$C = 1449.2 + 4.6T - 0.055T^2 + 0.00029T^3 + \left(1.34 - 0.01T\right)\left(S - 35\right) + 0.016Z \tag{5.48}$$

式中，T 为海水的温度；S 为海水的盐度；Z 为海水的深度。

3. 双波束的测速误差

双波束詹纳斯配置在船舶颠簸和纵摇情况下，其测速误差与单波束时的测速误差有所不同，但是不管是双波束詹纳斯配置还是四波束詹纳斯配置，在船舶颠簸和纵摇情况下的误差形式都是相同的。因而这里重点介绍船舶颠簸和纵摇对双波束测速的影响。

1）船舶颠簸的影响

图 5.13 所示为船舶颠簸对双波束测速的影响。在这种情况下，船舶在船首波束方向上投影的速度及船首的多普勒频移分别为

$$v_1' = v\cos\alpha - u\cos(90° - \alpha) = v\cos\alpha - u\sin\alpha \tag{5.49}$$

$$f_{d1}' = \frac{2v_1'}{c} f_0 = \frac{2(v\cos\alpha - u\sin\alpha)}{c} f_0 \tag{5.50}$$

同理可得，船舶在船尾波束方向上投影的速度及船尾的多普勒频移分别为

$$v_2' = -v\cos\alpha - u\cos(90° - \alpha) = -v\cos\alpha - u\sin\alpha \tag{5.51}$$

$$f_{d2}' = \frac{2v_2'}{c} f_0 = \frac{2(-v\cos\alpha - u\sin\alpha)}{c} f_0 \tag{5.52}$$

则多普勒计程仪在双波束詹纳斯配置下的多普勒频移为

$$f_d' = f_{d1}' - f_{d2}' = \frac{4v\cos\alpha}{c} f_0 \tag{5.53}$$

由式（5.29）可知，双波束詹纳斯配置在无误差情况下的多普勒频移为

$$f_d = \frac{4v\cos\alpha}{c} f_0 \tag{5.54}$$

从而可计算出相对误差为

$$\frac{\Delta f_d}{f_d} = \frac{f_d - f_d'}{f_d} = 0 \tag{5.55}$$

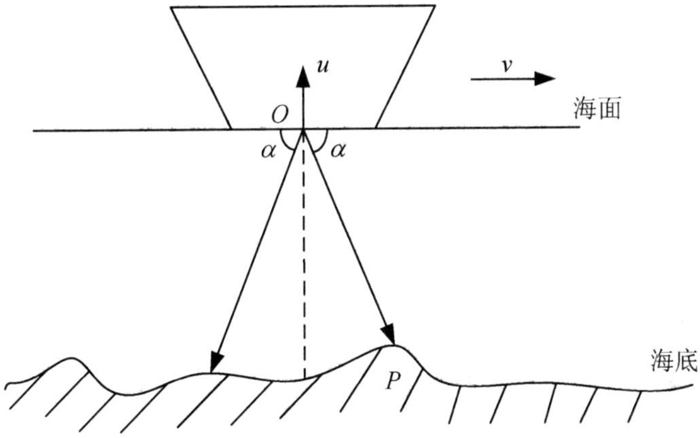

图 5.13　船舶颠簸对双波束测速的影响

2）船舶纵摇的影响

图 5.14 所示为船舶纵摇对双波束测速的影响。在这种情况下，船舶在船首波束方向上投影的速度及船首的多普勒频移分别为

$$v_1'' = v\cos(\alpha + \Delta\alpha) \tag{5.56}$$

$$f_{d1}'' = \frac{2v_1''}{c} f_0 = \frac{2v\cos(\alpha + \Delta\alpha)}{c} f_0 \tag{5.57}$$

同理可得，船舶在船尾波束方向上投影的速度及船尾的多普勒频移分别为

$$v_2'' = v\cos(\alpha - \Delta\alpha) \tag{5.58}$$

$$f''_{d2}=\frac{2v''_2}{c}f_0=\frac{2v\cos(\alpha-\Delta\alpha)}{c}f_0 \tag{5.59}$$

则多普勒计程仪在双波束詹纳斯配置下的多普勒频移为

$$f''_d=f''_{d1}-f''_{d2}=\frac{2v}{c}f_0\left[\cos(\alpha+\Delta\alpha)+\cos(\alpha-\Delta\alpha)\right]=\frac{4v\cos\alpha\cos\Delta\alpha}{c}f_0 \tag{5.60}$$

从而可计算出相对误差为

$$\frac{\Delta f_d}{f_d}=\frac{f_d-f''_d}{f_d}=1-\cos\Delta\alpha \tag{5.61}$$

由此可见，与单波束多普勒测速相比，双波束多普勒测速能够消除船舶颠簸带来的影响，并且能够减小船舶纵摇带来的影响。

3．四波束的测速误差

从四波束詹纳斯配置的测速原理可以得知，四波束多普勒计程仪的测量信息冗余，能够提高测速精度；在一个波束信息失效的时候仍然能够测速；波束的对称性能够有效消除由于船舶颠簸和纵摇造成的测速误差。但是其测速精度仍然受到公式简化带来的误差及声波在海水中传播速率误差的影响。

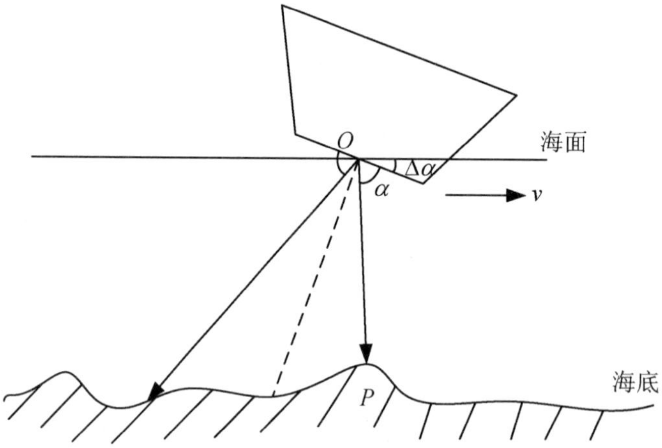

图 5.14　船舶纵摇对双波束测速的影响

5.3.3　多普勒计程仪的测速方程及误差模型

多普勒计程仪的误差主要包括测速误差 δV_d、偏流角误差 $\delta\Delta$ 及刻度系数误差 δC，因此其测量的对地速度 V_{DVL} 与真实的对地速度 V_d 之间的关系为[5]

$$V_{DVL}=(1+\delta C)(V_d+\delta V_d) \tag{5.62}$$

图 5.15 所示为多普勒计程仪的测速误差原理图，K 表示船舶航向角；K_v 表示考虑了偏流角的航迹向角；γ 表示平台角误差。

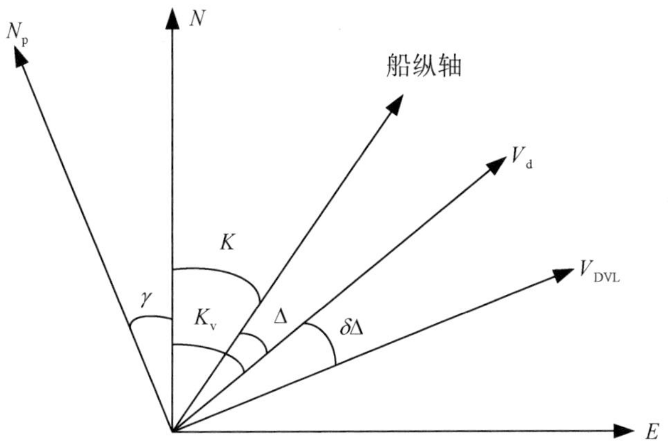

图 5.15　多普勒计程仪的测速误差原理图

则 V_{DVL} 在惯性导航平台上东向和北向的分量分别为

$$V_{DVLX} = (1+\delta C)(V_d + \delta V_d)\sin(K_v + \gamma + \delta\Delta) + n_x \tag{5.63}$$

$$V_{DVLY} = (1+\delta C)(V_d + \delta V_d)\cos(K_v + \gamma + \delta\Delta) + n_y \tag{5.64}$$

式中，n_x、n_y 均为白噪声。将式（5.63）展开可得

$$\begin{aligned} V_{DVLX} &= (1+\delta C)(V_d + \delta V_d)\sin(K_v + \gamma + \delta\Delta) + n_x \\ &= (V_d + \delta V_d + \delta C + \delta C \cdot \delta V_d)\left[\sin K_v + \cos K_v(\gamma + \delta\Delta)\right] + n_x \\ &= V_d \sin K_v + V_d \cos K_v(\gamma + \delta\Delta) + \delta V_d \sin K_v + \delta V_d \cos K_v(\gamma + \delta\Delta) \\ &\quad + \delta C V_d \sin K_v + \delta C V_d \cos K_v(\gamma + \delta\Delta) + n_x \end{aligned} \tag{5.65}$$

由于偏流角误差 $\delta\Delta$ 和平台角误差 γ 均为小量，且

$$\begin{cases} V_d \sin K_v = V_x \\ V_d \cos K_v = V_y \end{cases} \tag{5.66}$$

因此式（5.65）可化简成如下形式：

$$V_{DVLX} = V_x + V_y(\gamma + \delta\Delta) + \delta V_d \sin K_v + \delta C V_x + n_x \tag{5.67}$$

同理可将式（5.64）化简成相同的形式：

$$V_{DVLY} = V_y - V_x(\gamma + \delta\Delta) + \delta V_d \cos K_v + \delta C V_y + n_y \tag{5.68}$$

前文提过，多普勒计程仪的误差主要包括测速误差 δV_d、偏流角误差 $\delta\Delta$ 及刻度系数误差 δC，因此在对多普勒计程仪的误差进行建模时，需要考虑上述因素。首先，由于多普勒计程仪的安装角是不变的，因此可以将安装角引起的刻度系数误差建模为随机常数；其次，测速误差偏流角误差与多种因素有关，故而将其建模为一阶马尔可夫过程[6]。一阶马尔可夫过程的时域动力学方程为

$$\dot{N}(t) = -\alpha N(t) + w(t) \tag{5.69}$$

式中，α 为反相关时间常数；$w(t)$ 为零均值高斯白噪声。

由此可以写出多普勒计程仪的相应误差方程为

$$\begin{cases}\delta \dot{V}_{\mathrm{d}} = -\beta_{\mathrm{d}} \delta V_{\mathrm{d}} + w_{\mathrm{d}} \\ \delta \dot{\Delta} = -\beta_{\Delta} \delta \Delta + w_{\Delta} \\ \delta \dot{C} = 0\end{cases} \tag{5.70}$$

式中，β_{d}^{-1} 和 β_{Δ}^{-1} 分别表示测速误差和偏流角误差的相关时间；w_{d} 和 w_{Δ} 为零均值高斯白噪声。

孙大军，男，现任哈尔滨工程大学教授、博士生导师，主要从事水声工程方面的教学研究工作。孙大军教授团队从 2002 年开始进行超短基线定位系统相关研究，2013 年成功研发了国内首台定位系统产品，改变了科考船在定位系统维护、升级和出口许可限制等方面面临的被动局面。该系统目前已在国内“大洋一号”“科学”号“向阳红九号”等科考船上安装。“十五”期间承担的国家 863 项目“长程超短基线定位系统研制”在 2006 年南海验收试验中在 3700m 海深获得 0.2%～0.3%斜距的定位精度，达到国际同类产品的最高水平。2006 年继续获得“十一五”国家 863 的支持，深入开展“高精度水下综合声学定位系统关键技术”的研究工作，2006 年该项技术获得原国防科工委的基础科研支持，重点解决适应未来水下空间站使用的定位与通信技术。从“十五”期间开展的 973 项目“基于相控原理的多普勒计程仪”研究工作开始，该项技术已经从基础科研转变为设备研发，该设备已完成工程化，并已经通过专家的技术鉴定，已在多个海军型号任务中应用。

习题 5

1．简述声波在海水中传播的特点。

2．水声定位系统的基本组成包括什么？

3．水声定位有哪几种方式？并简述其工作原理。

4．简述超短基线水声定位系统的基本组成及其定位的基本思想。

5．简述长基线、短基线及超短基线水声定位系统的优缺点。

6．请利用多普勒效应推导出在双波束詹纳斯配置下多普勒计程仪的测速公式。

7．请分析船舶纵摇对单波束和双波束多普勒计程仪测速的影响，并说明哪种情况受到船舶纵摇的影响较小。

8．请推导出多普勒计程仪在有误差情况下的测速方程。

9．考虑多普勒计程仪的测速误差 δV_{d}、偏流角误差 $\delta\Delta$ 为有色噪声，刻度系数误差 δC 为常数的情况，写出此时多普勒计程仪相应的误差方程。

第6章

惯性/声学组合导航系统

惯性/声学组合导航系统是水下航行器组合导航系统的核心组成部分。本章介绍航位推算系统的基本原理及误差来源，基于卡尔曼滤波的惯性/超短基线组合导航系统，以及基于卡尔曼滤波的惯性/多普勒组合导航系统，详细阐述其状态方程与量测方程的构建过程。

知识目标

1. 理解并掌握航位推算系统的基本原理和基本知识。
2. 理解并掌握基于卡尔曼滤波的惯性/超短基线组合导航系统的算法模型。
3. 理解并掌握基于卡尔曼滤波的惯性/多普勒组合导航系统的算法模型。

能力目标

1. 能够理解航位推算系统的工作原理，学会航位推算误差分析。
2. 掌握惯性/声学组合导航系统的滤波算法。

课程思政与职业素养

1. 场景引入：微小型潜水器可通过携带浅水探测设备（如探测声呐、成像声呐等）对海洋狭窄、恶劣环境进行探索，提高资源探测、搜救等高难度水下任务的效率。水下导航设备是潜水器能否顺利执行任务的关键，通过学习基于惯性/声学组合导航系统算法，为后续开展对潜水器的研究至关重要。

2. 科技伦理：大数据时代的到来，全世界每个人每天将会产生更大的数据量，每天大家都会使用手机进行通信、上网，上网购物会产生交易记录，浏览网页会产生浏览记录，应用各种社交 App 也会产生大量的聊天记录信息。每个人都被各种各样的信息包围着，每个人都是信息的载体。大数据时代随着人工智能的发展，云计算处理能力不断提高，对于以前没有被充分利用的或无法利用的数据，现在已经渐渐变成资源，通过人工智能收集，然后云计算平台处理，将会得到我们意想不到的信息，目前人们每天都会产生成千上万的数据，对于其正确的使用，将会给我们带来新的机遇与挑战，同时带来新的风险。

6.1 航位推算系统

6.1.1 地球的曲率半径

因为地球是椭球体，所以地球的子午圈是椭圆。在子午圈的不同地方，曲率是不同的。在极区，曲率最小，而在赤道区，曲率最大。地球椭球子午圈几何图如图 6.1 所示。

在图 6.1 中，点 O 表示地球的中心，R_e 是赤道平面半径，R_p 是地球极轴半径，地球的椭圆度 e 可以表示为

$$e=\left(R_e-R_p\right)/R_e \tag{6.1}$$

假设本地 M 的纬度为 φ，则极区曲率 R_M 和赤道区曲率 R_N 可以表示为

$$\begin{cases} R_M=\dfrac{R_e(1-e)^2}{\left[1-e^2\sin^2\varphi\right]^{3/2}} \\ R_N=\dfrac{R_e\cos\varphi}{\left[1-e^2\sin^2\varphi\right]^{1/2}} \end{cases} \tag{6.2}$$

式中，$R_e=6378393\text{m}$；$e=1/297$。

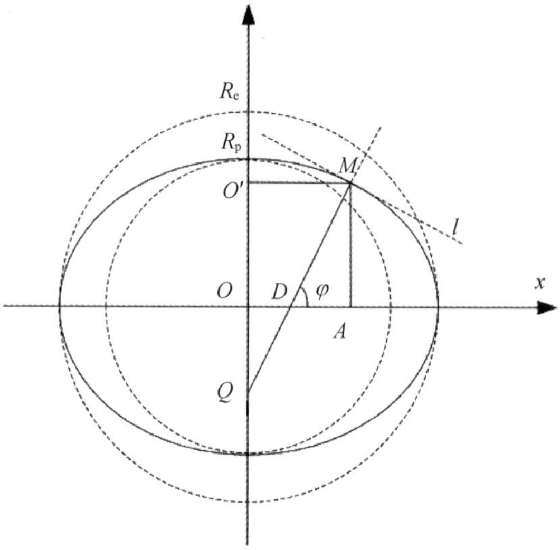

图 6.1　地球椭球子午圈几何图

6.1.2 航位推算原理

航位推算是最基本和有效的导航方法之一，在 16 世纪就已经应用了。由于在航位推算水

下导航中需要其他水下导航传感器的数据信息，所以一般很少强调其重要性。航位推算的现代定义是由 Cotter 提出的，指从已知的坐标位置开始，根据航行器在该点的航向、航速和航行时间，推算下一时刻的坐标位置的导航过程。航位推算导航能够给出当前和下一时刻的位置信息，在水下导航中处于至关重要的地位，其方法简单、经济，现在仍是重要的水下导航手段。

用 m 表示地固地理坐标系，原点固定在 WGS84 地球椭球表面，方向为北-东-地。b 表示载体坐标系，其中的轴线与载体的主轴重合，原点位于载体重心。假设水下航行器的垂向速度可以忽略不计，可以用二维分量来表示航位推算原理。航位推算的基本示意图如图 6.2 所示，航行器可以根据每个采样时刻的速度和姿态进行计算，时间间隔为 0.5s，在 m 坐标系下的初始位置(x_0, y_0)可以由 GPS 得到。在$t_n\,(n \geqslant 1)$时刻，实时位置(x_n, y_n)可以表示为

$$\begin{cases} x_n = x_0 + \sum\limits_{i=0}^{n-1} \Delta \boldsymbol{x}_i = x_0 + \sum\limits_{i=0}^{n-1} \boldsymbol{V}_i \cdot T \cdot \cos\psi_i \\ y_n = y_0 + \sum\limits_{i=0}^{n-1} \Delta \boldsymbol{y}_i = y_0 + \sum\limits_{i=0}^{n-1} \boldsymbol{V}_i \cdot T \cdot \sin\psi_i \end{cases} \tag{6.3}$$

式中，T 表示系统的时间间隔；$\Delta \boldsymbol{x}_i$ 和 $\Delta \boldsymbol{y}_i$ 分别表示 i 时刻 x 轴和 y 轴上的位置矢量；$\boldsymbol{V}_i$ 表示 i 时刻的速度矢量；ψ_i 表示 i 时刻对应的偏航角。x 轴相当于北向，y 轴相当于东向。

偏航角示意图如图 6.3 所示。对于 m 坐标系的速度可以由多普勒计程仪测量的速度推导出来。$\boldsymbol{V}_x$ 和 $\boldsymbol{V}_y$ 分别表示 x 轴和 y 轴上相对 m 坐标系的速度矢量。$\boldsymbol{u}$ 和 $\boldsymbol{v}$ 分别表示 x 轴和 y 轴上相对 b 坐标系的速度矢量。传递方程可以表示为

$$\begin{bmatrix} \boldsymbol{V}_x \\ \boldsymbol{V}_y \end{bmatrix} = \begin{bmatrix} \cos\psi & -\sin\psi \\ \sin\psi & \cos\psi \end{bmatrix} \begin{bmatrix} \boldsymbol{u} \\ \boldsymbol{v} \end{bmatrix} \tag{6.4}$$

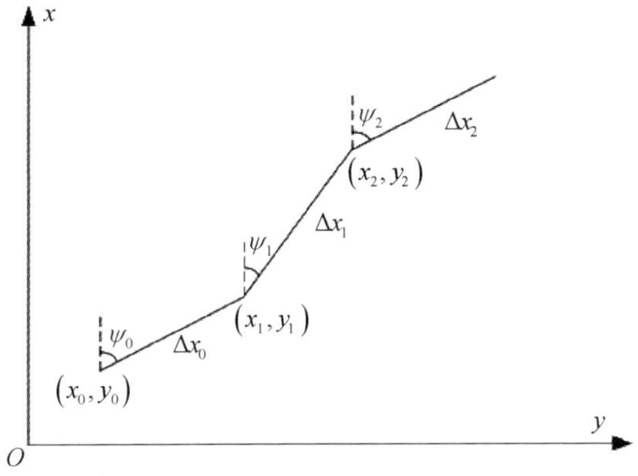

图 6.2 航位推算的基本示意图

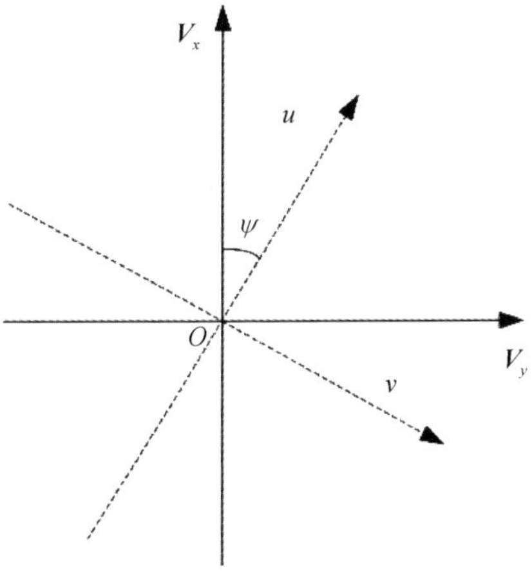

图 6.3 偏航角示意图

综上所述，在$t_n\,(n \geqslant 1)$时刻，航行器在 m 坐标系下的实时位置(x_n, y_n)可以表示为

$$\begin{cases} x_n = x_0 + \sum\limits_{i=0}^{n-1} \dfrac{\boldsymbol{V}_{\mathrm{E},i} T}{R_{\mathrm{N},i}} \\ y_n = y_0 + \sum\limits_{i=0}^{n-1} \dfrac{\boldsymbol{V}_{\mathrm{N},i} T}{R_{\mathrm{M},i}} \end{cases} \tag{6.5}$$

式中，$R_{N,i}$ 与 $R_{M,i}$ 分别为极区曲率和赤道区曲率；$V_{E,i}$ 与 $V_{N,i}$ 表示每时间间隔的东向、北向速度矢量。由式（6.5）可得最终位置方程为

$$\begin{cases} x_n = x_0 + \sum_{i=0}^{n-1} \frac{V_{X,i} T}{R_{N,i}} \\ y_n = y_0 + \sum_{i=0}^{n-1} \frac{V_{Y,i} T}{R_{M,i}} \end{cases} \tag{6.6}$$

6.1.3 航位推算误差分析

1．航位推算误差

航位推算误差如图 6.4 所示，W_0、W_{DR} 和 W 分别为推算初始点、由推算确定的位置点及真实位置点，J_{DR} 为推算航迹向，S_{DR} 为推算节拍内航程。由推算确定的位置点 W_{DR} 与航行器真实位置点 W 之间的距离称为推算误差。

航位推算误差可以分为前后误差和左右误差两个分量。

前后误差（ΔS）：推算航程 S_{DR} 不准确沿推算航迹方向上的偏移误差，若以均方误差表示，则称为前后均方误差 E_S。

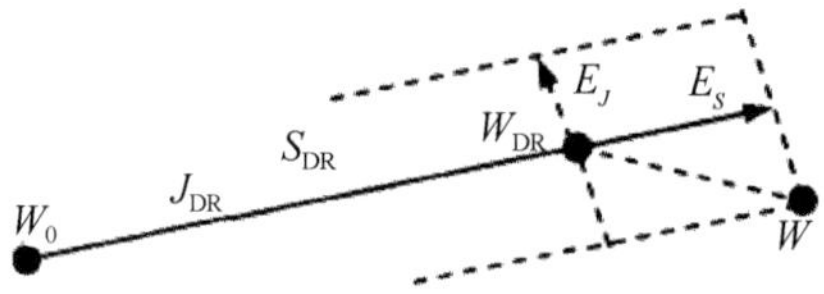

图 6.4　航位推算误差

左右误差（ΔJ）：推算航迹向 J_{DR} 不准确沿垂直方向上的偏移误差，若以均方误差表示，则称为左右均方误差 E_j。

航速误差及由于海流影响在推算航速方向上的误差是引起航位推算前后误差的主要因素。水下航行器用于航位推算的传感器主要有罗经和多普勒计程仪，前者用于输出水下航行器的姿态角，后者用于输出水下航行器的速度。

由航速引起的前后误差与航程成正比，保证多普勒计程仪的数据精度可以有效减少前后误差。左右误差主要是罗经测量误差使推算航迹与实际航迹发生偏离引起的。光纤罗经的均方误差（$\sigma\Delta$）与由此产生的左右均方误差 E_j 之间有 $E_j = \sigma\Delta VT / 57.3$。另外，海流的影响也会引起航位推算左右误差。

不考虑风、流、潮汐等外界环境因素的影响，航位推算误差主要是航行器姿态角度传感器角度测量误差引起的左右误差。根据某型智能水下航行器传感器的配置，可以计算得到采用航位推算导航法的系统误差。当机器人航速为 3kn，多普勒计程仪的测速精度为 0.003kn 时，不考虑航向误差和测速误差之间的耦合影响，可计算得前后误差约为 9.3m/h，左右误差

约为 50.3m/h。可见采用航位推算导航法时，系统误差主要是姿态角度传感器角度测量误差引起的。

2．影响姿态角度传感器测量精度的因素

国际标准化组织（ISO）对陀螺罗经艏向误差进行了规范描述，其规定陀螺罗经艏向误差（单位：度）用 $\Delta\phi=\left(v_{\mathrm{n}}/5\pi\right)\tan\phi$ 表示，其中，v_{n} 是载体平台北向速度分量；ϕ 是载体平台所在的纬度。在一般情况下，若水下航行器不做大范围运动，则纬度误差引起的测量误差较小。

3．影响多普勒计程仪测量精度的因素

现在水下航行器大多采用可以测得对地速度的多普勒计程仪或多普勒相关计程仪作为其速度测量传感器，这样可以消除海流对潜水器进行航位推算导航的影响。虽然多普勒计程仪测量精度较高，但测量精度还受许多其他因素影响，主要包括公式简化、水下机器人颠簸摇摆、声波的传播速率变化、海水中的介质还有相对与绝对速度问题。

1）公式简化造成的误差

利用多普勒效应容易得知，在 $v \ll c$ 的情况下，接收信号频率为

$$f_2=f_0\frac{c+v\cos\alpha}{c-v\cos\alpha} \tag{6.7}$$

式中，f_0 为发射频率；v 为航行器相对海底的水平航行速度；α 为波速倾角。将式（6.7）做近似得到

$$f_{\mathrm{d}}=f_2-f_0=\frac{2vf_0}{c}\cos\alpha \tag{6.8}$$

式中，f_{d} 为多普勒频移。

由式（6.8）可以看出，在已知 f_0、c、α 时，只需测得 f_{d}，即可得到航速 v。而多普勒计程仪正是利用此原理来测得速度的。

观察式（6.7）和式（6.8）可知，式（6.7）只是式（6.8）进行了泰勒展开，并舍去了二次项和其他高次项之后的近似表达式，近似引入的相对误差为

$$\frac{\Delta f_{\mathrm{d}}}{f_{\mathrm{d}}}=\frac{f_{\mathrm{d}}-f_0}{f_{\mathrm{d}}}=\frac{v\cos\alpha}{c} \tag{6.9}$$

例如，当 $\alpha=60°$，$v=30\mathrm{kn}$ 时，相对误差为 $\Delta f_{\mathrm{d}}/f_{\mathrm{d}}=0.5\%$。

2）水下机器人颠簸摇摆的影响

水下机器人在海里航行时，涌浪流会使水下机器人颠簸摇摆，波束倾角将发生变化，从而大大降低测速精度。若纵倾角为 ϕ，则

$$f_{\mathrm{d1}}=2f_0\left(\frac{v}{c}\cos(\alpha-\phi)+\frac{v^2}{c^2}\cos^2(\alpha-\phi)\right) \tag{6.10}$$

可求得测量的相对误差为 $\Delta f_{\mathrm{d}}/f_{\mathrm{d}}=-\tan\alpha\phi$，即使 $\phi=1°$，相对误差也有 3%，因此若无基阵稳定装置，单波束多普勒计程仪很难在实际中应用，实际中大多采用双波束詹纳斯配置。

另外，在海水中，一般假定不变的声波的传播速率会随着海水的温度及盐度的变化而变化。温度每升高 1℃，声波的传播速率+3.2m/s；盐度每增加 1%，声波的传播速率+1.1m/s。海

水中硫酸镁对不同频率的声能吸收有影响，一般声能被海水吸收随频率的增大而增加，所以可知，多普勒计程仪的频率不要太高。

6.2 基于卡尔曼滤波的惯性/超短基线组合导航系统

6.2.1 惯性/超短基线组合导航系统状态方程

首先，选取东北天地理坐标系作为导航坐标系，并且将捷联式惯性导航系统导航参数的误差量作为状态量，分别为位置误差 δL、$\delta\lambda$、δh，东北天方向上的速度误差 δV_{E}、δV_{N}、δV_{U}，东北天方向上的姿态误差角 ϕ_{E}、ϕ_{N}、ϕ_{U}，沿载体坐标系 x、y、z 轴上的陀螺仪漂移 ε_x、ε_y、ε_z 和加速度计零偏 ∇_x、∇_y、∇_z 作为状态量，然后建立状态矢量：

$$\boldsymbol{X}=[\delta L,\delta\lambda,\delta h,\delta V_{\mathrm{E}},\delta V_{\mathrm{N}},\delta V_{\mathrm{U}},\phi_{\mathrm{E}},\phi_{\mathrm{N}},\phi_{\mathrm{U}},\varepsilon_x,\varepsilon_y,\varepsilon_z,\nabla_x,\nabla_y,\nabla_z]^{\mathrm{T}} \tag{6.11}$$

由第 4 章可以知道系统的位置、速度和姿态的误差方程，考虑到光纤陀螺和加速度计的随机误差，建立一阶马尔可夫误差模型：

$$\begin{aligned}\dot{\boldsymbol{\varepsilon}}&=-\boldsymbol{\alpha}\boldsymbol{\varepsilon}+n_{\omega}\\ \dot{\nabla}&=-\boldsymbol{\beta}\nabla+n_{a}\end{aligned} \tag{6.12}$$

式中，$\boldsymbol{\alpha}$、$\boldsymbol{\beta}$ 为一阶马尔可夫过程相关时间常数矩阵；n_{ω}、n_{a} 为零均值白噪声。

系统噪声驱动矩阵：

$$\boldsymbol{\tau}(t)=\begin{bmatrix}\boldsymbol{0}_{3\times3} & \boldsymbol{0}_{3\times3}\\ \boldsymbol{C}_{\mathrm{b}}^{\mathrm{n}} & \boldsymbol{0}_{3\times3}\\ \boldsymbol{0}_{3\times3} & \boldsymbol{C}_{\mathrm{b}}^{\mathrm{n}}\\ \boldsymbol{0}_{6\times3} & \boldsymbol{0}_{6\times3}\end{bmatrix} \tag{6.13}$$

系统噪声为

$$\boldsymbol{W}(t)=\left[n_{\omega x}\ n_{\omega x}\ n_{\omega x}\ n_{ax}\ n_{ay}\ n_{az}\right]^{\mathrm{T}} \tag{6.14}$$

惯性/超短基线组合导航系统状态方程为

$$\dot{\boldsymbol{X}}(t)=\boldsymbol{\varphi}(t)\boldsymbol{X}(t)+\boldsymbol{\tau}(t)\boldsymbol{W}(t) \tag{6.15}$$

状态转移矩阵 $\boldsymbol{\varphi}(t)$ 为一个 15×15 的矩阵，为了书写方便，将其写成以下形式：

$$\boldsymbol{\varphi}(t)=\begin{bmatrix}\boldsymbol{\varphi}_{11} & \boldsymbol{\varphi}_{12} & \boldsymbol{0}_{3\times3} & \boldsymbol{0}_{3\times6}\\ \boldsymbol{\varphi}_{21} & \boldsymbol{\varphi}_{22} & \boldsymbol{\varphi}_{23} & \boldsymbol{\varphi}_{24}\\ \boldsymbol{\varphi}_{31} & \boldsymbol{\varphi}_{32} & \boldsymbol{\varphi}_{33} & \boldsymbol{\varphi}_{34}\\ \boldsymbol{0}_{6\times3} & \boldsymbol{0}_{6\times3} & \boldsymbol{0}_{6\times3} & \boldsymbol{\varphi}_{44}\end{bmatrix} \tag{6.16}$$

式中

$$\boldsymbol{\varphi}_{11}=\begin{bmatrix}0 & 0 & -\dfrac{V_{\mathrm{N}}}{(R_{\mathrm{M}}+h)^2}\\ \dfrac{V_{\mathrm{E}}}{R_{\mathrm{N}}+h}\tan L\sec L & 0 & \dfrac{-V_{\mathrm{E}}}{\left(R_{\mathrm{N}}+h\right)^2}\sec L\\ 0 & 0 & 0\end{bmatrix} \tag{6.17}$$

$$\boldsymbol{\varphi}_{12}=\begin{bmatrix}0 & \dfrac{1}{R_{\mathrm{M}}+h} & 0\\ \dfrac{\sec L}{R_{\mathrm{N}}+h} & 0 & 0\\ 0 & 0 & 1\end{bmatrix} \tag{6.18}$$

$$\boldsymbol{\varphi}_{21}=\begin{bmatrix}2\omega_{\mathrm{ie}}\cos L V_{\mathrm{N}}+\dfrac{V_{\mathrm{E}}V_{\mathrm{N}}}{R_{\mathrm{N}}+h}\sec^2 L+2\omega_{\mathrm{ie}}\sin L V_{\mathrm{U}} & 0 & \dfrac{V_{\mathrm{E}}V_{\mathrm{U}}-V_{\mathrm{E}}V_{\mathrm{N}}\tan L}{\left(R_{\mathrm{N}}+h\right)^2}\\ -\left(2\omega_{\mathrm{ie}}\cos L V_{\mathrm{E}}+\dfrac{V_{\mathrm{E}}^2\tan L}{R_{\mathrm{N}}+h}\right) & 0 & \dfrac{V_{\mathrm{E}}^2\tan L}{\left(R_{\mathrm{N}}+h\right)^2}+\dfrac{V_{\mathrm{N}}V_{\mathrm{U}}}{\left(R_{\mathrm{M}}+h\right)^2}\\ -2\omega_{\mathrm{ie}}V_{\mathrm{E}}\sin L & 0 & -\left(\dfrac{V_{\mathrm{E}}^2}{\left(R_{\mathrm{N}}+h\right)^2}+\dfrac{V_{\mathrm{N}}^2}{\left(R_{\mathrm{M}}+h\right)^2}\right)\end{bmatrix} \tag{6.19}$$

$$\boldsymbol{\varphi}_{22}=\begin{bmatrix}\dfrac{V_{\mathrm{N}}}{R_{\mathrm{N}}+h}\tan L-\dfrac{V_{\mathrm{U}}}{R_{\mathrm{N}}+h} & 2\omega_{\mathrm{ie}}\sin L+\dfrac{V_{\mathrm{E}}\tan L}{R_{\mathrm{N}}+h} & -\left(2\omega_{\mathrm{ie}}\cos L+\dfrac{V_{\mathrm{E}}}{R_{\mathrm{N}}+h}\right)\\ -2\left(\omega_{\mathrm{ie}}\sin L+\dfrac{V_{\mathrm{E}}\tan L}{R_{\mathrm{N}}+h}\right) & -\dfrac{V_{\mathrm{U}}}{R_{\mathrm{M}}+h} & -\dfrac{V_{\mathrm{N}}}{R_{\mathrm{M}}+h}\\ 2\left(\omega_{\mathrm{ie}}\cos L+\dfrac{V_{\mathrm{E}}}{R_{\mathrm{N}}+h}\right) & \dfrac{2V_{\mathrm{N}}}{R_{\mathrm{M}}+h} & 0\end{bmatrix} \tag{6.20}$$

$$\boldsymbol{\varphi}_{23}=\begin{bmatrix}0 & -f_{\mathrm{U}} & f_{\mathrm{N}}\\ f_{\mathrm{U}} & 0 & -f_{\mathrm{E}}\\ -f_{\mathrm{N}} & f_{\mathrm{E}} & 0\end{bmatrix} \tag{6.21}$$

$$\boldsymbol{\varphi}_{24}=\begin{bmatrix}\mathbf{0}_{3\times3} & \boldsymbol{C}_{\mathrm{b}}^{\mathrm{n}}\end{bmatrix} \tag{6.22}$$

$$\boldsymbol{\varphi}_{31}=\begin{bmatrix}0 & 0 & \dfrac{V_{\mathrm{N}}}{\left(R_{\mathrm{M}}+h\right)^2}\\ -\omega_{\mathrm{ie}}\sin L & 0 & -\dfrac{V_{\mathrm{E}}}{\left(R_{\mathrm{N}}+h\right)^2}\\ \omega_{\mathrm{ie}}\cos L+\dfrac{V_{\mathrm{E}}\sec^2 L}{R_{\mathrm{N}}+h} & 0 & -\dfrac{V_{\mathrm{E}}\tan L}{\left(R_{\mathrm{N}}+h\right)^2}\end{bmatrix} \tag{6.23}$$

$$\boldsymbol{\varphi}_{32}=\begin{bmatrix}0 & -\dfrac{1}{R_{\mathrm{M}}+h} & 0\\ \dfrac{1}{R_{\mathrm{N}}+h} & 0 & 0\\ \dfrac{\tan L}{R_{\mathrm{N}}+h} & 0 & 0\end{bmatrix} \tag{6.24}$$

$$\boldsymbol{\varphi}_{33}=\begin{bmatrix}0 & \omega_{\mathrm{ie}}\sin L+\dfrac{V_{\mathrm{E}}\tan L}{R_{\mathrm{N}}+h} & -\left(\omega_{\mathrm{ie}}\cos L+\dfrac{V_{\mathrm{E}}}{R_{\mathrm{N}}+h}\right)\\ -\left(\omega_{\mathrm{ie}}\sin L+\dfrac{V_{\mathrm{E}}\tan L}{R_{\mathrm{N}}+h}\right) & 0 & -\dfrac{V_{\mathrm{N}}}{R_{\mathrm{M}}+h}\\ \omega_{\mathrm{ie}}\cos L+\dfrac{V_{\mathrm{E}}}{R_{\mathrm{N}}+h} & \dfrac{V_{\mathrm{N}}}{R_{\mathrm{M}}+h} & 0\end{bmatrix} \tag{6.25}$$

$$\boldsymbol{\varphi}_{34}=\begin{bmatrix}-\boldsymbol{C}_{\mathrm{b}}^{\mathrm{n}} & \boldsymbol{0}_{3\times 3}\end{bmatrix} \tag{6.26}$$

$$\boldsymbol{\varphi}_{44}=\mathrm{diag}(-\alpha,-\alpha,-\alpha,-\beta,-\beta,-\beta) \tag{6.27}$$

6.2.2 惯性/超短基线组合导航系统量测方程

超短基线水声定位系统输出的是位置信息，用超短基线水声定位系统与捷联式惯性导航系统解算应答器在导航坐标系下的位置信息之差作为量测值，推导如下。

超短基线水声定位系统解算的应答器在导航坐标系下的位置信息为

$$\boldsymbol{B}_{\mathrm{r}}=\boldsymbol{C}_{\mathrm{e}}^{\mathrm{n}}(\boldsymbol{s}-\boldsymbol{p})+\boldsymbol{n}_{\mathrm{r}} \tag{6.28}$$

式中，$\boldsymbol{s}$ 为应答器在地球坐标系下的位置坐标；$\boldsymbol{p}$ 为超短基线所确定的地球坐标系下载体的位置坐标；$\boldsymbol{n}_{\mathrm{r}}$ 代表相对位置量测噪声。

利用捷联式惯性导航系统的先验估计 $\boldsymbol{C}_{\mathrm{e}}^{\mathrm{p}}$ 和 $\hat{\boldsymbol{p}}$，可以计算出捷联式惯性导航系统输出的应答器在导航坐标系下的位置坐标：

$$\hat{\boldsymbol{B}}_{\mathrm{r}}=\boldsymbol{C}_{\mathrm{e}}^{\mathrm{p}}\left(\boldsymbol{s}-\hat{\boldsymbol{p}}\right) \tag{6.29}$$

式中，$\hat{\boldsymbol{p}}$ 为捷联式惯性导航系统解算出的地球坐标系下载体的位置坐标。

由捷联式惯性导航系统的误差方程可知

$$\begin{gathered}\delta\boldsymbol{p}=\hat{\boldsymbol{p}}-\boldsymbol{p}\\ \boldsymbol{C}_{\mathrm{e}}^{\mathrm{p}}\left(\boldsymbol{C}_{\mathrm{e}}^{\mathrm{n}}\right)^{\mathrm{T}}=\boldsymbol{C}_{\mathrm{n}}^{\mathrm{p}}=\begin{bmatrix}1 & \phi_z & -\phi_y\\ -\phi_z & 1 & \phi_x\\ \phi_y & -\phi_x & 1\end{bmatrix}=\boldsymbol{I}_{3\times 3}-[\boldsymbol{\phi}\times]\end{gathered} \tag{6.30}$$

经推导可得

$$\boldsymbol{Z}=\hat{\boldsymbol{B}}_{\mathrm{r}}-\boldsymbol{B}_{\mathrm{r}}=-\boldsymbol{C}_{\mathrm{e}}^{\mathrm{p}}\delta\boldsymbol{p}-[\boldsymbol{B}_{\mathrm{r}}\times]\boldsymbol{\phi}+\boldsymbol{n}_{\mathrm{r}} \tag{6.31}$$

$$\delta \boldsymbol{p}=\begin{bmatrix}\delta x\\ \delta y\\ \delta z\end{bmatrix}=\begin{bmatrix}-(R_{\mathrm{N}}+h)\sin L\cos\lambda & -(R_{\mathrm{N}}+h)\sin L\cos\lambda & \cos L\cos\lambda\\ -(R_{\mathrm{N}}+h)\sin L\sin\lambda & (R_{\mathrm{N}}+h)\cos L\cos\lambda & \cos L\sin\lambda\\ \left[R_{\mathrm{N}}(1-e^2)+h\right]\cos L & 0 & \sin L\end{bmatrix}\begin{bmatrix}\delta L\\ \delta\lambda\\ \delta h\end{bmatrix}=\boldsymbol{A}\begin{bmatrix}\delta L\\ \delta\lambda\\ \delta h\end{bmatrix} \tag{6.32}$$

式中，$(x,y,z)^{\mathrm{T}}$ 为地球直角坐标系下载体的坐标；$\boldsymbol{p}=(L,\lambda,h)^{\mathrm{T}}$ 为地球坐标系下载体的坐标。δ 符号代表其误差量，即定位误差。由于误差方程状态量为纬度误差、经度误差和高度误差，所以将其进行转换；$\boldsymbol{A}$ 为其两种位置误差量的转换矩阵。

利用式（6.32）进行坐标转换，则式（6.32）可以写为

$$\begin{aligned}\boldsymbol{Z}(t)&=\boldsymbol{H}(t)\boldsymbol{X}(t)+\boldsymbol{V}(t)\\ &=[-\boldsymbol{C}_{\mathrm{e}}^{\mathrm{p}}\boldsymbol{A}\ \ -[\boldsymbol{B}_{\mathrm{r}}\times]]\begin{bmatrix}\delta\boldsymbol{p}\\ \boldsymbol{\phi}\end{bmatrix}+\boldsymbol{n}_{\mathrm{r}}\end{aligned} \tag{6.33}$$

状态量为

$$\boldsymbol{X}=[\delta L,\delta\lambda,\delta h,\delta V_{\mathrm{E}},\delta V_{\mathrm{N}},\delta V_{\mathrm{U}},\phi_{\mathrm{E}},\phi_{\mathrm{N}},\phi_{\mathrm{U}},\varepsilon_x,\varepsilon_y,\varepsilon_z]^{\mathrm{T}} \tag{6.34}$$

量测矩阵为

$$\boldsymbol{H}(t)=[-\boldsymbol{C}_{\mathrm{e}}^{\mathrm{p}}\boldsymbol{A}\ \ \boldsymbol{0}_{3\times3}\ \ -[\boldsymbol{B}_{\mathrm{r}}\times]\ \ \boldsymbol{0}_{3\times6}]\in\boldsymbol{R}^{3\times15} \tag{6.35}$$

量测噪声为

$$\boldsymbol{V}(t)=\begin{bmatrix}\boldsymbol{n}_{\mathrm{r}x}\\ \boldsymbol{n}_{\mathrm{r}y}\\ \boldsymbol{n}_{\mathrm{r}z}\end{bmatrix}\in\boldsymbol{R}^{3\times1} \tag{6.36}$$

6.3　基于卡尔曼滤波的惯性/多普勒组合导航系统

6.3.1　惯性/多普勒组合导航系统状态方程

惯性/多普勒组合导航系统方面的相关研究比较成熟，状态方程除了惯性导航系统的误差方程，还加入了多普勒的测量误差：速度误差 δv_{d}、偏流角误差 $\delta\Delta$ 和刻度系数误差 δc，用一阶马尔可夫过程表示为

$$\begin{aligned}\delta\dot{v}_{\mathrm{d}}&=-\beta_{\mathrm{d}}\delta v_{\mathrm{d}}+\omega_{\mathrm{d}}\\ \delta\dot{\Delta}&=-\beta_{\mathrm{d}}\delta\Delta+\omega_{\Delta}\\ \delta\dot{c}&=0\end{aligned} \tag{6.37}$$

则状态方程中系统矩阵为

$$\boldsymbol{F}(t)=\begin{bmatrix}\boldsymbol{F}_{\mathrm{SINS}}(t)_{12\times12} & \boldsymbol{0}_{12\times3}\\ \boldsymbol{0}_{3\times12} & \boldsymbol{F}_{\mathrm{DVL}}(t)_{3\times3}\end{bmatrix} \tag{6.38}$$

式中，$\boldsymbol{F}_{\mathrm{DVL}}(t)=\begin{bmatrix}-\beta_{\mathrm{d}} & 0 & 0\\ 0 & -\beta_{\Delta} & 0\\ 0 & 0 & 0\end{bmatrix}$。

6.3.2 惯性/多普勒组合导航量测方程

多普勒计程仪的量测方程如下：

$$\boldsymbol{Z}(t)=\boldsymbol{H}(t)\boldsymbol{X}(t)+\boldsymbol{V}(t) \tag{6.39}$$

式中，量测矩阵为

$$\boldsymbol{H}(t)=\begin{bmatrix}0&0&1&0&0&0&0&0&0&0&0&0&0&0\\0&0&0&1&0&0&0&0&0&0&0&0&0&0\end{bmatrix} \tag{6.40}$$

郝燕玲，女，哈尔滨工程大学教授、博士生导师，我国海洋运载器组合导航系统开创者之一。她主持研究的海洋运载器组合导航系统及设备代表了我国该领域的技术水平，该项研究实现了舰船导航系统信息化、数字化，达到了国际先进水平；她主持的导航制导与控制二级学科是我国唯一全面系统地开展海洋运载器导航定位与控制技术研究的国家重点学科，成为解决海洋运载器导航定位与控制重大关键技术问题和人才培养的基地；她主持研制的机电一体化智能航迹仪，改变了传统的航海作业模式，提高了安全性和自动化程度；她研制的电子海图应用了系统、海洋环境信息处理装备，集气象水文、海洋环境地理信息于一体，提高了系统的可靠性、安全性、实时性和准确性。郝燕玲教授曾任某新型常规潜艇综合导航系统副主任设计师，负责系统技术工作。该系统交付部队，被评价为“国内最先进、可靠顶用的新一代潜用综合导航系统”。新时代我们要以郝燕玲教授为榜样，学习她以祖国需要为第一需要，热爱祖国、恪尽职守、为国家培养凝聚人才的高尚风范，学习她创新创造、勇追国际前沿科技的可贵担当，学习她勤奋拼搏、为实现强国梦强军梦鞠躬尽瘁的崇高精神。

习题 6

1．简述航位推算基本原理。

2．影响多普勒计程仪测量精度的因素有哪些？

3．采用航位推算导航法时，系统误差主要是由多普勒计程仪测量误差还是姿态角度传感器角度测量误差引起的？

4．简述惯性/超短基线组合导航系统状态方程与量测方程的构建过程。

5．简述惯性/多普勒组合导航系统状态方程与量测方程的构建过程。

第 7 章

同步定位与地图构建

经过多年来的发展与完善，目前同步定位与地图构建（SLAM）算法已经延伸到水下导航系统。其主要思想是当载体在水下陌生环境中航行时，多次沿着固定航线，用自身携带的导航设备获取特征目标物的轮廓、方位与距离信息，并通过位置估计获得自身在海底的位置或运行轨迹，实现同步定位与构图。本章介绍 SLAM 算法的基本原理和数据关联 MDA 改进方法，给出区域探索和航渡仿真实例。通过对本章的学习，读者应掌握应用 SLAM 的基本原理、方法步骤和实现途径，了解 SLAM 在水下导航中的应用。

知识目标

1. 理解和掌握 SLAM 的基本原理。
2. 理解数据关联方法。
3. 了解 SLAM 的应用领域。

能力目标

1. 根据基本原理，编写 SLAM 的卡尔曼滤波算法伪码。
2. 能设计典型数据关联方法的算法伪码。

课程思政与职业素养

1. 场景引入：鉴于我国在潜水器 SLAM 导航定位的迫切需求和严峻形势，要求我们成立更多的 SLAM 研究小组，加强基础科研力度，推进 SLAM 向航空航天和水下复杂环境下的导航应用。挖掘我国科技工作者在 SLAM 领域取得一次次突破背后的感人故事，使学生认识到我国虽然起步较晚，基础薄弱，长期被欧美垄断，但国内有一批拥有坚定信念、刻苦钻研的专家学者和科技人员，通过一次次的科技攻关和技术突破推动着我国 SLAM 技术的不断进步，激发学生的家国情怀和奋斗精神。

2. 工程科技伦理：无人驾驶的最初目的是极大地降低甚至消除交通事故率。因为人工智能可以完美处理运作，所以自动驾驶被认为比人类驾驶员更靠谱。但在美国佛罗里达州的高速公路上，一辆特斯拉 Model S 在自动驾驶模式下，直接从侧面穿进大卡车的底部，挡风玻璃全部破碎，造成 40 岁驾驶员当场死亡。因为厂商宣传的各种安全性能提升，驾驶员的警惕性下降，驾驶变得松懈，甚至操作更加大胆。

3. 无论是视觉SLAM、视觉惯导SLAM、还是其他多传感信息融合SLAM，相关理论目前都已经发展到了一定的成熟度。SLAM近年来之所以被广泛关注，是因为它已经在某些领域得到了应用，如AR领域，Google和苹果分别推出的ARCore和ARKit。另外，SLAM技术也被应用于自动驾驶领域。因此，SLAM的相关理论虽然已经发展得比较成熟。但是在实际应用中，问题还相当复杂，很多工程实际中的系统需要进行优化和打磨。在具体应用场景里面，首要的是把目标应用搞清楚，然后把后面的问题挖掘好，再去研究如何改进这个SLAM系统，如何把挖掘到的问题解决好。以问题为导向，可以更好地解决工程实际的问题。

7.1 概述

地球物理导航方法中的重力、地形、地磁辅助导航方法均是基于先验环境信息图而建立起来的，如果没有先验环境信息图的参与，这些导航方法将无法实现。建立全球高精度重力数据库是一项十分浩大的工程。除此之外，上述三种辅助导航方式还有另外一个共同的不足，即这些导航方式是否可以应用，这在很大程度上取决于局部地球物理场变化的剧烈程度。在一片毫无特征或变化非常平缓的重力场区域，要使用重力辅助导航方法来降低惯性导航系统的误差是十分困难的。但是，若此时水下环境中存在一些明显的静止物体，如珊瑚礁、水下建筑、失事船等，则可将这些显而易见的物体提取为二维点特征，将这些二维点特征在全局坐标系下的位置作为“路标”，构成一幅可描述当前水下环境的“特征地图”。SLAM算法可以在构造这种“特征地图”的同时实现对水下载体的辅助定位，因此可作为重力辅助惯性导航系统无法应用时的补充方法。

本章着重介绍基于环境特征的水下SLAM算法，讨论其在非线性情况下的建模与执行过程，并利用仿真试验验证算法对载体位置误差修正的有效性。针对现有SLAM算法的数据关联方法在关联准确度或计算复杂度上的不足，提出了一种改进的数据关联方法，以获得更好的关联效果。

移动机器人的定位和地图创建是机器人领域的热点研究问题。在很多环境中，载体不能利用全局定位系统进行定位，而且事先获取载体工作环境的地图十分困难，甚至是不可能的，这时就需要使用SLAM算法。在SLAM算法中，移动载体利用自身携带的传感器识别未知环境中的环境特征，根据载体与环境特征之间的相对位置和里程计的度量估计载体和环境特征的全局坐标。这是一种在线的SLAM算法，它需要载体与环境特征之间详细的信息。近年来，SLAM算法渐渐受到重视，并已经在室内环境、室外环境、水下环境和航空环境等展开了研究。

7.2 SLAM算法

7.2.1 系统模型的建立

本节讨论SLAM算法系统模型的具体形式，包括载体状态模型、特征模型、观测模型及系统矢量。在这里，认为这些模型均是线性的。虽然实际中的系统往往并非如此，但是由于非线性系统可以进行线性化近似，所以这种线性假设并不影响算法的分析结果。

1．载体状态模型

载体状态模型的通用形式为

$$\boldsymbol{x}_{\mathrm{v}}(k+1)=\boldsymbol{F}_{\mathrm{v}}[\boldsymbol{x}_{\mathrm{v}}(k),\boldsymbol{u}_{\mathrm{v}}(k+1),k+1]+\boldsymbol{v}_{\mathrm{v}}(k+1) \tag{7.1}$$

载体状态矢量 $\boldsymbol{x}_{\mathrm{v}}(k)$ 可以包含载体的任何参数，如速度、加速度等，它唯一地确定了载体在 k 时刻的状态。$\boldsymbol{u}_{\mathrm{v}}(k)$ 是控制输入； $\boldsymbol{F}_{\mathrm{v}}$ 是状态转换模型。在线性时不变条件下，载体状态模型可改写为

$$\boldsymbol{x}_{\mathrm{v}}(k+1)=\boldsymbol{F}_{\mathrm{v}}\boldsymbol{x}_{\mathrm{v}}(k)+\boldsymbol{u}_{\mathrm{v}}(k+1)+\boldsymbol{v}_{\mathrm{v}}(k+1) \tag{7.2}$$

式中， $\boldsymbol{v}_{\mathrm{v}}(k)$ 是时间不相关的过程噪声随机矢量，从卡尔曼滤波的角度考虑，设其均值为零，协方差为 $\boldsymbol{Q}_{\mathrm{v}}(k)$ ，即

$$E[\boldsymbol{v}_{\mathrm{v}}]=0 \tag{7.3}$$

$$E[\boldsymbol{v}_{\mathrm{v}}(i)\boldsymbol{v}_{\mathrm{v}}(j)^{\mathrm{T}}]=\begin{cases}\boldsymbol{Q}_{\mathrm{v}}(k), & i=j=k\\ 0, & \text{其他}\end{cases} \tag{7.4}$$

2．特征模型

人们日常生活中使用的地图大多是用一些显著的人工建筑物、山川、河流、街道等来表示的，与之相同，在浩瀚的海洋中，也可以使用那些可见的特征性物体来构成一幅水下海洋环境的“特征地图”。

通常要求特征是环境中静止的、显而易见的物体，且必须在一段时间内能被传感器重复、可靠地观测到，水下环境中的管道连接处、珊瑚礁、水下建筑、失事船等都可以作为特征。具有哪些属性的物体可以作为特征是由测量这些特征的传感器的性质决定的。

用矢量 $\boldsymbol{p}_i$ 来表示第 i 个特征， $\boldsymbol{p}_i$ 中的元素可以是特征的位置或其他特性，如大小、形状等。本节采用最简单的模型，即假设特征是二维环境下的静止的点状物体，这样就可以简单地用直角坐标系中的位置将其表示为

$$\boldsymbol{p}_i=\begin{bmatrix}x_i\\ y_i\end{bmatrix} \tag{7.5}$$

则第 i 个特征的线性离散时间模型可以写为

$$\boldsymbol{p}_i(k+1)=\boldsymbol{p}_i(k)=\boldsymbol{p}_i,\qquad i=1,2,\cdots,N \tag{7.6}$$

3．观测模型

载体上配备测量传感器，利用测量传感器可以获得特征和载体之间相对位置关系的量测值。第 i 个特征的通用观测模型为

$$\boldsymbol{z}_i(k)=\boldsymbol{H}_i[\boldsymbol{x}_{\mathrm{v}}(k),\boldsymbol{p}_i,k]+\boldsymbol{\omega}_i(k) \tag{7.7}$$

式中， $\boldsymbol{z}_i(k)$ 是 k 时刻特征 $\boldsymbol{p}_i$ 相对载体位置 $\boldsymbol{x}_{\mathrm{v}}(k)$ 的量测值； $\boldsymbol{\omega}_i(k)$ 是时间不相关的观测误差矢量，均值为零，协方差为 $\boldsymbol{R}_i(k)$ ，即

$$E[\boldsymbol{\omega}_i]=0 \tag{7.8}$$

$$E\left[\boldsymbol{\omega}_i(i)\boldsymbol{\omega}_i(j)^{\mathrm{T}}\right]=\begin{cases}\boldsymbol{R}_i(k), & i=j=k\\ 0, & 其他\end{cases} \tag{7.9}$$

若认为量测是线性同步的，则第 i 个特征的量测方程可写成以下形式：

$$\boldsymbol{z}_i(k)=\boldsymbol{H}_i\boldsymbol{x}_{\mathrm{a}}(k)+\boldsymbol{\omega}_i(k)=\boldsymbol{H}_{pi}\boldsymbol{p}_i-\boldsymbol{H}_{\mathrm{v}}x_{\mathrm{v}}(k)+\boldsymbol{\omega}_i(k) \tag{7.10}$$

式中，第 i 个特征的量测模型为

$$\boldsymbol{H}_i=\begin{bmatrix}-\boldsymbol{H}_{\mathrm{v}} & \cdots & 0 & \cdots & \boldsymbol{H}_{pi} & \cdots & 0 & \cdots\end{bmatrix}=\begin{bmatrix}-\boldsymbol{H}_{\mathrm{v}} & \boldsymbol{H}_{mi}\end{bmatrix} \tag{7.11}$$

它反映了量测是载体和特征之间的“相对”关系。这种相对关系通常用相对位置或相对距离和方位的形式来表达。

4．系统矢量

为实现载体的 SLAM，使载体状态（如位置、方位等）与特征状态相关，在载体状态矢量和特征矢量的基础上，定义了一个增广状态，它同时包含载体状态和特征状态。这个状态矢量可用 $\boldsymbol{x}_{\mathrm{a}}$ 表示为

$$\boldsymbol{x}_{\mathrm{a}}(k)=\begin{bmatrix}\boldsymbol{x}_{\mathrm{v}}(k)\\ \boldsymbol{p}_1\\ \vdots\\ \boldsymbol{p}_N\end{bmatrix} \tag{7.12}$$

其协方差为

$$\begin{aligned}\boldsymbol{P}_{\mathrm{a}}(i|j)&=E\left\{\tilde{\boldsymbol{x}}_{\mathrm{a}}(i|j)\tilde{\boldsymbol{x}}_{\mathrm{a}}^{\mathrm{T}}(i|j)\middle|\boldsymbol{Z}^j\right\}\\ &=E\left\{\begin{bmatrix}\tilde{\boldsymbol{x}}_{\mathrm{v}}(i|j)\\ \tilde{\boldsymbol{p}}_1(i|j)\\ \vdots\\ \tilde{\boldsymbol{p}}_N(i|j)\end{bmatrix}\begin{bmatrix}\tilde{\boldsymbol{x}}_{\mathrm{v}}^{\mathrm{T}}(i|j) & \tilde{\boldsymbol{p}}_1^{\mathrm{T}}(i|j) & \cdots & \tilde{\boldsymbol{p}}_N^{\mathrm{T}}(i|j)\end{bmatrix}\middle|\boldsymbol{Z}^j\right\}\\ &=\left[\begin{array}{c|ccc}\boldsymbol{P}_{\mathrm{vv}}(i|j) & \boldsymbol{P}_{\mathrm{v1}}(i|j) & \cdots & \boldsymbol{P}_{\mathrm{v}N}(i|j)\\ \hline \boldsymbol{P}_{\mathrm{v1}}^{\mathrm{T}}(i|j) & \boldsymbol{P}_{11}(i|j) & \cdots & \boldsymbol{P}_{1N}(i|j)\\ \vdots & \vdots & & \vdots\\ \boldsymbol{P}_{\mathrm{v}N}^{\mathrm{T}}(i|j) & \boldsymbol{P}_{1N}^{\mathrm{T}}(i|j) & \cdots & \boldsymbol{P}_{NN}(i|j)\end{array}\right]\end{aligned} \tag{7.13}$$

式中，$\boldsymbol{P}_{\mathrm{vv}}$ 是载体协方差子矩阵；$\boldsymbol{P}_{\mathrm{v}i}$ 是第 i 个特征和载体之间的协方差；$\boldsymbol{P}_{ij}$ 是第 i 个和第 j 个特征之间的协方差。式（7.13）中的分隔线使得右下分块矩阵是地图协方差矩阵 $\boldsymbol{P}_{\mathrm{mm}}$，故可用分块矩阵将系统状态协方差矩阵表示为

$$\boldsymbol{P}_{\mathrm{a}}(i|j)=\left[\begin{array}{c|c}\boldsymbol{P}_{\mathrm{vv}}(i|j) & \boldsymbol{P}_{\mathrm{vm}}(i|j)\\ \hline \boldsymbol{P}_{\mathrm{vm}}^{\mathrm{T}}(i|j) & \boldsymbol{P}_{\mathrm{mm}}(i|j)\end{array}\right] \tag{7.14}$$

7.2.2　定位与构图

SLAM 算法要解决的问题是使一个运动状态模型已知的载体，从一个已知位置出发，在一个分布有许多特征的环境中运动，载体在运动过程中通过自身携带的传感器采集环境信息来感知环境，据此完成载体和特征的同时定位。

由式（7.15）和式（7.16）可知，系统状态转换模型为

$$\boldsymbol{x}_{\mathrm{a}}(k+1)=\boldsymbol{F}_{\mathrm{v}}(k)\boldsymbol{x}_{\mathrm{a}}(k)+\boldsymbol{u}_{\mathrm{v}}(k+1)+\boldsymbol{v}_{\mathrm{v}}(k+1) \tag{7.15}$$

即

$$\begin{bmatrix}\boldsymbol{x}_{\mathrm{v}}\\ \boldsymbol{p}_1\\ \vdots\\ \boldsymbol{p}_N\end{bmatrix}=\begin{bmatrix}\boldsymbol{F}_{\mathrm{v}}(k) & 0 & \cdots & 0\\ 0 & \boldsymbol{I}_{p1} & \cdots & 0\\ \vdots & \vdots & & \vdots\\ 0 & 0 & \cdots & \boldsymbol{I}_{pN}\end{bmatrix}\begin{bmatrix}\boldsymbol{x}_{\mathrm{v}}(k)\\ \boldsymbol{p}_1\\ \vdots\\ \boldsymbol{p}_N\end{bmatrix}+\begin{bmatrix}\boldsymbol{u}_{\mathrm{v}}(k+1)\\ \boldsymbol{0}_{p1}\\ \vdots\\ \boldsymbol{0}_{pN}\end{bmatrix}+\begin{bmatrix}\boldsymbol{v}_{\mathrm{v}}(k+1)\\ \boldsymbol{0}_{p1}\\ \vdots\\ \boldsymbol{0}_{pN}\end{bmatrix} \tag{7.16}$$

式中，$\boldsymbol{I}_{pi}$ 代表行数与矢量 $\boldsymbol{p}_i$ 的维数相同的单位矩阵；$\boldsymbol{0}_{pi}$ 代表零矩阵。

若已知 k 时刻的状态估计 $\hat{\boldsymbol{x}}_{\mathrm{a}}(k|k)$，则可利用式（7.15）得到 λ 时刻的预测状态 $\hat{\boldsymbol{x}}_{\mathrm{a}}(k+1|k)$ 和预测协方差 $\boldsymbol{P}_{\mathrm{a}}(k+1|k)$ 为

$$\hat{\boldsymbol{x}}_{\mathrm{a}}(k+1|k)=\boldsymbol{F}_{\mathrm{v}}(k)\hat{\boldsymbol{x}}_{\mathrm{a}}(k|k)+\boldsymbol{u}_{\mathrm{v}}(k) \tag{7.17}$$

$$\boldsymbol{P}_{\mathrm{a}}(k+1|k)=\boldsymbol{F}_{\mathrm{v}}(k)\boldsymbol{P}_{\mathrm{a}}(k|k)\boldsymbol{F}_{\mathrm{v}}^{\mathrm{T}}(k)+\boldsymbol{Q}(k) \tag{7.18}$$

设在 $k+1$ 时刻，可获得第 i 个特征的量测 $z_i(k+1)$。利用式（7.10）的观测模型，可得到预测观测 $\hat{z}_i(k+1|k)$、新息 $\boldsymbol{\upsilon}_i(k+1)$ 及相应的新息协方差矩阵为

$$\hat{z}_i(k+1|k)=\boldsymbol{H}_i(k)\hat{\boldsymbol{x}}_{\mathrm{a}}(k+1|k) \tag{7.19}$$

$$\boldsymbol{\upsilon}_i(k+1)=z_i(k+1)-\hat{z}_i(k+1|k) \tag{7-.20}$$

$$\boldsymbol{S}_i(k+1)=\boldsymbol{H}_i(k)\boldsymbol{P}_{\mathrm{a}}(k+1|k)\boldsymbol{H}_i^{\mathrm{T}}(k)+\boldsymbol{R}_i(k+1) \tag{7.21}$$

量测 $z_i(k+1)$ 用来更新状态预测值，形成 $k+1$ 时刻新的状态估计 $\hat{\boldsymbol{x}}_{\mathrm{a}}(k+1|k+1)$ 和估计协方差 $\boldsymbol{P}_{\mathrm{a}}(k+1|k+1)$：

$$\hat{\boldsymbol{x}}_{\mathrm{a}}(k+1|k+1)=\hat{\boldsymbol{x}}_{\mathrm{a}}(k+1|k)+\boldsymbol{W}_i(k+1)\boldsymbol{\upsilon}_i(k+1) \tag{7.22}$$

$$\boldsymbol{P}_{\mathrm{a}}(k+1|k+1)=\boldsymbol{P}_{\mathrm{a}}(k+1|k)-\boldsymbol{W}_i(k+1)\boldsymbol{S}_i(k+1)\boldsymbol{W}_i^{\mathrm{T}}(k+1) \tag{7.23}$$

增益矩阵 $\boldsymbol{W}_i(k+1)$ 为

$$\boldsymbol{W}_i(k+1)=\boldsymbol{P}_{\mathrm{a}}(k+1|k)\boldsymbol{H}_i^{\mathrm{T}}(k)\boldsymbol{S}_i^{-1}(k+1) \tag{7.24}$$

7.3　非线性系统建模与执行过程

为了对非线性状态方程和观测方程下的系统进行仿真，本节给出了使用特征地图、基于扩

展卡尔曼滤波器（EKF）的 SLAM 基本方程。因为时刻顺序很明显，故下文中省略了当前估计时刻的标注。

通常意义下的定位指的是载体经纬度坐标的确定，对于水下航行器，位置信息一般包括下潜深度，而这种定位估计与使用的传感器及其观测值类型有很大关系。为了使建模能更普遍地说明问题，仅提取经纬度和航向信息作为潜器状态，且不指定特定的测量传感器，认为获得的观测值为大多数传感器都易于提取的物体相对载体的距离和方位信息。

7.3.1 系统各状态矢量

载体状态用它在直角坐标系下 x 方向的位置分量、y 方向的位置分量及航向表示，其估计均值和方差分别定义为

$$\hat{\boldsymbol{X}}_{\mathrm{v}} = [\hat{x}_{\mathrm{v}} \quad \hat{y}_{\mathrm{v}} \quad \hat{\varphi}_{\mathrm{v}}]^{\mathrm{T}} \tag{7.25}$$

$$\boldsymbol{P}_{\mathrm{v}} = \begin{bmatrix} \sigma^2_{x_{\mathrm{v}}x_{\mathrm{v}}} & \sigma^2_{x_{\mathrm{v}}y_{\mathrm{v}}} & \sigma^2_{x_{\mathrm{v}}\varphi_{\mathrm{v}}} \\ \sigma^2_{x_{\mathrm{v}}y_{\mathrm{v}}} & \sigma^2_{y_{\mathrm{v}}y_{\mathrm{v}}} & \sigma^2_{y_{\mathrm{v}}\varphi_{\mathrm{v}}} \\ \sigma^2_{x_{\mathrm{v}}\varphi_{\mathrm{v}}} & \sigma^2_{y_{\mathrm{v}}\varphi_{\mathrm{v}}} & \sigma^2_{\varphi_{\mathrm{v}}\varphi_{\mathrm{v}}} \end{bmatrix} \tag{7.26}$$

设载体观测到的特征均为静止的二维点特征，并用这些二维点特征在同一个坐标系下的位置来生成地图。地图协方差矩阵 $\boldsymbol{P}_{\mathrm{m}}$ 的非对角线项包含了特征间的相关信息，即每个特征与地图中其他特征的信息的相关性。因为认为所有特征都是静止的，其位置不发生改变，所以地图特征之间的相关性会随着一次又一次的观测而增加，从而使特征表示的地图变得越来越精确。

用 $(\hat{x}_n, \hat{y}_n)^{\mathrm{T}}$ 代表第 n 个特征在绝对坐标系下的位置，则地图矢量可表示为

$$\hat{\boldsymbol{X}}_{\mathrm{m}} = [\hat{x}_1 \quad \hat{y}_1 \quad \cdots \quad \hat{x}_n \quad \hat{y}_n]^{\mathrm{T}} \tag{7.27}$$

该矢量维数可随着新特征的加入进行扩充。其协方差为

$$\boldsymbol{P}_{\mathrm{m}} = \begin{bmatrix} \sigma^2_{x_1x_1} & \sigma^2_{x_1y_1} & \cdots & \sigma^2_{x_1x_n} & \sigma^2_{x_1y_n} \\ \sigma^2_{x_1y_1} & \sigma^2_{y_1y_1} & \cdots & \sigma^2_{y_1x_n} & \sigma^2_{y_1y_n} \\ \vdots & \vdots & & \vdots & \vdots \\ \sigma^2_{x_1x_n} & \sigma^2_{y_1x_n} & \cdots & \sigma^2_{x_nx_n} & \sigma^2_{x_ny_n} \\ \sigma^2_{x_1y_n} & \sigma^2_{y_1y_n} & \cdots & \sigma^2_{x_ny_n} & \sigma^2_{y_ny_n} \end{bmatrix} \tag{7.28}$$

系统状态矢量为

$$\hat{\boldsymbol{X}}_{\mathrm{a}} = \begin{bmatrix} \hat{\boldsymbol{X}}_{\mathrm{v}} \\ \hat{\boldsymbol{X}}_{\mathrm{m}} \end{bmatrix} \tag{7.29}$$

系统状态协方差为

$$\boldsymbol{P}_{\mathrm{a}} = \begin{bmatrix} \boldsymbol{P}_{\mathrm{v}} & \boldsymbol{P}_{\mathrm{vm}} \\ \boldsymbol{P}_{\mathrm{vm}}^{\mathrm{T}} & \boldsymbol{P}_{\mathrm{m}} \end{bmatrix} \tag{7.30}$$

SLAM 算法的系统状态矢量由载体状态和特征地图状态组成，维数可扩展。系统状态矢量的协方差包含载体和地图间的协方差 $\boldsymbol{P}_{\mathrm{vm}}$，从而使算法收敛。SLAM 问题得到的地图具有三个重要特性：①随着观测的进行，地图协方差矩阵的任何子矩阵的行列式单调减小；②极限时，随着观测次数的增加，特征估计之间变得全相关；③极限时，任何特征位置估计的协方差仅由潜器位置估计的初始协方差决定。

7.3.2　SLAM 算法执行总过程

系统中共有两个坐标系：绝对坐标系和载体坐标系。载体坐标系以当前载体位置为中心，以当前航向 φ 所在方向为 x 轴。在两个坐标系下的变量关系如图 7.1 所示。

基于 EKF 的 SLAM 算法的执行总过程大体可以分为三个阶段：预测、观测和更新。首先将载体姿态和地图特征存储在一个独立的状态矢量中，然后通过先预测再观测的迭代递推过程来估计系统状态，实现对载体的定位和特征地图的创建。

预测通常是利用自身携带的陀螺仪等仪器对当前时刻载体的姿态进行推位，由于推位的精度一般很低，所以在预测阶段，载体姿态估计 $(x_{\mathrm{v}}, y_{\mathrm{v}}, \varphi_{\mathrm{v}})$ 的误差会有所增加。在观测（或更新）阶段，利用测量传感器如声呐、水下照相机等成像仪器感知周围环境，对载体周围环境中的特征进行再次观测，得到载体坐标系下表示特征与载体相对位置的量测值 (r_1, θ_1)、(r_2, θ_2) 等，利用载体当前的估计位置，将地图中的特征与量测值转换到同一个坐标系下，如图 7.1 所示，通过数据关联过程确定量测值 (r_1, θ_1)、(r_2, θ_2) 与特征 (x_1, y_1)、(x_2, y_2) 的一一对应关系，将二者的位置偏差作为观测值，经过 EKF 处理后，可以同时改善载体和特征的状态估计。基于 EKF 的 SLAM 算法原理及概要流程如图 7.2 所示。

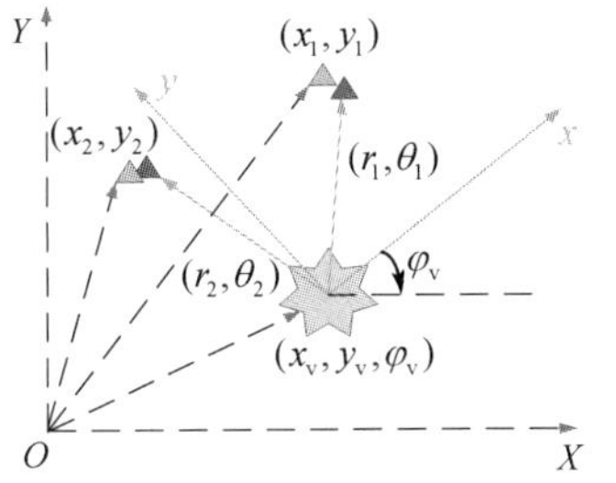

图 7.1　绝对坐标系和载体坐标系下的变量关系

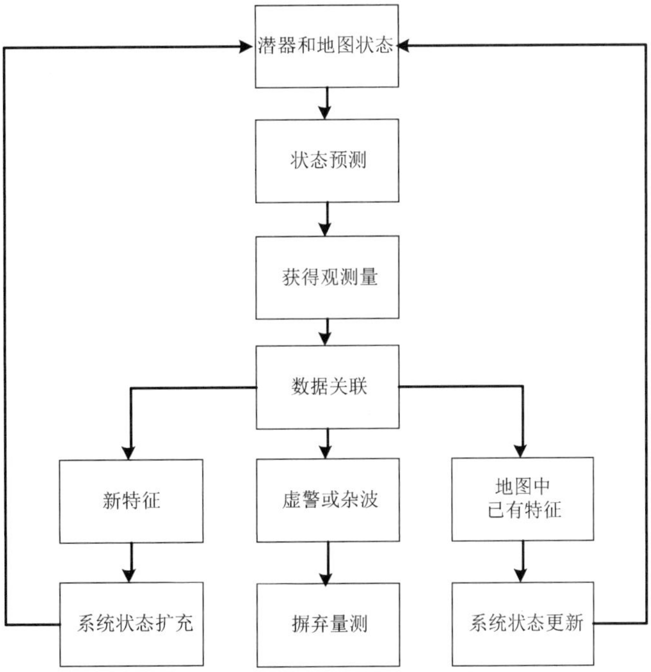

图 7.2　基于 EKF 的 SLAM 算法原理及概要流程

传感器每次接收来自多个特征的量测，这些量测有三种可能产生途径：①地图中已有特征；②从未观测过的新特征；③虚警或杂波。为了完成载体状态和地图状态矢量的同时估计，必须建立量测与产生量测的特征之间的正确对应关系，这一过程被称为数据关联。

传感器每次接收的量测经过数据关联环节确定其来源后，根据产生途径的不同采取不同措施处理：地图中已有特征产生的量测用于更新载体和地图中已有特征的位置；新特征的量测用于扩充系统状态矢量，向地图中加入新特征以扩展地图；虚警或杂波量测则直接摒弃。

7.3.3 预测阶段

SLAM 过程模型首先要求载体依据当前时刻相对前一时刻的姿态改变量，在前一时刻的位置基础上推算载体当前的状态。在此过程中，由于地图特征始终保持静止，故仅对载体状态矢量部分进行操作，特征矢量保持不变。由此可知，预测阶段产生的效果是改变系统状态矢量中的 $\hat{\boldsymbol{X}}_{\mathrm{v}}$ 部分，以及系统协方差矩阵中的 $\boldsymbol{P}_{\mathrm{v}}$ 和 $\boldsymbol{P}_{\mathrm{vm}}$ 项，而 $\hat{\boldsymbol{X}}_{\mathrm{m}}$ 和 $\boldsymbol{P}_{\mathrm{m}}$ 项则保持不变。

设测量得到的载体在当前时刻相对前一时刻的姿态改变量用 $\hat{\boldsymbol{X}}_{\delta}$ 表示，如图 7.3 所示，其元素分别为载体在航向上的距离改变量 $\hat{x}_{\delta}$ 和在把航向逆时针旋转 90° 后的垂直航向方向上的距离改变量 $\hat{y}_{\delta}$，以及航向在逆时针方向上的改变量 $\hat{\varphi}_{\delta}$，即 $\hat{\boldsymbol{X}}_{\delta}=[\hat{x}_{\delta}\quad \hat{y}_{\delta}\quad \hat{\varphi}_{\delta}]^{\mathrm{T}}$。状态改变量对应的协方差记为 $\boldsymbol{P}_{\delta}$。

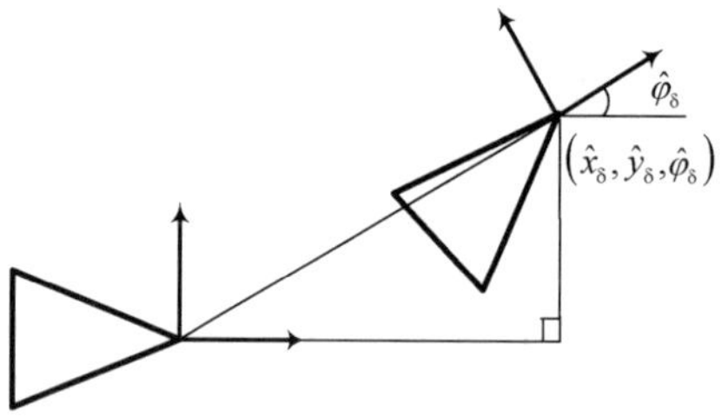

图 7.3 载体坐标系下载体姿态的变化

预测的系统状态为

$$\hat{\boldsymbol{X}}_{\mathrm{a}}^{-}=f(\hat{\boldsymbol{X}}_{\mathrm{a}},\hat{\boldsymbol{X}}_{\delta})=\begin{bmatrix} g(\hat{\boldsymbol{X}}_{\mathrm{v}},\hat{\boldsymbol{X}}_{\delta}) \\ \hat{\boldsymbol{X}}_{\mathrm{m}} \end{bmatrix}=\begin{bmatrix} \hat{x}_{\mathrm{v}}+\hat{x}_{\delta}\cos\hat{\varphi}_{\mathrm{v}}-\hat{y}_{\delta}\sin\hat{\varphi}_{\mathrm{v}} \\ \hat{y}_{\mathrm{v}}+\hat{x}_{\delta}\sin\hat{\varphi}_{\mathrm{v}}+\hat{y}_{\delta}\cos\hat{\varphi}_{\mathrm{v}} \\ \hat{\varphi}_{\mathrm{v}}+\hat{\varphi}_{\delta} \\ \hat{\boldsymbol{X}}_{\mathrm{m}} \end{bmatrix} \tag{7.31}$$

相应的协方差变为

$$\boldsymbol{P}_{\mathrm{a}}^{-}=\boldsymbol{J}\boldsymbol{P}_{\mathrm{a}}\boldsymbol{J}^{\mathrm{T}}+\boldsymbol{Q}\boldsymbol{P}_{\delta}\boldsymbol{Q}^{\mathrm{T}} \tag{7.32}$$

雅可比矩阵 $\boldsymbol{J}$ 和 $\boldsymbol{Q}$ 为

$$\boldsymbol{J}=\left.\frac{\partial f}{\partial \boldsymbol{X}_{\mathrm{a}}}\right|_{(\hat{\boldsymbol{X}}_{\mathrm{a}},\hat{\boldsymbol{X}}_{\delta})}=\begin{bmatrix} \boldsymbol{J}_{\mathrm{v}} & \boldsymbol{0}_{\mathrm{vm}} \\ \boldsymbol{0}_{\mathrm{vm}}^{\mathrm{T}} & \boldsymbol{I}_{\mathrm{m}} \end{bmatrix}_{(\hat{\boldsymbol{X}}_{\mathrm{a}},\hat{\boldsymbol{X}}_{\delta})} \tag{7.33}$$

$$\boldsymbol{Q}=\frac{\partial f}{\partial \boldsymbol{X}_{\delta}}\bigg|_{(\hat{\boldsymbol{x}}_{\mathrm{a}},\hat{\boldsymbol{x}}_{\delta})}=\begin{bmatrix}\boldsymbol{Q}_{\mathrm{v}}\\ \boldsymbol{0}_{\mathrm{vm}}^{\mathrm{T}}\end{bmatrix}_{(\hat{\boldsymbol{x}}_{\mathrm{a}},\hat{\boldsymbol{x}}_{\delta})} \tag{7.34}$$

雅可比矩阵 $\boldsymbol{J}_{\mathrm{v}}$ 和 $\boldsymbol{Q}_{\mathrm{v}}$ 为

$$\boldsymbol{J}_{\mathrm{v}}=\frac{\partial g}{\partial \boldsymbol{X}_{\mathrm{v}}}\bigg|_{(\hat{x}_{\mathrm{v}},\hat{x}_{\delta})}=\begin{bmatrix}1 & 0 & -\hat{x}_{\delta}\sin\hat{\varphi}_{\mathrm{v}}-\hat{y}_{\delta}\cos\hat{\varphi}_{\mathrm{v}}\\ 0 & 1 & \hat{x}_{\delta}\cos\hat{\varphi}_{\mathrm{v}}-\hat{y}_{\delta}\sin\hat{\varphi}_{\mathrm{v}}\\ 0 & 0 & 1\end{bmatrix} \tag{7.35}$$

$$\boldsymbol{Q}_{\mathrm{v}}=\frac{\partial g}{\partial \boldsymbol{X}_{\delta}}\bigg|_{(\hat{x}_{\mathrm{v}},\hat{x}_{\delta})}=\begin{bmatrix}\cos\hat{\varphi}_{\mathrm{v}} & -\sin\hat{\varphi}_{\mathrm{v}} & 0\\ \sin\hat{\varphi}_{\mathrm{v}} & \cos\hat{\varphi}_{\mathrm{v}} & 0\\ 0 & 0 & 1\end{bmatrix} \tag{7.36}$$

预测阶段实际上执行的就是通常意义下的推位，造成载体状态估计误差较大，需要利用特征的观测来更新系统状态矢量，改善载体状态估计。

7.3.4 更新阶段

设当前时刻传感器测量到一个已存储在地图中，估计值为 $(\hat{x}_i,\hat{y}_i)$ 的特征，观测值为

$$\boldsymbol{z}=\begin{bmatrix}r\\ \theta\end{bmatrix} \tag{7.37}$$

$$\boldsymbol{R}=\begin{bmatrix}\sigma_r^2 & \sigma_{r\theta}^2\\ \sigma_{r\theta}^2 & \sigma_\theta^2\end{bmatrix} \tag{7.38}$$

式中，r、θ 分别是载体坐标系下量测相对载体的距离和方位，$\boldsymbol{R}$ 是观测协方差。若一次观测中可以获得 $m(m>1)$ 个观测，则观测值和观测方差可写成如下形式：

$$\boldsymbol{z}=\begin{bmatrix}z_1\\ z_2\\ \vdots\\ z_m\end{bmatrix},\quad \boldsymbol{R}=\begin{bmatrix}R_1 & 0 & \cdots & 0\\ 0 & R_2 & \cdots & 0\\ \vdots & \vdots & & \vdots\\ 0 & 0 & \cdots & R_m\end{bmatrix} \tag{7.39}$$

将地图中的特征 $(\hat{x}_i,\hat{y}_i)$ 通过当前载体位置转换到载体相对坐标系下，变换公式为

$$\hat{z}=h(\hat{\boldsymbol{X}}_{\mathrm{a}}^{-})=\begin{bmatrix}\sqrt{(\hat{x}_i-\hat{x}_{\mathrm{v}})^2+(\hat{y}_i-\hat{y}_{\mathrm{v}})^2}\\ \arctan\left(\dfrac{\hat{y}_i-\hat{y}_{\mathrm{v}}}{\hat{x}_i-\hat{x}_{\mathrm{v}}}\right)-\hat{\varphi}_{\mathrm{v}}\end{bmatrix} \tag{7.40}$$

假设 $\boldsymbol{z}$ 正确关联到了地图特征估计 $(\hat{x}_i,\hat{y}_i)$，卡尔曼滤波器增益 $\boldsymbol{W}$ 可由下式确定：

$$\boldsymbol{\upsilon}=\boldsymbol{z}-h(\hat{\boldsymbol{X}}_{\mathrm{a}}^{-}) \tag{7.41}$$

$$\boldsymbol{S}=\boldsymbol{H}\boldsymbol{P}_{\mathrm{a}}^{-}\boldsymbol{H}^{\mathrm{T}}+\boldsymbol{R} \tag{7.42}$$

$$\boldsymbol{W}=\boldsymbol{P}_{\mathrm{a}}^{-}\boldsymbol{H}^{\mathrm{T}}\boldsymbol{S}^{-1} \tag{7.43}$$

令

$$H_1=\left.\frac{\partial h}{\partial \boldsymbol{X}_{\mathrm{v}}}\right|_{\hat{X}_{\mathrm{a}}^-},\quad H_2=\left.\frac{\partial h}{\partial \boldsymbol{X}_{mi}}\right|_{\hat{X}_{\mathrm{a}}^-} \tag{7.44}$$

则矩阵 $\boldsymbol{H}$ 的表达式为

$$\begin{aligned}\boldsymbol{H}&=\left.\frac{\partial h}{\partial \boldsymbol{X}_{\mathrm{a}}}\right|_{\hat{X}_{\mathrm{a}}^-}=\begin{bmatrix}H_1 & 0_1 & H_2 & 0_2\end{bmatrix}\\&=\begin{bmatrix}-\dfrac{\Delta x}{d} & -\dfrac{\Delta y}{d} & 0 & 0 & \cdots & 0 & \dfrac{\Delta x}{d} & \dfrac{\Delta y}{d} & 0 & \cdots & 0\\ \dfrac{\Delta y}{d^2} & -\dfrac{\Delta x}{d^2} & -1 & 0 & \cdots & 0 & -\dfrac{\Delta y}{d^2} & \dfrac{\Delta x}{d^2} & 0 & \cdots & 0\end{bmatrix}\end{aligned} \tag{7.45}$$

式中

$$\Delta x=\hat{x}_i-\hat{x}_{\mathrm{v}},\quad \Delta y=\hat{y}_i-\hat{y}_{\mathrm{v}} \tag{7.46}$$

$$d=\sqrt{(\hat{x}_i-\hat{x}_{\mathrm{v}})^2+(\hat{y}_i-\hat{y}_{\mathrm{v}})^2} \tag{7.47}$$

对于特征数量很多的 SLAM，雅可比矩阵 $\boldsymbol{H}$ 的大部分项都是 0，使得式（7.42）和式（7.43）的计算成为可能。非零项均位于扩充的状态矢量的潜器状态和被观测的特征状态 $(\hat{x}_i,\hat{y}_i)$ 的位置上。

由此可获得更新后的 SLAM 估计为

$$\hat{\boldsymbol{X}}_{\mathrm{a}}^+=\hat{\boldsymbol{X}}_{\mathrm{a}}^-+\boldsymbol{W}\boldsymbol{v} \tag{7.48}$$

$$\boldsymbol{P}_{\mathrm{a}}^+=\boldsymbol{P}_{\mathrm{a}}^--\boldsymbol{W}\boldsymbol{S}\boldsymbol{W}^{\mathrm{T}} \tag{7.49}$$

式（7.40）的观测模型将特征估计和潜器姿态估计联系起来，用来降低它们的误差。通过与载体姿态估计相联系，地图特征变得相关，它们的相关性单调增加，直至特征之间的相对位置变得非常准确。

7.3.5 状态扩充

随着对环境的探测，会观测到新特征，当某个特征第一次被观测时，必须通过一个初始化过程将它加入已存储的地图中，成为地图中的一个新特征，地图可以随载体搜索区域的扩大而实现自动扩展。这种特征初始化的过程称为状态扩充。

对新特征进行初始化的方法如下。首先，状态矢量和协方差矩阵由新观测值 $\boldsymbol{z}$ 的极坐标值和协方差 $\boldsymbol{R}$ 来扩展，测量值是在载体坐标系下获得的：

$$\hat{\boldsymbol{x}}_{\mathrm{aug}}=\begin{bmatrix}\hat{\boldsymbol{x}}_{\mathrm{a}}\\ \boldsymbol{z}\end{bmatrix} \tag{7.50}$$

$$\boldsymbol{P}_{\mathrm{aug}}=\begin{bmatrix}\boldsymbol{P}_{\mathrm{v}} & \boldsymbol{P}_{\mathrm{vm}} & \boldsymbol{0}\\ \boldsymbol{P}_{\mathrm{vm}}^{\mathrm{T}} & \boldsymbol{P}_{\mathrm{m}} & \boldsymbol{0}\\ \boldsymbol{0} & \boldsymbol{0} & \boldsymbol{R}\end{bmatrix} \tag{7.51}$$

函数 $\boldsymbol{g}_i$ 用来把观测值 $\boldsymbol{z}$ 转换成全局直角坐标系下的特征位置，它是新观测值和载体当前姿态的函数：

$$\boldsymbol{g}_i(x_{\mathrm{v}},\boldsymbol{z})=\begin{bmatrix} x_i \\ y_i \end{bmatrix}=\begin{bmatrix} x_{\mathrm{v}}+r\cos(\theta+\varphi_{\mathrm{v}}) \\ y_{\mathrm{v}}+r\sin(\theta+\varphi_{\mathrm{v}}) \end{bmatrix} \tag{7.52}$$

增加的状态可经下面的函数 $\boldsymbol{f}_i$ 进行线性变换，使其初始化更为准确：

$$\hat{\boldsymbol{x}}_{\mathrm{a}}^{+}=\boldsymbol{f}_i(\hat{\boldsymbol{x}}_{\mathrm{aug}})=\begin{bmatrix} \hat{\boldsymbol{x}}_{\mathrm{a}} \\ \boldsymbol{g}_i(\hat{x}_{\mathrm{v}},\boldsymbol{z}) \end{bmatrix} \tag{7.53}$$

$$\boldsymbol{P}_{\mathrm{a}}^{+}=\nabla\boldsymbol{f}_{\boldsymbol{x}_{\mathrm{aug}}}\boldsymbol{P}_{\mathrm{aug}}\nabla\boldsymbol{f}_{\boldsymbol{x}_{\mathrm{aug}}}^{\mathrm{T}} \tag{7.54}$$

雅可比矩阵 $\nabla\boldsymbol{f}_{\boldsymbol{x}_{\mathrm{aug}}}$ 由下式给出：

$$\nabla\boldsymbol{f}_{x_{\mathrm{aug}}}=\left.\frac{\partial\boldsymbol{f}_i}{\partial\boldsymbol{x}_{\mathrm{aug}}}\right|_{\hat{x}_{\mathrm{aug}}}=\begin{bmatrix} \boldsymbol{I}_{\mathrm{v}} & \boldsymbol{0} & \boldsymbol{0} \\ \boldsymbol{0} & \boldsymbol{I}_{\mathrm{m}} & \boldsymbol{0} \\ \nabla\boldsymbol{g}_{x_{\mathrm{v}}} & \boldsymbol{0} & \nabla\boldsymbol{g}_z \end{bmatrix} \tag{7.55}$$

雅可比矩阵 $\nabla\boldsymbol{g}_{x_{\mathrm{v}}}$ 和 $\nabla\boldsymbol{g}_z$ 为

$$\nabla\boldsymbol{g}_{x_{\mathrm{v}}}=\left.\frac{\partial\boldsymbol{g}_i}{\partial\boldsymbol{x}_{\mathrm{v}}}\right|_{(\hat{x}_{\mathrm{v}},z)}=\begin{bmatrix} 1 & 0 & -r\sin(\theta+\hat{\varphi}_{\mathrm{v}}) \\ 0 & 1 & r\cos(\theta+\hat{\varphi}_{\mathrm{v}}) \end{bmatrix} \tag{7.56}$$

$$\nabla\boldsymbol{g}_z=\left.\frac{\partial\boldsymbol{g}_i}{\partial\boldsymbol{z}}\right|_{(\hat{x}_{\mathrm{v}},z)}=\begin{bmatrix} \cos(\theta+\hat{\varphi}_{\mathrm{v}}) & -r\sin(\theta+\hat{\varphi}_{\mathrm{v}}) \\ \sin(\theta+\hat{\varphi}_{\mathrm{v}}) & r\cos(\theta+\hat{\varphi}_{\mathrm{v}}) \end{bmatrix} \tag{7.57}$$

若地图中特征数量为 n，则式（7.54）中的矩阵乘法的计算复杂度为 $O(n^3)$。因为雅可比矩阵具有稀疏性，变换只影响新特征在对角线上的矩阵块和它所在的行和列上与地图其他状态的互相关项，所以可以将式（7.54）写成式（7.58）这种在计算上更简便的形式：

$$\boldsymbol{P}_{\mathrm{a}}^{+}=\begin{bmatrix} \boldsymbol{P}_{\mathrm{v}} & \boldsymbol{P}_{\mathrm{vm}} & \boldsymbol{P}_{\mathrm{v}}\nabla\boldsymbol{g}_{x_{\mathrm{v}}}^{\mathrm{T}} \\ \boldsymbol{P}_{\mathrm{vm}}^{\mathrm{T}} & \boldsymbol{P}_{\mathrm{m}} & \boldsymbol{P}_{\mathrm{vm}}^{\mathrm{T}}\nabla\boldsymbol{g}_{x_{\mathrm{v}}}^{\mathrm{T}} \\ \nabla\boldsymbol{g}_{x_{\mathrm{v}}}\boldsymbol{P}_{\mathrm{v}} & \nabla\boldsymbol{g}_{x_{\mathrm{v}}}\boldsymbol{P}_{\mathrm{vm}} & \nabla\boldsymbol{g}_{x_{\mathrm{v}}}\boldsymbol{P}_{\mathrm{v}}\nabla\boldsymbol{g}_{x_{\mathrm{v}}}^{\mathrm{T}}+\nabla\boldsymbol{g}_z\boldsymbol{R}\nabla\boldsymbol{g}_z^{\mathrm{T}} \end{bmatrix} \tag{7.58}$$

7.4 SLAM 算法仿真实验

为验证 SLAM 算法的有效性，在 MATLAB 仿真环境下对水下航行器分别采用区域搜索航行和航渡航行两种航行方式进行仿真实验，根据仿真结果分析算法性能。

7.4.1 区域搜索航行

区域搜索航行环境设定为一片 200m×200m 的海域，该范围内均匀分布着 16 个点特征。

针对区域搜索航行方式的特点，假设航行器从区域的(50m,50m)位置出发，沿边长为 100m 的正方形轨迹以匀速 5m/s 逆时针航行，即每 80s 绕区域一周，共绕区域航行 5 周，总运行时间为 400s。

航行器携带的传感器视野可覆盖以自身位置为中心、半径 100m 内的前方半圆形区域，测量频率为 1Hz。设传感器无虚警，测量值存在高斯随机误差，其距离测量误差均值为零，方差为 0.25m^2，方位测量误差均值也为零，方差为 $2.25\times10^{-4}\text{rad}^2$。航行器推位过程中同样存在均值为零的高斯随机误差作用，x 方向距离、y 方向距离和航向的误差方差分别为 1m^2、1m^2 和 $5.29\times10^{-4}\text{rad}^2$。

用航行器第一次观测到的所有特征位置对地图矢量 $\hat{\boldsymbol{X}}_\text{F}$ 进行初始化。设航行器的初始位置和方位存在偏差，为 $\hat{\boldsymbol{X}}_{\text{v}0}=\begin{bmatrix}52.1 & 48.3 & 0.008\end{bmatrix}^\text{T}$，初始航行器协方差矩阵 $\boldsymbol{P}_{\text{v}0}$ 和观测方差矩阵 $\boldsymbol{R}$ 分别为

$$\boldsymbol{P}_{\text{v}0}=\begin{bmatrix}20 & 0 & 0\\ 0 & 20 & 0\\ 0 & 0 & 0.001\end{bmatrix} \tag{7.59}$$

$$\boldsymbol{R}=\begin{bmatrix}0.5 & 0\\ 0 & 0.001\end{bmatrix} \tag{7.60}$$

图 7.4 是单纯推位得到的航行器航行 5 周的航迹，图 7.5 是相应的误差曲线。在与单纯推位同样的航行器状态预测误差作用下，利用 SLAM 算法得到了另一组定位结果，如图 7.6 所示。

图 7.6 中的圆圈、方块和五角星分别代表最后一周（最后 80s 内）的航行器真实位置、单纯推位和 SLAM 滤波后的位置，三角形对应的是区域内的特征。图中均匀散布在整个仿真区域内的 16 个三角形是仿真设定的特征位置，星号是仿真结束时的特征估计位置。将地图中的特征按其首次被观测的次序编号，分别位于(90m,125m)、(145m,20m)、(125m, 100m)和(80m, 35m)处的 4 个特征均是最先被观测到的特征，将它们依次标记为特征 1～4。因为单纯推位和 SLAM 滤波中的航行器状态预测误差相同，从这两条轨迹的对比，可以很自然地得出这样的结论，即经过 SLAM 滤波后得到的定位精度要大大高于无滤波的单纯推位。

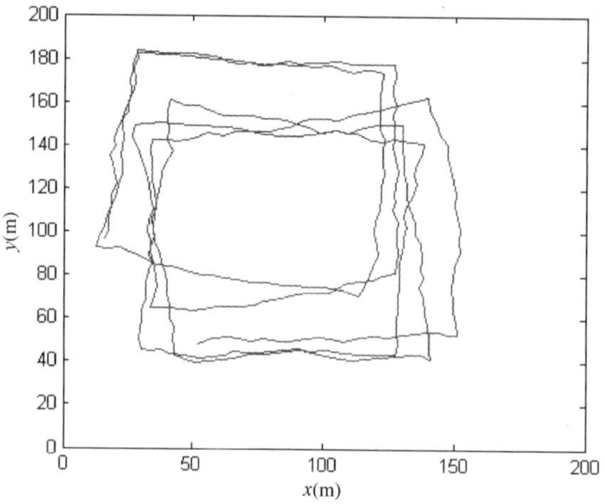

图 7.4　推位航迹曲线

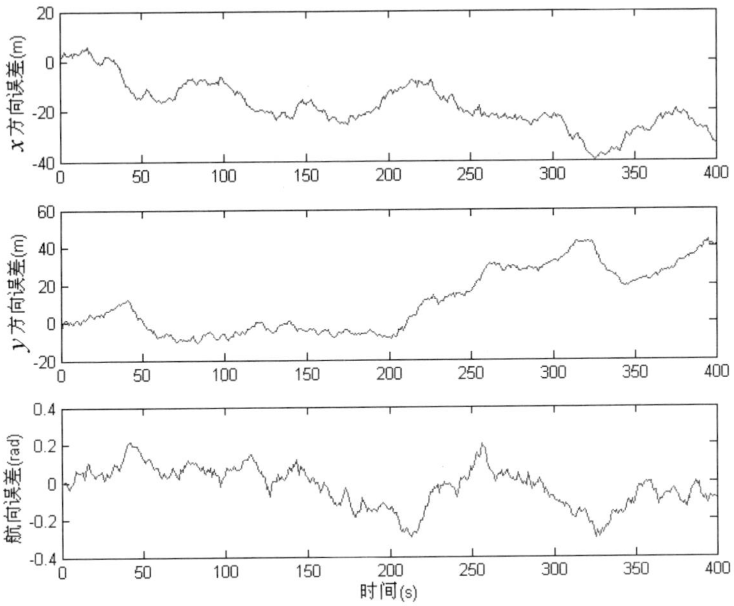

图 7.5　推位误差曲线

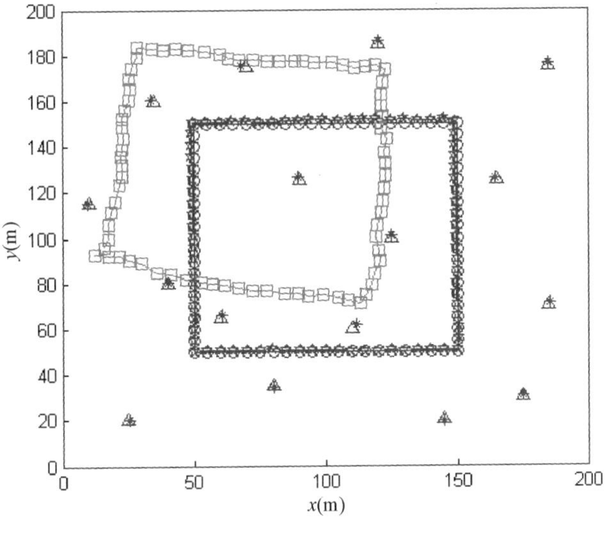

图 7.6　区域搜索航行方式下航行器位置及特征地图

图 7.7 所示为经 SLAM 滤波后航行器状态估计误差及 2σ 协方差边界的变化曲线。由于航行器的位置和方位误差在零值附近小幅变化，且始终未超出由 2σ 协方差边界定义的 95%置信界限，说明算法十分稳定，滤波性能良好。由此可以看出，若航行器可以重复搜索区域，在此过程中对区域内的特征进行多次观测，则航行器状态可以达到误差有界。

图 7.8 给出了特征估计位置与真实位置之间的误差随时间变化的曲线。从图中可以看出，在经过第一圈搜索即 80s 之后，由于对系统状态中已有的特征进行再次观测，各特征的误差变化幅度开始减小，在搜索三圈即 240s 之后，各特征误差逐渐趋于一个恒值，但不趋于零。这个常值误差是由航行器状态初始不确定度产生的[69]。

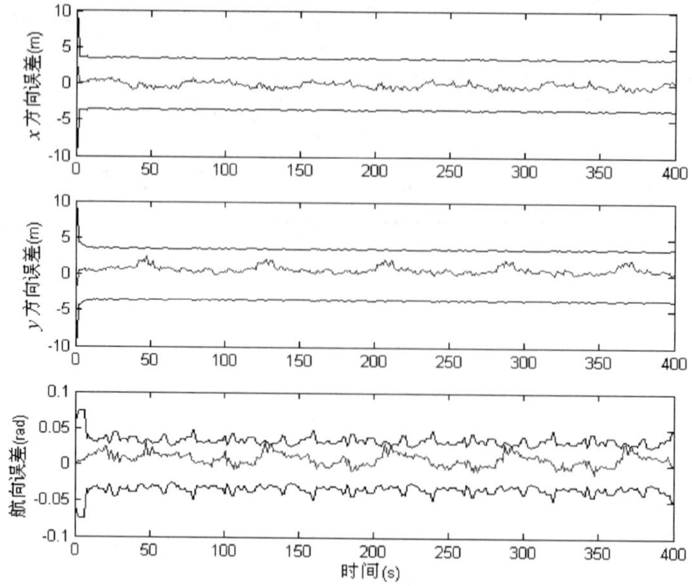

图 7.7　经 SLAM 滤波后航行器状态估计误差及 2σ 协方差边界的变化曲线

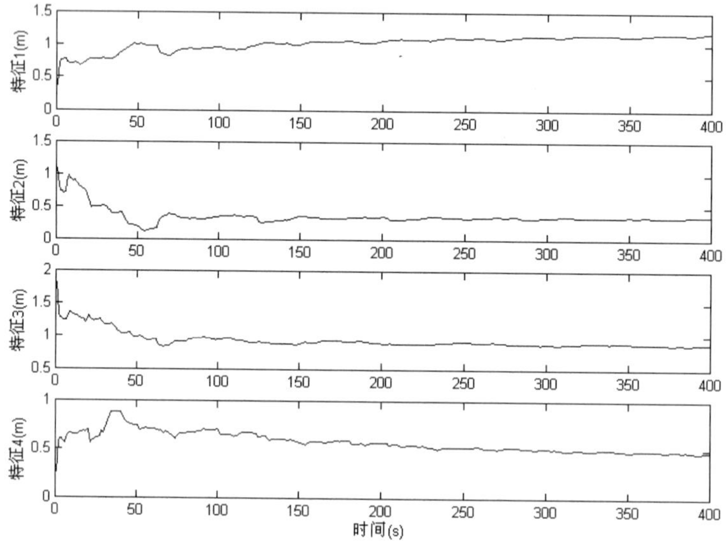

图 7.8　特征估计位置与真实位置之间的误差随时间变化的曲线

图 7.9 所示为新息随时间变化的曲线。观测新息均值为零的现象说明了 SLAM 算法是具有收敛性的。

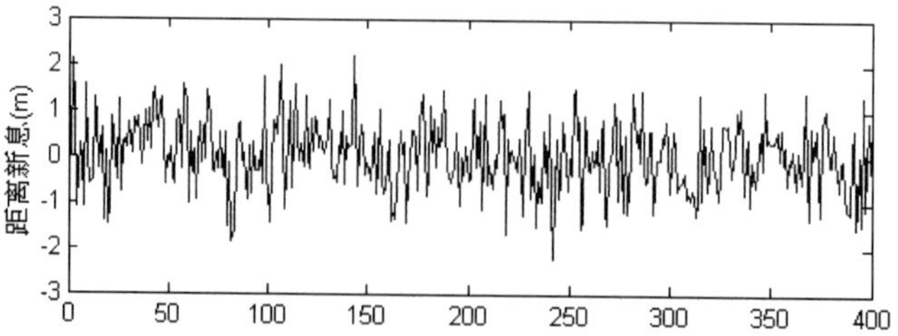

图 7.9　新息随时间变化的曲线

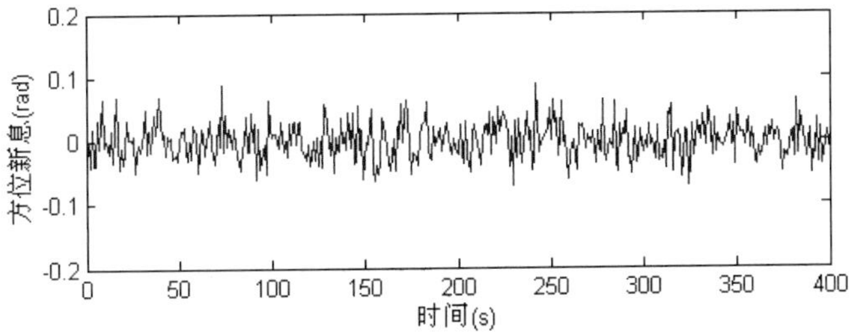

图 7.9　新息随时间变化的曲线（续）

7.4.2　航渡航行

航渡航行的仿真环境设为一片 1200m×1200m 的海域，该区域内随机分布着 120 个点特征，航行器从(10m, 400m)处以恒速 10m/s 沿 x 轴方向直线运动 100s。设使用的推位及测量传感器、添加的推位及测量随机噪声的类型和指标均与 7.4.1 节的试验相同，不同之处仅在于测量传感器的量程选用大量程 250m。航行器初始状态为 $\hat{\boldsymbol{X}}_{v0}=[11.4\quad 399.2\quad 0.01]^{\mathrm{T}}$。

在如图 7.10 所示的推位误差作用下，得到了如图 7.11 和图 7.12 所示的定位结果。图 7.11 中的图例与图 7.6 完全相同。由这组图像可以看出，SLAM 算法大幅减缓了定位误差的增长速率，其对航行器位置和方位的修正是卓有成效的。即使在推位得到的结果已经极其不可靠的情况下，由 SLAM 算法获得的估计还是令人满意的。

下面对图 7.10～图 7.12 的结果进行具体分析。理论上讲，根据式（7.31），在 Δx 和 Δy 随机误差量级相同的情况下，经式（7.31）运算后得到的 $\hat{y}_v$ 的误差增长速率通常要比 $\hat{x}_v$ 大。多次仿真结果也都证明了推位中的 y 方向误差要远远大于 x 方向误差，如图 7.10 所示。由于好的推位也会得到相对较好的滤波效果，因此，图 7.12 中 x 方向的滤波效果要优于 y 方向。这就是当航行器沿 x 方向直线航行时，滤波后通常 x 方向误差变化很小，而 y 方向误差增大的原因。

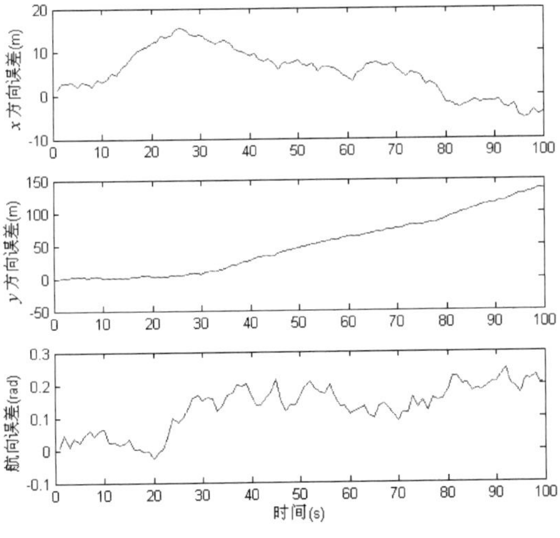

图 7.10　航渡航行方式下的推位误差

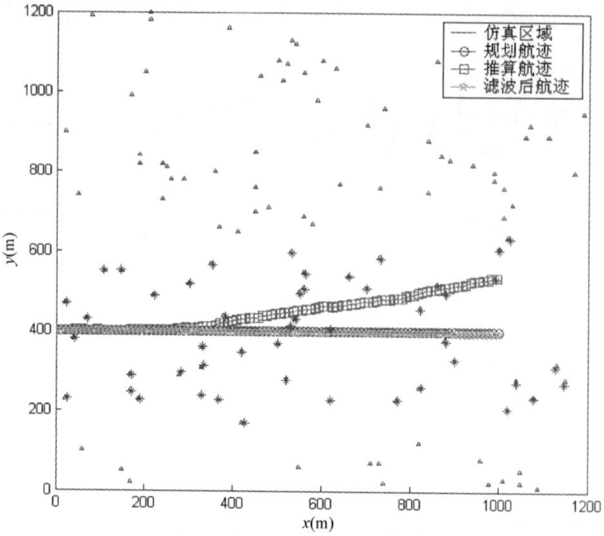

图 7.11　航渡航行方式下航行器位置及特征地图

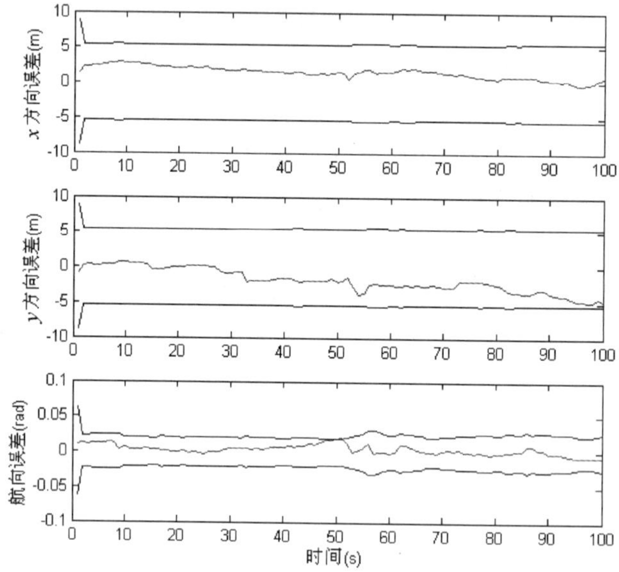

图 7.12　航渡航行方式下航行器状态误差及 2σ 协方差边界的变化曲线（扫二维码）

在整个航行过程中共观测到了 48 个点特征，图 7.13 给出了仿真结束时各特征估计误差，特征序号标记方法同 7.3.1 节。由于航行器始终沿一个方向航行，对每个特征只能进行有限次观测，因此随着航行器定位误差缓慢增长，后观测到的特征估计误差也相对较大，如图 7.13 所示，大序号特征估计误差总体上要大于小序号特征估计误差。

针对水下航行器两种常用的航行方式，以上仿真实验结果证明，在同样的导航测量干扰误差作用下，尽管误差的累积作用导致了单纯推位的导航结果不可靠，但是由于基于 SLAM 的水下导航算法获得的导航定位精度远高于推位精度，且表现出良好的收敛性，因此基于 SLAM 的水下导航算法有着巨大的应用潜力。

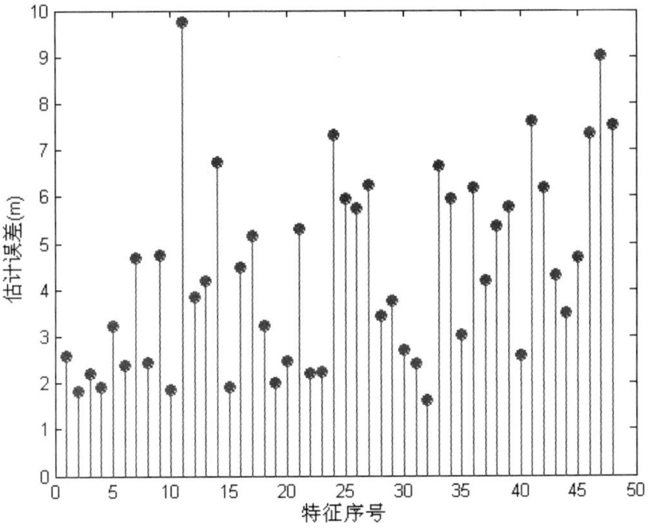

图 7.13　特征估计误差

7.5　数据关联方法

由于水下实际情况的复杂性和测量误差的影响，测量与特征间很可能产生错误的数据关联，一旦发生较为严重的错误关联，将导致滤波不稳定甚至发散。数据关联对 SLAM 是很有必要的，在 SLAM 算法的执行过程中具有举足轻重的作用。特征位置估计依赖载体位置估计的准确度。传感器获得的量测与地图中特征的错误关联会引起滤波一致估计的发散，使所有后来的预测观测值都出现错误。然而，要检验出错误关联并改正是很困难的，因为关联依赖在当前位置估计基础上计算出的预测观测值。如果位置估计错了，那么地图上已有特征的预测观测值会出现在地图的其他位置上。在这种情况下，滤波过程可能会错误地将观测值关联到地图的另一个特征上，或者在该位置上对新特征进行初始化。

但是，由于特征存在的环境和特征数量的不确定性、传感器的不完备性（检测概率小于 1，虚警概率不等于 0）、缺乏跟踪环境的先验知识及无法判断传感器的量测数据是特征目标还是杂波等诸多不确定因素的影响，传感器的量测与其产生源之间的对应关系变得模糊不清。数据关联是 SLAM 算法执行中十分困难的一环。

在对数据关联方法简单总结的基础上，本节介绍一种改进数据关联方法，以减少错误关联发生，提高关联效率。利用仿真试验证明改进数据关联方法的有效性。

7.5.1　典型数据关联方法

SLAM 中的数据关联方法大体可分为贝叶斯方法和非贝叶斯方法两种。非贝叶斯方法主要指最近邻（NN，Nearest Neighbour）方法[70]，它是目前实际应用中最常用的数据关联方法[71]。

最近邻方法将与被关联特征预测状态最近的量测作为候选量测。该方法最大的优点就是其原理简单和计算复杂度较低［最近邻方法的计算复杂度为 $O(mn)$，其中 m 对应可获得的观测值数目，n 对应地图中的特征数量］，当杂波密度较低且传感器精度较高时，最近邻方法的关联效果很好。很明显，距离特征最近的观测值就是特征实际观测值的这种假设并不总是成立的。因此，当一个观测值落入多个特征关联的重叠区域内或在高杂波环境中时，最近邻方法的关联性能急剧下降。

大多数贝叶斯方法都是基于概率密度函数（PDF）建立起来的。G. D. Huang 提出了一种混合独立/耦合基于采样的联合概率数据关联滤波（Hyb-SJPDAF）来解决多目标跟踪和数据关联问题[72]。I. Tena Ruiz 将目标跟踪领域非常著名的、算法上也更加复杂的多假设跟踪（MHT）方法引入 SLAM 的数据关联过程，以期获得更好的关联效果[73]。但是，MHT 方法中的假设树随时间呈指数增长，意味着所需存储空间和计算资源也呈指数增长，从而限制了其在 SLAM 中的应用。

此外，其他匹配算法也被引入 SLAM 来改善数据关联效果。Tim Bailey 提出了一种联合约束数据关联（CCDA）方法，该方法利用图搜索算法构建和搜索对应图来实现批关联门[74]。J.Neira 和 J.D.Tardos 提出了基于分支和约束搜索的联合兼容分支约束（JCBB）方法[75]，该方法在关联时考虑了载体和特征之间的全方位相关性，由此产生了指数搜索空间，对算法在中等大小环境中的实时执行造成了很大的计算负担。

上述大多数方法均能获得比最近邻方法更好的关联效果，但是均需要非常大的计算量和存储空间，使得这些方法无法用于大范围环境下 SLAM 算法的实时执行。但是，工作于大范围、完全未知复杂环境的水下载体必须具有在线定位和构图的能力，因此对于系统计算复杂度的要求是很严格的。从这个角度来讲，除了关联的准确度，计算复杂度无疑是数据关联方法的一个重要的评价指标。这也是虽然最近邻方法性能不尽人意却仍然被普遍使用的主要原因。如何以最少的计算量获得最好的关联效果是所有关联方法力争实现的目标。

7.5.2　改进数据关联方法

大多数据关联方法都利用关联门来降低候选观测值的数量，改进数据关联（Modified Data Association，MDA）方法也是如此。关联门在观测空间中定义了一块以特征 F_i 预测的位置 $h(X_{\mathrm{v}}(k+1|k),F_i)$ 为中心的区域。只有落入该区域的观测值才被认为是特征 F_i 的候选观测值。但当单个特征的关联门内存在多个候选观测值，如图 7.14 所示，或者一个候选观测值落入多个特征关联门的重叠区域时，如图 7.15 所示，可能会发生错误关联。改进数据关联方法采用两步关联法来分别解决这两种关联模糊度。

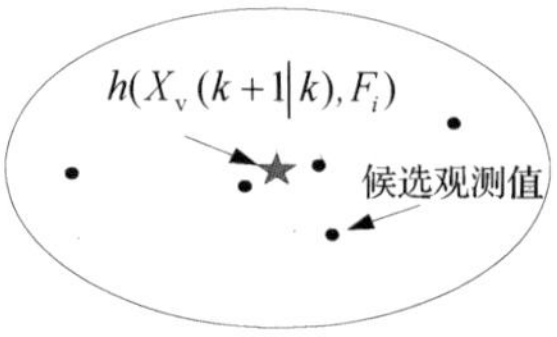

图 7.14　单个特征的关联门内存在多个候选观测值

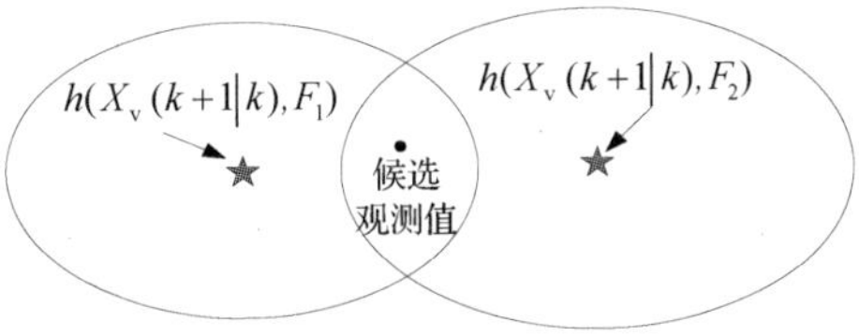

图 7.15 一个候选观测值落入多个特征关联门的重叠区域

在第一个阶段，对于每个特征，首先计算落入该特征关联门的每个候选观测值 z_i 与该特征预测位置 $h(X_v(k+1|k),F_i)$ 之间的 Mahalanobis 距离（归一新息平方）为

$$\mathrm{NIS}_i = \boldsymbol{v}_i^{\mathrm{T}} \boldsymbol{S}_i^{-1} \boldsymbol{v}_i \tag{7.61}$$

式中，$\boldsymbol{v}_i = z_i - \hat{z} = z_i - h(X_v(k+1|k),F_i)$ 是观测新息；$\boldsymbol{S}_i$ 是新息协方差。选择 NIS 最小的观测值，将其对应的 NIS 与阈值 r 进行比较，判断其大小关系：

$$\mathrm{NIS}_{\min} < r \tag{7.62}$$

阈值 r 的大小是事先确定的，关于阈值 r 的选取已在 7.4.3 节的仿真实验中进行过具体讨论。若 $\mathrm{NIS}_{\min} > r$，则将该观测值舍弃；若 $\mathrm{NIS}_{\min} < r$ 且 $\mathrm{NIS}_{\min}$ 对应观测值 z_k，则暂时将特征 F_i 与观测值 z_k 作为一个关联对。经过这个步骤后，可以保证在每个特征 F_i 的关联门内都存在不多于一个观测值。

在第二个阶段，将通过这种方法获得的所有特征、观测关联对及各关联对对应的 $\mathrm{NIS}_{\min}$ 组成一个暂态关联组。如果环境特征密度很高，暂态关联组中的某个观测值可能与多个特征关联，即该观测值落入了这些特征关联门的重叠区域，此时，应选择这些特征中 $\mathrm{NIS}_{\min}$ 最小的特征作为该观测值的关联特征。

对于如表 7.1 所示的暂态关联组，表中的两个特征 F_1 和 F_2 同时与 z_6 关联，表明观测值 z_6 落入了 F_1 和 F_2 关联门的重叠区域。若 F_1 的 $\mathrm{NIS}_{\min}$ 为 0.051，F_2 的 $\mathrm{NIS}_{\min}$ 为 0.028，则最终决策为观测值 z_6 对应特征 F_2。通过这个步骤，建立一个观测值落入多个特征的关联门情况下的关联准则。

表 7.1 暂态关联组示例

特征	观测值	$\mathrm{NIS}_{\min}$
F_1	z_6	0.051
F_2	z_6	0.028
F_3	z_3	0.094
⋮	⋮	⋮
F_7	z_9	0.107

通过上述两个阶段，改进数据关联方法建立单个特征的关联门内存在多个候选观测值或一个候选观测值落入多个特征关联门的重叠区域这两种存在关联不确定度情况下的关联准则，以此消除关联模糊度的产生途径，提高关联准确度。

7.5.3 算法仿真试验

本节也在不同的特征分布形式和载体航行方式下利用两组仿真试验校验改进数据关联方法的有效性。在同样的初始误差和测量扰动情况下，比较最近邻方法和改进数据关联方法的关联效果。仿真试验理想地认为环境中无杂波存在。

仿真中，若 k 时刻的关联结果与实际关联情况完全吻合，则认为关联结果是正确的。可能发生的错误关联可分为两类：第 I 类，关联方法错过了一些关联对。例如，k 时刻原本应有 5 对特征和观测的关联对，而关联方法只正确地确定了其中 4 对。未被关联的那个特征产生的观测值将被错误地认为是由新特征产生的而被第二次加入地图中，造成一个特征出现在地图的两个不同的位置上；第 II 类，关联方法在 k 时刻得到的一些关联对是正确的，而另一些关联对是错误的，即某些观测值被关联到了错误的特征上。在这种情况下，由于利用错误的观测值对特征进行更新，地图的一致性将遭到破坏，最终导致 SLAM 算法的滤波估计发散。

1. 航渡航行试验

在第一组航渡航行试验中，载体从(1m,40m)的位置出发沿东向以恒速 1m/s 直线航行，载体位置预测和测量采样率均为 1Hz。外部测量传感器的视野呈半径为 25m 的半圆形。仿真试验环境中随机分布有 120 个点特征。载体初始状态矢量为 $\hat{\boldsymbol{X}}_{\mathrm{v0}}=[1.4 \quad 39.8 \quad 0.003]^{\mathrm{T}}$。距离和方位测量均含有高斯噪声，即 $E_r \sim N(0,0.1)$，$E_\theta \sim N(0,0.02)$。载体初始协方差 $\boldsymbol{P}_{\mathrm{v0}}$ 和测量方差 $\boldsymbol{R}$ 分别为

$$\boldsymbol{P}_{\mathrm{v0}}=\begin{bmatrix}2 & 0 & 0\\0 & 2 & 0\\0 & 0 & 0.1\end{bmatrix} \tag{7.63}$$

$$\boldsymbol{R}=\begin{bmatrix}5 & 0\\0 & 0.5\end{bmatrix} \tag{7.64}$$

当利用最近邻方法关联时，其估计结果如图 7.16 所示。因为特征分布较密集，最近邻方法从第 7 个时刻开始出现错误。但是，由于载体始终保持直线航行而无法对以前的特征进行再次观测，所有的特征在被观测几次后变成了过时特征，不会再对系统状态的更新造成影响，因此在很大程度上减弱了最近邻方法中错误关联的负面影响。即便如此，仍然不可避免地造成了 SLAM 算法估计精度的下降。

采用引进数据关联方法关联时，对应不同的阈值 r 可以获得不同的关联结果。若 r=0.08，则在第 48 个时刻出现第一个 I 类关联错误。当前阈值滤掉了某些应关联的关联对，由此可知，应当继续增加阈值的大小；增加阈值使 r=0.2，则第一个 I 类关联错误发生的时刻延迟到第 88 个时刻；当 0.21≤r≤1.36 时，整个任务执行阶段中所有的关联对都是正确的；当 r=1.37 时，第一个 II 类关联错误在第 87 个时刻出现；若继续增加 r 的值，则第一个 II 类关联错误出现的时刻越来越提前，说明阈值 r 过大，导致 II 类关联错误发生的概率越来越大。

由以上分析可知，阈值 r 的大小对关联结果有显著的影响。阈值 r 的选择主要取决于外部传感器误差和载体预测误差的特性。在试验中，当 0.21≤r≤1.36 时，即可在整条航迹上获得完全正确的关联，r 可取该值域内的任意值，因此实际可选范围还是很大的。在实际执行关联

方法时，通过事先反复测试可以很容易地确定适合当前载体和传感器特性的阈值。在 [0.21, 1.36] 的范围内随机选取 r=0.7，得到的引进数据关联方法的估计效果如图 7.17 所示。图 7.18 对比了采用最近邻方法和引进数据关联方法得到的载体姿态误差。

当载体推位误差和测量误差相对较大时，最近邻方法获得的关联结果十分不理想，引起了地图估计的发散，如图 7.16～图 7.18 所示。而与之相反，只要阈值选取合适，引进数据关联方法可以始终获得理想的关联效果。此外，通过 PC 的程序运行时间与最近邻方法对比测试了引进数据关联方法的计算复杂度。在配置了 Pentium IV、3.2 GHz CPU 和 1GB RAM 的 PC 上分别运行最近邻方法和引进数据关联方法，最近邻方法的平均运行时间是 3.328s，引进数据关联方法为 3.25s。引进数据关联方法表现出了与最近邻方法等同的计算复杂度，因此同样适用于 SLAM 算法的在线执行。

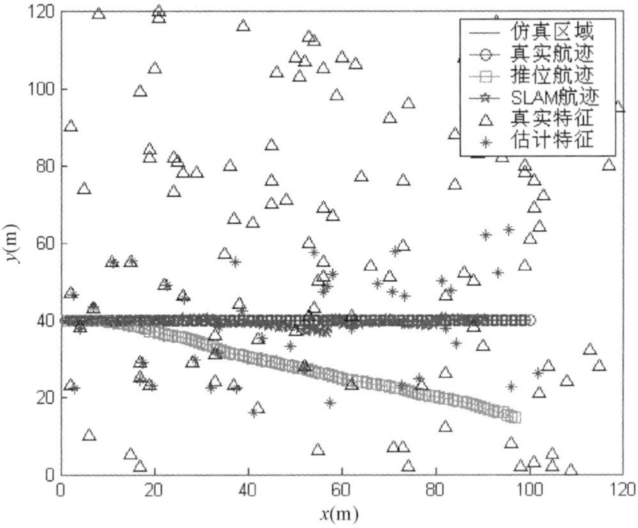

图 7.16　利用最近邻方法关联时的估计结果

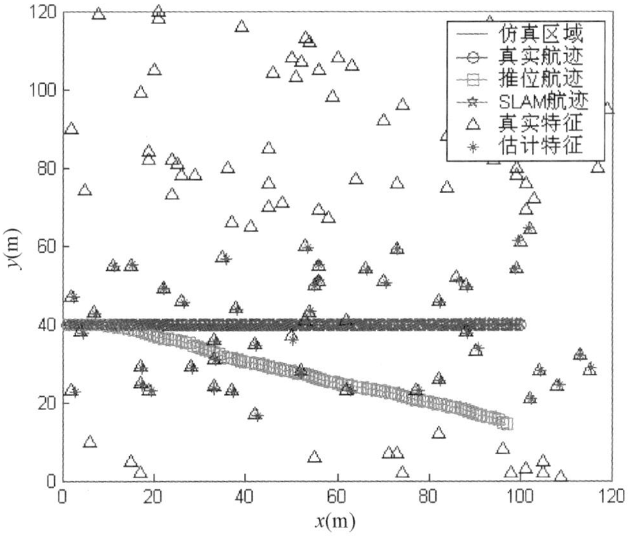

图 7.17　引进数据关联方法的估计效果

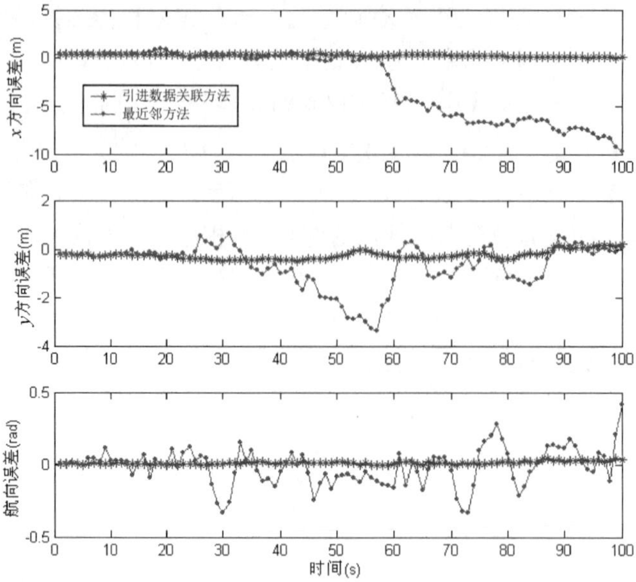

图 7.18 采用最近邻方法和引进数据关联方法得到的载体姿态误差

2. 区域搜索航行试验

在第二组试验中，载体从(10m,10m)的位置出发以恒速 1m/s 按正方形航迹逆时针绕区域航行 3 圈，区域内共有 16 个均匀分布的特征。载体初始状态矢量为 $\hat{\boldsymbol{X}}_{v0}=[10.2 \quad 9.8 \quad 0.001]^{\mathrm{T}}$。外部传感器测量噪声是协方差为 $\boldsymbol{R}$ 的零均值不相关高斯扰动，传感器视野呈半径为 20m 的半圆形。其他仿真条件与航渡航行仿真试验相同。

当利用最近邻方法关联时，初期关联效果很好，但当在第 21 个时刻首次出现 II 类关联错误后，所有的关联都出现了错误，导致滤波快速发散。图 7.19 和图 7.20 所示为载体估计及其估计误差。每个特征附近的“·”都是外部传感器每次扫描获得的含噪声的观测值。本组仿真结果中，其余符号意义与航渡航行仿真试验相同。

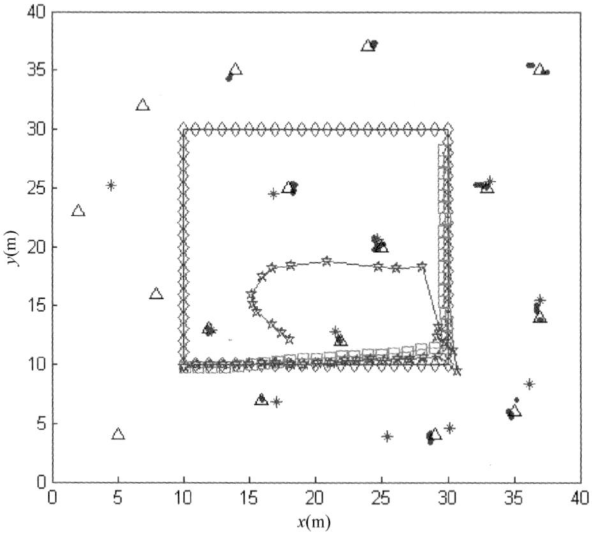

图 7.19 区域搜索航行方式下最近邻方法的关联效果

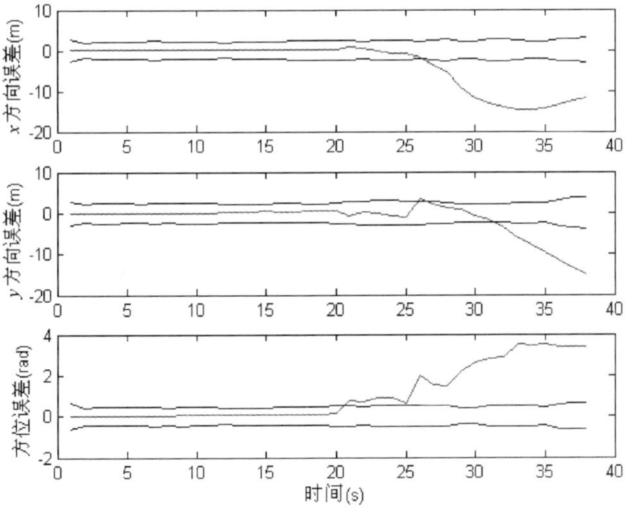

图 7.20　最邻近方法得到的载体估计误差及 2σ 协方差边界的变化曲线（扫二维码）

当将引进数据关联方法的阈值选为 1.5 时，使用引进数据关联方法在载体整个 3 圈航行中都可以获得理想关联，定位结果如图 7.21 和图 7.22 所示。从结果的对比可以看出，当推位和观测误差较大时，虽然最邻近方法的关联性能急剧下降，但是引进数据关联方法仍然表现出长期、良好的关联性能。

谭铁牛，中国科学院院士，中国科学技术大学兼职教授，中国科学院副院长，自动化所智能感知与计算研究中心主任、研究员。英国皇家工程院外籍院士、发展中国家科学院（TWAS）院士，国际电子电气工程师学会（IEEE）和国际模式识别学会会士。1984 年获西安交通大学学士学位，1986 年和 1989 年分别获英国伦敦大学帝国理工学院硕士与博士学位。1989—1997 年在英国雷丁大学计算机科学系工作，历任该系博士后研究员、高级研究员和讲师（Lecturer）研究员。

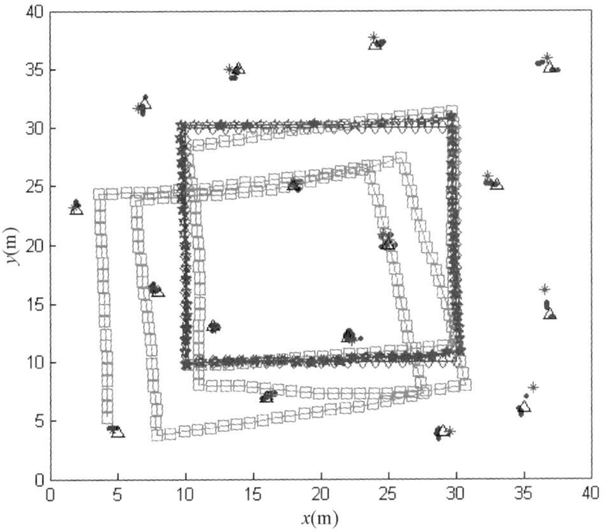

图 7.21　区域搜索航行方式中引进数据关联方法得到的载体和特征估计

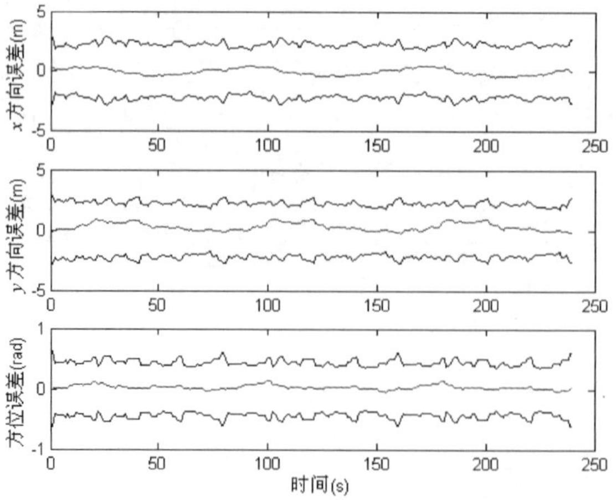

图 7.22　引进数据关联方法得到的载体估计误差及 2σ 协方差边界的变化曲线（扫二维码）

谭铁牛院士在图像处理、计算机视觉和模式识别等领域深耕多年、成果丰硕，是国际上最早进行虹膜识别研究人员之一，他们建立的虹膜图像数据库已成为国际上最大规模的共享虹膜图像库，遍布 120 多个国家和地区的 15000 多个研究团队申请共享使用。

英国皇家工程院评论：他的学术贡献为其所在学科领域的可持续发展打下了基础，其科研成果在许多重要的领域得到了实际工程应用。

谭铁牛院士提出了基于定序测量的虹膜识别理论，建立了算法设计的框架模型，解决了虹膜图像获取、虹膜区域分割和虹膜特征表达等难题；提出了基于环境约束的视觉计算方法，使计算机视觉更加符合人的视觉机理，解决了视觉计算中的一些病态问题，改善了计算效率与鲁棒性；提出了基于多通道滤波的纹理图像分析方法，并将纹理分析用于语种、字体和笔迹识别，开辟了解决这类模式识别问题的新途径。

创新是科研的生命。用谭铁牛院士的话来说，他的工作就是“让计算机识别大千世界，包括看得见的形状和看不见的情绪、心理活动”。

面向安全监控的图像视频理解是谭铁牛院士的另一个重点研究方向。他说：“简单地讲，我们就是要‘教’会计算机通过人的行为姿态等，从视频图像中识别出危险因素，向管理者提出预警。”这套系统在地铁沿线、北京奥运会等重大工程和活动中都有应用，成为了保障公共安全的利器。

除了虹膜识别和智能视频监控，谭铁牛院士的课题组还开展了互联网信息隐藏的分析。他说：“有些敏感信息就是隐藏在字面或不起眼的照片之下的。我们希望能够研发出一种算法，能够快速、精确地分辨出哪些信息可能含有隐藏含义。”“这不仅仅是国际学术界关注的一个研究热点，更关系着国家安全和公共安全，很难，但总要有人做。”

2019 年 10 月，中国科学院自动化研究所网站显示，谭铁牛院士出版编（专）著 14 部，在主要的中国国内外学术期刊和国际学术会议上发表论文 600 多篇，主持过多项由 973 计划、863 计划、国家自然科学基金委、国家杰出青年科学基金及国际合作等资助的科研项目。谭铁牛院士曾当选为中科院十大杰出青年，获得中国青年五四奖章；担任中国图象图形学学会常务副理事长、中国计算机学会和中国自动化学会副理事长、863 计划信息技术领域专家委员会成员、国际权威期刊 *Pattern Recognition* 、*Image and Vision Computing* 及国内核心期刊《自动化学报》和《中国图象图形学报》等多种刊物的副主编或编委；还作为 IEEE 北京分会副主席和 IEEE 国际视觉监控系列研讨会创始人与会议主席。

习题 7

1．请描述常见的水下 SLAM 算法及其原理。

2．SLAM 算法的常用概率解法有哪几类？分别有什么优缺点？

3．SLAM 算法中闭环检测的目的是什么？简述 SLAM 算法中可以使用的闭环检测方法。

4．SLAM 算法中的机器人“绑架”问题是什么？可以用哪些方法解决？

5．分别简述 RANSAC（RANdom SAmple Consensus）和 PROSAC（PROgressive SAmple Consensus）算法原理及它们的优缺点。

第 8 章

重力导航

卫星导航、无线电导航、天文导航和声呐导航等在导航时由于需要与外界进行信息交换，因此很容易受到外界的干扰，隐蔽性较差。而重力导航利用地球重力场的重力信息，其信息的测量不受外界信号干扰、不受测区环境的影响、不需要发射和接收其他电磁信号，特别是在军事上有着突出的战略意义和用途。利用载体在运动过程中重力传感器实时测得的重力特征数据，同时根据惯性导航系统的位置信息，从重力基准图中读取重力数据；将这两种数据送给匹配解算计算机进行解算，求得最佳匹配位置，达到重力导航的目的。本章介绍海洋重力场基本理论，讨论海洋重力异常的反演方法、重力向下延拓技术及多源重力数据融合方法；阐述 ICCP 重力匹配算法原理，分析重力场随机线性化技术。通过对本章的学习，读者应掌握重力异常反演及海洋重力数据延拓的基本原理，熟悉多源重力数据融合方法，理解 ICCP 匹配及非线性滤波算法。

知识目标

1. 理解和掌握重力向下延拓技术及多源重力数据融合方法。
2. 理解 ICCP 重力匹配算法原理和重力场随机线性化技术。
3. 了解重力导航的应用领域。

能力目标

1. 根据向下延拓基本原理，能编写重力向下延拓算法伪码。
2. 根据 ICCP 基本原理，能设计重力匹配算法伪码。
3. 根据随机线性化技术原理，能设计重力场随机线性化滤波算法伪码。

课程思政与职业素养

1. 场景引入：重力场匹配导航有可能成为一种较为有效的潜艇辅助导航手段，以标校和改正惯性导航仪器随时间增长的漂移误差。重力匹配导航技术可克服和弥补战时无卫星导航信息标校惯性导航仪器的缺陷，提高导航系统精度，这不仅关系到国家的国防安全，而且对于我国航天、地球物勘探、资源与能源勘探关系密切。中国科学技术协会发布《关于命名 2021-2025 年第一批全国科普教育基地的决定》，精密重力测量国家重大科技基础设施获批成为

2021-2025 年度第一批全国科普教育基地。在这样的大背景下，课程思政内容更为丰富，时效性强，激发学生热爱科学、崇尚科学、投身科学的理想信念，成为爱国思政教育的有力实践。

2. 工程科技伦理：此前英国的研究人员曾利用卫星和 GPS 数据测量并观察到埃特纳火山东南侧翼已经向大海方向持续蠕动了至少 30 年，仅在 2001—2012 年期间，每年平均蠕动距离就达到了 14mm。乌劳布团队研究的重点是，这种蠕动究竟是火山内部和地下岩浆活动造成的，还是由火山喷出落在山坡上新物质的重力造成的。一方面利用地球重力场可以造福人类，帮助人类认识自然、改造自然；另一方面也正因为重力场的存在而引发意想不到的灾害。

3. 目前重力场已经广泛应用于地球内部结构研究、矿产资源勘探、地震活动性研究、水资源分布变化及国防军事等领域，为人类带来了巨大的社会和经济效益。同时由于重力场的复杂性，引出了许多期待解决的科学问题。针对地球内部结构及地球动力学前沿领域，以及国防建设、资源开发利用和灾害监测的迫切需求，重点研究全球和中国大陆重力场时空变化及其规律与机制；发展我国自主重力卫星观测系统；研制适合导弹部队战场需求的小型绝对重力仪；研究远程武器发射场的重力保障技术和潜艇水下无源重力匹配导航技术；开展大地构造、地壳结构及深部隐伏矿产资源勘探。

8.1　概述

地球物理导航是从重力测量及重力异常和垂线偏差的测量和补偿的基础上发展起来的，是一种利用重力敏感仪表测量而实现的图形跟踪导航技术。它把事先构建好的重力基准图存储在导航系统中，利用重力敏感仪器测定重力场特性，在存储的重力图上确定相应的航迹，通过有效的匹配算法，识别和确认载体的位置，实现导航的目的。

本章总结重力场基本理论及海洋重力测量与相应的重力数据解算方法，介绍卫星测高反演重力异常的方法，讨论航空重力数据正则化向下延拓及延拓依赖测量高度的解决途径；分析卫星测高、航空重力及船测重力的特点，讨论多源重力数据融合方法原理及实现途径，多源重力数据融合可有效抑制观测数据中的测量噪声；介绍 ICCP 重力匹配算法原理，分析重力场随机线性化技术。

8.1.1　卫星测高数据反演海洋重力异常

1. 卫星测高原理

卫星测高系统如图 8.1 所示，其中 h_R 是卫星的质心与瞬时海平面（ISS）之间的距离，h_{orb} 是卫星的质心到参考球体表面的垂直距离，即卫星的轨道高度。h_{SSH} 是瞬时海平面与参考球体表面间的距离，称为瞬时海平面高。

卫星测高仪是一种星载的微波雷达，通常由发射机、接收机、时间测量系统和数据采集系统组成。发射机通过天线以一定的脉冲重复频率向地球表面发射调制后的压缩脉冲，经海平面反射后，由接收机收到返回的脉冲，并测量出发射脉冲与接收脉冲的时间差，根据此时间差及返回的波形，便可以测量出卫星到海平面的距离 h_R，取这个时间差的一半与脉冲在空气中的传播速率的乘积。

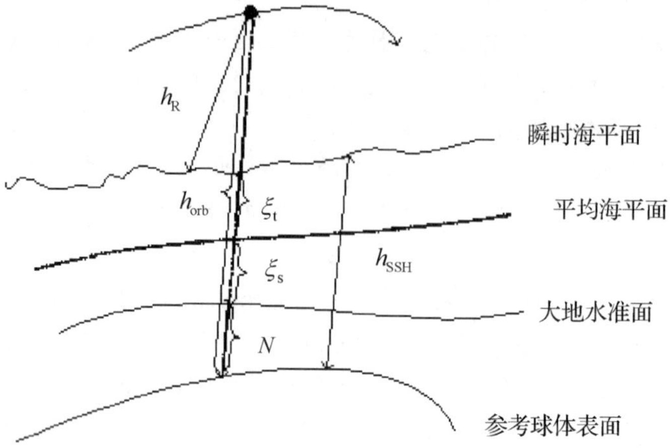

图 8.1　卫星测高系统

瞬时海平面高 h_{SSH} 是一种间接观测值，它的计算公式为

$$h_{SSH} = h_{orb} - h_R \tag{8.1}$$

这些测量和估计量必然存在误差，因此式（8.1）又可表示为

$$h_{SSH} = (h_{orb}^c - \Delta h_{orb}) - (h_R^m + \Delta\alpha) \tag{8.2}$$

式中，Δh_{orb} 是卫星轨道的确定误差；h_{orb}^c 是计算的卫星轨道；h_R^m 是高度测量的真值；$\Delta\alpha$ 是测高误差。

测高误差包括仪器误差及在空气中传播引起的误差，$\Delta\alpha$ 误差等式可表示为

$$\begin{aligned}\Delta\alpha &= \alpha_{instr} + \alpha_{prop} + \alpha_n \\ &= \alpha_{instr}^c + \alpha_{iono}^c + \alpha_{trop}^c + \Delta\alpha_{instr}^c + \Delta\alpha_{iono}^c + \Delta\alpha_{trop}^c + \alpha_n\end{aligned} \tag{8.3}$$

式中，$\Delta\alpha$ 为测高误差；α^c 为测高误差的估计值；$\Delta\alpha^c$ 为测高误差的残差，$\Delta\alpha^c = \Delta\alpha - \alpha^c$；$\alpha_{instr}$ 为仪器误差；α_{prop} 是传播误差，包括电离层和对流层的传播误差 α_{iono} 和 α_{trop}；α_n 为测高噪声。这些改正都包含在卫星测量数据中，每个卫星都有各自的计算模型及方法。经改正后，测高系统的剩余误差 ξ_α 就只有测高噪声和所有的估计误差：

$$\xi_\alpha = \Delta\alpha - C_\alpha^c = \Delta C_\alpha^c + \alpha_n \tag{8.4}$$

式中，C_α^c 是所有仪器和物理的观测误差；ΔC_α^c 是这些误差项的估计误差。

结合式（8.2）和式（8.4）得出

$$h_{SSH} = (h_{orb}^c - \Delta h_{orb}) - (h_R^c + \xi_\alpha) = h_{SSH}^c + \Delta h_{orb} - \xi_\alpha \tag{8.5}$$

式中，$h_R^c = h_R^m + C_\alpha^c$ 是改正后的高度。瞬时海平面高的另一个表现形式为

$$h_{SSH} = N + \xi_s + \xi_t \tag{8.6}$$

式中，ξ_s 是平均海平面与大地水准面间的偏差，称为海面地形的稳态部分；ξ_t 是瞬时海平面与平均海平面间的距离，称为海面地形的动态部分，是由海流、潮汐等现象引起的。其中

$$\begin{aligned}\xi_t &= T_o + T_e + T_l + T_{ib} + T_w \\ &= T_o^c + T_e^c + T_l^c + T_{ib}^c + \Delta T_o^c + \Delta T_e^c + \Delta T_l^c + \Delta T_{ib}^c + T_w\end{aligned} \tag{8.7}$$

式中，T_o 是海洋、潮汐中的变化量；T_e 是海洋、潮汐中的不变量；T_l 是潮汐引起的洋底变化量；T_{ib} 是气压变化量；T_w 是海平面高度的时变量（洋流等）；T^c 表示各种情况的估计；ΔT^c 是各量的残差。

综上所述可得

$$\begin{aligned}N &= h_{SSH}^c + \Delta h_{orb} - \xi_\alpha - \xi_c - \xi_t \\ &= h_{SSH}^c + \Delta h_{orb} - \xi_\alpha - (T_o + T_e + T_l + T_{ib} + T_w) - \xi_s \\ &= h_{SSH}^c + \Delta h_{orb} - \xi_\alpha - \\ &\quad (T_o^c + T_e^c + T_l^c + T_{ib}^c + \Delta T_o^c + \Delta T_e^c + \Delta T_l^c + \Delta T_{ib}^c + T_w) - \xi_s\end{aligned} \tag{8.8}$$

式中的 ξ_s 一般忽略，因为在多数情况下假设平均海平面与大地水准面是重合的。

测高数据在反演重力异常之前还要经过一些数据处理。在数据采集阶段，卫星上测量的数据以一定的时间间隔传送到地面基站，地面基站将这些原始数据转换成可读的格式，并以数字形式存储。同时计算精确的轨道误差，经过一系列的误差修正后形成数据记录。还要经过编辑和改正，去除可疑的观测信号，改正仪器误差。由于卫星是由不同的机构发射的，每个机构都有自己的编辑标准及数据处理方式，因此应根据不同的应用选择执行相应任务的卫星。

2. 卫星测高反演海洋重力异常的原理

已知重力异常 Δg，计算大地水准面高的斯托克斯公式：

$$N = \frac{R}{4\pi r}\iint \Delta g S(\psi)\mathrm{d}\sigma \tag{8.9}$$

式中，r 是正常椭球面上正常重力的平均值；R 是参考球平均半径，通常取 $R=\sqrt[3]{a^2 b}$（a 是参考椭球的长半径，b 是短半径）；ψ 是空间角距；$S(\psi)$ 为斯托克斯函数，其表达式为

$$S(\psi) = 1 + \frac{1}{\sin(\psi/2)} - 6\sin\frac{\psi}{2} - 5\cos\psi - 3\cos\psi\ln(\sin\frac{\psi}{2} + \sin^2\frac{\psi}{2}) \tag{8.10}$$

$S(\psi)$ 的平面近似式为

$$S(\psi) = \frac{2}{\psi} \tag{8.11}$$

因为 $\psi = l/R$，所以

$$S(\psi) = \frac{2R}{l} \tag{8.12}$$

式中，$l^2 = (x_P - x_Q)^2 + (y_P - y_Q)^2$ 用于计算点 P 和流动点 Q 的空间距离，将式（8.12）和 $R^2\mathrm{d}\sigma = \mathrm{d}x\mathrm{d}y$ 代入式（8.9）得

$$N(x_P, y_P) = \frac{1}{2\pi r}\iint \Delta g(x_Q, y_Q)\frac{1}{\sqrt{(x_P - x_Q)^2 + (y_P - y_Q)^2}}\mathrm{d}x_Q\mathrm{d}y_Q \tag{8.13}$$

式（8.13）符合卷积运算定义，可以改写为

$$N(x,y)=\frac{1}{2\pi r}[\Delta g(x,y)\times\left(\frac{1}{l}\right)] \tag{8.14}$$

令 F 和 F^{-1} 分别表示二维傅里叶正、逆变换算子，则式（8.14）改写为

$$F[N(x,y)]=\frac{1}{2\pi r}F[\Delta g(x,y)]\cdot F[1/l] \tag{8.15}$$

即

$$\Delta g(x,y)=2\pi rF^{-1}\left\{\frac{F[N(x,y)]}{F(1/l)}\right\} \tag{8.16}$$

式（8.16）是根据已知的大地水准面高 $N(x,y)$，通过二维快速傅里叶变换算法计算重力异常的平面近似公式。

为了克服平面近似可能带来的精度影响，Strang van Hees 研究并给出了其球面形式。将积分核函数改写为坐标差 $\varphi_P-\varphi_Q$ 和 $\lambda_P-\lambda_Q$ 的函数。令 $s=\sin(\psi/2)$，则式（8.10）可改写为

$$S(\psi)=\frac{1}{s}-4-6s+10s^2-(3-6s^2)\ln(s+s^2) \tag{8.17}$$

而

$$\begin{aligned}\sin^2(\psi/2)&=\sin^2\left[\left(\varphi_P-\varphi_Q\right)/2\right]\\&+\sin^2\left[\left(\lambda_P-\lambda_Q\right)/2\right]\left\{\cos^2\varphi_M-\sin^2\left[\left(\varphi_P-\varphi_Q\right)/2\right]\right\}\end{aligned} \tag{8.18}$$

式中，$\phi_M=\frac{1}{2}(\phi_P+\phi_Q)$，实际上 ϕ_M 可近似用积分区域的平均纬度来代替，$S(\psi)$ 就变换成只是坐标差 $\phi_P-\phi_Q$ 和 $\lambda_P-\lambda_Q$ 的函数，即

$$S(\psi)=S(\phi_P-\phi_Q,\lambda_P-\lambda_Q) \tag{8.19}$$

代入式（8.9）得

$$N(\phi,\lambda)=\frac{R}{4\pi r}\iint[\Delta g(\phi_Q,\lambda_Q)\cos\phi_Q]S(\phi_P-\phi_Q,\lambda_P-\lambda_Q)\mathrm{d}\phi_Q\mathrm{d}\lambda_Q \tag{8.20}$$

其卷积形式为

$$N(\phi,\lambda)=\frac{R}{4\pi r}[\Delta g\cos\phi]\times[S(\phi,\lambda)] \tag{8.21}$$

相应的傅里叶变换形式为

$$F[N(\phi,\lambda)]=\frac{R}{4\pi r}F[\Delta g\cos\phi]\cdot F[S(\phi,\lambda)] \tag{8.22}$$

已知大地水准面高，求重力异常的二维球面近似公式为

$$\Delta g(\phi,\lambda)=\frac{4\pi r}{R\cos\phi}F^{-1}\left\{\frac{F[N(\phi,\lambda)]}{F[S(\phi,\lambda)]}\right\} \tag{8.23}$$

这就是重力异常的斯托克斯数值反解公式。

大地水准面上任意一点 P 的扰动位 T 和重力异常 Δg 之间满足下列的边值条件，即

$$\frac{\partial T_P}{\partial h}+\Delta g_P-\frac{1}{r_0}\frac{\partial r}{\partial h}T_P=0 \tag{8.24}$$

以矢径 $\boldsymbol{r}$ 的方向近似代替 h 的方向进行球近似处理，并将布隆斯公式代入得

$$\Delta g_P=-\boldsymbol{r}\frac{\partial T_P}{\partial \boldsymbol{r}}-\frac{2\boldsymbol{r}}{R}N_P \tag{8.25}$$

式中，R 为地球平均半径。根据球谐函数理论，大地水准面的径向导数可以表示为

$$\frac{\partial N_P}{\partial \boldsymbol{r}}=-\frac{N_P}{R}+\frac{R^2}{2\pi}\iint\frac{N_Q-N_P}{l_{PQ}^3}\mathrm{d}\sigma \tag{8.26}$$

式中，l_{PQ} 为点 P 到流动点 Q 的空间距离，且 $l=2R\sin(\psi/2)$。将式（8.26）代入式（8.25）得

$$\Delta g_P=-\frac{\boldsymbol{r}N_P}{R}-\frac{\boldsymbol{r}}{16\pi R}\iint\frac{N_Q-N_P}{\sin^3(\psi/2)}\mathrm{d}\sigma \tag{8.27}$$

式（8.27）就是斯托克斯解析反解公式。类似前面的式（8.16），在平面近似的条件下，式（8.27）也可写成卷积形式：

$$\Delta g_P=-\frac{\boldsymbol{r}N_P}{R}-\frac{\boldsymbol{r}}{2\pi}\left\{N(x,y)\times d(x,y)-N(x_p,y_p)[1\times d(x,y)]\right\} \tag{8.28}$$

式中，$d(x,y)=(x^2+y^2)^{-3/2}$。

类似地，推导出其球面近似计算式：

$$\Delta g_P=-\frac{\boldsymbol{r}N_P}{R}-\frac{\boldsymbol{r}}{4\pi R}\begin{Bmatrix}F^{-1}[F[N(\phi,\lambda)\cos\phi]F[Z(\phi,\lambda)]]\\-N_PF^{-1}[F(\cos\phi)F[Z(\phi,\lambda)]]\end{Bmatrix} \tag{8.29}$$

计算重力异常还可以使用费宁-梅内斯公式，其输入量是垂线偏差，输出量仍然是重力异常：

$$\Delta g_P=\frac{\boldsymbol{r}}{4\pi}\iint_\sigma H'(\psi)(\boldsymbol{\varepsilon}\cos\alpha_{QP}+\boldsymbol{\eta}\sin\alpha_{QP})\mathrm{d}\sigma \tag{8.30}$$

式中，α_{QP} 代表流动点至计算点的方位角；$\boldsymbol{\varepsilon}$ 和 $\boldsymbol{\eta}$ 分别代表垂线偏差在子午圈方向和卯酉圈方向上的分量；$H'(\psi)$ 为积分核函数，其表达式为

$$H'(\psi)=\frac{\mathrm{d}H(\psi)}{\mathrm{d}\psi}=-\frac{\cos\frac{\psi}{2}}{2\sin^2\frac{\psi}{2}}+\frac{\cos\frac{\psi}{2}\left(3+2\sin\frac{\psi}{2}\right)}{2\sin\frac{\psi}{2}\left(1+\sin\frac{\psi}{2}\right)} \tag{8.31}$$

其平面近似和球面近似公式如下：

$$\Delta g_P=-\frac{\boldsymbol{r}}{2\pi}\left\{[\frac{x}{(x^2+y^2)^{3/2}}]\times\boldsymbol{\varepsilon}+[\frac{y}{(x^2+y^2)^{3/2}}]\times\boldsymbol{\eta}\right\} \tag{8.32}$$

$$\Delta g_P=-\frac{\boldsymbol{r}}{2\pi}\left\{[\frac{x}{(x^2+y^2)^{3/2}}]\times\boldsymbol{\varepsilon}+[\frac{y}{(x^2+y^2)^{3/2}}]\times\boldsymbol{\eta}\right\} \tag{8.33}$$

在卫星测高反演重力异常的三种方法中，斯托克斯数值反解公式的计算精度随计算区域的纬度增高而降低，而且受重力场的变化剧烈程度高低而变化，在重力变化平缓的地区，可获得较高的反演精度。边缘效应对斯托克斯数值反解公式的计算结果影响显著，如果不消除这种

影响，其计算结果将失去应用价值。斯托克斯解析反解公式的输入量也是大地水准面高，但是相比斯托克斯数值反解公式可明显改善边缘效应的影响。费宁–梅内斯公式利用垂线偏差计算重力异常，先将由卫星测高获取的大地水准面高观测值转化为垂线偏差观测值，这一转化过程将引入一定大小的误差，因此在使用逆费宁–梅内斯公式时，必须考虑转化过程中的误差影响。

8.1.2 航空重力向下延拓

在通常情况下，重力矢量 $\boldsymbol{g}^{\mathrm{l}}$ 表示正常重力 $\boldsymbol{r}^{\mathrm{l}}$ 和重力扰动 $\delta\boldsymbol{g}^{\mathrm{l}}$ 的和。$\boldsymbol{r}^{\mathrm{l}}$ 是位置的函数，可由正常重力公式计算或由全球重力场模型近似。因此，航空重力测量可由其重力扰动来描述：

$$\delta\boldsymbol{g}^{\mathrm{l}}=\dot{\boldsymbol{v}}^{\mathrm{l}}-\boldsymbol{f}^{\mathrm{l}}+(2\boldsymbol{\Omega}_{\mathrm{ie}}^{\mathrm{l}}+\boldsymbol{\Omega}_{\mathrm{el}}^{\mathrm{l}})\boldsymbol{v}^{\mathrm{l}}-\boldsymbol{r}^{\mathrm{l}} \tag{8.34}$$

式中，$\dot{\boldsymbol{v}}^{\mathrm{l}}$ 为飞机的动态加速度；$\boldsymbol{v}^{\mathrm{l}}=[v_{\mathrm{e}},v_{\mathrm{n}},v_{\mathrm{u}}]^{\mathrm{T}}$ 是速度矢量，下标 e、n、u 表示当地水平坐标系的东、北、天方向。动态加速度 $\dot{\boldsymbol{v}}^{\mathrm{l}}$ 和速度 $\boldsymbol{v}^{\mathrm{l}}$ 及飞机的位置由 GPS 确定。比力 $\boldsymbol{f}^{\mathrm{l}}$ 由惯性系统的三个加速度计测得。

航空重力测量的是沿飞行轨道的重力信息，而在获得海洋重力信息应用中，不需要飞行高度处的重力观测值，而是海面的重力观测值。因此，有必要利用延拓技术推导出不同水平高度处的重力信息。延拓技术包括向上延拓和向下延拓。向上延拓常采用泊松积分，利用参考球体上的重力场信息，如重力异常、垂线偏差、重力扰动来计算地球表面一定高度处的重力场信息，可以用来评价航空重力测量的精度。向下延拓是相反的过程，即已知某一飞行高度处的重力异常或重力扰动，计算地面或海平面上的重力信息。

1．泊松积分逆运算

由航空重力数据获得海平面重力数据，通过向下延拓过程利用航迹上的重力信息推导海平面重力异常，这是泊松积分的逆运算过程，即重力异常从半径 R 到 ρ 的向上延拓公式如下：

$$\Delta g(\rho,\phi,\lambda)=\frac{R}{4\pi r}\int_{w}K(\rho,\psi,R)\Delta g(R,\phi',\lambda')\mathrm{d}w \tag{8.35}$$

式中，R 是参考球体的平均半径；w 是球面；$\rho=R+h$，h 是测高数据；$K(\rho,\phi,R)$ 是积分核函数，其公式为

$$K(\rho,\psi,R)=\sum_{l=0}^{\infty}(2l+1)\left(\frac{R}{\rho}\right)^{l+1}P_l(P,Q)=\frac{R(\rho^2-R^2)}{\sqrt[3]{(\rho^2+R^2-2R\rho\cos\psi)^2}} \tag{8.36}$$

理论上式（8.35）是在全球范围内积分的，但在实际应用中，积分计算只需在航空重力测量的有效范围内进行，则式（8.36）改写为

$$\Delta g(\rho,\varphi,\lambda)=\frac{R}{4\pi r}\int_{w_c}K(\rho,\psi,R)\Delta g(R,\varphi',\lambda')\mathrm{d}w+\Delta g_{w-w_c}(\rho,\varphi,\lambda) \tag{8.37}$$

式中，w_c 是航空重力测量范围，即球面积分区域；$\Delta g_{w-w_c}(\rho,\varphi,\lambda)$ 是远区影响，可由重力场模型近似。式（8.37）又可写成矩阵矢量的形式：

$$g(\rho)-g_{w-w_c}(\rho)=Ag(R) \tag{8.38}$$

因为航空重力异常是离散值，所以离散化式（8.38）后得到如下形式的观测方程：

$$\boldsymbol{g}^h-\boldsymbol{A}_w\boldsymbol{x}_w=\boldsymbol{A}\boldsymbol{x} \tag{8.39}$$

式中，$\boldsymbol{g}^h$ 是航空重力异常；$\boldsymbol{x}$ 和 $\boldsymbol{x}_w$ 分别是 w_c、$w-w_c$ 区域内海平面的重力异常；$\boldsymbol{A}$ 和 $\boldsymbol{A}_w$ 分别是相应的系数矩阵。$\boldsymbol{A}$ 的非对角线元素为

$$A_{ij}=\frac{R}{4\pi\rho}K(\rho_i,\psi_{ij},R)\Delta w_j,\ \ \psi_{ij}\leqslant\psi_c,\ \ i\neq j \tag{8.40}$$

$$A_{ij}=0,\ \ \psi_{ij}\geqslant\psi_c \tag{8.41}$$

$\boldsymbol{A}$ 的对角线元素为

$$A_{ii}=\frac{R}{4\pi\rho}\int_{w_c}K(\rho,\psi,R)\mathrm{d}w-\frac{R}{4\pi\rho}\sum_{j=1,j\neq i}^{N}K(\rho,\psi_{ij},R)\Delta w_j \tag{8.42}$$

航空重力测量得到的重力异常 $\boldsymbol{g}^h$ 是已知观测值，海面重力异常是未知量，这是泊松积分的逆问题，则积分区域内海面重力异常的解为

$$\boldsymbol{x}=\boldsymbol{A}^{-1}(\boldsymbol{g}^h-\boldsymbol{A}_w\boldsymbol{x}_w) \tag{8.43}$$

式（8.43）的最小二乘解是使范数最小化，即

$$\left\|\boldsymbol{A}x-\tilde{\boldsymbol{g}}\right\|=\min \tag{8.44}$$

式中，$\tilde{\boldsymbol{g}}=\boldsymbol{g}^h-\boldsymbol{A}_w x_w$，最小二乘法的解为

$$\hat{\boldsymbol{x}}=(\boldsymbol{A}^{\mathrm{T}}\boldsymbol{A})^{-1}\boldsymbol{A}^{\mathrm{T}}\tilde{\boldsymbol{g}} \tag{8.45}$$

对系数矩阵 $\boldsymbol{A}$ 进行奇异值分解 $\boldsymbol{A}=\boldsymbol{U}\boldsymbol{\Lambda}\boldsymbol{V}^{\mathrm{T}}$，$\boldsymbol{U}$ 和 $\boldsymbol{V}$ 分别是 $\boldsymbol{A}$ 的左、右特征矢量矩阵 $\boldsymbol{U}=\{u_1,\ u_2,\cdots,\ u_n\}$，$\boldsymbol{V}=\{v_1,\ v_2,\cdots,\ v_n\}$，且满足

$$u_iu_i^{\mathrm{T}}=1,\quad v_iv_i^{\mathrm{T}}=v_i^{\mathrm{T}}v_i=1 \tag{8.46}$$

Λ 是对角矩阵，其对角元素为 $\boldsymbol{A}$ 的递减的奇异值 λ_i，代入式（8.46）得最小二乘解的谱分解形式：

$$\hat{\boldsymbol{x}}=(\boldsymbol{A}^{\mathrm{T}}\boldsymbol{A})^{-1}\boldsymbol{A}^{\mathrm{T}}\tilde{\boldsymbol{g}}\ \leftrightarrow\ \hat{\boldsymbol{x}}=\boldsymbol{A}^{+}\tilde{\boldsymbol{g}}=\sum_{i=1}^{n}\frac{u_i^{\mathrm{T}}\tilde{\boldsymbol{g}}}{\lambda_i}v_i \tag{8.47}$$

又令 $\tilde{\boldsymbol{g}}=\boldsymbol{g}+\boldsymbol{e}$，其中 $\boldsymbol{g}$ 为观测值的真值，$\boldsymbol{e}$ 为观测值中的误差，则式（8.47）可写成

$$\hat{\boldsymbol{x}}=\sum_{i=1}^{n}\frac{u_i^{\mathrm{T}}\tilde{\boldsymbol{g}}}{\lambda_i}v_i=\bar{\boldsymbol{x}}+\sum_{i=1}^{n}\frac{u_i^{\mathrm{T}}\boldsymbol{e}}{\lambda_i}v_i \tag{8.48}$$

式中，$\bar{\boldsymbol{x}}$ 表示 $\hat{\boldsymbol{x}}$ 的真值，由观测真值计算而来，由此可以看出，若观测值中存在误差 e，则这个最小二乘解是不稳定的。因为当 $i\to\infty$ 时，$\lambda_i\to 0$，e 在高频段被放大。因此，航空重力测量数据的向下延拓是信号放大的非平稳过程，很小的观测噪声往往引起较大的误差，属于不稳定问题的求解。为了获得稳定的解，需要对不稳定的方程进行处理，以消减航空重力测量数据中高频段观测误差对海洋重力异常计算的影响。

2. 向下延拓的正则化

正则化的实质就是通过选择合适的正则化参数来抑制观测噪声高频部分对参数估值的影响，以求得精确、稳定的解。正则化方法用受条件限制的 $\boldsymbol{A}_\alpha^+$ 代替不稳定的 $\boldsymbol{A}^+$，从而限制其最小二乘解中的误差被放大。

$\boldsymbol{A}_\alpha^+$ 应该满足如下三个条件。

（1）$\boldsymbol{A}_\alpha^+$ 是有界的：

$$\left\|\boldsymbol{A}_\alpha^+\right\|_2 \leqslant d(\alpha) \tag{8.49}$$

式中，$d(\alpha)$ 是正常数。

（2）当观测数据没有误差时，正则化的解应该收敛于正常解：

$$\lim_{e\to 0}\boldsymbol{A}_\alpha^+\tilde{\boldsymbol{g}} = \boldsymbol{A}^+\boldsymbol{g} \tag{8.50}$$

（3）当观测数据没有误差时，正则化因子收敛于零：

$$\lim_{e\to 0}\alpha = 0 \tag{8.51}$$

正则化解表示为

$$\hat{\boldsymbol{x}}_\alpha = \boldsymbol{A}_\alpha^+\tilde{\boldsymbol{g}} = \sum_{i=1}^{n}\delta_\alpha\frac{u_i^{\mathrm{T}}\tilde{\boldsymbol{g}}}{\lambda_i}v_i \tag{8.52}$$

式中，δ_α 是滤波因子，满足 $\lim\limits_{\alpha\to 0}\delta_\alpha = 1$ 且 $\left|\delta_\alpha\right| \leqslant d(\alpha)\lambda_i$。

对比正则化解与无误差的正常解，得出正则化误差方程为

$$\hat{\boldsymbol{x}}_\alpha - \hat{\boldsymbol{x}} = \boldsymbol{A}_\alpha^+\tilde{\boldsymbol{g}} - \boldsymbol{A}^+\boldsymbol{g} = \boldsymbol{A}_\alpha^+(\tilde{\boldsymbol{g}} - \boldsymbol{g}) + (\boldsymbol{A}_\alpha^+ - \boldsymbol{A}^+)\boldsymbol{g} \tag{8.53}$$

正则化误差由两部分组成，一部分是数据或扰动误差，另一部分是正则化误差或偏差。在已知 $\hat{\boldsymbol{x}}$ 的情况下，可以用均方差函数评价正则化解 $\hat{\boldsymbol{x}}_\alpha$ 的好坏，从另一个角度来说，也可以通过最小化均方差函数的方式来确定最佳的 α 值。

Tikhonov 正则化是一种常用的正则化方法，其添加稳定因子到最小化的目标函数，以去除不稳定项。这个稳定因子是添加到解矩阵范数上的参数，是预测误差和最小化解矩阵范数的加权系数。

Tikhonov 正则化函数为

$$F_\alpha(\hat{\boldsymbol{x}}_\alpha) = \left\|\boldsymbol{A}\boldsymbol{x}_\alpha - \tilde{\boldsymbol{g}}\right\|^2 + \alpha\left\|\boldsymbol{x}_\alpha\right\|^2 = \min \tag{8.54}$$

$\alpha > 0$ 是正则化参数。最小化式（8.54）中的第一项 $\left\|\boldsymbol{A}\boldsymbol{x}_\alpha - \tilde{\boldsymbol{g}}\right\|^2$ 与传统的最小二乘法思想一致，最小化 $\left\|\boldsymbol{x}_\alpha\right\|$ 是为了保证正则化解 $\hat{\boldsymbol{x}}_\alpha$ 的稳定性和平滑性。α 是这两项的加权因子，α 的增大是强调平滑性，而 α 的减小是强调其最小二乘部分。

式（8.54）的解为

$$\hat{\boldsymbol{x}}_\alpha = (\boldsymbol{A}^{\mathrm{T}}\boldsymbol{A} + \alpha\boldsymbol{I})^{-1}\boldsymbol{A}^{\mathrm{T}}\tilde{\boldsymbol{g}} \tag{8.55}$$

式（8.55）在其频域内的形式为

$$\widehat{\boldsymbol{x}}_\alpha = \sum_{i=1}^{n} \frac{\lambda_i \boldsymbol{u}_i^{\mathrm{T}} \tilde{\boldsymbol{g}}}{\lambda_i^2 + \alpha} \boldsymbol{v}_i \tag{8.56}$$

Tikhonov 正则化的滤波因子为

$$\delta_\alpha = \frac{\lambda_i^2}{\lambda_i^2 + \alpha} \tag{8.57}$$

$\hat{\boldsymbol{x}}_\alpha$ 的均值为

$$E\widehat{\boldsymbol{x}}_\alpha = E\left[(\boldsymbol{A}^{\mathrm{T}}\boldsymbol{A} + \alpha\boldsymbol{I})^{-1}\boldsymbol{A}^{\mathrm{T}}(\boldsymbol{g} + \boldsymbol{e})\right] = (\boldsymbol{A}^{\mathrm{T}}\boldsymbol{A} + \alpha\boldsymbol{I})^{-1}\boldsymbol{A}^{\mathrm{T}}\boldsymbol{A}\overline{\boldsymbol{x}}_\alpha \tag{8.58}$$

式中，$\overline{\boldsymbol{x}}_\alpha$ 是 $\hat{\boldsymbol{x}}_\alpha$ 的真值，因为 $E\widehat{\boldsymbol{x}}_\alpha \neq \overline{\boldsymbol{x}}_\alpha$，所以 Tikhonov 正则化是有偏的。$\overline{\boldsymbol{x}}_\alpha$ 与 $\hat{\boldsymbol{x}}_\alpha$ 的偏差为

$$\begin{aligned}\widehat{\boldsymbol{x}}_\alpha - \overline{\boldsymbol{x}}_\alpha &= (\boldsymbol{A}^{\mathrm{T}}\boldsymbol{A} + \alpha\boldsymbol{I})^{-1}\boldsymbol{A}^{\mathrm{T}}\boldsymbol{e} - \alpha(\boldsymbol{A}^{\mathrm{T}}\boldsymbol{A} + \alpha\boldsymbol{I})^{-1}\overline{\boldsymbol{x}}_\alpha \\ &= \sum_{i=1}^{n} \frac{\lambda_i \boldsymbol{u}_i^{\mathrm{T}} \boldsymbol{e}}{\lambda_i^2 + \alpha}\boldsymbol{v}_i - \alpha \sum_{i=1}^{n} \frac{\boldsymbol{v}_i^{\mathrm{T}} \overline{\boldsymbol{x}}_\alpha}{\lambda_i^2 + \alpha}\boldsymbol{v}_i\end{aligned} \tag{8.59}$$

其均方差函数为

$$\begin{aligned}\mathrm{MSE} &= E\left[(\hat{\boldsymbol{x}}_\alpha - \overline{\boldsymbol{x}}_\alpha)(\hat{\boldsymbol{x}}_\alpha - \overline{\boldsymbol{x}}_\alpha)^{\mathrm{T}}\right] = E\left\{\left\|\widehat{\boldsymbol{x}}_\alpha - \overline{\boldsymbol{x}}_\alpha\right\|^2\right\} \\ &= \sigma_0^2 \sum_{i=1}^{n} \frac{\lambda_i^2}{(\lambda_i^2 + \alpha)^2} + \alpha^2 \sum_{i=1}^{n} \frac{(\boldsymbol{v}_i^{\mathrm{T}} \overline{\boldsymbol{x}}_\alpha)^2}{(\lambda_i^2 + \alpha)^2}\end{aligned} \tag{8.60}$$

Tikhonov 正则化估计的偏差包括两部分：一部分是测量误差引起的估值误差，随着 α 的增大而减小；另一部分是正则化引起的估值误差，它与 α 成比例，当 $\alpha = 0$ 时，该误差为零。其中 σ_0^2 是最小二乘解的单位权方差，必须选择合理的 α 来平衡这两项误差的作用，从而使它们的和最小并获得准确、稳定的解。

8.1.3　海面重力测量

1. 海面重力测量的特点

海面重力测量是将海洋重力仪安置在海面舰船内，由海洋重力仪的测量输出提供测线上的重力观测值。这种测量方式的缺点是测量船受到海浪、航行速度、海风等扰动因素的影响，使海洋重力仪始终处于运动状态，海洋重力仪弹性系统上的作用力除重力外，还有许多因船的运动而引起的扰动力，这些扰动力必须在重力观测值中予以消除。

水平加速度影响。波浪或气流起伏，以及机器振动等因素引起测量船在水平方向上的周期性振动对重力观测值的影响。在设计仪器时，一般使感应重力敏感部件只能在垂直方向上移动，这样海洋重力仪本身就对水平加速度的直接影响不敏感。例如，以 KSS30 为代表的轴对称型海洋重力仪，其主弹簧和管状圆柱质量块由五根细金属丝控制，使质量块只能在垂直方向上做无摩擦运动。

垂直加速度影响。海浪起伏或机器振动引起测量船在垂直方向上的周期性振动对重力观测值的影响。这种干扰垂直加速度比实际重力加速度变化大得多，而且频率非常高，海洋重力仪传感器总是采用磁场、空气、黏滞性液体等强阻尼的方法来抑制垂直加速度的影响。例如，

L&R 摆杆式重力仪的摆杆置于高阻尼的空气阻尼器中；KSS30 型轴对称海洋重力仪采用阻尼液体；电磁加速度计（EMA）式重力仪传感器将检测质量块悬浮在电磁场中。

交叉耦合效应影响。当测量船所受水平加速度和垂直加速度出现频率一样而相位不同的情况时，安装在稳定平台上的摆杆式重力仪中，水平加速度和垂直加速度发生交叉耦合效应（简称 CC 效应），CC 效应产生的误差在一个波浪周期内不能消除。摆杆式重力仪通常配置专用的 CC 改正计算机，在稳定平台或重力仪外壳上装配水平加速度计，实时测量出水平加速度并由计算机合成 CC 加速度，直接对海洋重力仪读数进行 CC 改正。

厄特弗斯效应改正。当测量船在一条东西向测线上测量重力时，由东向西航行时测得的重力观测值总是大于由西向东航行时测得的重力观测值，这是科氏力附加作用造成的。测量船东向航行时的速度和地球自转速度的叠加使离心力增加，因而测得的重力观测值比实际重力观测值小；反之，测得的重力观测值比实际重力观测值大。这种效应称为厄特弗斯效应。

厄特弗斯效应改正公式为

$$\delta g_{\mathrm{E}} = 2\omega V \sin A \cos\varphi + \frac{V^2}{R} \tag{8.61}$$

式中，ω 为地球自转角速度；A 为测量船的航向角；V 为航速；R 为地球平均半径；φ 为测点的地理纬度。

水平加速度、垂直加速度和 CC 效应影响都是依靠仪器本身的计算或增加附加装置来减少的，但是厄特弗斯效应改正必须在重力数据处理时计算，它的计算精度是影响海面重力测量精度的主要因素。

2．海洋重力数据预处理

测量后的海洋重力数据要经过预处理，主要包括重力基点比对、重力仪滞后效应校正、重力仪零点漂移改正及测量船吃水改正等。

（1）重力基准点比对：为了控制和计算重力仪的零点漂移及观测误差的积累，同时将测点的相对重力观测值传递为测点的绝对重力观测值，在每次海洋重力测量作业开始前和结束后，都需要将海洋重力仪置于重力基准点附近进行测量比对。要求重力基准点与 1985 国家重力基本网进行联测，联测精度不低于±0.3mGal。

根据重力基准点比对时测得的重力仪到重力基点的距离和方位角 B，计算二者在南北向的距离 d_B，求纬度差改正 δg_B，重力仪与重力基准点之间的纬度差改正公式为

$$\delta g_B = 4.741636224(0.01060488 \sin B \cos B - 0.0000234 \sin 2B \cos 2B)\Delta B$$

式中，$\Delta B = d_B / 30$。

重力读数 S 归算到重力基准点高程面的改正公式为

$$S_{\mathrm{J}} = S_{\mathrm{Z}} - 0.3086 h_{\mathrm{JZ}} = S_{\mathrm{Z}} - 0.3086\left[h_{\mathrm{J}} - \left(h_{\mathrm{l}} + h_{\mathrm{r}}\right)/2 + h_{\mathrm{Z}}\right] \tag{8.62}$$

式中，h_{J} 为码头基准点 P 离水面的高度；h_{l} 为重力仪安装位置离水面的高度；h_{r} 为船右舷甲板面离水面的高度；h_{Z} 为重力仪重心离甲板面的高度；h_{JZ} 为重力仪重心离重力基准点高程面的高度；S_{Z} 为重力基准点比对时重力仪的读数；S_{J} 为归算到重力基准点高程面的重力仪

读数。

（2）重力仪滞后效应校正：为了消除或减弱扰动加速度的影响，海洋重力仪的重力敏感系统均采用强阻尼措施，产生了仪器的滞后现象，即在某时刻所读取的重力观测值，不是当时测量船所在位置的重力观测值，而是在滞后时间前一时刻的重力观测值。因此，必须消除这一滞后影响，使重力仪读数正确对应某时刻的地理坐标。每台仪器的滞后时间都不一样，因此，仪器使用前必须在实验室内进行重复的测试，取其平均值作为该仪器的滞后时间。

（3）重力仪零点漂移改正：重力仪零点漂移是海洋重力仪敏感系统主要部件的老化及其他部分性能的逐渐退化，而引起重力仪的起始读数的零位在不断改变。但只要其变化幅度不大且有一定的规律性，就可对相应的读数进行零点漂移改正。关于零点漂移改正，一般采用两种方法：图解法和解析法。图解法费时且不便实现自动化处理，目前很少使用，下面介绍解析法。

测量船执行测量任务时分别在开始和结束时刻在基准点 A 和基准点 B 进行比对观测。设 Δg 为两个基准点绝对重力观测值 g_A 和 g_B 之间的差，即 $\Delta g = g_B - g_A$。重力仪在基准点 A 和基准点 B 上的比对读数分别为 S'_A 和 S'_B，其重力差值为 $\Delta g' = K\left(S'_B - S'_A\right)$，$K$ 是重力仪格值，相应的比对时间分别为 t_A 和 t_B，则此次测量的零点漂移变化率为

$$C = \frac{\Delta g - \Delta g'}{\Delta t} \tag{8.63}$$

式中，$\Delta t = t_A - t_B$。

两次比对重力基准点期间完成的各重力测点观测时刻与比对基准点 A 时刻之间的时间差依次为 $\Delta t_1, \Delta t_2, \cdots, \Delta t_n$，各重力测点的零点漂移改正值可以按线性分配规律计算为 $C \cdot \Delta t_i \left(i = 1,2,\cdots,n\right)$，则经零点漂移改正后的各重力观测值为

$$g_i = g'_i + \delta g_K \cdot \Delta t_i \tag{8.64}$$

式中，$\delta g_K = C \cdot \Delta t_i$；$g'_i = K \cdot S_i$，代表重力仪在第 i 个测点上的读数；Δt_i 的单位为小时。

3．海洋重力异常计算

在完成海洋重力测量数据预处理后，计算各类海洋重力异常，包括测点绝对重力观测值计算、海洋空间重力异常计算、海洋布格重力异常计算。

测点绝对重力观测值计算公式为

$$g = g_0 + K(S - S_0) + \delta g_{\mathrm{E}} + \delta g_{\mathrm{K}} + \delta g_{\mathrm{C}} \tag{8.65}$$

式中，g_0 为重力基准点的绝对重力观测值；K 为重力仪格值；S 为测点处重力仪读数（经滞后改正）；S_0 为经重力基准点比对纬度差改正和高程面归算后的重力基准点处的重力仪读数；δg_{E} 为厄特弗斯效应改正值；δg_{K} 为重力仪零点漂移改正值；δg_{C} 为测量船吃水改正值；g 为测点绝对重力观测值。

海洋空间重力异常计算公式为

$$\Delta g_{\mathrm{F}} = g + 0.3086\left(h'' + h'\right) - r_0 \tag{8.66}$$

式中，g 为测点绝对重力观测值；h'' 为重力仪相对瞬时海平面的高度；h' 为瞬时海平面离大地水准面的高度；r_0 为重力测点所对应的正常重力观测值；Δg_{F} 为海洋空间重力异常。

海洋布格重力异常计算公式为

$$\Delta g_B = \Delta g_F + 0.0419(\sigma - \sigma_0)h - 0.041\sigma_0 h' \tag{8.67}$$

式中，Δg_B 为海洋布格重力异常；Δg_F 为海洋空间重力异常；h 为由平均海平面起算的测点水深；h' 为瞬时海平面离平均海平面的高度；σ 为地壳平均密度，一般取 $2.67\text{g}/\text{cm}^3$；$\sigma_0 = 1.03\text{g}/\text{cm}^3$ 表示海水密度。

由于式（8.67）中的最后一项的值一般很小，使用时往往可以忽略不计，故通常使用下式计算海洋布格重力异常，即

$$\Delta g_B = \Delta g_F + 0.0419(\sigma - \sigma_0)h \tag{8.68}$$

在这三种海洋重力异常中，海洋布格重力异常被广泛应用，也就是常说的海洋重力异常。

8.2 多源重力数据融合

目前，海洋重力数据有三种类型，即卫星测高数据推导重力数据、航空重力测量数据、船测重力测量数据。卫星测量数据占据重力信息中的低频部分，而局部重力测量数据则覆盖中高频部分，航空重力测量和船测重力测量都属于局部重力测量方式。航空重力测量数据包含重力信息的中高频部分，而船测重力测量数据则只包含重力信息的高频部分。图 8.2 显示了卫星测高推导重力数据与局部重力测量数据在重力信息中的贡献。

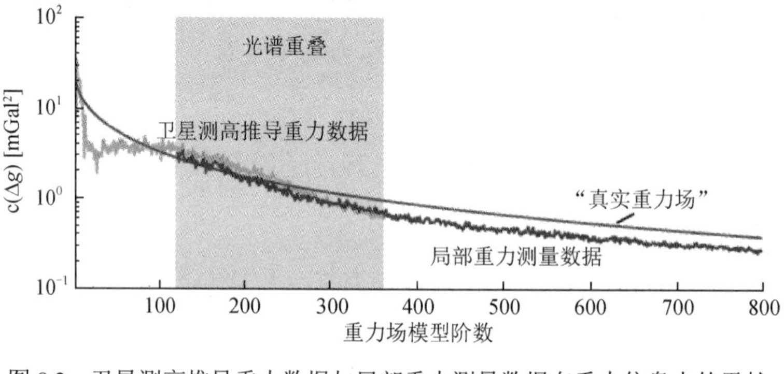

图 8.2　卫星测高推导重力数据与局部重力测量数据在重力信息中的贡献

图 8.2 中的卫星数据只恢复了重力场模型中的低阶数部分。中频地区为灰色，依靠局部重力测量数据的范围和卫星测高数据的分辨率而定。在重叠区域，两种数据间的相关性最强，高阶部分仅由局部重力测量数据恢复。图 8.2 表明，单一的重力测量设备提供的重力信息对于充分描述真实重力场是片面的。融合不同测量手段的重力信息能提高重力测量数据的可靠性，也能拓宽重力测量的范围。

本节在利用局部重力测量数据修改重力球谐函数的基础上，介绍应用迭代过程融合多源重力数据的思想，其中使用的移去-恢复技术能大大地避免融合结果受到高频噪声的影响。

8.2.1 融合算法原理

1. 球谐函数分析

设 $f(\theta,\lambda)$ 为单位球上的可积函数，则其球谐展开式为

$$f(\theta,\lambda)=\sum_{n=0}^{\infty}\sum_{m=0}^{n}\left(\bar{C}_{nm}\cos m\lambda+\bar{S}_{nm}\sin m\lambda\right)\bar{P}_{nm}\left(\cos\theta\right) \tag{8.69}$$

式中，$\bar{C}_{nm}$ 和 $\bar{S}_{nm}$ 为完全规则化球谐系数；$\bar{P}_{nm}(\cos\theta)$ 为完全规则化勒让德多项式。

根据球谐函数的正交性，球谐系数 $\bar{C}_{nm}$ 和 $\bar{S}_{nm}$ 为

$$\left.\begin{matrix}\bar{C}_{nm}\\ \bar{S}_{nm}\end{matrix}\right\}=\frac{1}{4\pi}\int_{w}f(\theta,\lambda)\begin{Bmatrix}\cos m\lambda\\ \sin m\lambda\end{Bmatrix}\bar{P}_{nm}\left(\cos\theta\right)\mathrm{d}w \tag{8.70}$$

设扰动位函数为已知函数，则可展开成式（8.69）的球谐函数形式，它的球谐函数系数为

$$\left.\begin{matrix}\Delta\bar{C}_{nm}\\ \Delta\bar{S}_{nm}\end{matrix}\right\}=\frac{1}{4\pi}\int_{w}T(Q)\begin{Bmatrix}\cos m\lambda\\ \sin m\lambda\end{Bmatrix}\bar{P}_{nm}\left(\cos\theta\right)\mathrm{d}w \tag{8.71}$$

梅森原理指出扰动位函数与重力变量的关系，即重力变量可表示成扰动位函数，可得重力异常的球谐函数为

$$\Delta g=\frac{\mathrm{GM}}{R}\sum_{n=2}^{\infty}\left(\frac{R}{\rho}\right)^{n+1}\frac{n-1}{\rho}\sum_{m=0}^{n}\left(\bar{C}_{nm}^{*}\cos m\lambda+\bar{S}_{nm}\sin m\lambda\right)\bar{P}_{nm}\left(\cos\theta\right) \tag{8.72}$$

则

$$\left.\begin{matrix}\Delta\bar{C}_{nm}\\ \Delta\bar{S}_{nm}\end{matrix}\right\}=\frac{R^{2}}{4\pi\mathrm{GM}(n-1)}\int_{w}\Delta g\begin{Bmatrix}\cos m\lambda\\ \sin m\lambda\end{Bmatrix}\bar{P}_{nm}\left(\cos\theta\right)\mathrm{d}w \tag{8.73}$$

由于在实际中获得的是离散的重力异常数据，将式（8.73）离散化后得到

$$\begin{aligned}\left.\begin{matrix}\Delta\bar{C}_{nm}\\ \Delta\bar{S}_{nm}\end{matrix}\right\}=&\frac{R^{2}}{4\pi\mathrm{GM}(n-1)}\times\\ &\sum_{i=0}^{N-1}\sum_{j=0}^{2N-1}\frac{\Delta g_{ij}}{q_{n}^{i}}\int_{\theta_{i}}^{\theta_{i+1}}\int_{\lambda_{j}}^{\lambda_{j+1}}\begin{Bmatrix}\cos m\lambda\\ \sin m\lambda\end{Bmatrix}\bar{P}_{nm}\left(\cos\theta\right)\sin\theta\,\mathrm{d}\lambda\,\mathrm{d}\theta\end{aligned} \tag{8.74}$$

式中，N 为在纬度方向上划分重力异常的网格数；q_{n}^{i} 为 Colombo 建议的平滑因子，其表达式为

$$q_{n}^{i}=\begin{cases}(\beta_{n}^{i})^{2}, & 0\leqslant n\leqslant N/3\\ \beta_{n}^{i}, & N/3<n\leqslant N\\ 1, & N<n\end{cases} \tag{8.75}$$

式中，β_{n}^{i} 为平滑算子，通常可以由 Pellinen 公式计算：

$$\beta_{n}^{i}=\frac{1}{1-\cos\psi_{0}^{i}}\cdot\frac{1}{2n+1}[P_{n-1}(\cos\psi_{0}^{i})-P_{n+1}(\cos\psi_{0}^{i})] \tag{8.76}$$

式中，$P_n(\cdot)$ 为勒让德多项式，ψ_0^i 的定义为

$$\psi_0^i = \cos^{-1}[\frac{\Delta\lambda}{2\pi}(\cos\theta_{i+1} - \cos\theta_i) + 1] \tag{8.77}$$

式中，$\Delta\lambda$ 为等网格的经度差。

因为不同的全球重力场模型是由不同的重力数据计算而来的，所以它虽然保留了重力变化的总体趋势，但对于要求重力数据有较高精度和分辨率的应用场合，它对具体重力特征的描写不够充分，所以有必要细化特殊应用区域的重力场特征。

用局部重力测量数据和全球重力场模型获得精化的局部重力场模型，这个想法最初是由 Kaula 提出的，后由 Ropp 进一步完善，其主要思想是在原始的球谐系数上添加改正项：

$$\left.\begin{matrix}\Delta\bar{C}_{nm}^{\text{new}} \\ \Delta\bar{S}_{nm}^{\text{new}}\end{matrix}\right\} = \left\{\begin{matrix}\Delta\bar{C}_{nm}^{\text{old}} \\ \Delta\bar{S}_{nm}^{\text{old}}\end{matrix}\right\} + \left\{\begin{matrix}\Delta\bar{C}_{nm} \\ \Delta\bar{S}_{nm}\end{matrix}\right\} \tag{8.78}$$

式中，$\Delta\bar{C}_{nm}^{\text{new}}$ 和 $\Delta\bar{S}_{nm}^{\text{new}}$ 为计算的新的模型系数；$\Delta\bar{C}_{nm}^{\text{old}}$ 和 $\Delta\bar{S}_{nm}^{\text{old}}$ 为未修正前的模型系数，称为旧系数；$\Delta\bar{C}_{nm}$ 和 $\Delta\bar{S}_{nm}$ 为模型系数的改正项，由残差重力数据计算而来，所谓的残差重力数据是指用于精化局部重力场的新重力数据与旧重力场模型数据之间的差，其计算公式为

$$\text{AT}' = \text{AT} - \text{AT}^{\text{old}} \tag{8.79}$$

式中，AT 表示用于精化局部重力场的新重力数据；AT^{old} 为旧重力场模型数据；AT′ 为残差重力数据。

假如已知研究区域内的重力异常 Δg，而且已知的重力场模型独立于所用的重力数据，则式（8.74）中的改正项计算式为

$$\left.\begin{matrix}\Delta\bar{C}_{nm} \\ \Delta\bar{S}_{nm}\end{matrix}\right\} = \frac{a^2}{4\pi\text{GM}(n-1)} \times \sum_{i=0}^{N-1}\sum_{j=0}^{2N-1}\frac{\Delta g'_{ij}}{q_n^i}\int_{\theta_j}^{\theta_{j+1}}\int_{\lambda_j}^{\lambda_{j+1}}\left\{\begin{matrix}\cos m\lambda \\ \sin m\lambda\end{matrix}\right\}\bar{P}_{nm}(\cos\theta)\sin\theta \mathrm{d}\lambda \mathrm{d}\theta \tag{8.80}$$

式中，残差重力异常为

$$\Delta g' = \Delta g - \Delta g^{\text{old}} \tag{8.81}$$

2．模型系数迭代修正方法

在由局部重力测量数据修正全球重力场模型参数以精化局部重力场的过程中，使用迭代过程来精化局部重力场，其迭代修正过程如图 8.3 所示。

首先，提供一个独立于测量数据的初始重力场模型，根据初始重力场模型系数计算重力异常 Δg^{old}，然后用获得的局部重力测量数据与之做差运算，得残差重力异常 $\Delta g'$，根据式（8.74）计算系数的改正项 $\Delta\bar{C}_{nm}$ 和 $\Delta\bar{S}_{nm}$，用系数的改正项根据式（8.78）修正初始重力场模型系数，产生新模型系数 $\Delta\bar{C}_{nm}^{\text{new}}$ 和 $\Delta\bar{S}_{nm}^{\text{new}}$，再利用新模型系数计算重力异常 Δg^{old}，重复上述过程直到满足终止条件。终止条件可以设定为重力残差小于设定的门限值。迭代过程的一个优点是它能发现并去除大测量误差，而且无须了解数据误差信息就能得到平滑的结果。迭代方法可以使用大量的数据，也能融合不同类型的扰动位函数，如重力异常、重力扰动等。

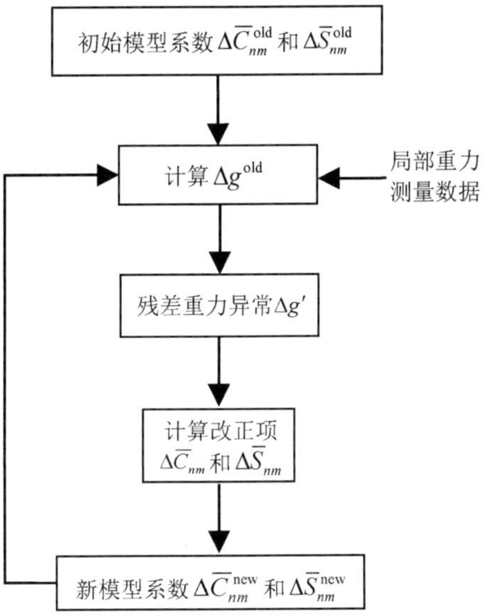

图 8.3　重力场模型系数的迭代修正过程

8.2.2　多源重力数据融合方案

融合卫星测高数据、航空重力测量数据、船测重力测量数据的实现方案为：首先融合卫星测高数据与全球重力场模型，然后融合航空重力测量数据，最后融合船测重力测量数据。

卫星测高推算重力数据与航空向下延拓得到的重力数据都是网格化的数据，对于船测重力测量数据，由于实际的海面测量布线问题，存在与上述两种数据位置不符的情况，因此要融合这三种重力数据，需要先将船测重力测量数据网格化，网格化重力异常数据可以通过实测值直接内插得到，但由于重力异常受长波和短波分量的影响较大，直接内插的效果并不好。

网格化重力异常应采用移去−恢复技术计算，即首先在离散重力点的重力异常中消除利用高阶地球重力场模型计算得到的中长波重力异常 Δg^{B} ，以及用 RTM 计算得到的地形改正 g_{T} ，以获得离散重力点的残差重力异常，这是移去过程，其计算公式为

$$\Delta g = \Delta g^{\text{ship}} - \Delta g^{\text{B}} - g_{\text{T}} \tag{8.82}$$

然后采用内插计算公式内插残差重力异常，这是变换过程，其计算公式为

$$\Delta g \rightarrow \Delta g' \tag{8.83}$$

最后在网格化残差重力异常中恢复重力场模型计算得到的中长波重力异常和 RTM 计算得到的地形改正，以获得网格重力异常。地形改正属于短波重力异常，这是一个恢复过程，其计算公式为

$$\Delta \hat{g} = \Delta g' + \Delta g^{\text{B}} + g_{\text{T}} \tag{8.84}$$

融合网格化的船测重力测量数据。由融合航空重力数据后的模型系数 $\Delta\overline{C}_{nm}^{\text{B}}$ 和 $\Delta\overline{S}_{nm}^{\text{B}}$ 计算 Δg^{B} ，作为此过程的重力场模型数据；融合船测重力测量数据，经迭代过程生成重力场模型，

最终修正系数 $\Delta\overline{C}_{nm}^{\mathrm{C}}$ 和 $\Delta\overline{S}_{nm}^{\mathrm{C}}$，计算出融合三种重力数据后的海洋重力异常。图 8.4 所示为多源海洋重力数据融合方案的方框图。

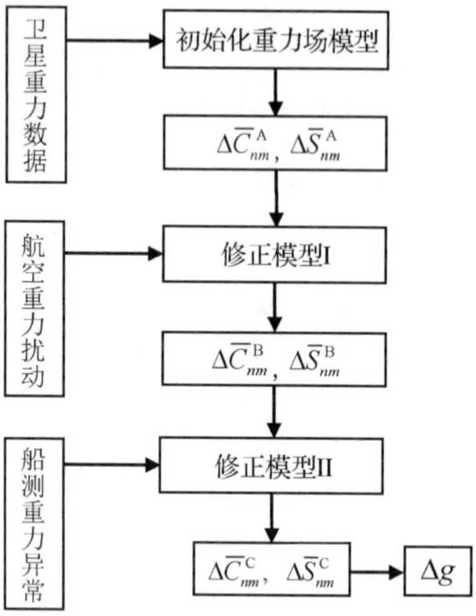

图 8.4　多源海洋重力数据融合方案的方框图

8.2.3　多源海洋重力数据来源

仿真试验的研究区域采用 B_1 海区，经度范围为 117.5°E～119.5°E、纬度范围为 23.5°N～24.5°N 的区域。B_1 海区属于西太平洋海区中国南海海域北部湾地形地区，这部分地区是水深小于 100m 的浅海，平均水深约为 40m，全部位于大陆架上。该海湾的地形与渤海的地形有些相似，北部和西部较浅，约为 20～40m，中部和东南部较深，约为 50～60m。湾内海底的地势由西北向东南倾斜。

1．卫星重力数据

卫星测高数据推算的重力异常来自由 GEOSAT 信息中心提供的 GEOSAT 卫星重力数据，两个试验海区范围内的卫星重力数据是经过各种改正和换算后形成的海洋重力异常数据。

2．航空重力测量数据

航空重力测量数据采用数学模拟的方式获得，采用空中重力扰动矢量的估算方法合成航空重力测量数据。B_1 海区内的航空重力测量数据，飞机高度估算为 1200m，速度估算为 250km/h。图 8.5 所示为用合成数据绘制的重力异常等值线图。

3．船测重力测量数据

船测重力测量数据在仿真试验中有三个作用：一是结合卫星重力数据和航空重力测量数据形成局部高精度的海洋重力场；二是结合水深数据估算局部水深模型，进而求水深的 RTM 改正；三是用来评价多源重力数据的融合结果。因此，在仿真试验中，将海面直接测量的重力数据每隔一个点取一个重力数据，组成点集与航空重力测量数据和卫星重力数据进行数据融合，并估计水深模型，剩余的点组成新的集合做最终评价融合精度的验证数据。

本次仿真实验用的海面直接测量的海洋重力数据来自国家海洋数据中心，图 8.6 给出了 B_1 海区的重力异常图，B_1 海面直接测量的海洋重力异常是 $2' \times 2'$ 的网格间距，共有 1952 个数据点。

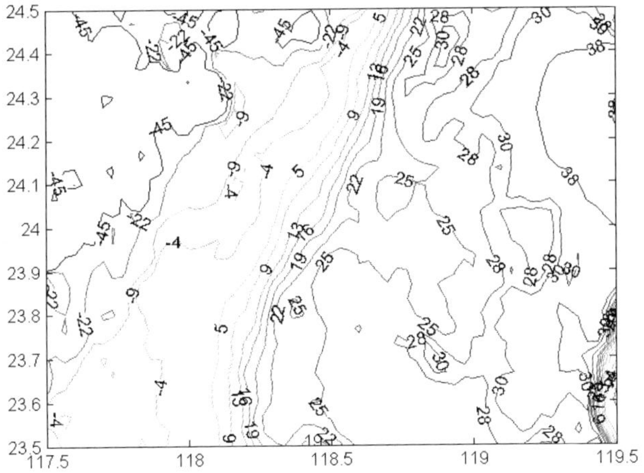

图 8.5　用合成数据绘制的重力异常等值线图

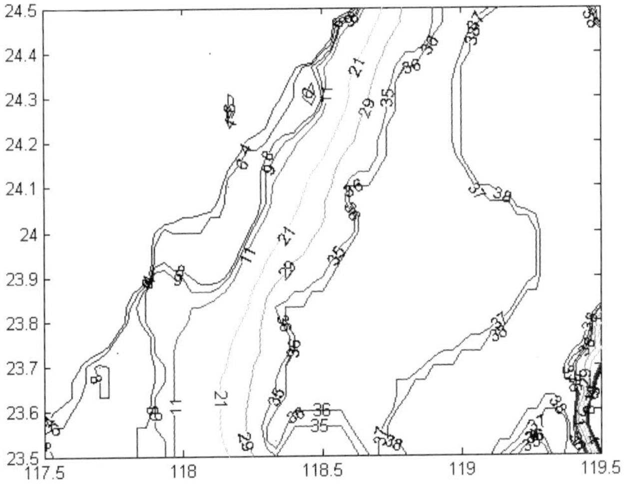

图 8.6　B_1 海区的重力异常图（扫二维码）

4．重力模型 EGM96

EGM96 模型是美国 NASA/GSFC 和国防制图局（DMA）联合研制的 360 阶全球重力场模型，被公认为是同阶次模型中最好的一个。它是结合 GEOSAT、ESR-1 的测高数据和全球 $30' \times 30'$ 的平均重力异常计算而来的，其分辨率为 $30'$，大约相当于 55km。地面重力信息、卫星跟踪和卫星测高数据被用来推算高阶重力场模型。将卫星跟踪数据、地面数据和直接测高结果组合起来，通过最完善和最严格的建模和估计技术得到直到 70 阶的重力场低阶部分。为了估计从 70 阶到 360 阶的位系数，充分利用由规则的 $30' \times 30'$ 的平均重力异常网格估计地球位系数时的对称性质。在 N72°到 S72°之间的广阔海域，EGM96 采用 NIMA（美国国家影像和测绘局）由 GEOSAT/GM 测高数据计算的 $30' \times 30'$ 的平均重力异常网格。

8.2.4 多源重力数据融合试验

从 B1 海区内的重力图可以看出该海区内有部分陆地，多源重力数据融合试验是针对其中的海洋重力部分进行的。首先将三种重力数据与全球重力场模型分别进行融合，然后进行三种重力数据的融合。这样可以用每种重力数据与重力场模型融合的结果与三种重力数据融合的结果进行比较，从而更充分地分析多源重力数据融合的结果。

1. 卫星测高推算重力数据与重力场模型的融合

首先在 B_1 海区对卫星测高推算重力数据与全球重力场模型进行融合，全球重力场模型采用 EGM96 作为初始模型，它计算的 B_1 海区的重力数据与卫星重力数据生成残差重力异常，将残差重力异常按迭代过程计算模型修正系数，这里 $l=10,11,\cdots,360$，前 10 阶的重力场模型保持不变是为了避免卫星推导的重力数据不准确而带来误差。由于 B_1 海区的范围是 1°×2°，卫星测高推算重力数据的网格间距是 2′×2′，所以式（8.74）中 N=30，则式（8.74）可改写为

$$\left.\begin{matrix}\Delta\bar{C}_{nm}\\ \Delta\bar{S}_{nm}\end{matrix}\right\}=\frac{a^2}{4\pi\text{GM}(n-1)}\times \sum_{i=0}^{29}\sum_{j=0}^{59}\frac{\Delta g'_{ij}}{q_n^i}\int_{\theta_j}^{\theta_{j+1}}\int_{\lambda_j}^{\lambda_{j+1}}\left\{\begin{matrix}\cos m\lambda\\ \sin m\lambda\end{matrix}\right\}\bar{P}_{nm}(\cos\theta)\sin\theta\text{d}\lambda\text{d}\theta \tag{8.85}$$

设定停止迭代的误差为 8mGal，因为卫星测高推算重力数据的精度一般在这个水平，考察在这个条件下融合算法所能达到的精度水平。经过 12 次迭代后，新重力场模型与 EGM96 重力场模型的异常度如图 8.7 所示。由图 8.7 可知，两个模型之间较大的偏差存在于 180 阶以内，这与之前提到的卫星测高推算重力数据描述重力场中的低频信息这一理论是一致的。最大偏差发生在 $l=100\sim150$，这是卫星测高推算重力数据的主要频率区，若 $l>180$，则两个模型间的差别不大。

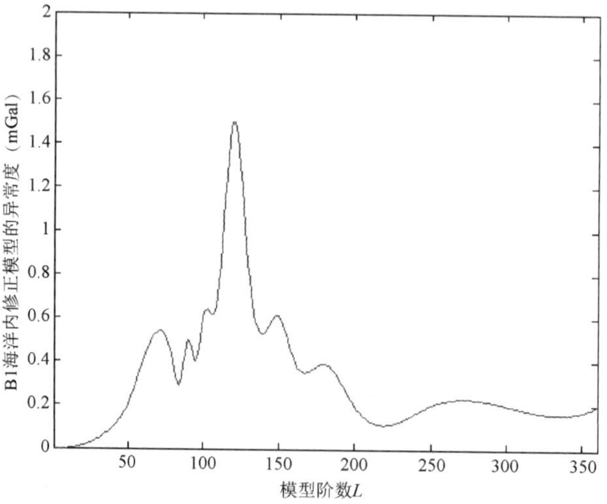

图 8.7 新重力场模型与 EGM96 重力场模型的异常度

融合卫星重力与 EGM96 的 B_1 海区重力等值线图如图 8.8 所示。对比描述 B_1 海区的图 8.8

和图 8.5，融合后的重力等值线图比卫星重力数据等值线图细化了一些特征，但是与船测数据的重力等值线图相比有一定的偏差。

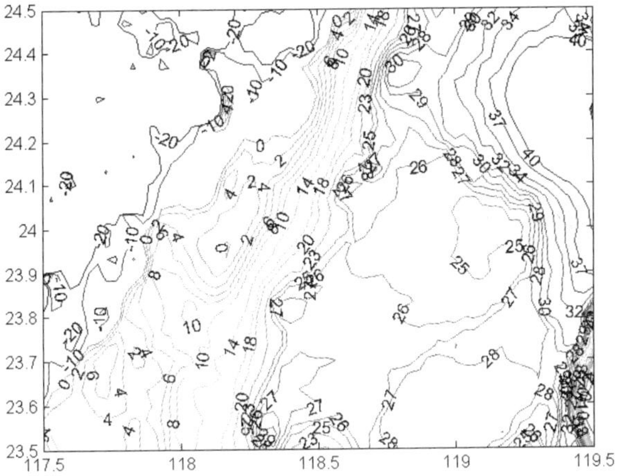

图 8.8　融合卫星重力与 EGM96 的 B_1 海区重力等值线图（扫二维码）

2．航空重力测量数据与重力场模型的融合

融合航空重力测量数据的过程与融合卫星重力数据的过程不同，在进行重力数据融合之前，需要对航空重力测量数据进行向下延拓和地形改正。对航空重力测量数据的地形改正，采用水深模型的 RTM 进行。结合已知的水深统计特性及船测重力测量数据计算。这里用到的船测重力测量数据的网格间距是 2′×2′。

首先采用移去-恢复技术，即计算重力场模型对高度为 1200m 处的重力观测值的贡献和水深对此处重力的影响，再从航空重力测量数据中减去这两项，然后用残差重力数据向下延拓到海面，在延拓后的结果中恢复重力场模型和水深对海面重力异常的影响。图 8.9 所示为 B_1 海区内 2′×2′的航空重力测量数据向下延拓的结果。相比初始的航空重力测量数据，经过水深改正后的航空重力测量数据向下延拓的结果基本呈现了船测重力等值线图的特征。

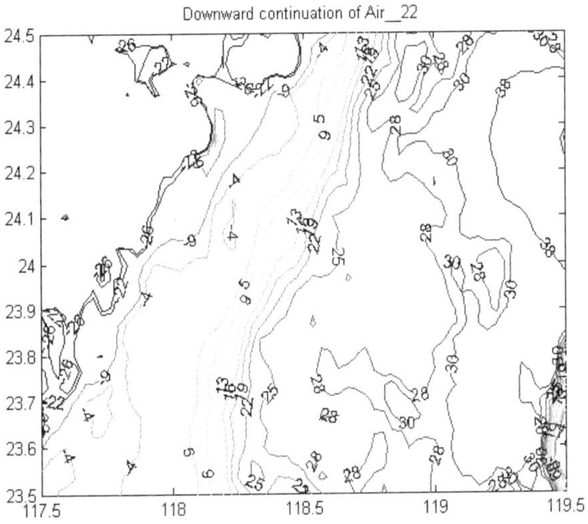

图 8.9　B_1 海区内 2′×2′的航空重力测量数据向下延拓的结果（扫二维码）

在向下延拓后的航空重力测量数据与重力场模型的融合过程中，因为局部重力测量数据对重力场模型的贡献主要集中在中高频部分，所以为了减少计算时间，可从最小阶数 $l_{\min}$ 开始计算。文献参照[76,77]指出，局部重力测量数据改正的球谐函数系数的有效范围为 $[l_{\min}, l_{\max}]$，其中 $l_{\min} = 180° / \theta$，$l_{\max} = 360° / \theta$ 是重力数据的范围，这里的最大值取决于所采用的参考重力场模型 EGM96 的阶数。由于重力数据区域是 1°×2°的有效范围，因此固定 $l_{\min} = 90$，为了平衡有效精度与计算时间和空间的冲突，在实验中取 $l = 70$，即保持 EGM96 前 70 阶系数不变。设定停止迭代的误差为 5mGal，与航空重力测量的精度水平相当。经过 10 次迭代后，发现融合后的模型与原始模型的差别主要在 120～250 阶，航空重力测量数据对重力场模型的影响集中在中频偏高的区域。

B_1 海区的航空重力测量数据与 EGM96 模型融合后得到的重力等值线图如图 8.10（a）所示，由图中的数据可知，B_1 海区的航空重力测量数据融合结果在均值上有 1.97mGal 的偏差；B_2 海区的航空重力测量数据与 EGM96 模型融合得到的重力等值线图如图 8.10（b）所示，由图中的数据可知，在 B_2 海区内有 1.43mGal 的偏差。

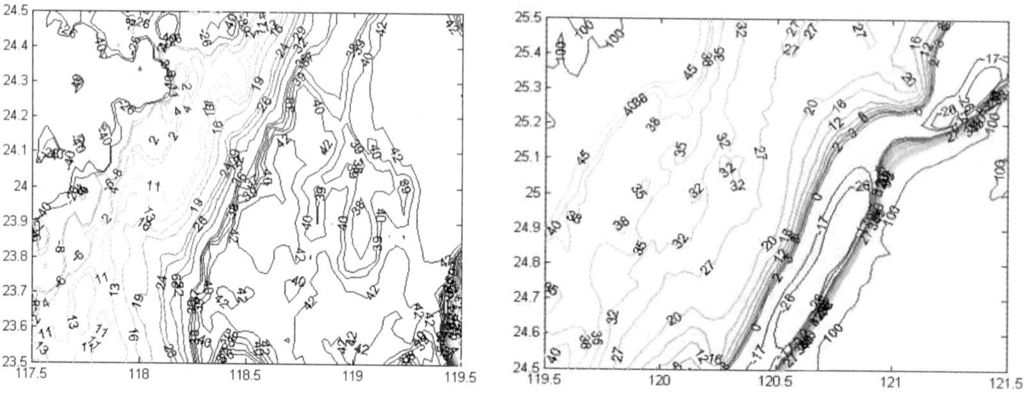

（a）　　　　　　　　　　（b）

图 8.10　B_1 和 B_2 海区的航空重力测量数据与 EGM96 模型融合后得到的重力等值线图（扫二维码）

3．三种重力数据与重力场模型的融合

根据前述的多源重力数据融合方案对卫星重力测量数据、航空重力测量数据和船测重力测量数据进行融合。首先融合卫星重力数据与初始的 EGM96 重力场模型，获得修正后的模型，称为 A 模型；然后在第二次融合中，由 A 模型作为初始模型，融合航空重力测量数据，生成修正后的模型，称为 B 模型；最后实现 B 模型与船测重力测量数据的融合。因为不同的重力数据在修正重力场模型时，影响不同 l 范围的模型系数。为了节省计算时间，将分阶计算。因为航空重力测量数据在计算修正模型系数时，与模型间的差别主要集中在 120～250 阶，所以在融合航空重力测量数据时，取 $l_{\min} = 100$，而融合船测重力测量数据时，取 $l_{\min} = 140$，这样，计算量将大幅减少。

B_1 海区的第二次融合结果与海面重力数据的偏差均值分别是 1.04mGal 和 1.08mGal，改善了单独航空重力测量数据与重力场模型融合的精度水平。在均值上提高了 47.2%，这表明卫星重力数据修正的重力场模型在描述 B_1 和 B_2 海区的局部重力场特性上优于 EGM96 重力场模型。用融合航空重力测量数据的 B 模型与海面重力数据进行融合，B_1 海区的船测重力测量数据融合结果与船测重力测量数据偏差的均值为 0.26mGal。对比船测重力测量数据与 EGM96 重力场模型的融合结果，发现融合后的精度提高了。融合后的重力数据包含全球和局部的重力信息，同时通过迭代过程删去了大测量误差，细化了局部重力场。

8.3　重力匹配导航算法

8.3.1　ICCP 重力匹配算法

在得到重力基准图之后，可以采用 ICCP（Iterative Closest Contour Point）算法进行重力匹配定位。ICCP 算法来源于图像匹配中的 ICP（Iterative Closest Point）算法，其实质是匹配多边弧。在匹配多边弧的问题中，需要找到一个短弧，使其与一个长弧的一段最佳匹配。

1. ICCP 算法原理

基于重力基准图的导航定位问题，就是通过载体上的传感器测量值，在已有的重力基准图上找到载体位置。一个重力测量值只能将载体约束到称为等值线的曲线上，因此载体必须移动并采集多个重力测量值，与重力基准图进行匹配，以校正载体的相对位置误差。

记测量数据点集合为$\{x_n\}$，$n=1,2,\cdots,N$，真实航迹点集合为$\{y_n\}$，重力测量值集合为$\{f_n\}$。由于导航误差，数据点坐标相对重力基准图存在误差。为求得载体的真实位置，需要将数据点与存储的重力基准图进行匹配，通过包含旋转和平移的刚性变换 T 使重力基准图上数据点和测量数据点之间的距离最小。也就是说，数据点 x_n 一定在重力观测值为 f_n 的等值线 C_n 上，但不知道是哪一点，通过确定刚性变换 T 使下式表示的距离最小：

$$M(\boldsymbol{C},T\boldsymbol{X})=\sum_{n=1}^{N}w_n d(C_n,Tx_n) \tag{8.86}$$

式中，$\boldsymbol{X}=\{x_n\}$ 是数据点集合；$\boldsymbol{C}=\{C_n\}$ 是重力测量值的等值线集合；$d(C_n,Tx_n)$ 是数据点 x_n 与等值线 C_n 之间的距离；w_n 是权系数，用来度量第 n 个测量的相对重要程度。

采用下列迭代算法求取使距离最小的变换：①对每个数据点 x_n 在其等值线上寻找最近点，记这些点为 y_n，假设 y_n 是 x_n 的相应等值线点；②寻找刚性变换 T，使集合 $\boldsymbol{Y}=\{y_n\}$ 与集合 $\boldsymbol{X}=\{x_n\}$ 之间的距离最小，即

$$M(\boldsymbol{C},T\boldsymbol{X})=M(\boldsymbol{Y},T\boldsymbol{X})=\sum_{n=1}^{N}w_n\left\|y_n-Tx_n\right\|^2 \tag{8.87}$$

③将集合 $\boldsymbol{X}$ 变换到集合 $T\boldsymbol{X}$，将新的集合 $T\boldsymbol{X}$ 作为起始集合进行下一步迭代，重复该过程直至收敛，即 T 停止显著的变化。

迭代算法的收敛性体现为从起始集合 $\boldsymbol{X}^{(0)}$ 开始，生成集合序列 $\boldsymbol{X}^{(1)},\boldsymbol{X}^{(2)},\cdots,\boldsymbol{X}^{(F)}$，每次迭代中距离减少，即

$$M(\boldsymbol{C},\boldsymbol{X}^{(i+1)})=M(\boldsymbol{Y},T^{(i)}\boldsymbol{X}^{(i)})\leqslant M(\boldsymbol{C},\boldsymbol{X}^{(i)}) \tag{8.88}$$

有两个对应点集合 $\boldsymbol{X}=\{x_n\}$ 和 $\boldsymbol{Y}=\{y_n\}$，需要找到一个包含旋转和平移的刚性变换 T，使两个集合之间的距离最小。记对 $\boldsymbol{X}$ 旋转的距离为 R，平移矢量为 t，则有 $Tx_n=t+Rx_n$，这里两个集合的质心分别为

$$\begin{cases}\tilde{y}=\dfrac{1}{w}\displaystyle\sum_{n=1}^{N}w_n y_n\\ \tilde{x}=\dfrac{1}{w}\displaystyle\sum_{n=1}^{N}w_n x_n\end{cases} \tag{8.89}$$

式中，$w=\sum_{n=1}^{N}w_n$。重力图匹配是二维问题，旋转轴为 $\hat{\boldsymbol{v}}=[0,0,1]^{\mathrm{T}}$，四元数简化为 $q=[\cos(\theta/2),0,0,\sin(\theta/2)]^{\mathrm{T}}$。根据 ICCP 数学原理，得

$$\boldsymbol{R}=\begin{bmatrix}\cos\theta & -\sin\theta\\ \sin\theta & \cos\theta\end{bmatrix} \tag{8.90}$$

$$S=\sum_{n=1}^{N}w_n(y_n-\tilde{y})(x_n-\tilde{x})^{\mathrm{T}} \tag{8.91}$$

$$\boldsymbol{W}=\begin{bmatrix}S_{11}+S_{22} & 0 & 0 & S_{21}-S_{12}\\ 0 & S_{11}-S_{22} & S_{12}+S_{21} & 0\\ 0 & S_{12}+S_{21} & S_{22}-S_{11} & 0\\ S_{21}-S_{12} & 0 & 0 & -S_{11}-S_{22}\end{bmatrix} \tag{8.92}$$

矩阵 $\boldsymbol{W}$ 的四个特征值是实数，它们为

$$\lambda=\pm\sqrt{(S_{11}+S_{22})^2+(S_{21}-S_{12})^2},\ \pm\sqrt{(S_{11}-S_{22})^2+(S_{12}+S_{21})^2} \tag{8.93}$$

记最大的特征值为 λ_{m}，则特征矢量可由下式计算出：

$$(S_{11}+S_{22}-\lambda_m)q_0+(S_{21}-S_{12})q_3=0 \tag{8.94}$$

由此确定旋转角为

$$\tan\frac{\theta}{2}=\frac{S_{11}+S_{22}-\lambda_m}{S_{21}-S_{12}} \tag{8.95}$$

在旋转矩阵确定后，平移矢量为

$$t=\tilde{y}-R\tilde{x} \tag{8.96}$$

寻找最近等值线点是 ICCP 算法的关键。它首先基于一个假设：惯性导航的相对误差不大，真实位置就在惯性导航给定位置的附近。结合重力等值线图的特点，向多边弧的等值线做垂线，垂足为最近等值线点。ICCP 算法的基本流程如图 8.11 所示。

2. ICCP 算法的改进

根据重力测量值在重力等值线图上找到对应的坐标点是 ICCP 算法的关键之一，在图像匹配中称为重采样。这是因为重力测量值并不一定是重力等值线图上的网格重力观测值，重采样就是在重力等值线图上按内插方法找出某重力测量值在重力等值线图上的确切位置。

从数学角度上看，重力观测值在重力等值线图上的定位是一个不定问题，因为等重力观测值的点在重力等值线图上很可能不止一个。因此，ICCP 算法有一个假设：惯性导航的相对误差不大，真实位置就在惯性导航给定位置的附近。这样就增加了一个限定条件：寻找最近等值线点。单一重力观测值最终定位在最近等值线点上。

为了减少最近邻内插法寻找最近等值线点的误差，需要在网格中进行等值线提取。通过等值线提取，找到真正的等值线，确定真正的等值线点。在网格中提取等值线通常用线性插值的方法，网格单元的四个网点坐标分别为 (x_i, y_j)、(x_{i+1}, y_j)、(x_{i+1}, y_{j+1})、(x_i, y_{j+1})，对应的重力测量值分别为 g_0、g_1、g_2、g_3，如图 8.12 所示。

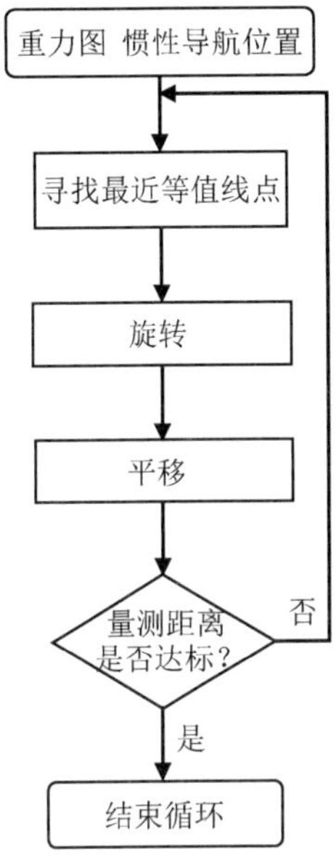

图 8.11　ICCP 算法的基本流程

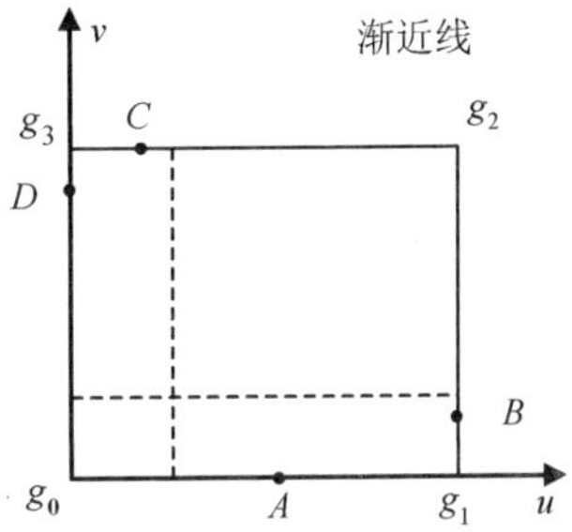

图 8.12　等值线在网格单元中的出入点

假设提取场值为 c 的等值线。仅当四个网点中部分场值小于 c，而其他场值大于 c 时，该等值线穿过网格单元。例如，若 $g_1 < c < g_0$，则等值线由点 A 进入，点 A 的坐标值由线性插值得

$$\begin{cases} x_A = x_i + (x_{i+1} - x_i)(g_0 - c)/(g_0 - g_1) \\ y_A = y_i \end{cases} \tag{8.97}$$

且当 $c < g_2$、g_3 时，等值线由点 B 出去；若 $g_2 < c < g_3$，则等值线由点 C 出去；若 $c > g_2$、g_3，则等值线由点 D 出去。

以上是等值线与网格边缘只有两个交点的情况，网格内部的等值线近似为入点和出点之间的直线段。然而，当 g_1、$g_3 < c < g_0$、g_2 时，情况就不确定了，因为有四个出入点。在这种情况下，若点 A 是入点，则不清楚出点为点 B 还是点 D。在双向线性内插法中，网格单元内点 (x, y) 的值为

$$f(x,y) = (1-u)(1-v)g_0 + u(1-v)g_1 + uvg_2 + (1-u)vg_3 \tag{8.98}$$

式中，$u = (x - x_i)/(x_{i+1} - x_i)$；$v = (y - y_j)/(y_{j+1} - y_j)$。

为了解决出点的问题，假设场值为c的等值线在网格内是双曲线：

$$auv-(g_0-g_1)u-(g_0-g_3)v+g_0-c=0 \tag{8.99}$$

式中，$a=g_0+g_2-g_1-g_3$。

双曲线不能与渐近线相交，如果点A为入点，则点B为出点。点A在渐近线$u=(g_0-g_3)/a$右侧，在uv坐标系中，网格边距为1，点A的归一化坐标为$((g_0-c)/(g_0-g_1),\ 0)$，即要求$(g_0-c)/(g_0-g_1)>(g_0-g_3)/a$，简化后为$c<b$，其中$b=(g_0g_2-g_1g_3)/a$。点$B$在渐近线$v=(g_0-g_1)/a$下面的条件也可得到同样的不等式。同理，若点$A$为入点，点$D$为出点，则$c>b$。一旦确定了出入点，就可用连接两点的线段近似代替双曲线作为等值线。

在点A、B、C、D正好位于渐近线上，即$c=b$这种情况下，点A和点C为一对出、入点，点B和点D为一对出入点。记低值网点g_1和g_3的连线为低对角线，高值网点g_0和g_2的连线为高对角线，总的来说，如果$c<b$，那么等值线跨过低对角线；如果$c>b$，那么等值线跨过高对角线；如果$c=b$，那么等值线为对边出入点连线。

确定了等值线的出入点，就可确定其直线方程。由惯性导航位置点向等值线做垂线得到的最近垂足点就是最近等值线点。在匹配过程中，或者说在由已知矢量向真实矢量靠近的过程中，旋转角度是有界的。已知矢量关于真实矢量的对称矢量与已知矢量的夹角为α，那么匹配得到的目标矢量应该在这个角度范围内。同理，下一步迭代的结果应该在目标矢量关于真实矢量的对称矢量与目标矢量的夹角β范围内，可见旋转角度是递减的。

但真实矢量是未知的，所以角α的大小事先无法获知。而旋转角度必须是递减的，以往的算法未考虑旋转角度的界定，当寻找最近等值线点的前一步出现较大误差，最近等值线点不在界定角度范围内时，计算得到的旋转角度会在界定角度范围之外。

3. 基于融合重力基准图的ICCP算法应用

对B_1和B_2海区执行ICCP算法，分析采用不同网格间距融合的重力图与船测重力数据绘制的重力图，从而评价融合后的重力图的应用情况。根据惯性导航系统的误差范围，设定载体的真实航迹和测量航迹。设定的航迹有56个测量点，其中有28个点位于重力图的网格上，如图8.13所示，图中点线是设定真实航迹，星线是测量航迹，试验的终止条件是旋转和平移的增量都小于门限值，即

$$\frac{|R_k|}{|R|}<\varepsilon_{\mathrm{Rr}},\quad \frac{|T_k|}{|T|}<\varepsilon_{\mathrm{Tr}} \tag{8.100}$$

选择$\varepsilon_{\mathrm{Rr}}$和$\varepsilon_{\mathrm{Tr}}$大约为$10^{-5}$，减小这些值对匹配精度只有微小的影响。图8.13所示为$2'\times2'$船测重力图的匹配结果。图中，直线是匹配过程，为了评价航迹在重力图上的匹配结果，将航迹点的匹配误差分析分成三个方面来考虑，一是航迹匹配的整体误差，二是在重力网格上的航迹点的匹配误差，三是非网格点处的航迹点的匹配误差。计算后，航迹匹配的整体误差为0.00675°，网格点处的航迹点的匹配误差为0.00023°，而非网格点处的航迹点的匹配误差为0.0065°。

在$2'\times2'$的融合后的重力图上的匹配结果，分析$2'\times2'$多源重力数据融合重力图的匹配结果后，其相应的各误差值分别为：航迹匹配的整体误差为0.00478°，网格点处的航迹点的匹配误差为0.00022°，而非网格点处的航迹点的匹配误差为0.0025°。对比惯性导航航迹在两个重

力图上的匹配结果，发现从航迹的整体匹配效果上看，融合后的重力图上的匹配优于船测重力图上的匹配结果，由船测重力图上的匹配误差 0.00675°降到 0.00478°。但是，对于网格上的匹配结果改进不大，只有 0.00001°的提高，对于非网格点处的航迹点的匹配结果提高明显，从 0.0065°提高到 0.0025°。

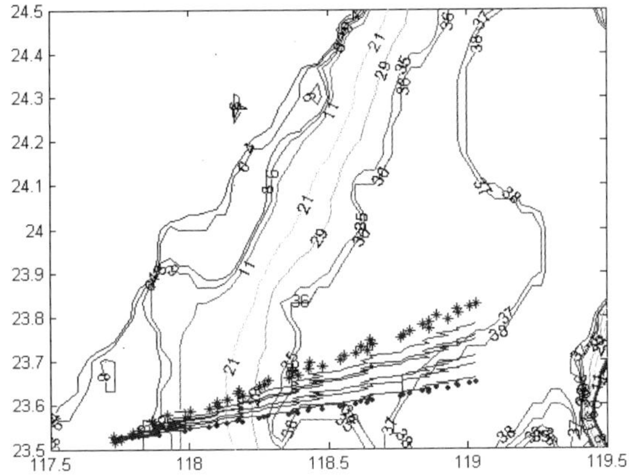

图 8.13　2′×2′ 船测重力图的匹配结果（扫二维码）

由于融合后的重力基准图细化了局部重力场的特征，所以，在 ICCP 算法的匹配中，对于重力等值线的提取过程，在融合重力基准图上的匹配试验里，针对相同的网格空间，提取出的重力等值线比在船测重力基准图上的试验多，计算时间也增加了一倍左右。但是，我们知道现在高精度重力仪的测量精度在 1mGal 左右的水平，所以在此精度下要实现基于 ICCP 算法的重力辅助导航，要求重力基准图的质量越高越好。

8.3.2 基于卡尔曼滤波的重力异常匹配算法

由于地球重力场的随机性与不规则性，基于重力异常序列的相关匹配算法为达到较高的匹配精度，一般以对应多个等值线点的连续惯性导航输出点为一组进行搜索匹配，其运算量巨大，匹配速度较慢，影响导航实时性；同时序列匹配算法是对重力异常观测序列进行延后的相关分析，得到的正确位置存在一定的延迟。

1. 匹配导航的状态与量测方程

取状态参数为 $\boldsymbol{X}=[\delta\varphi,\delta\lambda,\delta h,\delta V_{\mathrm{N}},\delta V_{\mathrm{E}}]^{\mathrm{T}}$，$\delta\varphi$ 与 $\delta\lambda$ 为水下潜器的位置误差，δV_{N} 与 δV_{E} 为水下潜器在北、东向的速度误差。假定 R 为地球平均半径，φ 和 λ 分别表示纬度和经度，则

$$R\dot{\varphi}=-V_{\mathrm{N}} \tag{8.101}$$

$$R\cos\varphi\dot{\lambda}=V_{\mathrm{E}} \tag{8.102}$$

系统状态方程可表示为

$$\dot{\boldsymbol{X}}=\boldsymbol{F}\boldsymbol{X}+\boldsymbol{W} \tag{8.103}$$

式中，$\boldsymbol{F}$ 为系统的转移矩阵；$\boldsymbol{W}$ 为系统噪声，有

$$F=\begin{bmatrix}0&0&0&-R^{-1}&0\\0&0&0&0&(R\cos\varphi)^{-1}\\0&0&0&0&0\\0&0&0&0&0\\0&0&0&0&0\end{bmatrix} \tag{8.104}$$

$$W=[W_\varphi \quad W_\lambda \quad W_h \quad W_{V_N} \quad W_{V_E}]^T \tag{8.105}$$

假定滤波周期为T，则离散化后的状态方程为

$$X_k=\Phi_{k,k-1}X_{k-1}+W_{k-1} \tag{8.106}$$

系统矩阵F通过拉普拉斯变换得到的状态转移矩阵为

$$\Phi_{k,k-1}=\begin{bmatrix}1&0&0&-T/R&0\\0&1&0&0&T/(R\cos\varphi)\\0&0&1&0&0\\0&0&0&1&0\\0&0&0&0&1\end{bmatrix} \tag{8.107}$$

$$W_{k-1}=[W_{\varphi k-1} \quad W_{\varphi k-1} \quad W_{\varphi k-1} \quad W_{V_N k-1} \quad W_{V_E k-1}]^T \tag{8.108}$$

对于t时刻的重力异常观测值，其量测方程为

$$L=\Delta g_M(\varphi_i,\lambda_i)-[g(\varphi_t,\lambda_t)-\gamma(\varphi_i)+E(\varphi_i,V_N,V_E)] \tag{8.109}$$

式中，$\Delta g_M(\varphi_i,\lambda_i)$为根据惯性导航的指示位置$(\varphi_i,\lambda_i)$从图中读出的重力异常；$g(\varphi_t,\lambda_t)$为水下潜器在实际位置$(\varphi_t,\lambda_t)$处重力仪输出经预处理后测得的重力观测值；$\gamma(\varphi_i)$和$E(\varphi_i,V_N,V_E)$为根据惯性导航输出计算的相应椭球面上的正常重力观测值和厄特弗斯改正。式（8.109）经线性化处理后，可得

$$L_K=\begin{bmatrix}\frac{\partial\Delta g_M}{\partial\varphi}+\frac{\partial\gamma}{\partial\varphi}-\frac{\partial E}{\partial\varphi} & \frac{\partial\Delta g_M}{\partial\lambda} & 0 & \frac{\partial E}{\partial V_E} & \frac{\partial E}{\partial V_N}\end{bmatrix}\begin{bmatrix}\delta\varphi\\\delta\lambda\\\delta h\\\delta V_E\\\delta V_N\end{bmatrix}+\Delta_K \tag{8.110}$$

式中，Δ_K为包含重力基准图误差、测量误差与模型线性化误差的观测误差，正常重力的纬向梯度依据索米里安公式求导得

$$\frac{\partial\gamma}{\partial\varphi}=\frac{(2k_2+k_1k_3)\sin\varphi\cos\varphi-k_2k_3\sin^3\varphi\cos\varphi}{\sqrt{(1-k^3\sin^2\varphi)^3}} \tag{8.111}$$

式中，$k_1=\gamma_e$；$k_2=\frac{b\gamma_p-a\gamma_e}{a}$；$k_3=\frac{a^2-b^2}{a^2}$，$\gamma_e$与$\gamma_p$为赤道与两极处的正常重力，$a$与$b$为椭球的长短半径。

椭球近似下厄特弗斯效应改正$E(\varphi_t,V_N,V_E)$可表示为

$$E(\varphi_t,V_N,V_E)=(R_\varphi-h)(\frac{2\omega V_E\cos\varphi}{R_\varphi}+\frac{V_E^2}{R_\varphi^2}+\frac{V_N^2}{R_\varphi^2}) \tag{8.112}$$

式中，R_φ 为纬度 ϕ 处的地球半径；ω 为地球自转角速度；h 为水下潜器航行深度，将式（8.112）对纬度和速度求导得

$$\frac{\partial E}{\partial \varphi} \approx -2\omega V_{\mathrm{E}} \sin\varphi \tag{8.113}$$

$$\frac{\partial E}{\partial V_{\mathrm{E}}} \approx 2\omega\cos\varphi + \frac{2V_{\mathrm{E}}}{R} \tag{8.114}$$

$$\frac{\partial E}{\partial V_{\mathrm{N}}} \approx \frac{2V_{\mathrm{N}}}{R} \tag{8.115}$$

在式（8.110）中，正常重力纬向梯度与厄特弗斯纬向、速度梯度依据地球参考椭球参数及惯性导航输出可计算得到，如何求取 $\partial\Delta g_M/\partial\varphi$、$\partial\Delta g_M/\partial\lambda$。

2. 随机线性化技术

由于重力异常是状态位置的非线性函数，因此采用扩展卡尔曼滤波技术进行重力异常匹配时，首先要建立重力异常与状态位置的线性化关系。观测方程的线性化处理关键是要计算出 $\partial\Delta g_M/\partial\varphi$ 和 $\partial\Delta g_M/\partial\lambda$，因此所谓重力异常的随机线性化，可归结为实时求取重力异常图水平方向的梯度参数 $\partial\Delta g_M/\partial\varphi$ 和 $\partial\Delta g_M/\partial\lambda$。

严格地说，$\partial\Delta g_M/\partial\varphi$ 和 $\partial\Delta g_M/\partial\lambda$ 的计算应该基于斯托克斯理论，利用移去-恢复技术实现，即

$$\frac{\partial\Delta g_M}{\partial\varphi} = -(\frac{\partial^2 T}{\partial r\partial\varphi} + \frac{2}{r}\frac{\partial T}{\partial\varphi}) \tag{8.116}$$

$$\frac{\partial\Delta g_M}{\partial\lambda} = -(\frac{\partial^2 T}{\partial r\partial\lambda} + \frac{2}{r}\frac{\partial T}{\partial\lambda}) \tag{8.117}$$

$$\frac{\partial\Delta g_M}{\partial\lambda} = -(\frac{\partial^2 T}{\partial r\partial\lambda} + \frac{2}{r}\frac{\partial T}{\partial\lambda}) \tag{8.118}$$

$$T(r,\varphi,\lambda) = \frac{1}{4\pi}\iint_\sigma \Delta g S(r,\psi)\mathrm{d}\sigma \tag{8.119}$$

式中，T 为扰动位函数；r 表示向径；$S(r,\psi)$ 表示广义斯托克斯函数；ψ 为球心角距；$\mathrm{d}\sigma$ 表示半径为 R 的球面元素。一种可行的方法是事先依据重力异常图，按上述理论计算每个网点的扰动二阶梯度与一阶梯度，存储在计算机里，在重力匹配时从已知的数据库中调出数据，内插出匹配点的 $(\partial\Delta g_M/\partial\varphi, \partial\Delta g_M/\partial\lambda)_{\varphi_i,\lambda_i}$。但此方法的缺点在于首先要进行海量数据的计算，其次数据存储要占据大量计算机内存。为了实时且有效地获取重力图上待匹配点的重力异常水平梯度，选择局域重力异常进行拟合逼近不失为一个好方法。

假定在匹配点 (φ_0,λ_0) 的邻域 Ω 内，$\Delta g(\varphi,\lambda)$ 的存在直到 n+1 阶的连续偏导数，则 $\Delta g(\varphi,\lambda)$ 在 Ω 内可表示为

$$\begin{aligned}\Delta g(\varphi,\lambda) = &\sum_{n=0}^{N}\frac{1}{n!}[(\varphi-\varphi_0)\frac{\partial}{\partial\varphi} + (\lambda-\lambda_0)\frac{\partial}{\partial\lambda}]^n \Delta g(\varphi_0,\lambda_0) \\ &+ \frac{1}{(N+1)!}[(\varphi-\varphi_0)\frac{\partial}{\partial\varphi} + (\lambda-\lambda_0)\frac{\partial}{\partial\lambda}]^{N+1} \\ &\Delta g(\varphi_0+\theta(\varphi-\varphi_0), \lambda_0+\theta(\lambda-\lambda_0)),\quad 0<\theta<1\end{aligned} \tag{8.120}$$

式中，右端第一项为泰勒级数展开逼近，第二项为逼近截断误差，且求导符号的含义为

$$
\begin{aligned}
&[(\varphi-\varphi_0)\frac{\partial}{\partial\varphi}+(\lambda-\lambda_0)\frac{\partial}{\partial\lambda}]^n\Delta g(\varphi_0,\lambda_0)\\
&=\sum_{r=0}^{n}C_n^r(\varphi-\varphi_0)^{n-r}(\lambda-\lambda_0)^r\left.\frac{\partial^n\Delta g(\varphi,\lambda)}{\partial\varphi^{n-r}\partial\lambda^r}\right|_{\varphi=\varphi_0,\lambda=\lambda_0}
\end{aligned}
\tag{8.121}
$$

为了寻找$\Delta g(\varphi,\lambda)$函数表达式，需要利用离散点值把式（8.120）右端的未知系数求解出来。显然，当$N=1$时为平面拟合，当$N=2$时为双二次曲面拟合。若存在多余的观测，则用最小二乘法求解。值得注意的是，多项式插值的阶次不能太高，否则容易产生震荡不稳定现象。

拟合逼近是在重力异常图上的匹配点(φ_0,λ_0)周围的局部区域Ω进行的，区域Ω的大小原则上越大越好，但会以损失计算实时性为代价，由于地球重力场水平梯度具有受局部区域贡献大、远部区域贡献小的特点，因此拟合逼近总在以匹配点(φ_0,λ_0)为中心的局部区域进行。至于区间大小依据局部地形变化趋势而定，若地形变化剧烈，则区间选择大一点。若地形变化平缓，则区间选择小一点。

孙和平，中国科学院院士，大地测量与地球物理学家，中国科学院精密测量科学与技术创新研究院研究员、博士生导师，中国科学院大学教授，国家自然科学基金委员会杰出青年基金获得者。1980 年本科毕业于中国科学技术大学地球与空间科学学院，1995 年博士研究生毕业于比利时法语天主教鲁汶大学物理学院。现任国际大地测量协会（IAG）会士，IAG 地球动力学与固体潮专业委员会委员，大地测量与地球动力学国家重点实验室学术委员会副主任，中国测绘学会和中国计量测试学会副理事长，湖北省地球物理学会理事长等职，曾任中国科学院测量与地球物理研究所所长。长期从事地球动力学与微小形变的高精度重力信号检测、理论模拟和力学机制探索等研究。曾获省部级科技成果奖一等奖 3 项，二等奖 4 项，发表论文 220 余篇。

孙和平带领学科团队精密测定了全球不同地区的重力固体潮参数；建立了具有先进水平的武汉国际重力固体潮基准；构建了顾及液态地核动力学效应的重力固体潮实验模型；发展了大气与海洋潮汐对地球物理场影响的负荷理论；开拓了高精度重力技术在地球深内部结构与动力学研究的应用领域；用高精度重力技术检测到地球自由振荡信号及其谱峰分裂现象，获得了地球液态外核运动的微弱重力信号，发现了近周日共振的十年变化规律等重要现象；首次利用液态外核运动导致的重力信号衰减特征获得了核幔边界粘滞度等重要物性参数。

近年来，孙和平院士团队瞄准国家深地和深海战略需求，正联合国内研究领域力量推动相关科学问题研究。

在深地，孙和平院士团队将在中国东部沿郯庐断裂带西侧的淮南煤矿，参与建立由垂直井与井下巷道相配合的深部地下观测与实验系统，包括实现井下不同深度巷道的重力、磁场、应变和地震的组网观测，开展地球内部结构与动力学问题的科学研究。

在深海，将开展全球精细海洋重力场与海底地形建模理论与方法研究，探讨海底地形、板块构造和海底演化规律，突破不同地形复杂度下海洋重力与海底地形的理论关系研究。为航海航运、海洋工程建设、海洋油气勘探、海洋环境监测提供直接服务，为海洋强国发展战略提供可靠保障。

同时，孙和平院士致力于科普工作，让老百姓更懂科学、爱科学，创建了“孙和平院士精密测量科普工作室”。工作室将依托院士、专家，借助各类媒体和平台，创新精密测量科普形

式，以通俗易懂的语言，向大众传播科学知识。

习题8

1. 重力测量方式有哪些？常见的重力测量技术原理是什么？
2. 重力测量数据处理包括哪些内容？
3. 地球重力位的定义和性质是怎样的？
4. 简述重力辅助导航的原理和方式有哪些。
5. 请简述 ICCP 算法的原理。
6. 针对 ICCP 算法存在的问题，列举几个改进的方法。
7. 简述重力异常数据向下延拓的原理，并列举几种实现方法。

第9章

地磁导航

惯性导航系统的误差是随着时间推移而累积的，难以长时间、连续、准确地定位导航。卫星导航定位系统信号传播受到的影响因素很多，在长期的工作过程中易受到外界干扰。因此，在远距离、长航时的导航任务中，通常采用组合导航的体制，并引入地磁导航。地磁场具有丰富的总强度、矢量强度、磁倾角、磁偏角和强度梯度等地磁信息，地磁导航利用这些地磁信息形成对应地理位置的地磁场数据库；在载体上装载磁传感器进行地磁测量，并绘制成实时在线图，形成三维地磁基准图的数字化模型，采用专用算法解算出导航载体的位置信息。本章阐述常用的地磁场模型及地磁位场延拓原理，分析地磁适配区选取问题，地磁基准图重构方法及水下地磁匹配导航算法。通过对本章的学习，读者应掌握地磁场的概念与模型，地磁位场延拓和地磁基准图重构原理，熟悉地磁适配区选择方法及基于等值线的地磁匹配算法。

知识目标

1. 理解和掌握地磁基准图重构及地磁位场延拓方法。
2. 理解地磁适配区选择方法及基于等值线的地磁匹配算法。
3. 了解地磁导航的应用领域。

能力目标

1. 根据地磁基准图重构基本原理，能编写地磁基准图重构算法伪码。
2. 根据地磁位场延拓基本原理，能设计地磁位场向下延拓算法伪码。
3. 根据地磁适配区选择方法原理，能设计嵌入地磁匹配的地磁适配区选择算法伪码。

课程思政与职业素养

1. 优点很突出，缺点也不少：地磁场是地球固有的物理场，许多动物利用其进行导航，但与精确导航定位相差甚远。人类总是在探索未知中不断前进，把地磁场当作一个天然的“坐标系”用于导航定位，一直是科学家孜孜不倦的追求。与卫星、惯性、地形、天文和无线电等导航技术相比，地磁导航技术具有很多独特的优点，不受时间、位置、天气等因素影响，陆、海、空、天都能适用，具备全天候、全区域的特点；无源、抗干扰性强、隐蔽性好；有大小和方向等多个特征量，可选择的导航匹配参数很多；导航性能由地磁基准图和磁测精度决定，误差不随时间累积，和惯性导航有很强的互补性，可作为卫星导航的补充和备份。然而，自身缺点也暴露无遗，地磁导航技术精度较低、推广应用较难，同时面临地磁场精确感知、高精度地磁基准图构建、高效导航匹配算法设计等一系列难题。

2. 工程科技哲学：美国《当代生物学》刊登的研究发现，太阳风暴造成的地球磁层扰动影响了灰鲸体内的“磁导航系统”，使得其在远航的过程中出现短暂的迷航现象，甚至很可能因此撞向海滩而搁浅。这从侧面向我们展示了万事万物之间的确存在着千丝万缕的联系，任何事物都有两面性，有利也有弊。或许老祖宗留下来的智慧，终有一日能找到正确的打开方式。

3. 当前包括美国在内的一些发达国家已经使用了地磁定位导航，这促进了军事实力和生产效率的提升。然而我国从 2000 年才开始研究地磁导航技术，面对国际科技竞争，形势十分紧迫。近年来，人工智能发展迅速，已经渗透进各行各业。期待以人工智能为工具和手段提升地磁导航效能，以“揭榜挂帅”和科技竞赛等形式集聚社会方方面面的智慧，协同研究，攻克难关。

9.1　概述

地磁场是地球的固有资源，在特定区域参数稳定。地磁导航定位是传统的、简便可靠的定位、定向参照系统，利用地磁场进行导航定位具有无源、无辐射、全天时、全地域等特点，而且地磁传感器的价格相对低廉、功耗较低、体积较小。人类很早就利用地磁场实现定位、定向，宋代沈括在《梦溪笔谈》中详细描述了磁石的性质、金属磁化方法、磁偏角现象，磁航向仪器从两千多年前的指南针、指南车发展到 20 世纪的简单磁罗经，再到具有完备指示、校正和观测功能的磁罗经。如今的军用飞机导航、导弹制导及近地卫星定轨也利用地磁场指示方向和确定位置。现有研究表明，信鸽和海龟是利用敏感地磁场找到家的。利用地磁场资源为飞行器、潜水器等导航和定位，以及在航空、航天、航海、石油勘探、导弹发射等国民经济建设和国防建设领域的应用，是一个值得研究和探讨的领域。

地磁场在空间和空中比较稳定，因为没有地面和水下的表面地质、各种物体磁场的影响，易于描述、表达和应用，因此地磁导航技术最初应用于小卫星定轨，通过与正常磁场的匹配自主确定卫星轨道。地磁导航在导弹制导技术中的应用研究也见报道，再有就是通过对三维磁场分量的测量，确定载体姿态的研究。尽管地磁导航已在诸多领域得到了成功应用，但就目前的研究来看，要实现较高精度地磁导航定位的工程应用，特别是在水下场合，仍有许多亟待解决的问题。

9.1.1　地磁导航基本概况

地球表面及近地空间的地磁场在不同地区是不同的，构成了不同地区的一种典型特征，地磁导航定位就是利用这些特征获得载体所在地理位置的。地磁导航定位一般有两种类型：地磁匹配导航和地磁滤波导航。

1）地磁匹配导航

地磁匹配（Magnetic field Contour Matching，MAGCOM）是一种自主式导航方法，通过实时采集一维地磁场获得二维定位。地磁匹配导航系统主要由测量模块、匹配运算模块和输出模块组成，其原理图如图 9.1 所示。其匹配导航过程为：首先在载体活动区域建立地磁场数学模型，并绘制出数字网格形式的地磁基准图，存储于导航系统数据库；其次由安装在航行载体上的地磁传感器实时测量地磁场数据，载体运动一段时间后，测量得到一系列地磁序列信息，经数据采集系统输送至计算机，并构成实时图；再次由计算机运用相关匹配算法，将测量的地磁序列信息与存储在数据库中的地磁基准图进行比较，按照一定准则判断实时图在区域地磁数据库中的最佳匹配位置；最后将载体的实时航行位置输出，可用来修正其他导航系统（如惯性导航系统）的位置误差，完成对载体航迹误差的校正。

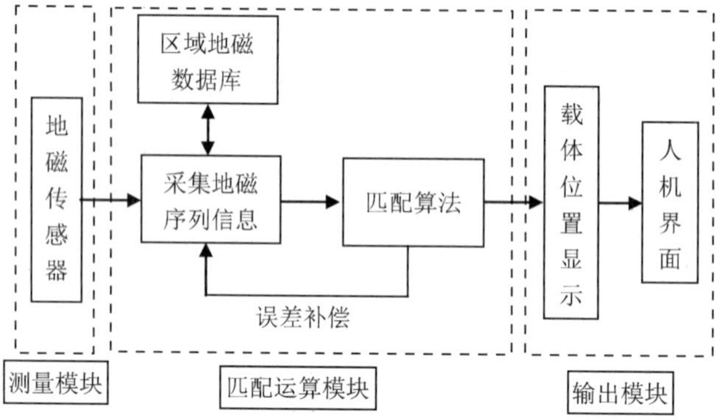

图 9.1　地磁匹配导航原理图

地磁匹配类似地形匹配（Terrain Contour Matching，TERCOM），属于数字地图匹配技术，是点匹配，但地磁匹配可以有多个匹配特征量，如总磁场强度、水平磁场强度、东向分量、北向分量、垂直分量、磁偏角、磁倾角及磁场梯度等。地磁匹配导航系统中采用的匹配算法有相关匹配算法、ICCP 算法，地磁导航定位中相关匹配算法采用轮廓匹配法，在地形和重力辅助导航中得到了广泛应用。常用的其他相关匹配算法还有积相关算法、归一化积相关算法、平均绝对差算法和均方差算法。按照准则，当匹配时度量值出现最佳值，就可以确定匹配位置。轮廓匹配法原理简单，定位精度较高，但是无法消除匹配采样时间段内惯性导航系统的计算误差。

地磁场信息在地理空间中存在一定的分布规律，空间自相关特性在地磁各分量等值线图中得到了体现。ICCP 算法、豪斯多夫距离算法充分考虑了地磁基准图自相关特性，大大减小了计算量，提高了匹配效率，防止虚假定位。若使用全局遍历搜索方法来搜索匹配位置，则可以得到全局最优值，但是浪费时间而且可能虚假定位。利用惯性导航系统输出的信息，缩小匹配搜索空间是辅助导航系统的常用方法。惯性导航系统由于惯性器件的误差，指示的位置会出现偏差，但是短时间内偏差不会很大，而且精度很高，因此在以惯性导航系统指示位置为中心的误差范围区域进行匹配，可以节省定位计算时间。

采用分层策略寻找匹配点。首先在地磁基准图上求取粗匹配点，这一步采用的算法要求速度较快、容错性好，使高度相似区域都能够保留在备选范围内；其次在粗匹配点的领域内采用插值算法细化区域进行精匹配，这一步采用的算法要求匹配正确率高，速度可以较慢。

2）地磁滤波导航

地磁匹配的特点是原理简单，可以断续使用；在航行载体需要导航定位时，即开即用；对初始误差要求低，导航不存在误差积累；具有较高的匹配精度和捕获概率，是一种较方便、灵活的匹配方式，但地磁匹配需要存储大量的地磁数据，在某些场合适用性不强。

地磁滤波是一种在较长一段时间内连续递推滤波导航定位的方法，对初始误差要求较高。如果航行器的航迹在等磁线变化较为丰富的区域，则使用滤波修正导航偏差更为有效，在一定时间内既能提高滤波的收敛速度，又能提高收敛精度。根据所采用磁传感器类型的不同，地磁滤波的实现方式可以分为两种。若采用当前发展迅速的三轴磁传感器敏感三个不同方向的地磁场强度，则可得到所测地点的完整地磁矢量信息，在这种情况下，不需要得到地磁场强度，就可以直接把三分量地磁数据作为观测值进行地磁滤波，滤波精度和三轴磁传感器的观测精度有直接关系。然而，目前三轴磁传感器设计得并不完善，测量精度有限，如果采用高精度的光泵磁力仪作为地磁传感器，测量得到的只是磁场的模量，而对磁场各分量方向的变化不响应；若采用质子磁力仪作为地磁传感器，则可以测得垂直或水平单一方向的地磁强度。在这种情况下，地磁导航存在系统不完全可观的弊端，在滤波过程中应对载体航迹进行优化。

由于地磁场观测模型是非线性的，因此地磁导航定位需要采用非线性滤波估计算法，如扩展卡尔曼滤波、无迹卡尔曼滤波（UKF）、容积卡尔曼滤波（CKF）、自适应卡尔曼滤波等。

9.1.2　地磁导航的制约因素

目前，虽然对地磁导航的实现方法和导航算法做了大量研究，并利用真实磁测数据做了仿真验证和实验，取得了一些有意义的成果，但仍有制约地磁导航定位技术发展与应用的关键问题急需解决。

一个足够精确的地磁场模型或地磁基准图，可以为导航定位提供精确的基准。地磁基准图的获取有三种方式：一是全球地磁场模型，表示地球主磁场、长期变化和部分磁异常时空分布规律的数学表达式；二是局部地磁场；三是实际测量航行海域的地磁场实时图，用地磁测量仪对应用海域进行磁场要素测量，根据测量数据和测点位置绘制航行海域地磁基准图，精度高于全球地磁模型和局域地磁模型，是用于地磁导航的最理想的基准图。

地磁场模型包括全球地磁场模型和局部地磁场模型，现有的全球地磁场模型仅是对主磁场的部分描述，精度有限且尚不能反映出复杂的地磁异常，因此在高精度导航的场合需要采用局部地磁场模型或局部地磁基准图。目前，许多国家和组织都在致力于建立或绘制本国的地磁场模型和地磁基准图。IAGA（国际地磁与高空物理学协会）每 5 年对 IGRF（国际地磁参考场）模型做修正，到目前为止，已有 22 个 IGRF（1900—2005 年）资料供研究使用。美国、日本、加拿大等国每 5 年绘制一次本国的国家地磁基准图，美国、英国和苏联每 5 年出版一次世界地磁基准图。我国在 1950—2000 年每 10 年绘制出版一次中国地磁基准图，这期间中科院地球物理研究所共完成 2982 点次三分量地磁测量。为了推算出高质量的长期变化模型，我国每 5 年建立一个长期变化模型。即便如此，当前的地磁场模型和地磁基准图水平仍不能满足高精度导航的要求。

另外，仅有地磁场模型和地磁基准图是不够完善的，还需要研究影响地磁导航效果的一些重要地磁场因素，这些因素包括变化磁场对匹配的影响、地磁场随高度和时间变化的规律和地磁场起伏规律等，而目前对于这些问题尚无太多的结论。

地磁导航首先要测量地磁特征，实际的应用对象如巡航导弹对测磁仪器的响应速度、分辨率、环境适应性和抗干扰性等均有很高的要求。另外，由于地磁场的频谱范围很宽，由高频部分的几十甚至几万赫兹到长期变化的几十年周期；磁异常动态范围大，从 0.001nT 到几百 nT。地磁场探测很容易受到如弹体、载体电子仪器等产生的磁场干扰，水下载体更是如此。水下载体一般都是用强磁材料建造的，在自然状态下不可避免地要被地球磁场磁化产生磁矩，形成一个向外辐射磁场的磁源。首先，必须研发高性能的弱磁性探测设备；其次，要加强对载体干扰磁场对磁传感器的测量影响特性、干扰磁场消除和误差补偿技术、载体材料选用技术等的研究，克服地磁场测量受各种因素的影响，为导航解算提供精确的测量值。目前已开发出多种精度很高的弱磁传感器，但对干扰磁场消除和误差补偿方面还没有有效的处理技术。

从理论上讲，目前现有的许多图像匹配、地形特征匹配算法都可为地磁匹配算法提供借鉴与参考。但若考虑应用背景，从载体上获得地磁信息图的方式并不能以“摄像”的形式获得二维图，而仅能获得依照其航迹上的一维“线图”。这种线图比二维图携带的可用于匹配的信息更少，无法进行大面积图像匹配，导致图的获取、匹配准则、寻优方法等方面产生了很大的不同：如何选择采样间隔以使线图包含足够的信息且不失真、如何避免线图首尾相连下误差的积累等。现已报道的地磁场匹配定位算法大多来源于地形匹配、重力匹配中的线图匹配方法。例如，采用地形匹配中的平均方差算子进行磁场搜索匹配，同时加入扰动以求取蒙特卡罗均值的方式匹配定位；使用平均绝对差法、平均方差法、归一化积相关算法、豪斯多夫距离法四种常用的线图匹配法，通过实验给出了运算量和匹配精度的比较结果；还有采用重力匹配中的 ICCP 算法，用寻找最优刚性变化的方式对惯性导航输出的航迹进行校正。以上这些方法普遍需要载体累积一定长度的航迹信息才可以正常工作，实时性受到影响，且要求初始误差较小，限制了匹配算法的应用。

将磁场测量信息和惯性导航输出通过滤波器进行信息融合，构成地磁辅助惯性导航系统。对于匹配定位算法仅能获取位置量这一单一信息，地磁滤波导航定位可获取除位置信息外的速度、姿态等其他状态量，属于全状态导航方法。基于滤波的导航方法由于不依赖批处理进行解算，而是采用每个采样时刻根据新息对各状态量进行调整的方式，因而实时性更好。此外，匹配算法所获得的定位信息可作为滤波器的观测值，以提高系统的精度。基于滤波的导航方法大多直接移植了地形辅助组合导航系统中的相关思路，即依赖地磁场曲面区域线性化技术来构建系统的观测方程。但当地磁场变化平缓时易发散，当线性化误差过大时会导致系统性能下降等。地磁场与地形最大的不同在于后者为标量而前者是矢量，在实际应用中可考虑利用地磁场的这一特殊性解决滤波导航遇到的问题。

9.2 地磁场基本理论

地磁场是一个矢量场，自高斯把球谐分析方法引进地磁学，建立地磁场的数学描述以来，地磁学得到了极大的发展。同时地磁场是一个弱磁场，在地面上平均磁感应强度为 0.5×10^{-4}，这是地磁场的又一显著特点。

9.2.1　地磁场组成及其要素

地磁场的观测值 T 是各种不同成分磁场的总和，按其来源和变化规律不同，可将地磁场分为两部分：一是主要起源于固体地球内部的稳定磁场 T_s；二是主要起源于固体地球外部的变化磁场 δT。1885 年，A.Schmidt 利用总磁场的球谐分析方法和面积分法，把稳定磁场和变化磁场分解为起源于地球内、外的两个部分，则地磁场可表示为

$$T = T_{si} + T_{sc} + \delta T_i + \delta T_c \tag{9.1}$$

式中，T_{si} 是起源于地球内部的稳定磁场，约占稳定磁场总量的 94%；T_{sc} 是起源于地球外部的稳定磁场，约占 6%；δT_c 是变化磁场的外源场，约占变化磁场总量的 2/3；δT_i 是变化磁场的内源场，约占 1/3，实际上也是外部电流感应引起的。

在一般情况下，变化磁场为稳定磁场的万分之几到千分之几，偶尔可达到百分之几，故地球的稳定磁场主要是内源场，由三部分组成，即

$$T_{si} = T_0 + T_m + T_a \tag{9.2}$$

式中，T_0 为中心偶极子磁场；T_m 为非偶极子磁场，也称为大陆磁场或世界磁异常；T_a 为地壳磁场，是地壳内的岩石矿物及地质体在基本磁场磁化作用下产生的磁场，又称为异常场或磁异常。

T_0 和 T_m 之和称为地球基本磁场，而 T_0 几乎占其 80%～85%，代表地磁场空间分布的主要特征。若 T_a 分布范围在数千米至数十千米，则称为局部磁异常 T_a'；若分布范围在数百千米至数千千米，则称为区域地磁异常 T_a''。因此，地球磁场的构成可表示为

$$T = T_0 + T_m + T_{sc} + T_a' + T_a'' + \delta T \tag{9.3}$$

式中，T_{sc} 因数量级很小，通常可忽略。

地磁场的各分量及其衍生的地磁要素如图 9.2 所示，地磁场矢量在直角坐标系内三个轴的投影分别为北向分量（$\boldsymbol{X}$）、东向分量（$\boldsymbol{Y}$）和垂向分量（$\boldsymbol{Z}$）。T 在 xoy 水平面内的投影称为水平分量（$\boldsymbol{H}$），其指向为磁北方向。T 和水平面之间的夹角称为 T 的倾斜角，用 I 表示，当 T 下倾时 I 为正，反之为负。通过该点 $\boldsymbol{H}$ 方向的铅直平面为磁子午面，与地理子午面的夹角称为磁偏角，用 D 表示，磁北自地理北向东偏，D 为正，反之 D 为负。T、$\boldsymbol{Z}$、$\boldsymbol{X}$、$\boldsymbol{Y}$、$\boldsymbol{H}$、I 及 D 的各分量都是表示该点地磁场大小和方向特征的物理量，称为地磁要素。

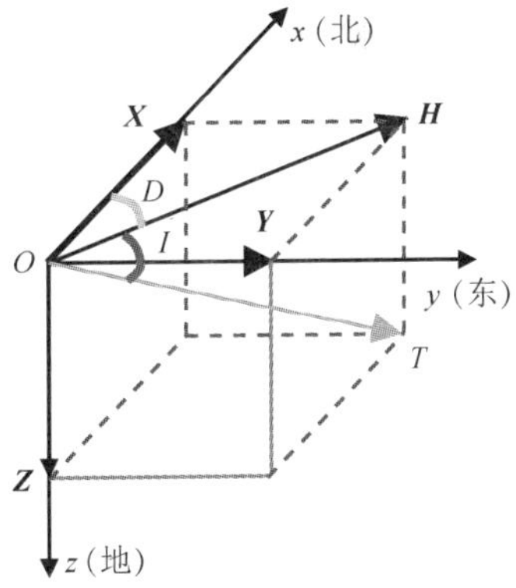

图 9.2　地磁场的各分量及其衍生的地磁要素

9.2.2 地磁场模型

1. 国际地磁场球谐模型

球谐分析方法是表示全球范围内地球磁场分布及其长期变化的一种数学方法，该方法还可区分外源场和内源场。设地球为均匀的磁化球体，半径为R，地球旋转轴与地磁轴重合。以球心为坐标原点，旋转轴为极轴建立球坐标系。球外任意一点的地心距为r，余纬度为$\theta=90°-\varphi$，φ为纬度，λ为经度，则在源场之外的空间域中，磁位U的拉普拉斯方程为

$$\frac{1}{r^2}\frac{\partial}{\partial r}\left(r^2\frac{\partial U}{\partial r}\right)+\frac{1}{r^2\sin\theta}\frac{\partial}{\partial\theta}\left(\sin\theta\frac{\partial U}{\partial\theta}\right)+\frac{1}{r^2\sin^2\theta}\frac{\partial^2 U}{\partial\lambda^2}=0 \tag{9.4}$$

若设外源场磁位为零，则由式（9.4）得内源场磁位的一般球谐表达式为

$$U=\sum_{n=1}^{\infty}\sum_{m=0}^{n}\frac{1}{r^{n+1}}\left[A_n^m\cos(m\lambda)+B_n^m\sin(m\lambda)\right]\overline{P_n^m}(\cos\theta) \tag{9.5}$$

式中，$\overline{P_n^m}(\cos\theta)$为施密特准归一化的缔合勒让德函数；$A_n^m$、$B_n^m$为内源场磁位的球谐级数系数，与球体内任一体积元$\mathrm{d}\tau$的磁荷量$\mathrm{d}m_0$有关。若小体积元中心点坐标为$(r_0,\theta_0,\lambda_0)$，则

$$\begin{cases}A_n^m=\dfrac{1}{4\pi\mu_0}\iiint r_0^n\overline{P_n^m}(\cos\theta_0)\cos(m\lambda_0)\mathrm{d}m_0\\ B_n^m=\dfrac{1}{4\pi\mu_0}\iiint r_0^n\overline{P_n^m}(\cos\theta_0)\sin(m\lambda_0)\mathrm{d}m_0\end{cases} \tag{9.6}$$

式中，μ_0为介质磁导率。由于磁源体内正、负磁荷之和为零，故式（9.6）中的阶次n从1开始。

对式（9.5）计算其沿轴向的微商，得到相应三个轴向地磁场的三个分量，即北向水平分量$\boldsymbol{X}$、东向水平分量$\boldsymbol{Y}$和垂直分量$\boldsymbol{Z}$，其表达式分别为

$$\boldsymbol{X}=\sum_{n=1}^{N}\sum_{m=0}^{n}\left(\frac{R}{r}\right)^{n+2}\left[g_n^m\cos(m\lambda)+h_n^m\sin(m\lambda)\right]\frac{\mathrm{d}}{\mathrm{d}\theta}\overline{P_n^m}(\cos\theta) \tag{9.7}$$

$$\boldsymbol{Y}=\sum_{n=1}^{N}\sum_{m=0}^{n}\left(\frac{R}{r}\right)^{n+2}\frac{m}{\sin\theta}\left[g_n^m\sin(m\lambda)-h_n^m\cos(m\lambda)\right]\overline{P_n^m}(\cos\theta) \tag{9.8}$$

$$\boldsymbol{Z}=\sum_{n=1}^{N}\sum_{m=0}^{n}(n+1)\left(\frac{R}{r}\right)^{n+2}\left[g_n^m\cos(m\lambda)+h_n^m\sin(m\lambda)\right]\overline{P_n^m}(\cos\theta) \tag{9.9}$$

上面三个式子就是地球磁场的高斯球谐表达式，R=6371.2km 为国际参考球半径；$g_n^m=R^{-(n+2)}A_n^m\mu_0$、$h_n^m=R^{-(n+2)}B_n^m\mu_0$为$n$阶$m$次高斯球谐系数；$N$为阶次$n$的截断值，系数总个数为$S=N(N+3)$。由已知场值根据式（9.7）、式（9.8）和式（9.9）建立远多于S个的方程，用最小二乘法求得球谐系数g_n^m和h_n^m。若已知地磁场的长期变化值，还可求得年变率球谐系数，利用它们可计算经年变率校正后的某年地磁要素值。

高斯球谐系数是时间的函数，为了导航的需要，假定内高斯球谐系数在以后5年内连续变化，即

$$\begin{cases} g_n^m(t) = g_n^m + \dot{g}_n^m(t - t_0) \\ h_n^m(t) = h_n^m + \dot{g}_n^m(t - t_0) \end{cases} \quad (t_0 \leqslant t \leqslant t_0 + 5) \tag{9.10}$$

式中，$g_n^m(t)$ 和 $h_n^m(t)$ 是模型的时间基点 t_0 的主磁场系数；$\dot{g}_n^m$ 和 $\dot{h}_n^m$ 是模型的时间基点 t_0 后 5 年的年长期变化系数。对主磁场的预测如果超过 5 年，对一般的导航来说不够精确，正是这个原因，模型和表格每 5 年更新一次。假定外部系数在模型输入数据期间是不随时间变化的，即 $q_n^m(t_0) = q_n^m$，$s_n^m(t_0) = s_n^m$。

通过让前三个内部主磁场系数随全球干扰指数 D_{st} 线性变化来减小环形电流的影响，即

$$\begin{cases} g_1^0 = g_{1,0}^0 + D_{\text{st}} g_{1,D_{\text{st}}}^0 \\ g_1^1 = g_{1,0}^1 + D_{\text{st}} g_{1,D_{\text{st}}}^1 \\ h_1^1 = h_{1,0}^1 + D_{\text{st}} h_{1,D_{\text{st}}}^1 \end{cases} \tag{9.11}$$

实际上，主磁场、外磁场和长期变化模型是分别建立的。主磁场的最大内部系数在 12～15 阶功率谱密度的斜率发生了显著变化，这种现象被解释为：$n \leqslant 12$ 的低阶球谐主要由主磁场决定，$n \geqslant 15$ 的高阶球谐主要由地壳磁场决定。因为没有足够的数据，长期变化不能同主磁场一样有同样的最大分级。

长期变化的观测方程为

$$\dot{\boldsymbol{B}}_r = -\frac{\partial \dot{V}}{\partial r} = \sum_{n=1}^{8}(n+1)\left(\frac{R}{r}\right)^{n+2} \sum_{m=0}^{n}(\dot{g}_n^m \cos m\lambda + \dot{h}_n^m \sin m\lambda) \tag{9.12}$$

$$\dot{\boldsymbol{B}}_\theta = -\frac{1}{r}\frac{\partial \dot{V}}{\partial \theta} = -\sum_{n=1}^{8}\left(\frac{R}{r}\right)^{n+2} \sum_{m=0}^{n}(\dot{g}_n^m \cos m\lambda + \dot{h}_n^m)\frac{\mathrm{d}P_n^m(\cos\theta)}{\mathrm{d}\theta} \tag{9.13}$$

$$\begin{aligned} \dot{\boldsymbol{B}}_\lambda &= -\frac{1}{r\sin\theta}\frac{\partial \dot{V}}{\partial \lambda} \\ &= \frac{1}{\sin\theta}\sum_{n=1}^{8}\left(\frac{R}{r}\right)^{n+2} \sum_{m=0}^{n}(\dot{g}_n^m \sin m\lambda - \dot{h}_n^m \cos m\lambda) P_n^m(\cos\theta) \end{aligned} \tag{9.14}$$

卫星数据一般使用地球坐标系，但是地表数据几乎总使用地理坐标系。地表数据的坐标和数据本身在建立球谐模型之前先从地理坐标系转换到地心坐标系。地理坐标系 (h,θ',λ) 要使用以下两式转换成地心坐标系 (r,θ,λ)，h 为相对平均海平面的高度，θ' 为地理余纬度，即 $90° - \varphi$，则

$$\tan\theta = \frac{\sqrt{a^2\sin^2\theta' + b^2\cos^2\theta'}\,h + a^2}{\sqrt{a^2\sin^2\theta' + b^2\cos^2\theta'}\,h + b^2}\tan\theta' \tag{9.15}$$

$$r^2 = h^2 + 2h\sqrt{a^2\sin^2\theta' + b^2\cos^2\theta'} + \frac{a^4\sin^2\theta' + b^4\cos^2\theta'}{a^2\sin^2\theta' + b^2\cos^2\theta'} \tag{9.16}$$

式中，a 是参考椭球体的半径；b 是短半径。地理坐标系东向、北向和法向场强 $\boldsymbol{B}_\lambda$、$\boldsymbol{B}_\theta$ 和 $\boldsymbol{B}_r$ 的表达式分别为

$$\begin{cases} \boldsymbol{B}_\lambda = \boldsymbol{Y} \\ \boldsymbol{B}_\theta = -\boldsymbol{X}\cos\Delta\theta + \boldsymbol{Z}\sin\Delta\theta \\ \boldsymbol{B}_r = -\boldsymbol{X}\sin\Delta\theta - \boldsymbol{Z}\cos\Delta\theta \end{cases} \tag{9.17}$$

式中，$\Delta\theta=\theta-\theta'$ 为地球余纬度和地理余纬度的差。地磁分量 $\boldsymbol{B}_\lambda$、$\boldsymbol{B}_\theta$ 和 $\boldsymbol{B}_r$ 与观测点坐标系的地磁要素之间存在如下关系：

$$\begin{cases}\boldsymbol{X}(\theta,\lambda)=-\boldsymbol{B}_\theta\\ \boldsymbol{Y}(\theta,\lambda)=\boldsymbol{B}_\lambda\\ \boldsymbol{Z}(\theta,\lambda)=-\boldsymbol{B}_r\end{cases}\tag{9.18}$$

由上述方法计算给定经纬度的磁场的 $\boldsymbol{X}$、$\boldsymbol{Y}$ 和 $\boldsymbol{Z}$ 分量后，若要得到磁偏角 D、磁倾角 I 和磁场总强度 F，必须使用下面的公式：

$$D=\begin{cases}\arctan\dfrac{\boldsymbol{Y}}{\boldsymbol{X}} & (\boldsymbol{X}>0)\\ \pi+\arctan\dfrac{\boldsymbol{Y}}{\boldsymbol{X}} & (\boldsymbol{X}<0,\ \boldsymbol{Y}>0)\\ -\pi+\arctan\dfrac{\boldsymbol{Y}}{\boldsymbol{X}} & (\boldsymbol{X}<0,\ \boldsymbol{Y}<0)\end{cases}\tag{9.19}$$

$$I=\arctan\frac{\boldsymbol{Z}}{\sqrt{\boldsymbol{X}^2+\boldsymbol{Y}^2}}\tag{9.20}$$

$$F=\sqrt{\boldsymbol{X}^2+\boldsymbol{Y}^2+\boldsymbol{Z}^2}\tag{9.21}$$

若 $\boldsymbol{X}=0$ 且 $\boldsymbol{Y}>0$，则 $D=\pi/2$；若 $\boldsymbol{X}=0$ 且 $\boldsymbol{Y}<0$，则 $D=-\pi/2$。

2. 泰勒多项式模型

在泰勒多项式模型中，地磁场的任一地磁要素为

$$F=\sum_{n=0}^{N}\sum_{k=0}^{n}A_{nk}(\varphi-\varphi_0)^{n-k}(\lambda-\lambda_0)^k\tag{9.22}$$

式中，A_{nk} 为系数；φ_0 和 λ_0 为展开原点的纬度和经度；φ 和 λ 为地理纬度和经度；N 为截断阶数。

泰勒多项式模型的最大优点是计算简单、使用方便，其缺点是不满足地磁场位势理论的要求，以及只能表示地磁场的二维结构，不能表示地磁场的高度变化。

3. 勒让德多项式模型

在勒让德多项式模型中，地磁场的任一地磁要素为

$$\begin{cases}F=\displaystyle\sum_{n=0}^{N}\sum_{k=0}^{n}A_{nk}P_k(\Delta x)P_{n-k}(\Delta y)\\ \Delta x=[\varphi-\dfrac{1}{2}(\varphi_{\max}-\varphi_{\min})]/[\dfrac{1}{2}(\varphi_{\max}-\varphi_{\min})]\\ \Delta y=[\lambda-\dfrac{1}{2}(\lambda_{\max}-\lambda_{\min})]/[\dfrac{1}{2}(\lambda_{\max}-\lambda_{\min})]\end{cases}\tag{9.23}$$

式中，A_{nk} 为系数；P_{n-k} 代表勒让德函数；N 为截断阶数；φ 与 λ 代表地理纬度和经度；$\varphi_{\max}$ 与 $\varphi_{\min}$ 代表研究区域内的最大和最小纬度；$\lambda_{\max}$ 与 $\lambda_{\min}$ 代表其最大和最小经度。

勒让德多项式模型具有泰勒多项式模型同样的优点和缺点，只不过勒让德多项式模型具

备正交性，而泰勒多项式模型不具备正交性。

4．矩谐模型

1981 年，Alldredge 提出了矩谐分析方法，满足拉普拉斯方程，可以表示地磁场的三维结构，表示中波长磁异常的分布。地磁场异常的三分量分别为

$$\begin{cases} \boldsymbol{X}=-A+\sum_{q=0}^{N}\sum_{i=0}^{q}v\Big[A_{ij}\sin(ivx)\cos(jwy)+B_{ij}\sin(ivx)\sin(jwy)-\\ \qquad C_{ij}\cos(ivx)\cos(jwy)-D_{ij}\cos(ivx)\sin(jwy)\Big]\mathrm{e}^{uz} \\ \boldsymbol{Y}=-B+\sum_{q=0}^{N}\sum_{i=0}^{q}w\Big[A_{ij}\cos(ivx)\sin(jwy)-B_{ij}\cos(ivx)\cos(jwy)+\\ \qquad C_{ij}\sin(ivx)\sin(jwy)-D_{ij}\sin(ivx)\cos(jwy)\Big]\mathrm{e}^{uz} \\ \boldsymbol{Z}=-C+\sum_{q=0}^{N}\sum_{i=0}^{q}u\Big[A_{ij}\cos(ivx)\cos(jwy)+B_{ij}\cos(ivx)\sin(jwy)+\\ \qquad C_{ij}\sin(ivx)\cos(jwy)+D_{ij}\sin(ivx)\sin(jwy)\Big]\mathrm{e}^{uz} \end{cases} \tag{9.24}$$

式中，$j=q-i$；$v=2\pi/L_x$；$w=2\pi/L_y$；$u=\sqrt{(iv)2+(jw)^2}$；A、B、C、A_{ij}、B_{ij}和C_{ij}为待定系数；L_x和L_y为矩形区域南北和东西方向的边长（以 km 为单位）；N为截断阶数；矩谐系数的个数为$2N(N+1)+3$。

5．冠谐模型

1985 年，Haines 提出的冠谐分析方法满足了地磁场位势理论的物理限制，可表示为地磁场或地磁异常的三维结构。地磁场异常在球冠坐标系中的三分量分别为

$$\begin{cases} \boldsymbol{X}=\sum_{k=0}^{N}\sum_{m=0}^{k}\left(\frac{R}{r}\right)^{n_k(m)+2}\left(g_k^m\cos m\lambda+h_k^m\sin m\lambda\right)\frac{\mathrm{d}P_{n_k(m)}^m(\cos\theta)}{\mathrm{d}\theta} \\ \boldsymbol{Y}=\sum_{k=0}^{N}\sum_{m=0}^{k}\frac{m}{\sin\theta}\left(\frac{R}{r}\right)^{n_k(m)+2}\left(g_k^m\sin m\lambda-h_k^m\cos m\lambda\right)P_{n_k(m)}^m(\cos\theta) \\ \boldsymbol{Z}=\sum_{k=0}^{N}\sum_{m=0}^{k}-[n_k(m)+1]\left(\frac{R}{r}\right)^{n_k(m)+2}\left(g_k^m\cos m\lambda+h_k^m\sin m\lambda\right)P_{n_k(m)}^m(\cos\theta) \end{cases} \tag{9.25}$$

式中，r、λ和θ是球冠坐标系中的径向距离、经度和余纬度；R是地球平均半径，为 6371.2km；$P_{n_k(m)}^m(\cos\theta)$是非整数阶$n_k(m)$和整数次m的施密特缔合勒让德函数；g_k^m和h_k^m为冠谐系数，在根据 $\boldsymbol{X}$、$\boldsymbol{Y}$和$\boldsymbol{Z}$共同确定系数时，共有$(N+1)/2$个系数；N为截断阶数。

6．曲面样条函数模型

1972 年，Harder 等人给出的曲面样条函数表示地磁场分布为

$$w(x,y)=A+Bx+Cy+\sum_{i=1}^{N}F_i r_i^2\ln(r_i^2+\varepsilon) \tag{9.26}$$

式中，$w(x,y)$为位置坐标(x,y)处的地磁场；$r_i=\sqrt{(x_i-x)^2+(y_i-y)^2}$；$\varepsilon$是控制曲面曲率变化的小量，当磁场分布比较简单时，$\varepsilon=10^{-4}\sim10^{-6}$；$A$、$B$、$C$和$F_i$为待定系数，可由下列方

程组求出

$$\begin{cases} w = A + Bx_i + Cy_i + \sum_{i=1}^{N} F_i r_i^2 \ln(r_i^2 + \varepsilon) \\ \sum_{i=1}^{N} F_i = \sum_{i=1}^{N} x_i F_i = \sum_{i=1}^{N} y_i F_i = 0 \end{cases} \tag{9.27}$$

曲面样条函数模型系数的个数为$(N+3)$，N为地磁测点的总个数。该模型可以很好地表示地磁场、长期变化、磁异常及磁场梯度的二维分布，缺点是系数较多，比使用地磁测点的个数还要多3个。

当计算中国地磁场模型时，可根据相同的地磁资料，分别使用多项式方法和球冠谐分析方法建立中国地磁场的多项式模型和冠谐模型。

9.3 磁场延拓处理

磁场延拓是将实际测量所得数据转换到不同假想高度上的过程，对磁测数据处理具有重要的应用价值。根据测量面与换算面的高度关系，可以将延拓处理分为向上延拓和向下延拓：将数据转换到远离目标体高度的过程称为向上延拓；转换到逼近目标体高度的过程称为向下延拓。向上延拓处理的优点在于压制高频噪声，即可削弱局部异常干扰，突出区域性异常特征。向下延拓处理的优点包括突出低缓磁异常的细节特征，放大某些在低缓磁异常中原来表现并不明显的异常特征；处理旁侧叠加异常，提高对多个磁性目标叠加数据的分辨率；突出叠加在区域背景上的局部异常，减小区域异常的影响，但同时放大了数据中的高频噪声。向上延拓因子对高频噪声具有很强的压制效果，稳定性强；向下延拓是一个典型的不适定性问题，向下延拓因子会放大噪声，具有高通滤波的特性。

9.3.1 位场延拓基本原理

目前，向上延拓采用的方法主要有等效源法、有限元法、边界单元法、傅里叶变换法等。这些方法计算的基本原理在于根据已知的边界条件（已知测量面的数据）求解拉普拉斯方程，得到高于已知平面上任意高度的数据。

1. 空间域延拓原理

磁异常ΔT是磁异常场位U_{a}在正常场T_0方向上的导数，可表示为

$$\Delta T = -\frac{\partial U_{\mathrm{a}}}{\partial T_0} \tag{9.28}$$

由于正常场T_0方向可以被认为在很大区域内是不变的，因此磁异常场位U_{a}满足拉普拉斯方程$\nabla^2 U_{\mathrm{a}} = 0$，由式（9.28）得

$$\nabla^2(\Delta T)=\nabla^2(\frac{\partial U_a}{\partial T_0})=\frac{\partial(\nabla^2 U_a)}{\partial T_0}=0 \tag{9.29}$$

磁异常 ΔT 比异常场位 U_a 更容易通过测量获取，且同样可以显示出丰富的地磁特性；通过上面的分析可知，磁异常 ΔT 同样满足拉普拉斯方程。因此将磁异常 ΔT 作为研究对象，在下文中将以 f 代替磁异常 ΔT 。建立空间直角坐标系， z 轴垂直向下。场源 M 处于 $z>0$ 的以下任意空间，习惯性设 $z=0$ 平面为已知观测平面，其磁异常数据由 $f(x,y,0)$ 表示；平面 $z=h(h<0)$ 为延拓平面，其磁异常数据由 $f(x,y,z)$ 表示，如图 9.3 所示。

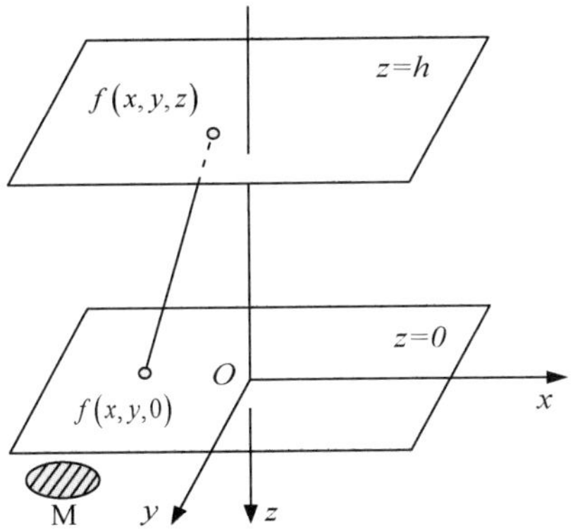

图 9.3　向上延拓物理描述

磁异常向上延拓属于适定性问题，当边界条件给定时，拉普拉斯方程存在连续且唯一的解，因为解具有连续性，所以向上延拓具有稳定性。在无源空间内，向上延拓可由拉普拉斯方程边值问题表示为

$$\begin{cases}\dfrac{\partial^2 f(x,y,z)}{\partial x^2}+\dfrac{\partial^2 f(x,y,z)}{\partial y^2}+\dfrac{\partial^2 f(x,y,z)}{\partial z^2}=0\\ f(x,y,z)\big|_{z=0}=f(x,y,0)\\ f(x,y,z)\big|_{z=-\infty}=0\end{cases} \tag{9.30}$$

由式（9.30）可知，磁异常数据的延拓公式可表示为式（9.31），是著名的狄利克雷积分，也被称为弗雷德霍姆第一类积分方程：

$$f(x,y,z)=-\frac{z}{2\pi}\int_{-\infty}^{+\infty}\int_{-\infty}^{+\infty}\frac{f(\xi,\eta,0)}{\sqrt{[(x-\xi)^2+(y-\eta)^2+z^2]^3}} \tag{9.31}$$

式中，$f(x,y,z)$ 与 $f(x,y,0)$ 分别代表延拓面与已知观测面的磁异常数据，通常情况下，已知观测面的水平高度被认为零平面。

如果定义

$$r(x,y)=-\frac{z}{2\pi\sqrt{(x^2+y^2+z^2)^3}} \tag{9.32}$$

那么可看出，式（9.31）等号右边可写成 $f(x,y,0)$ 与 $r(x,y)$ 关于 x 和 y 方向上的卷积形式，延拓公式的卷积形式可表示为

$$f(x,y,z)=f(x,y,0)*r(x,y) \tag{9.33}$$

当 $z<0$ 时，式（9.33）为磁异常向上延拓；当 $z>0$ 时，式（9.33）为磁异常向下延拓。当 $f(x,y,z)$ 为已知磁异常数据，$f(x,y,0)$ 为待求磁异常数据时，磁异常向上延拓便成为向下延拓，是求解反卷积的问题，是一个典型的反问题。

9.3.2 波数域延拓原理

1958 年，Dean 提出了位场延拓的频率域方法，将位场数据的处理方法拓展到波数域，而非仅局限于空间域。位场数据的频率域处理方法能够将数据空间域内积分处理方式转变为波数域的乘积方式，波数域方法有效提高了计算效率，运算也变得容易；更为重要的是，波数域方法可获取磁异常的波数谱，通过谱分析可以知道磁异常信息与噪声信息的谱分布情况，有助于直观分析磁异常位场延拓过程中的去噪问题。

对 9.3.1 节提到的已知观测面的磁异常数据 $f(x,y,0)$ 和待求延拓面上的磁异常数据 $f(x,y,z)$ 分别进行傅里叶变换，由 $F(u,v,0)$ 和 $F(u,v,z)$ 表示；而 u 和 v 分别是 x 和 y 方向上的波数：

$$\begin{cases} F(u,v,0)=\int_{-\infty}^{+\infty}\int_{-\infty}^{+\infty} f(x,y,0)\mathrm{e}^{-2\pi i(xu+yv)}\mathrm{d}x\mathrm{d}y \\ F(u,v,z)=\int_{-\infty}^{+\infty}\int_{-\infty}^{+\infty} f(x,y,z)\mathrm{e}^{-2\pi i(xu+yv)}\mathrm{d}x\mathrm{d}y \end{cases} \tag{9.34}$$

将 $r(x,y)$ 的傅里叶变换形式表示为 $R(u,v)$，对式（9.34）进行傅里叶变换可得

$$R(u,v)=\int_{-\infty}^{+\infty}\int_{-\infty}^{+\infty} r(x,y)\mathrm{e}^{-2\pi i(xu+yv)}\mathrm{d}x\mathrm{d}y \tag{9.35}$$

根据卷积定理，式（9.35）可写成

$$F(u,v,z)=F(u,v,0)\cdot R(u,v) \tag{9.36}$$

将式（9.36）进行傅里叶逆变换可得

$$f(x,y,z)=F^{-1}\left[F(u,v,0)\cdot R(u,v)\right] \tag{9.37}$$

至此，磁异常数据的空间域与波数域延拓方法均已介绍，向下延拓的步骤只需将已知观测面的磁异常数据的傅里叶形式除以波数域的向上延拓因子，进行快速傅里叶逆变换得到延拓面上的磁异常数据。

9.3.3 位场延拓稳定性分析

对位场延拓的稳定性分析，可从研究磁异常波数域延拓因子的特性出发。对于波数域延拓因子 $R(u,v)=\mathrm{e}^{2\pi z\sqrt{u^2+v^2}}$，当 $z<0$ 时，为向上延拓因子；当 $z>0$ 时，为向下延拓因子。

磁异常向上延拓中波数域延拓因子 $R(u,v)=\mathrm{e}^{2\pi z\sqrt{u^2+v^2}}<1$，对信号具有很好的压制作用，随着波数 u 和 v 绝对值的增大，可看出延拓因子呈指数形式衰减，对高波数噪声具有压制作用，所以磁异常向上延拓具有稳定性。

磁异常向下延拓中波数域延拓因子 $R(u,v)=\mathrm{e}^{2\pi z\sqrt{u^2+v^2}}>1$，在数学角度上，该因子是发散的，对任何波数的噪声都具有发散作用，随着波数 u 和 v 绝对值的增大，在高波数区域微弱的噪声都有可能被无限放大，导致磁异常信号被淹没，因此磁异常向下延拓具有不稳定性。

为直观观察磁异常的波数域延拓因子的频率特性，画出其频率特性如图 9.4 所示。

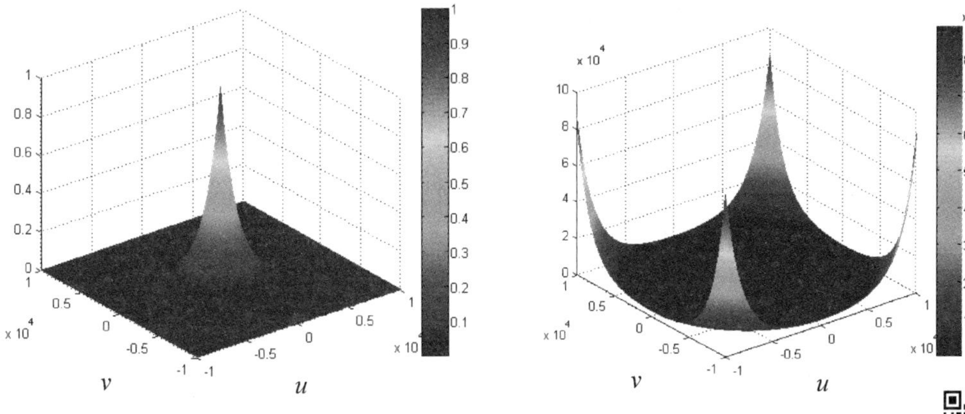

（a）向上延拓因子的频率特性　　（b）向下延拓因子的频率特性

图 9.4　延拓因子的频率特性（扫二维码）

由图 9.4 可知，在高波数区域，向上延拓因子的幅值趋近于零，对磁异常数据中的噪声具有压制作用，向上延拓具有稳定性；向下延拓因子的幅值指数增大，噪声被指数放大，甚至淹没噪声，向下延拓具有不稳定性。

9.3.4　向下延拓广义逆算法

1. 广义逆算法

反问题与正问题相对存在，正问题是由系统的输入求系统的输出，存在一定的自然顺序，是一种由因求果的问题；相反地，反问题是由系统的输出反推系统的输入，是由果推因的问题，不适定性是反问题的主要特征。在磁异常延拓技术中，向上延拓为正问题，向下延拓被看作向上延拓的反问题。

根据磁异常在空间域与波数域延拓的原理，把磁异常数据向下延拓看作向上延拓的逆过程，则向上延拓（坐标轴 z 轴竖直向下）可写成

$$\begin{aligned}f_B&=\int_{-\infty}^{+\infty}\int_{-\infty}^{+\infty}F_B\mathrm{e}^{2\pi i(ux+vy)}\mathrm{d}u\mathrm{d}v=\int_{-\infty}^{+\infty}\int_{-\infty}^{+\infty}\mathrm{e}^{2\pi z\sqrt{u^2+v^2}}F_A\mathrm{e}^{2\pi i(ux+vy)}\mathrm{d}u\mathrm{d}v\\&=\int_{-\infty}^{+\infty}\int_{-\infty}^{+\infty}\mathrm{e}^{2\pi z\sqrt{u^2+v^2}}\mathrm{e}^{2\pi i(ux+vy)}\int_{-\infty}^{+\infty}\int_{-\infty}^{+\infty}f_A\mathrm{e}^{-2\pi i(ux+vy)}\mathrm{d}x\mathrm{d}y\mathrm{d}u\mathrm{d}v\end{aligned}\tag{9.38}$$

将式（9.38）改写成矩阵的形式：

$$\boldsymbol{f}_B=\boldsymbol{E}_I\boldsymbol{\Lambda}\boldsymbol{E}_F\boldsymbol{f}_A\tag{9.39}$$

式中，$\boldsymbol{f}_B$ 表示 z 平面上已知磁异常数据矩阵；$\boldsymbol{f}_A$ 表示 $z=0$ 平面上待求磁异常数据矩阵；$\boldsymbol{E}_F$

和 $\boldsymbol{E}_I$ 分别表示 x 和 y 方向上的傅里叶正逆变换矩阵。由傅里叶变换的性质可知，$\boldsymbol{E}_F$ 和 $\boldsymbol{E}_I$ 均为正交对称矩阵，并且有

$$\boldsymbol{E}_I = \boldsymbol{E}_F^{*\mathrm{T}} \tag{9.40}$$

式中，T 表示转置；*表示复共轭。

用 $\boldsymbol{\varLambda}$ 表示波数域上延拓因子的主对角矩阵，即

$$\boldsymbol{\varLambda} = \mathrm{diag}(\cdots, \mathrm{e}^{2\pi z\sqrt{u^2+v^2}}, \cdots) \tag{9.41}$$

式中，u 和 v 分别表示 x 和 y 方向上的波数。为方便表示，令

$$\boldsymbol{A} = \boldsymbol{E}_I \boldsymbol{\varLambda} \boldsymbol{E}_F \tag{9.42}$$

因此，由式（9.39）与式（9.42）可得

$$\boldsymbol{A}\boldsymbol{f}_A = \boldsymbol{f}_B \tag{9.43}$$

若求 $z=0$ 平面上的磁异常延拓数据矩阵，需要求得式（9.43）矩阵方程的解，首先求得矩阵 $\boldsymbol{A}$ 的广义逆矩阵 $\boldsymbol{A}^{-g}$：

$$\boldsymbol{f}_A = \boldsymbol{A}^{-g} \boldsymbol{f}_B \tag{9.44}$$

根据矩阵的奇异值分解原理与矩阵 $\boldsymbol{E}_F$ 和 $\boldsymbol{E}_I$ 的性质，式（9.42）等号右边 $\boldsymbol{E}_I\boldsymbol{\varLambda}\boldsymbol{E}_F$ 可看作矩阵 $\boldsymbol{A}$ 的正交特征矢量矩阵，$\boldsymbol{\varLambda}$ 为主对角矩阵。根据广义逆理论与式（9.40），$\boldsymbol{A}$ 的广义逆矩阵 $\boldsymbol{A}^{-g}$ 的定义如下：

$$\boldsymbol{A}^{-g} = \boldsymbol{E}_F^{\mathrm{T}} \boldsymbol{\varLambda}^{-1} \boldsymbol{E}_I^{\mathrm{T}} = \boldsymbol{E}_I^{*} \boldsymbol{\varLambda}^{-1} \boldsymbol{E}_F^{*} \tag{9.45}$$

式中，$\boldsymbol{\varLambda}^{-1}$ 表示矩阵 $\boldsymbol{A}$ 的奇异值倒数组成的主对角矩阵，它的定义如下：

$$\boldsymbol{\varLambda}^{-1} = \mathrm{diag}(\cdots, \mathrm{e}^{-2\pi z\sqrt{u^2+v^2}}, \cdots) \tag{9.46}$$

由傅里叶正逆变换积分核间的关系，得

$$\boldsymbol{A}^{-g} = \boldsymbol{E}_I \boldsymbol{\varLambda}^{-1} \boldsymbol{E}_F \tag{9.47}$$

式中，$\boldsymbol{\varLambda}^{-1}$ 为磁异常向下延拓因子组成的主对角矩阵，根据因子的表达式可知，在高波数区域，因子具有高通特性，由 $\boldsymbol{A}^{-g}$ 向下延拓具有不稳定性。根据广义反演理论，对向下延拓因子进行适当改进，加入阻尼因子 $\alpha(\alpha \geqslant 0)$，则 $\boldsymbol{\varLambda}^{-1}$ 的表达式为

$$\boldsymbol{\varLambda}^{-1} = \mathrm{diag}\left(\cdots, \frac{\mathrm{e}^{2\pi z\sqrt{u^2+v^2}}}{\mathrm{e}^{4\pi z\sqrt{u^2+v^2}} + \alpha}, \cdots\right) \tag{9.48}$$

先将式（9.48）代入式（9.47），再代入式（9.44）可得

$$\begin{aligned} \boldsymbol{f}_A &= \boldsymbol{A}^{-g} \boldsymbol{f}_B = \boldsymbol{E}_I \boldsymbol{\varLambda}^{-1} \boldsymbol{E}_F \boldsymbol{f}_B \\ &= \boldsymbol{E}_I \mathrm{diag}\left(\cdots, \frac{\mathrm{e}^{2\pi z\sqrt{u^2+v^2}}}{\mathrm{e}^{4\pi z\sqrt{u^2+v^2}} + \alpha}, \cdots\right) \boldsymbol{E}_F \boldsymbol{f}_B \end{aligned} \tag{9.49}$$

由式（9.49）知广义逆算法波数域算子为

$$R_D = \frac{\mathrm{e}^{2\pi z\sqrt{u^2+v^2}}}{\mathrm{e}^{4\pi z\sqrt{u^2+v^2}} + \alpha} (z < 0) \tag{9.50}$$

广义逆算法波数域的磁异常数据向下延拓的计算步骤描述如下。

第一步，对某 z 平面上的已知磁异常数据 f_B 进行快速傅里叶变换，得到磁异常数据的频率谱 F_B。

第二步，将磁异常数据的频率谱 F_B 与广义逆算法波数域算子 R_D 相乘，向下延拓至零平面，得到磁异常延拓值的频率谱 F_A。

第三步，对磁异常延拓值的频率谱 F_A 进行快速傅里叶逆变换，得到向下延拓磁异常数据 f_A。

为解决不适定性问题，苏联科学家 Tikhonov 提出了正则化方法。正则化方法包括 Tikhonov 正则化、Landweber 迭代法、伽辽金法和投影法等经典方法，其中 Tikhonov 正则化为最有效且最常用的方法。定义 Tikhonov 泛函：

$$J_\lambda(x) = \|Ax - y\|_2^2 + \lambda\|x\|_2^2 \ (x \in X) \tag{9.51}$$

式中，$\| \ \|_2$ 为求矢量的 2 范数；$\lambda > 0$ 称为正则化参数。

将 Tikhonov 正则化运用到磁异常延拓积分方程中，可构造 Tikhonov 优化泛函：

$$J_\lambda(f_A) = \|Af_A - f_B\|_2^2 + \lambda\|f_A\| \tag{9.52}$$

式中，f_A 表示待求延拓面上的磁异常数据；f_B 表示观测面上的已知磁异常数据；A 表示向上延拓积分因子。

根据 Tikhonov 正则化得到的正则化算子被定义为

$$R_D(u,v) = \frac{R(u,v)}{[R(u,v)]^2 + \lambda} = \frac{e^{2\pi z\sqrt{u^2+v^2}}}{e^{4\pi z\sqrt{u^2+v^2}} + \lambda} \ (z < 0) \tag{9.53}$$

由 Tikhonov 正则化得到的向下延拓因子 $R_D(u,v)$，向下延拓结果连续依赖已知磁异常数据，并具有较高的延拓精度。

对比广义逆算法波数域得到的向下延拓算子与 Tikhonov 正则化得到的向下延拓算子，二者数学表达式相同。不同的是，广义逆算法波数域通过加入阻尼因子 α 压制噪声的放大作用，从而保持向下延拓的稳定性；Tikhonov 正则化向下延拓算子中的正则化参数 λ 的作用为控制数据的拟合误差与正则解之间的平衡，来解决向下延拓的不稳定性问题。

Tikhonov 正则化向下延拓算子中的正则化参数 λ 的选取有多种方式，不同的选取方式都可以给出相应的正则化参数 λ；广义逆算法波数域根据经验值进行选取，未给出阻尼因子 α 的精确选取方式，因此实用性不高。在不同的延拓深度、波数值及磁异常数据噪声水平的情况下，依靠经验确定阻尼因子 α 的方式非常困难且往往不准确；在未知噪声情况下，阻尼因子的选取无从下手。针对阻尼因子 α 的选取问题，采用正则化参数的选取方式来选取最优阻尼因子。

2. *L*-曲线法选取阻尼因子

正则化参数的选取方式有多种。正则化参数与已知磁异常的噪声强度密切相关，广义偏差原理法、Arcangeli 准则等这类正则化参数选取方式在选取前需要知道已知数据中的噪声强度；在实测磁异常数据的噪声水平的估算比较复杂，该方式对正则化参数的选取主要依赖对噪声水平的估算。L-曲线法是一种不需要事先知道数据噪声水平的正则化参数选取方式，且该方式的尺度图形呈现出明显的 L 曲线，正则化参数的选取简单。因此可借助 L-曲线法选取广义逆算法的阻尼因子 α 的大小。

Tikhonov 正则化选取参数 λ 的 L-曲线法，用对数尺度来描述数据 $\|Ax-y\|_2$ 与 $\|x\|_2$ 之间的对比曲线，L-曲线法需要得到 L 形的对比曲线，该曲线以 λ 为曲线参数，曲线上的点坐标为 $(\log\|Ax_\lambda - y\|_2, \log\|x_\lambda\|_2)$，每个给定的 λ 都可得到一个相应的正则解 x。Hanke 等人将 L-曲线法的曲线拐点位置所对应的参数 λ 作为最优正则化参数，并定义拐点位置为曲率最大位置。因此，最优正则化参数的选取转化为寻找曲率最大值问题。

由式（9.52）可知，将 $\|Af_A - f_B\|_2$ 与 $\|f_A\|_2$ 看作 λ 的函数，定义 $\rho(\lambda)=\log\|Af_{A\lambda}-f_B\|_2$，$\theta(\lambda)=\log\|f_{A\lambda}\|_2$，则 L 曲线的曲率函数为

$$K(\lambda)=\frac{\rho'\theta''-\rho''\theta'}{[(\rho')^2+(\theta')^2]^{3/2}} \tag{9.54}$$

式中，“$'$”和“$''$”分别为参数 λ 的一阶导数与二阶导数。

在磁异常数据向下延拓中，无法求解 L 曲线的曲率函数 $K(\lambda)$ 的最大值表达式，解决该问题的方法一般为通过数值方法作图来得到最大曲率。每个给定的 λ 都对应一个正则解 $f_{A\lambda}$，也就对应 L 曲线上的一个点坐标 $\left(\log\|Af_{A\lambda}-f_B\|_2, \log\|f_{A\lambda}\|_2\right)$，当 λ 取值连续时，可得到一条连续的 L 曲线。

为提高数值计算效率，快速得到 L 曲线，可以将 $\|Af_A - f_B\|_2$ 与 $\|f_A\|_2$ 借助快速傅里叶变换转换到波数域，在波数域内进行数值计算。根据帕塞瓦尔等式可知

$$\|Af_{A\lambda}-f_b\|_2=\|RF_{A\lambda}-F_B\|_2 \tag{9.55}$$

式中，R 表示波数域向上延拓算子：

$$\|f_{A\lambda}\|_2=\|F_{A\lambda}\|_2 \tag{9.56}$$

波数域的 $\rho(\lambda)$ 与 $\theta(\lambda)$ 的计算公式分别为

$$\rho(\lambda)=\log\left\|\frac{\lambda}{\mathrm{e}^{4\pi z\sqrt{u^2+v^2}}+\lambda}F_B\right\|_2 \tag{9.57}$$

$$\theta(\lambda)=\log\left\|\frac{\mathrm{e}^{2\pi h\sqrt{u^2+v^2}}}{\mathrm{e}^{4\pi z\sqrt{u^2+v^2}}+\lambda}F_B\right\|_2 \tag{9.58}$$

根据上述磁异常数据的正则化参数 λ 与 $\rho(\lambda)$、$\theta(\lambda)$ 的关系式，对于给定的 λ，可以通过上面的公式计算出 $\rho(\lambda)$ 与 $\theta(\lambda)$。关于函数 $\rho(\lambda)$ 与 $\theta(\lambda)$ 的求导问题，使用差分逼近的方式求 $\rho(\lambda)$ 与 $\theta(\lambda)$ 的一阶导数与二阶导数，具体公式如下：

$$\rho'(\lambda)\approx\frac{\rho(\lambda+\Delta\lambda)-\rho(\lambda)}{\Delta\lambda} \tag{9.59}$$

$$\rho''(\lambda)\approx\frac{\rho(\lambda+\Delta\lambda)+\rho(\lambda-\Delta\lambda)-2\rho(\lambda)}{(\Delta\lambda)^2} \tag{9.60}$$

$$\theta'(\lambda) \approx \frac{\theta(\lambda + \Delta\lambda) - \theta(\lambda)}{\Delta\lambda} \tag{9.61}$$

$$\theta''(\lambda) \approx \frac{\theta(\lambda + \Delta\lambda) + \theta(\lambda - \Delta\lambda) - 2\theta(\lambda)}{(\Delta\lambda)^2} \tag{9.62}$$

在求导计算过程中，取$\Delta\lambda = 0.01\lambda$，将上面四个公式的计算结果代入式（9.54）便可得到所对应的曲率值。对于曲率函数的计算，不可能得到一个连续的函数，只能取得足够密集的离散值λ来计算离散曲率值。针对离散值λ的取值问题，最好的方法不失为Tikhonov在拟最优化准则所采用的方法，即λ的取值为等比数列：

$$\lambda_k = \lambda_0 q^k (k = 0,1,2,\cdots,N) \tag{9.63}$$

通常情况下，最优正则化参数肯定会在10^{-8}～1 范围内。因此在10^{-8}～1 内取一个等比数列，首项为$\lambda_0 = 10^{-8}$，末项为$\lambda_N = 1$，指定项数N的大小反推出公比q。项数一般选取$N = 30$，N的选取可以更大以提高精度，但实验表明这种影响非常小。具有一系列的参数λ便可计算得到一系列的$K(\lambda)$，通过作图的方式找出曲率最大值，得到最优正则化参数λ。将最优正则化参数λ代入正则化向下延拓算子，可求出向下延拓的最优解。

广义逆算法波数域与Tikhonov 正则化属于两种解决向下延拓问题的方法，波数域广义逆算法以广义反演理论为理论依据，为保证延拓的稳定性，在向下延拓算子中加入阻尼因子。Tikhonov 正则化的L-曲线法选取参数的思想为寻找最优解。在广义逆算法解决向下延拓问题时，可借鉴L-曲线法选取参数的思想来选取最优阻尼因子α。上述方法步骤如下。

第一步，对已知磁异常数据f_B进行快速傅里叶变换，给出阻尼因子α的等比数列α_k，包括首项α_0、末项α_N及公比q。

第二步，根据一系列的α利用式（9.54）计算出对应的曲率值，通过作图的方式寻找最优阻尼因子α。

第三步，将最优阻尼因子α代入广义逆算法波数域算子，应用该算子对已知磁异常数据在波数域内向下延拓处理，得到F_A。

第四步，对F_A进行快速傅里叶逆变换，得到磁异常向下延拓结果f_A。

为简单而高效地求出L曲线的最大曲率值，可根据帕塞瓦尔等式将求解过程转换到波数域中求解。根据所给定的阻尼因子α的等比数列，可求出磁异常数据所对应的L曲线；利用差分逼近的方式求取$\rho(\lambda)$和$\theta(\lambda)$的一阶及二阶导数，将得到的导数代入式（9.54）可计算出每个α所对应的曲率值，找出最大曲率值所对应的α，即最优阻尼因子。波数域计算方法是求取最优参数时一种简单直观且有效的方法。

3. 实验验证

实测磁异常数据的空间位置为经度范围为−114°～−115°、纬度范围为34°～35°，平均测量高度为305m（1000ft）。航空磁测数据的采样间隔为185m（0.002′），区域内采集的磁异常网格数据为501×501。

将航磁测量平面作为延拓平面，即$z = 0$平面，经航空磁测获取的磁异常数据作为延拓面上的真实磁异常数据，用来与延拓结果比较。首先利用传统向上延拓算法对实测磁异常数据向上延拓2000m，计算得到−2000m平面上的磁异常延拓值。因为磁异常向上延拓具有稳定性，所以认为经过向上延拓得到的磁异常数据为实测磁异常数据，将-2000m 平面的磁异常延拓数据作为已知观测数据。0m 平面与-2000m 平面上的磁异常等值线图如图 9.5 所示，图 9.5（a）所示为 0m 平面上的磁异常等值线，图 9.5（b）所示为-2000m 平面上的磁异常等值线。

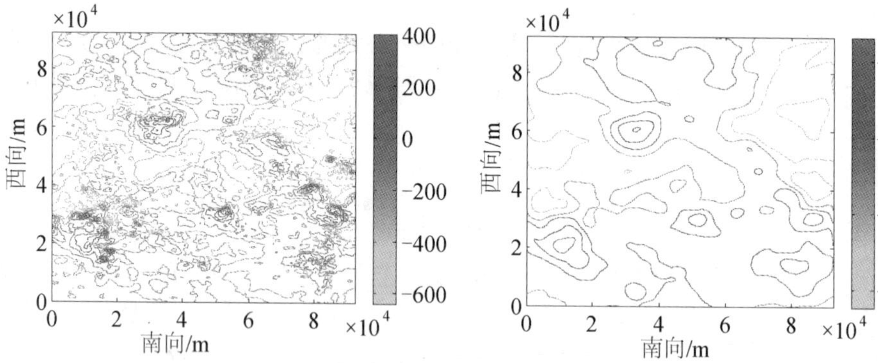

（a）0m 平面上的磁异常等值线　　（b）-2000m 平面上的磁异常等值线

图 9.5　0m 平面与-2000m 平面上的磁异常等值线图（扫二维码）

绘制出的实测磁异常数据的 L 曲线，并由式（9.54）做出 $\boldsymbol{K}(\alpha)$ 关于 α 变化的曲率函数曲线图，如图 9.6 所示，图 9.6（a）所示为实测磁异常数据的 L 曲线图，图 9.6（b）所示为实测磁异常数据的曲率函数曲线图。根据曲率函数曲线图的最大值与矩阵 $\boldsymbol{K}(\alpha)$ 中最大值所对应的 α，可以得到最优阻尼因子 $\alpha = 0.0032$。

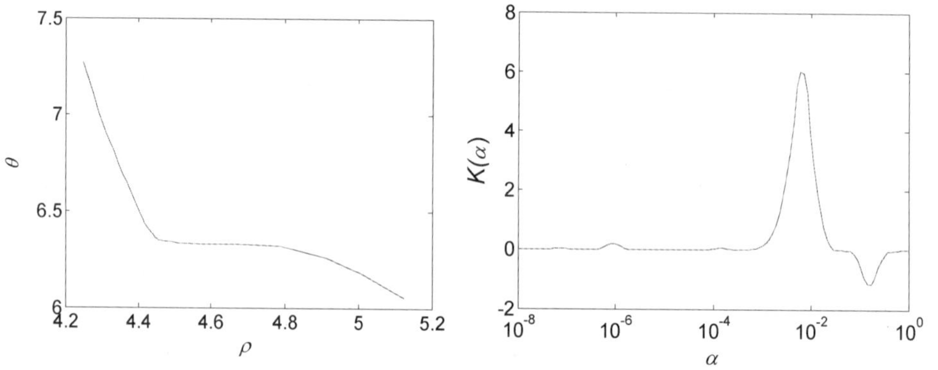

（a）实测磁异常数据的 L 曲线图　　（b）实测磁异常数据的曲率函数曲线图

图 9.6　实测磁异常数据对应的 L 曲线与曲率函数曲线图

在实测数据不进行圆滑处理的同样实验条件下，陈生昌根据经验选取阻尼因子大小为 $\alpha = 0.001$。使用广义逆算法对-2000m 平面磁异常数据向下延拓至 0m 平面，向下延拓结果。加入噪声的-2000m 平面磁异常数据在 $\alpha = 0.001$ 时向下延拓 2000m 所得到的磁异常数据等值线图如图 9.5（a）所示；L-曲线法选取最优阻尼因子 $\alpha = 0.0032$ 的广义逆算法对加入噪声的-300m 平面上的已知观测数据向下延拓 2000m 所得到的磁异常数据等值线图如图 9.5（b）所示。表 9.1 所示为不同阻尼因子下广义逆算法向下延拓的结果误差，RMS 代表均方根误差，MXE 代表误差最大绝对值，MNE 代表误差最小绝对值。

表 9.1 不同阻尼因子下广义逆算法向下延拓的结果误差

阻尼因子	0.001	0.0032
RMS (nT)	23.18	19.97
MXE (nT)	337.79	317.26
MNE (nT)	4.23×10^{-5}	1.01×10^{-5}

广义逆算法向下延拓实验结果表明：在实测磁异常数据延拓中，L-曲线法选取的阻尼因子的延拓精度高于根据经验选取的阻尼因子的延拓精度；在具有测量误差的磁异常数据情况下，根据经验选取的阻尼因子较小，延拓精度偏低；L-曲线法选取的阻尼因子能够更好地压制噪声。磁异常向下延拓结果表明，L-曲线法选取阻尼因子适用于实测磁异常数据，能够选取最优阻尼因子，延拓精度更高，使得广义逆算法具有更强的实用性。

9.4 水下地磁匹配导航算法

地磁匹配导航的基本方法是预先将载体航行区域地磁场的某种特征值制成参考图植入载体计算机存储器，当载体经过这些区域时，地磁传感器实时测量地磁场有关的特征值并构成实时图，采用某种算法将实时图与参考图进行匹配，确定实时图在参考图中的最相似点，即匹配点，从而计算出载体的精确位置，为惯性导航提供位置参考。

本节介绍水下地磁匹配导航算法原理及关键技术，用克里金法重构地磁基准图。描述基于豪斯多夫距离的地磁匹配算法，分析地磁适配区的选取问题。阐述基于等值线的 ICCP 算法，描述基于豪斯多夫距离的 ICCP 算法和基于等值线的矢量匹配算法。

9.4.1 地磁匹配系统架构

地磁匹配算法的实质是利用信息处理方法，将实际测得的地磁信息与存储在计算机中的数字化的地磁基准图信息进行比较，按照一定的准则判断二者间的相关性，以此确定最佳匹配点，从而得到地磁导航航迹。利用地磁匹配定位的长期稳定性，弥补惯性导航误差随时间累积的缺点，利用惯性导航短期高精度弥补地磁匹配系统易受干扰的缺点，实现惯性/地磁组合导航，由匹配结果修正测量航迹，限制测量航迹积累的误差，地磁匹配系统如图 9.7 所示。

地磁匹配系统包含地磁探测模块、地磁数据库模块、惯性导航系统和信息处理模块。地磁探测模块由磁传感器和数据预处理及干扰补偿组成，提供精确的实时测量的地磁参数；地磁数据库模块由地磁数据库和数据查询模块组成，提供地磁基准图数据，为地磁匹配算法提供数据来源；惯性导航系统向地磁匹配系统提供惯性导航信息；信息处理模块采用专用计算机系统，完成地磁实测数据的外插处理、地磁基准图匹配定位及组合导航滤波。

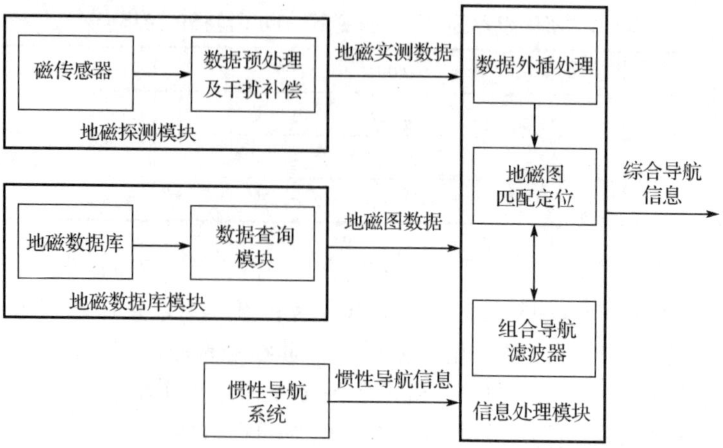

图 9.7 地磁匹配系统

9.4.2 地磁匹配导航算法

1. 基于等值线的地磁匹配

1）ICCP 算法

载体在航行过程中，每隔一段时间惯性导航会给出一系列航迹点，记为$\{x_{nk}\}$ $(n=1,2,\cdots,N)$，k表示迭代次数。由地磁传感器获得相应航迹点的地磁场值记为$\{f_n\}$ $(n=1,2,\cdots,N)$。在地磁基准图中提取每个地磁值所对应的等值线，记为C_n $(n=1,2,\cdots,N)$。若没有误差，则惯性导航给出的航迹点会位于对应的地磁等值线上。但由于误差的存在，惯性导航给出的航迹点位置与对应的地磁等值线之间有一定的偏差。ICCP 算法希望利用实时测量的地磁数据，在预先存储的地磁基准图上寻找对应的最近等值线点$\{y_{nk}\}(n=1,2,\cdots,N)$，不断寻找惯性导航给出的航迹点与对应的最近等值线点之间的刚性变换 T，多次迭代匹配出载体的实际航迹，以满足一定迭代条件的点为测量点的修正，降低导航误差。ICCP 算法原理图如图 9.8 所示，其算法的基本流程如下。

（1）由惯性导航给出一系列航迹点，记测量航迹点集合为$\boldsymbol{X}_k=\{x_{nk}\}$ $(n=1,2,\cdots,N)$。由地磁传感器获得的地磁场值集合为$\{f_n\}$ $(n=1,2,\cdots,N)$，提取每个地磁场值所对应的等值线，记等值线集合为C_n $(n=1,2,\cdots,N)$。

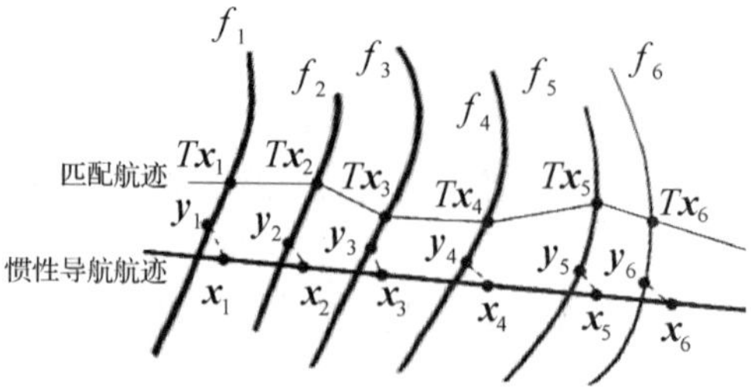

图 9.8 ICCP 算法原理图

（2）选择初始对准集，即迭代的初值 $\boldsymbol{X}_0$。

（3）根据惯性导航给出的一系列航迹点，在对应等值线上寻找最近等值线点，记这些点为 $\boldsymbol{Y}_k=\{y_{nk}\}(n=1,2,\cdots,N)$。

（4）不断寻找惯性导航给出的航迹点 $\{x_{nk}\}$ 与对应的最近等值线点 $\{y_{nk}\}$ 之间的刚性变换 T，使 $\boldsymbol{X}_k=\{x_{nk}\}$ 和 $\boldsymbol{Y}_k=\{y_{nk}\}$ 之间的距离最小，即 $d_k=M(\boldsymbol{C},T\boldsymbol{X}_k)=M(\boldsymbol{Y}_k,T\boldsymbol{X}_k)=\dfrac{1}{N}\sum_{n=1}^{N}\|y_{nk}-Tx_{nk}\|^2$ 最小；$\boldsymbol{C}$ 为提取的等值线集合。

（5）应用刚性变换将集合 $\boldsymbol{X}_k$ 变换到 $T\boldsymbol{X}_k$，即 $\boldsymbol{X}_{k+1}=T\boldsymbol{X}_k$，重复步骤（4）和（5）。

（6）设置迭代终止条件，不满足则继续迭代，满足则进行下一步。

（7）判断精度是否达到要求，是则匹配完成，否则认为匹配失败。

2）基于豪斯多夫距离的 ICCP 算法

豪斯多夫距离是指两条曲线之间的垂直距离和角距离，衡量两条曲线的接近程度。设有两条曲线 C_i^M 和 C_j^N，分别由线段 $L_{i,p}^M$ 和线段 $L_{j,q}^N$ 组成。垂直距离定义为

$$d_\perp(C_i^M,C_j^N)=\frac{1}{\|C_i^M\|}\sum_{L_{i,p}^M\in C_i^M}\|L_{i,p}^M\|d_\perp(L_{i,p}^M,C_j^N) \tag{9.64}$$

角距离定义为

$$d_\theta(C_i^M,C_j^N)=\sum_{L_{i,p}^M\in C_i^M}d_\theta(L_{i,p}^M,C_j^N) \tag{9.65}$$

从 ICCP 算法的基本流程可知，惯性导航给出一系列航迹点，记测量航迹点集合为 $\boldsymbol{X}_k=\{x_{nk}\}$ $(n=1,2,\cdots,N)$，根据这些航迹点在对应的等值线上寻找最近等值线点，记这些点为 $\boldsymbol{Y}_k=\{y_{nk}\}(n=1,2,\cdots,N)$。将惯性导航给出的航迹点连接成一条曲线 C_i^M，将最近等值线点连接成另一条曲线 C_j^N，构造多目标函数

$$\begin{cases}f_1=d_\perp(C_i^M,C_j^N)\\ f_2=d_\theta(C_i^M,C_j^N)\end{cases} \tag{9.66}$$

在迭代过程中，不断进行刚性变换，匹配点和最近等值线点都连成曲线，使目标函数最小。基于豪斯多夫距离的 ICCP 算法不仅考虑到了两个点集曲线的垂直距离，而且考量了它们的角距离，使匹配结果更加精确。

2. 基于支持矢量机的地磁匹配

地磁匹配问题在数学上可表述为基于待匹配地磁数据的机器学习问题，进一步可归结为模式分类问题，即确定地磁数据应归属的经度模式类和纬度模式类，对比各类的定义确定载体的经纬度，获得载体位置。在地磁匹配问题中，样本数目通常是有限的，地磁值与经纬度之间是复杂的非线性关系，支持矢量机（SVM）在解决小样本、非线性、高维数和全局极小点等方面能力突出，适用于地磁匹配定位中的模式分类。

1）匹配特征量的选择

Dubuisson、Kapsparis 等人指出单个分维作为特征参数不能有效描述各种自然事物的纹理

特征，需要用多维描述。这是由于自然界中的分形不是严格数学意义上的自相似性，只是统计意义上的近似相似性，它们所对应的分维在不同尺度下不尽相同。采用多重分维谱描述磁异常的局部特征，以及磁异常场在其形成过程中不同层次的特征，能更加全面、有效地描述磁异常特征，有效分辨磁异常相似区中从不同方向提取的异常值，获得高精度、高配准率的匹配信息。

把所研究的对象分为 N 个小区域，设第 i 个小区域线度大小为 L_i，分形体生长界面在该小区域的生长概率为 P_i，不同小区域的生长概率不同，可用不同的特征标度指数 α_i 表征，满足 $P_i = L_i^{\alpha_i}$ ($i=1,2,\cdots,N$)，L_i 趋近于零时表示 $\alpha = \lim\limits_{r\to 0} \ln P / \ln L$，$\alpha$ 是分形体某区域的分维，称为局部分维。由不同 α 组成的无穷序列构成的谱用 $f(\alpha)$ 表示，$f(\alpha)$ 可对磁异常数据表面的粗糙程度、复杂程度、不规则程度、不均匀程度进行度量。

对一个在无标度区间 $[r_1, r_2]$ 呈现统计自相似性的数据集，定义 q 次信息维为

$$D_q = \begin{cases} \lim\limits_{r\to 0} \dfrac{\sum\limits_i p_i \log p_i^q}{\log r} & (q=1) \\ \lim\limits_{r\to 0} \dfrac{1}{q-1} \dfrac{\sum\limits_i p_i \log p_i^q}{\log r} & (q \neq 1) \end{cases} \quad (r \in [r_1, r_2]) \tag{9.67}$$

式中，r 为覆盖数据空间所用网格的边长；p_i 为网格的奇异性测度，即网格所包含的数据点数与全部数据点数之比。可证，当 $q=0$ 时，D_0 为容量维数；当 $q=1$ 时，D_1 为信息维数；当 $q=2$ 时，D_2 为关联维数。根据式（9.67），理论上可给出无限多的 D_q，从而得到广义分形维数谱。当 $q>0$ 时，D_q 反映了数据点的聚集程度；当 $q<0$ 时，D_q 反映了数据点的空隙程度。由此可知，当 q 不同时，广义分形维数谱表征的特征不同，通过改变 q 值即可区分具有不同标度指数的子集。

$f(\alpha)$ 与 D_q 之间的关系为

$$D_q = \frac{1}{q-1}[q\alpha - f(\alpha)] \tag{9.68}$$

2）匹配算法的关键问题

设 $p(x,y)$ 为待选匹配区 CMA 中的任意一点，若配准点 p_m 和点 p 的距离小于既定的误差范围，则认为匹配成功，否则匹配失败，匹配结果称为 CMA 区域上点 p 的配准度 $D_{\mathrm{CM}}(p)$。配准率 P_{CM} 定义为 CMA 区域中的成功匹配次数与总匹配次数的比值。

匹配长度由磁异常场的特征决定，当磁异常场信息丰富时，匹配长度可稍短些；当异常场信息贫乏时，匹配长度应稍长些。匹配长度决定参与 SVM 训练的样本数量，若匹配长度太短，则参与学习的样本少，可能导致匹配精度下降；若匹配长度过长，则会增大学习机计算量，延长匹配运算时间，降低匹配算法的实时性。一般根据不同需求与匹配算法的实时性、计算量，通过试验选取合适的匹配长度。

利用 INS 输出的信息，以 INS 指示位置为中心的误差范围区域进行匹配，可缩小匹配搜索空间，节省定位计算时间。匹配搜索区域的大小和匹配长度均与 SVM 的训练时间、配准率相关，SVM 提取训练样本时也涉及限定区域范围。仿真实例的匹配区域设定为以 INS 位置输出为中心，在 INS 定位误差加上匹配长度之和的两倍为大小的区域进行样本提取与匹配运算，

匹配区域随每次 INS 的实际输出而变化。

基于 SVM 的地磁匹配导航就是用 SVM 对各经度模式类和纬度模式类进行分类，通过对不同的经纬度进行类别定义，在 SVM 中输入测量值后判别出其所属的类，根据各类的定义确定载体位置，把匹配问题转化为 SVM 的多类别分类问题。基于 SVM 的多类别分类问题的设计主要有两种途径：一是分解方法，将一个多类别分类问题分解为若干两类分类问题，通过构造多个 SVM 二值分类器并将它们组合实现多类分类，如一对一、一对多、DAGSVM 等方法；二是整体方法，直接在一个优化公式中同时考虑所有类的参数优化。整体方法看起来简洁，但在最优化问题求解过程中，二次规划问题的变量数远多于分解方法的变量数，训练速度也远不如分解方法，在分类精度上也不占优势，尤其是当训练样本数非常大时。

可以采用一对一方法进行经纬度模式分类。一对一方法是在多类别分类问题中分别选取两个不同类构成一个 SVM 子分类器，共有 C_k^2 个，将多类别分类问题转化成两类问题进行训练学习。识别时综合判断多个 SVM，使用较多的判断方法是投票策略：将测试数据 x 对 C_k^2 个 SVM 子分类器分别进行测试，若分类器判定 x 属于第 m 类，则第 m 类的得票数加 1，若分类器判定 x 属于第 n 类，则第 n 类的得票数加 1；累计各类别的得分，选择得分最高者对应的类别作为测试数据类别；若存在多个得分最高的类别，也就是出现不可分区域，此时选择小序号类作为测试数据类别。

3）匹配算法流程

设载体以东向速度 V_{e}、北向速度 V_{n}，航向角 φ 做匀速等深运动，三轴磁传感器在每单位时间 Δt 输出一个磁异常测量值，在 t_s 时刻 INS 指示位置为 x_a。基于 SVM 的地磁匹配算法流程如下。

（1）根据匹配长度 L，将 t_s 时刻的测量值及之前 $\Delta t \times L$ 个时刻记录的 L 个测量值按时间先后组成观测矢量 $\boldsymbol{d}_{tL}=[d_1,d_2,\cdots,d_L]^{\mathrm{T}}$；根据 INS 指示的经纬度在磁异常 xyz 网格数据矩阵中搜索离点 x_a 距离最近的点，并将此点的值赋值给 x_a。

（2）根据 INS 定位误差将其换算成经纬度方向的网格数 M、N。以点 x_a 为中心，经度方向取 $2(M+L)+1$ 个网格，纬度方向取 $2(N+L)+1$ 个网格，共 S 个网格构成提取训练样本的网格图（样本网格图）；取 $s=(2M+1)(2N+1)$ 个网格构成实时匹配图。

（3）将样本网格图中的 S 个网格和实时匹配图中的 s 个网格按从左到右、从上到下的顺序分别编号。

（4）在以 t_{s-L} 时刻磁异常值为起点，t_s 时刻磁异常值为终点的一段 INS 指示航迹上有 L 个磁异常值，组成矢量 $\boldsymbol{d}_{pq}=[d_{pq1},d_{pq2},\cdots,d_{pqL}]^{\mathrm{T}}$，将此条航迹在样本网格图中平移 s 次，即平移 $(2M+1)(2N+1)$ 次。

（5）设在每个 Δt 测量间隔内，载体真实航迹中相邻两点间的相对距离等于指示航迹中相邻两点间的相对距离。把 t_s 时刻 INS 指示航迹上以点 x_a 为终点的一段记为 $x_a l$ 线，将 $x_a l$ 线平移到样本网格图中以点 z_b 为终点的 $z_b l$ 线，点 z_b 为载体真实位置，则 $z_b l$ 线上 t_{s-i+1} 时刻位置到 $z_b l$ 线、z_b 点的经纬度相对位置分别为

$$\begin{cases}\Delta\lambda_{zi}=\left|\lambda_a(t_s)-\lambda_a(t_{s-i+1})\right| \\ \Delta\phi_{zi}=\left|\phi_a(t_s)-\phi_a(t_{s-i+1})\right|\end{cases}(i=0,1,\cdots,L-1) \tag{9.68}$$

式中，$\lambda_a(t_s)$、$\varphi_a(t_s)$和$\lambda_a(t_{s-i+1})$、$\varphi_a(t_{s-i+1})$分别为 INS 在t_s和t_{s-i+1}时刻指示的经纬度。

（6）根据式（9.68）及样本网格图中的各网格点值，可算得s条平移航迹上的数据，将其换算到距离最近的网格点上，从样本网格点获得$s\times L$个网格值，用这s个矢量构成 SVM 的训练样本矩阵$\boldsymbol{P}=[d_{p1},d_{p2},\cdots,d_{ps}]$。

（7）把s个网格点中经度相同的划分为一个经度模式类，这些矢量作为该类的样本，式（9.69）中的$2N+1$个点为同一经度模式类，共$2M+1$个经度类：

$$\begin{cases}0\times(2M+1)+i\\1\times(2M+1)+i\\\vdots\\2N\times(2M+1)+i\end{cases}\quad(i=1,2,\cdots,2M+1)\tag{9.69}$$

把s个网格点中纬度相同的划分为一个纬度模式类，这些矢量作为该类的样本，式（9.70）中的$2M+1$个点为同一纬度模式类，共有$2N+1$个纬度类：

$$\begin{cases}(j-1)\times(2M+1)+1\\(j-1)\times(2M+1)+2\\\vdots\\(j-1)\times(2M+1)+2M+1\end{cases}\quad(j=1,2,\cdots,2N+1)\tag{9.70}$$

（8）对矩阵$\boldsymbol{P}$进行类别编号和经纬度赋值，保存到经纬度类别矢量中。选取q值，计算各经纬度模式类中样本的多重分维谱值，将这些值作为每个类的匹配特征。

（9）计算各经纬度模式类中样本的自相似参数值H，设定经度和纬度两个 SVM 的相关参数，包括选择核函数，核参数C和H等。对两个 SVM 进行模型训练，用训练后的两个模型分别对以点x_a为终点的航迹进行预测，分别得到点x_a预测的经纬度类别，即点x_a的经纬度匹配位置。

（10）在连续匹配时间段，不断重复以上步骤获得各 INS 指示位置的地磁匹配位置。

9.4.3 地磁适配区选择方法

地磁场的空间分布复杂，磁场强度的空间变化类似一个搜索区域内的多峰值函数，而标准粒子群优化算法在解有大量局部最优点的多峰值函数时，因多样性损失极易陷入局部最优点。免疫算法是一种受生物免疫系统的启发而设计出来的一种对多峰值搜索具有全局寻优能力的智能优化算法，能快速、高效地找到各个极值点，但计算复杂。因此，结合免疫算法更强的全局寻优能力和粒子群优化算法的易操作特点构造了免疫粒子群优化算法，用于地磁特征区域选择。免疫粒子群优化算法描述如下。

首先采用标准粒子群进化方程进化粒子速度、位置，即

$$v_{id}(t+1)=\omega v_{id}(t)+c_1\mathrm{rand}_1[p_{id}(t)-x_{id}(t)]+c_2\mathrm{rand}_2[p_{gd}(t)-x_{id}(t)]\tag{9.71}$$

$$x_{id}(t+1)=x_{id}(t)+v_{id}(t+1)\tag{9.72}$$

式中，$i=1,2,\cdots,N_m$；$d=1,2,\cdots,D$，N_m和D分别为粒子群规模和搜索空间的维数；ω是惯性

权值，一般随迭代次数从 0.9 到 0.4 线性递减；c_1 和 c_2 是非负常数，通常取值为 2.0；rand_1 和 rand_2 是介于[0, 1]之间服从均匀分布的随机数；$P_i=(p_{i1},p_{i2},\cdots,p_{iD})$ 是粒子 i 当前所经历的最优位置，称为个体最优位置；$P_g=(p_{g1},p_{g2},\cdots,p_{gD})$ 是群体中所有粒子经历的最优位置，称为全局最优位置。

在上述进化过程中，每次迭代进化后记录 P_g 作为免疫粒子（抗体），当标准粒子群优化算法进化不满足终止条件时，进行免疫操作，更新粒子群，之后继续按式（9.71）和式（9.72）进化，直至满足终止条件。

免疫粒子群优化算法的主要计算流程如下。

（1）随机初始化粒子群中粒子的位置与速度，生成 N_m 个粒子。

（2）计算每个粒子的适应值。

（3）若粒子的适应值优于 P_i 的适应值，则 P_i 更新为新位置，反之 P_i 保持不变；若粒子的适应值优于 P_g 的适应值，则 P_g 更新为新位置，反之 P_g 保持不变。

（4）根据式（9.71）和式（9.72），更新粒子的位置与速度。

（5）进行速度、位置限制。当 $V_i>V_{\max}$ 或 $V_i<-V_{\max}$ 时，令 $V_i=V_{\max}$ 或 $V_i=-V_{\max}$；当 $X_i>X_{\max}$ 或 $X_i<X_{\min}$ 时，令 $X_i=X_0$，其中 X_0 为搜索区域的中心位置坐标。

（6）生成免疫记忆粒子（抗体）。计算当前粒子（抗体）群体中粒子（抗体）的适应值，并将 P_g 作为免疫记忆粒子（抗体）存入记忆库，判断是否满足终止条件，若满足，则输出 P_g，否则继续。

（7）更新粒子（抗体）。新粒子（抗体）产生方式：随机产生 N_R 个新粒子（抗体）；从记忆库中基于粒子（抗体）浓度的概率选择式（9.73）和式（9.74），选出 N_0 个粒子（抗体），$N_0=N_m-N_R$，则

$$\text{density}(x_i)=\frac{1}{\sum_{j=1}^{N}\left|f(x_i)-f(x_j)\right|}\quad (i=1,2,\cdots,N_l) \tag{9.73}$$

$$p(x_i)=\frac{\sum_{j=1}^{N_l}\left|f(x_i)-f(x_j)\right|}{\sum_{j=1}^{N_l}\prod_{j=1}^{N_l}\left|f(x_i)-f(x_j)\right|}\quad (i,j=1,2,\cdots,N_l) \tag{9.74}$$

式中，N_l 表示免疫记忆库的大小。

将进化过程中的 P_g 作为免疫疫苗，分解疫苗，其分量为提取的免疫基因，从种群中随机选择 N_V 个粒子，进行免疫接种；若接种后的粒子优于之前粒子的适应值，则保留接种粒子，反之取消免疫接种。生成新一代粒子后，转向步骤（2）。

确定参数 N_l、N_R 和 N_V 比较困难，但它们对算法本身影响不显著。可以选取经验值 $N_l=2N_m$；模拟自然界克隆选择过程 0.05～0.20 的淘汰率 $N_R=0.05N_m$，$N_V=0.2N_m$；免疫疫苗 P_g 被分割成 $\lfloor D/N_V\rfloor$ 份免疫基因，其中 $\lfloor\bullet\rfloor$ 表示向下取整。

房建成，中国科学院院士、北京航空航天大学学术委员会主任、极弱磁场国家重大科技基

础设施首席科学家、总设计师，长期从事航天器姿态控制磁悬浮惯性执行机构和惯性导航技术领域研究，主持国家(国防)重大和重点项目 20 余项，取得了一批重要创新成果；获国家技术发明一等奖和二等奖各 1 项（均排名 1），国家科技进步二等奖 1 项（排名 1）；带领的科研团队于 2008 年获批“新型惯性仪表与系统技术”教育部长江学者创新团队，于 2011 年获批“先进惯性仪表与系统技术”国家自然科学基金委创新研究群体，并获得两次连续资助。

房建成院士率领团队于 2008 年在国内率先开展了极弱磁场与超高灵敏惯性测量技术研究；作为基金委国家重大科研仪器设备研制专项“基于原子自旋效应的超高灵敏磁场与惯性测量实验研究装置”首席科学家和项目负责人，带领团队攻克了 SERF（无自旋交换驰豫）态精密调控、超低噪声检测等关键技术，研制了国内第一套基于 SERF 原子自旋效应的超高灵敏极弱磁场测量实验研究装置和超高灵敏惯性测量装置，达到了国际前沿水平的灵敏度。在此基础上，房建成院士带领团队成功研制了国内第一台 SERF 原子自旋陀螺仪原理样机，实现了国际前沿水平的漂移指标。房建成院士在国内开辟了基于 SERF 原子自旋效应的超高灵敏极弱磁场和惯性测量新方向。

房建成院士志存高远、心系祖国，瞄准国家重大需求，服务祖国国防、经济建设；他坚持不懈，打破国际封锁为我国研制出一系列拥有自主知识产权的科技成果；他言传身教，培养高层次创新型人才，带出一支敢打敢拼、创新型的研究团队；他勇于创新，带领团队勇攀科技高峰；他谦和质朴，吃苦耐劳，始终以“永不停转”的陀螺精神实践着对党、对科学事业的坚持、对人生的崇高追求！

习题 9

1．地磁场组成及其要素有哪些？简要介绍常见的地磁场模型。

2．简述几种地磁异常场场量之间的转换关系。

3．捷联式惯性导航载体上的磁干扰来源有哪些？三分量磁场干扰模型是怎样的？

4．请简要描述水下地磁匹配系统架构。

5．常见的插值法构建地磁基准图的方法有哪些？请选择其中一种方法进行简要的描述。

6．什么是地磁基准图适配性？适配性的特征指标有哪些？

7．简要描述磁异常特征主成分分析法原理及其步骤。

8．简述波数域地磁向下延拓的基本原理，并列举出几种实现方法。

第 10 章

多水下无人航行器编队协同导航方法

协同导航是提高导航定位精度的一种有效方案，系统通过进行个体间的导航状态共享、信息测量等方式来提高个体的导航定位精度。本章对协同导航的原理进行阐述，并简述在多种量测异常情况下的误差建模与补偿思路，以及协同导航系统编队构型设计思路，使读者对协同导航有初步的认识。

知识目标

1. 了解协同导航的分类与基本工作原理。

2. 了解协同定位模型构建过程。

3. 理解声学通信与测距延迟、数据丢包、未知洋流、量测异常值等状况出现时的误差建模与补偿方法。

4. 熟悉基于线性化模型、非线性李导数、Fisher 信息矩阵理论的协同导航系统可观测性分析。

能力目标

1. 掌握协同导航系统可观测性分析方法。

2. 理解协同导航系统编队构型设计思路。

课程思政与职业素养

1. 场景引入：协同导航技术和我们的生活息息相关。以行人导航系统为例，它是一种为行人提供导航服务的便携式设备，可以适应地下、矿洞等卫星信号拒止的地区，以及大商场等拓扑结构复杂的地区。由于采用了 MIMU 器件，行人导航系统将面临精度差和误差累积的问题。协同导航是提高行人导航系统精度的有效方案之一，通过讲解其工作原理与设计思路，有助于培养学生的学科应用能力，提高学生的社会与时代责任感。

2. 科技伦理：科技伦理是对科技活动的道德引导，是调节科技工作者之间、科技共同体与社会之间诸多关系的道德原则与规范。通过“美国化学学会 2003 年年会”上对纳米材料的辩证讨论，我们认识到，在科技发展和科技活动中，必须时刻保持严谨的态度，重视伦理规范，发挥科技的正面效益，扼制其负面影响，更好地服务社会和人类。

3. 关注社会需求，关注学科前沿，展望协同导航技术在军事、民用领域的应用前景。

10.1 协同导航分类与基本工作原理

10.1.1 协同导航分类

在 AUV 协同导航中，根据 AUV 团队的不同组成，可以分为以下几类。

1）并行式 AUV 团队

在协同导航系统中，每个 AUV 个体都具有相同的结构与功能，利用各自的导航系统进行定位，并通过水声通信进行信息交换，从而获得其他 AUV 的位置信息，其结构虽然简单，但每个个体都配备高精度导航设备，成本将成倍增加。

2）主从式 AUV 团队

系统中少量 AUV 配备高精度导航装置，负责提供精确相对位置信息，其他 AUV 则通过与其相互通信来获取有效信息，从而提高自身的定位精度。该方式兼顾精度与成本，且能够适用于不同的使用区域和环境，是当今多 AUV 导航与定位的重点研究方向。

3）水面船只或载具辅助的 AUV 团队

由水面船只或载具获得自身准确的 GPS 坐标，并通过水声通信发送给 AUV，从而使 AUV 能够结合外部 GPS 信息对自身位置进行修正。

4）单信标辅助的 AUV 团队

在这种情况下，由水下的信标和 AUV 团队进行水声通信，将信标的位置信息发送给 AUV 团队，从而辅助其对自身位置进行修正。

10.1.2 协同导航基本工作原理

AUV 通过相互通信实现信息共享从而进行协同导航，使得水下导航精度得以提高。然而，通信带宽、传输延迟、洋流、水下干扰及扩展受限等问题仍是水下协同导航面临的挑战，也是当前海洋工程领域的研究热点。以主从式协同导航工作方式为例，AUV 协同导航工作原理示意图如图 10.1 所示。

领航 AUV 配备 GPS 或基于惯性导航系统（INS）、多普勒计程仪和压力传感器的高精度组合导航系统，按照预设的时间间隔发送一定频率的声波信号，在间隔一段时间（5～6s）后，广播其自身位置信息（包括位置、深度、航向及时间戳）；跟随 AUV 配备由压力传感器、多普勒计程仪和罗经组成的低成本航位推算（DR）系统，通过水声通信设备接收领航 AUV 发送的声波信号和位置信息，并计算其与领航 AUV 的相对距离，根据领航 AUV 提供的位置信息及相对距离信息进行协同导航，从而修正自身位置以获得更高的导航定位精度。

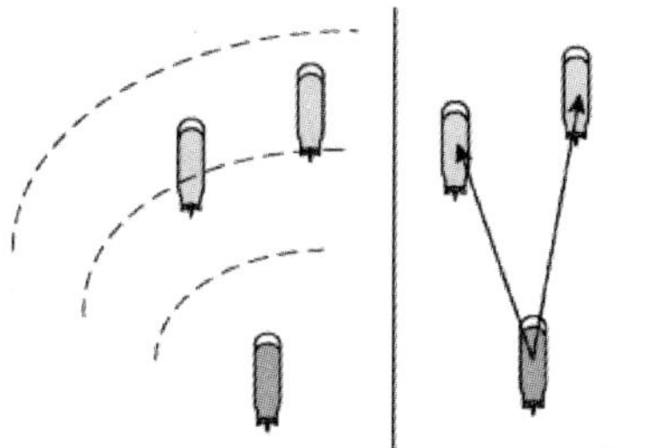

图 10.1　AUV 协同导航工作原理示意图

10.2　协同定位模型构建及误差建模与补偿方法

10.2.1　协同定位模型构建

以主从式协同导航方式为例，在实际协同定位过程中，受复杂水下环境的影响，AUV 垂直速度测量误差较大，这将增加深度估计模型的不确定性，但 AUV 本身配备深度传感器，深度误差不会随时间累积。因此，当可以获得准确的深度信息时，不再使用不可靠的动态模型对深度进行估计。由于多普勒与罗经的测量误差与距离量测无直接关系，因此只能通过水平位置估计间接获得。然而，多普勒与罗经的测量误差与 AUV 水平位置呈非线性关系，当其作为状态变量引入时，状态方程非线性程度大大增加，很难对多普勒与罗经的测量误差进行估计。因此，通常并不引入深度、多普勒与罗经的测量误差作为状态变量。基于此，三维协同定位问题简化为二维。

AUV 配备测量前向与右向速度 $\hat{v}_k$ 、 $\hat{w}_k$ 的传感器，罗经测量绝对航向 $\hat{\theta}_k$ ，AUV 的位置 $\boldsymbol{x}_s=\left[x_s,y_s\right]^{\mathrm{T}}$ 通过如下状态方程进行推导：

$$x_{s,[k]}=x_{s,[k-1]}+\Delta t\left(\hat{v}_{s,[k]}\cos\hat{\theta}_{s,[k]}+\hat{w}_{s,[k]}\sin\hat{\theta}_{s,[k]}\right)+\omega_{x,[k-1]} \tag{10.1}$$

$$y_{s,[k]}=y_{s,[k-1]}+\Delta t\left(\hat{v}_{s,[k]}\sin\hat{\theta}_{s,[k]}-\hat{w}_{s,[k]}\cos\hat{\theta}_{s,[k]}\right)+\omega_{y,[k-1]} \tag{10.2}$$

式中，$(\cdot)^{\mathrm{T}}$ 表示转置操作；Δt 为采样周期；$\boldsymbol{\omega}=\left[\omega_x,\omega_y\right]^{\mathrm{T}}$ 表示过程噪声。

随着 AUV 航位推算过程的进行，误差逐渐累积，正如上文中提到的，领航 AUV 通过声学调制解调器，周期性地为跟随 AUV 提供自身位置信息，采用到达时间法测量领航 AUV 与跟随 AUV 之间的相对距离，以此帮助跟随 AUV 修正自身位置。

定义领航 AUV 在 i 时刻的位置为 $\boldsymbol{x}_{r,[i]}=\left[x_{r,[i]},y_{r,[i]},h_{r,[i]}\right]$，AUV 的距离量测函数为

$$d_{[i]}=\sqrt{\left(x_{s,[i]}-x_{r,[i]}\right)^2+\left(y_{s,[i]}-y_{r,[i]}\right)^2+\left(h_{s,[i]}-h_{r,[i]}\right)^2} \tag{10.3}$$

式中，d_i 为使用 TOA 方法测得的领航 AUV 与跟随 AUV 之间的相对距离；$h_{s,[i]}$ 和 $h_{r,[i]}$ 分别为

压力传感器测得的跟随 AUV 与领航 AUV 的深度。利用精确的深度信息，这个三维距离量测被转换成一个二维水平距离：

$$z_{[i]} = \sqrt{d_{[i]}^{\ 2} - \left(h_{s,[i]} - h_{r,[i]}\right)^2} \tag{10.4}$$

考虑 TOA 方法的测量误差，二维量测方程表示为

$$z_{[i]} = \sqrt{\left(x_{s,[i]} - x_{r,[i]}\right)^2 + \left(y_{s,[i]} - y_{r,[i]}\right)^2} + \delta_{[i]} \tag{10.5}$$

式中，$\delta_{[i]}$ 表示量测噪声。

由系统模型式（10.1）和式（10.2），以及上述量测模型的简化，协同定位系统的离散状态空间模型的一般形式如下：

$$\boldsymbol{x}_{[k]} = \boldsymbol{F}\boldsymbol{x}_{[k-1]} + \boldsymbol{u}_{[k]} + \boldsymbol{\omega}_{[k-1]} \tag{10.6}$$

$$z_{[k]} = h\left(\boldsymbol{x}_{[k]}, x_{r,[k]}, y_{r,k}\right) + \delta_{[k]} \tag{10.7}$$

式中，状态矩阵 $\boldsymbol{F}$ 为二维单位矩阵；控制输入 $\boldsymbol{u}_{[k]} = \begin{bmatrix} \Delta t\left(\hat{v}_k \cos\hat{\theta}_k + \hat{w}_k \sin\hat{\theta}_k\right) \\ \Delta t\left(\hat{v}_k \sin\hat{\theta}_k - \hat{w}_k \cos\hat{\theta}_k\right) \end{bmatrix}$；量测函数 $h\left(\boldsymbol{x}_{[k]}, x_{r,[k]}, y_{r,[k]}\right) = \sqrt{\left(x_{s,[k]} - x_{r,[k]}\right)^2 + \left(y_{s,[k]} - y_{r,[k]}\right)^2}$，且 $E\left(\boldsymbol{\omega}_{[k]}\boldsymbol{\delta}_{[m]}^{\ \mathrm{T}}\right) = 0$。

10.2.2 误差建模与补偿方法

水下环境的特殊性，如测距延迟、量测异常值、数据丢包、未知洋流等状况的出现，均会给协同导航模型带来误差。因此，针对误差建模与补偿方法展开研究是非常有必要的，其总结如表 10.1 所示。

表 10.1 误差建模与补偿方法总结

存在问题	解决方式	原理及特点
测距延迟	状态量补偿	通过状态预估进行补偿，补偿精度有限
	延迟状态存储	通过延迟状态存储，将延迟量测信息直接对延迟到达时刻状态进行量测更新，对系统硬件要求高
	带延迟状态的信息滤波器	通过状态扩增和边缘化对信息矩阵和信息矢量进行更新，能实现与集中式导航一样的精度，适用于分布式协同导航系统
量测异常值	鲁棒滤波	通过特殊建模，对一步预测协方差矩阵、系统噪声或量测噪声协方差矩阵进行修正，从而抑制异常值对量测更新的影响
	异常值检测	检测并剔除异常值点
数据丢包	改进的扩展卡尔曼滤波	通过定义描述信道特征的随机变量，对状态估计及其估计误差协方差矩阵进行修正

续表

存在问题	解决方式	原理及特点
未知洋流	利用滤波估计洋流误差	通过分析已知和未知洋流的可观测性，在特点条件下估计洋流误差
	区域海洋模式系统直接预测洋流	通过机器学习方法提前建立该区域的洋流模型，根据模型进行预测
速度测量受限	建立动态过程模型	利用距离和距离变化率作为观测，建立新的协同导航动态过程模型

10.3 协同导航系统可观测性分析

10.3.1 基于线性化模型的可观测性分析

1. 判定定理

可观测性表征系统状态是否可由输出完全反映的性能，所以应同时考虑系统的状态方程和输出方程，对于如下形式的线性时变离散系统：

$$\left.\begin{aligned}\boldsymbol{x}(k+1)&=\boldsymbol{G}(k)\boldsymbol{x}(k)\\ \boldsymbol{y}(k)&=\boldsymbol{C}(k)\boldsymbol{x}(k)\end{aligned}\quad (k\in T)\right\} \tag{10.8}$$

式中，$\boldsymbol{x}(k)$为n维状态矢量；$\boldsymbol{y}(k)$为m维输出矢量。

定义1： 如果对初始时刻$l\in T_k$的任一非零初始状态矢量$\boldsymbol{x}(l)=\boldsymbol{x}_0$，都存在有限时刻$m\in T_k$，$m>l$，且可由离散时间区间$[l,m]$内的输出$\boldsymbol{y}(k)$唯一地确定$\boldsymbol{x}_0$，则称系统在时刻$l$是完全可观测的。

定理1： 对于式（10.8）的线性时变离散系统，t_k时刻完全可观测的充要条件是，存在某个时刻$t_N>t_k$，使得

$$\operatorname{rank}\boldsymbol{N}_{\mathrm{M}}=\operatorname{rank}\begin{bmatrix}\boldsymbol{C}\\ \boldsymbol{CG}\\ \vdots\\ \boldsymbol{CG}^{n-1}\end{bmatrix}=n \tag{10.9}$$

式中，$\boldsymbol{N}_{\mathrm{M}}$为系统的可观测矩阵。由于$\operatorname{rank}\boldsymbol{N}_{\mathrm{M}}^{\mathrm{T}}=\operatorname{rank}\boldsymbol{N}_{\mathrm{M}}$，上式也经常表示为

$$\operatorname{rank}\boldsymbol{N}_{\mathrm{M}}^{\mathrm{T}}=\operatorname{rank}\left[\boldsymbol{C}^{\mathrm{T}}\ \ \boldsymbol{G}^{\mathrm{T}}\boldsymbol{C}^{\mathrm{T}}\ \ \left(\boldsymbol{G}^{\mathrm{T}}\right)^{2}\boldsymbol{C}^{\mathrm{T}}\cdots\left(\boldsymbol{G}^{\mathrm{T}}\right)^{n-1}\boldsymbol{C}^{\mathrm{T}}\right]=n \tag{10.10}$$

2. 系统可观测性分析

依据参考节点数目的不同，水下航行器协同定位可以分为单领航模式和多领航模式。由于多领航模式观测信息源的增加，系统可观测性容易得到满足。此外，由单领航条件下的系统可观测性也可以很容易得出系统在多领航模式下的可观测性。为此，基于系统的可观测性判定定

理，接下来主要针对单领航模式下的协同定位系统的可观测性进行分析。

由于距离量测方程是非线性的，首先需要建立系统的线性化量测方程：

$$\boldsymbol{z}_k = \boldsymbol{H}_k \boldsymbol{x}_k + \delta_k \tag{10.11}$$

式中，$\boldsymbol{H}_k$ 为非线性量测方程对于状态矢量 $\boldsymbol{x}_k$ 的雅克比矩阵，表示为

$$\boldsymbol{H}_k = \left.\frac{\partial h(\boldsymbol{x})}{\partial \boldsymbol{x}}\right|_{\boldsymbol{x}=\boldsymbol{x}_k} = \begin{bmatrix} \dfrac{x_k^m - x_k}{d_k} & \dfrac{y_k - y_k^m}{d_k} \end{bmatrix} \tag{10.12}$$

由于观测信息是一维距离量测值，因此对于系统的二维位置状态，至少需要进行 $N=2$ 次观测才能获得二维方程的唯一解，这样才可能实现协同定位导航系统良好的状态估计。根据式（10.10），当进行 2 次距离观测时的系统可观测矩阵表示为

$$\boldsymbol{\Gamma}(k, k+2-1) = \begin{bmatrix} \boldsymbol{H}_k \\ \boldsymbol{H}_{k+1}\boldsymbol{\Phi} \end{bmatrix} \tag{10.13}$$

已知相邻量测时刻领航 AUV 的位置状态矢量 $\left(x_k^m, y_k^m\right)$、$\left(x_{k+1}^m, y_{k+1}^m\right)$，以及距离观测值 d_k、d_{k+1}，则系统可观测矩阵进一步表示为

$$\mathbf{Obs} = \boldsymbol{\Gamma}(k, k+1) = \begin{bmatrix} \dfrac{x_k - x_k^m}{d_k} & \dfrac{y_k - y_k^m}{d_k} \\ \dfrac{x_{k+1} - x_{k+1}^m}{d_{k+1}} & \dfrac{y_{k+1} - y_{k+1}^m}{d_{k+1}} \end{bmatrix} \tag{10.14}$$

定义 k 时刻的相对距离观测方位角 θ_k，式（10.14）进一步表示为

$$\mathbf{Obs} = \boldsymbol{\Gamma}(k, k+1) = \begin{bmatrix} \cos\theta_k & \sin\theta_k \\ \cos\theta_{k+1} & \sin\theta_{k+1} \end{bmatrix} \tag{10.15}$$

根据系统可观测性判别条件，当且仅当系统可观测矩阵满秩，即系统的可观测矩阵行列式不为零时系统可观测，即

$$\det \boldsymbol{\Gamma}(k-1, k) \neq 0 \tag{10.16}$$

首先，由式（10.14）可以明显看出，如果系统相邻观测时刻满足

$$\begin{cases} x_k - x_k^{m_1} = 0 \\ x_{k+1} - x_{k+1}^{m_2} = 0 \end{cases} \quad 或 \quad \begin{cases} y_k - y_k^{m_1} = 0 \\ y_{k+1} - y_{k+1}^{m_2} = 0 \end{cases} \tag{10.17}$$

则不满足系统可观测条件。也就是说，在协同定位过程中，如果相邻量测时刻主从 AUV 的 x 轴或 y 轴坐标是相同的，或者说主从 AUV 沿平行于坐标轴的一条直线航行，则系统不可观测。如不考虑式（10.17）的特殊情况，根据系统可观测性判别条件，由式（10.15）的可观测矩阵可以得出，当且仅当满足

$$\tan\theta_k \neq \tan\theta_{k+1} \tag{10.18}$$

时系统可观测。也就是说，当且仅当相邻量测时刻的距离观测方位角是变化的，且不满足 $\theta_{k+1} - \theta_k \neq k \cdot \pi$ 时，系统可观测。

综合以上分析，式（10.17）的观测性条件可以认为是式（10.18）条件的特殊情况，于是

可以得出，如果系统可观测，当且仅当相邻量测时刻量测距离方位角是变化的，如图 10.2（a）所示。而当运行状态如图 10.2（b）、图 10.2（c）所示时，系统不可观测。

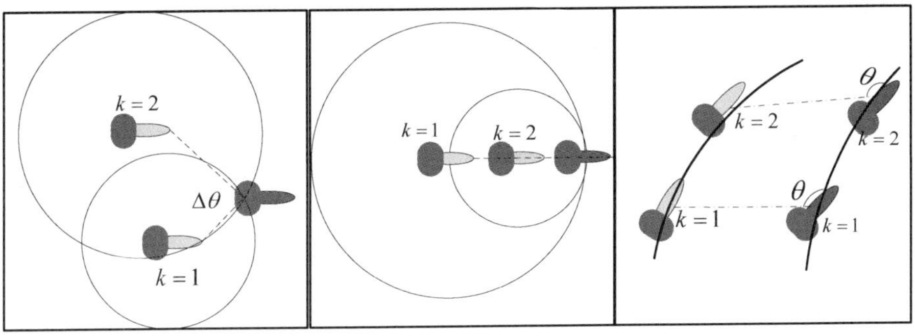

（a）　　（b）　　（c）

图 10.2　主从 AUV 相对运行轨迹

系统可观测性判别条件只是从定性角度反映了观测值具备解算出系统状态量的能力，但是并不能描述其性能的好坏。而在实际应用过程中，仅仅明确系统可观测性判别条件往往是不够的。对于完全可观测的系统，尚有一个可观测程度的问题。如果系统的可观测矩阵性态不好，那么即使系统是完全可观测的，也有可能造成系统方程的病态性。此外，考虑单纯依靠距离观测的协同定位导航系统的观测信息量有限，我们往往更关心系统可观测性大小的条件性变化，即系统在何种条件下可观测性强，何种条件下可观测性弱，只有这样才能够在实际应用过程中有目的地去设计合理的协同定位方案（包括队形编排、航路机动及协同规则等），保证协同定位性能。为进一步考察系统状态量的估计精度，接下来通过矩阵条件数理论对系统可观测性判别条件做进一步定量分析。

设 $\boldsymbol{A}\in \boldsymbol{C}^{n\times n}$，$\|\cdot\|$ 是一种算子范数，则矩阵 $\boldsymbol{A}$ 关于算子范数 $\|\cdot\|$ 的条件数 $\mathrm{cond}(\boldsymbol{A})$ 可以表示为

$$\mathrm{cond}(\boldsymbol{A})=\begin{cases}\|\boldsymbol{A}^{-1}\|\cdot\|\boldsymbol{A}\| & (\det\boldsymbol{A}\neq 0)\\ \infty & (\det\boldsymbol{A}=0)\end{cases} \tag{10.19}$$

常用的关于 p 范数 $\|\cdot\|_p$ 的条件数记为 $\mathrm{cond}(\boldsymbol{A})_p$，称 $\mathrm{cond}(\boldsymbol{A})_2$ 为谱条件数。根据矩阵条件数理论，条件数小的矩阵称为“良性”矩阵，反之称为“病态”矩阵。系统可观测矩阵的条件数越大，系统可观测度越差；如果系统可观测矩阵的条件数无穷大，则系统不可观测；反之，系统可观测矩阵的条件数越接近于 1，系统的可观测性越好。由于矩阵条件数是一个大于或等于 1 的正数，不妨定义可观测度 D 为可观测矩阵 **Obs** 条件数的倒数，表示如下：

$$D=\mathrm{cond}(\mathbf{Obs})^{-1} \tag{10.20}$$

进一步得到系统可观测度表达式为

$$D=\det(\mathbf{Obs})\cdot\left(\|\mathbf{Obs}^{*}\|\cdot\|\mathbf{Obs}\|\right)^{-1} \tag{10.21}$$

式中，$\mathbf{Obs}^{*}$ 为伴随矩阵。

由于 **Obs** 是对称矩阵，为计算简便取谱范数 $\|\cdot\|_2$，进而得到可观测度表达式为

$$D=\det(\mathbf{Obs})\cdot\left(\|\mathbf{Obs}^{*}\|_2\cdot\|\mathbf{Obs}\|_2\right)^{-1}=|\lambda_{\min}/\lambda_{\max}| \tag{10.22}$$

式中，$\lambda_{\min}$ 和 $\lambda_{\max}$ 分别为 **Obs** 的最小和最大特征根。

定义相邻量测时刻的相对距离观测方位角变化量 $\Delta\theta = \theta_{k+1} - \theta_k$，则根据可观测性矩阵的条件数分析理论，对于式（10.22）给出的系统可观测性矩阵最终得到相应的系统可观测度解析表达式如下：

$$D=\frac{\left|\sin(\theta_{k+1}-\theta_k)\right|}{1+\cos(\theta_{k+1}-\theta_k)}=\frac{\left|\sin(\Delta\theta)\right|}{1+\cos(\Delta\theta)} \tag{10.23}$$

图 10.3 所示为根据式（10.23）得到的系统可观测度与相对距离观测方位变化量间的关系。可以看出，系统可观测度大小与相邻量测时刻的观测方位变化量有关，相邻观测距离的方位变化角 $\Delta\theta$ 越接近于 90°，系统可观测度越大。也就是说，对于采用单领航模式的协同定位导航系统，要想得到较高的系统可观测度，需要主从 AUV 在相邻量测时刻发生较大的相对位置状态变化。

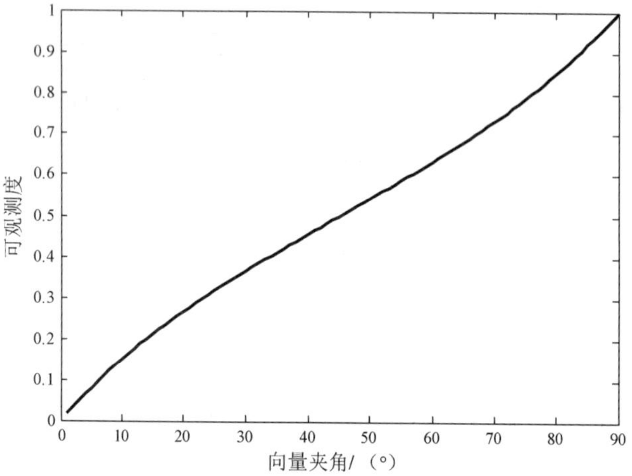

图 10.3 系统可观测度与相对距离观测方位变化量间的关系

10.3.2 基于非线性李导数的可观测性理论

1. 基本理论

考虑如下状态空间描述的非线性系统：

$$\Sigma\begin{cases}\dot{\boldsymbol{x}}=f(\boldsymbol{x},\boldsymbol{u}), & \boldsymbol{x}(t_0)=\boldsymbol{x}_0\\ \boldsymbol{y}=h(\boldsymbol{x})\end{cases} \tag{10.24}$$

式中，状态矢量 $\boldsymbol{x}\in M$，M 是一个 n 维连通流形；$\boldsymbol{u}=[u_1,\cdots,u_l]^{\mathrm{T}}\in \boldsymbol{R}^l$ 为控制输入矢量；$\boldsymbol{y}=[y_1,\cdots,y_m]^{\mathrm{T}}\in \boldsymbol{R}^m$ 记为系统的量测矢量，且 $y_k=h_k(\boldsymbol{x})$（$k=1,\cdots,m$）。

将系统转化为如下特殊形式：

$$\Sigma\begin{cases}\dot{\boldsymbol{x}}=f_0(\boldsymbol{x})+f_1(\boldsymbol{x})u_1+\cdots+f_l(\boldsymbol{x})u_l\\ \boldsymbol{y}=h(\boldsymbol{x})\end{cases} \tag{10.25}$$

式中，$f_0(\boldsymbol{x})$ 为状态模型的零输入函数。

任意观测方程的零阶李导数都为方程本身，如 $L^0 h(\boldsymbol{x})=h_k(\boldsymbol{x})$。函数 $h_k(\boldsymbol{x})$ 对于状态矢量 $\boldsymbol{x}$ 的一阶李导数为

$$\begin{aligned} L_{f_i}^1 h_k(\boldsymbol{x}) &= \frac{\partial h_k(\boldsymbol{x})}{\partial x_1} \cdot f_{i1}(\boldsymbol{x}) + \cdots + \frac{\partial h_k(\boldsymbol{x})}{\partial x_n} \cdot f_{in}(\boldsymbol{x}) \\ &= \nabla h_k(\boldsymbol{x}) \cdot f_i(\boldsymbol{x}) \end{aligned} \tag{10.26}$$

式中，$f_i(\boldsymbol{x}) = [f_{i1}(\boldsymbol{x}), \cdots, f_{in}(\boldsymbol{x})]^{\mathrm{T}}$；$\nabla$ 为梯度算子；“·”表示矢量内积。考虑 $L_{f_i}^1 h_k(\boldsymbol{x})$ 为自身的标量函数，则 $h_k(\boldsymbol{x})$ 对于 f_i 的二阶李导数可以表示为

$$L_{f_i}^2 h_k(\boldsymbol{x}) = L_{f_i}^1\left(L_{f_i}^1 h_k(\boldsymbol{x})\right) = \nabla L_{f_i}^1 h_k(\boldsymbol{x}) \cdot f_i(\boldsymbol{x}) \tag{10.27}$$

高阶李导数的求取方法类似。定义混合李导数，如相对模型的不同函数。以 h_k 相对 f_i 和 f_j 的二阶李导数为例：

$$L_{f_j f_i}^2 h_k(\boldsymbol{x}) = L_{f_j}^1\left(L_{f_i}^1 h_k(\boldsymbol{x})\right) = \nabla L_{f_i}^1 h_k(\boldsymbol{x}) \cdot f_j(\boldsymbol{x}) \tag{10.28}$$

根据以上李导数的定义，系统的可观测性矩阵可以表示为如下形式：

$$\mathbf{Obs} \triangleq \left\{ \nabla L_{f_i,\cdots,f_j}^l h_k(\boldsymbol{x}) \middle| i, j = 0, \cdots, l; k = 1, \cdots, m; l \in N \right\} \tag{10.29}$$

根据系统可观测性秩判据理论方法，如果系统在状态点 $x_0 \in \mathbb{R}^n$ 处满足局部弱可观测性，那么当且仅当在 x_0 处得到系统可观测矩阵 **Obs** 满秩。

2. 系统可观测性分析

根据系统可观测性的李导数判定定理，首先将系统方程表示成如下连续形式：

$$\dot{\boldsymbol{x}} = f(\boldsymbol{x}, \boldsymbol{u}) \tag{10.30}$$

式中

$$f = \begin{pmatrix} f_1 \\ f_2 \end{pmatrix} = \begin{pmatrix} \hat{v}_k \cos\hat{\theta}_k + \hat{w}_k \sin\hat{\theta}_k \\ \hat{v}_k \sin\hat{\theta}_k - \hat{w}_k \cos\hat{\theta}_k \end{pmatrix} \tag{10.31}$$

为简化后续算法分析复杂度，将系统观测方程取为如下形式：

$$h(\boldsymbol{x}) = \frac{1}{2}\left(\boldsymbol{x} - \boldsymbol{x}^m\right)^2 + \frac{1}{2}\left(\boldsymbol{y} - \boldsymbol{y}^m\right)^2 \tag{10.32}$$

基于非线性李导数的系统可观测性判定定理，若非线性系统局部可观测，当且仅当非线性系统的李导数矩阵的梯度（系统的可观测矩阵）满秩。同样，由于至少需要两次有效距离观测才能获得系统二维状态信息的有效求解，因此接下来同样基于双距离观测值对系统的可观测性进行分析，进而对系统的可观测性与相邻时刻主从 AUV 运动状态间的对应关系进行分析。基于双距离观测值的非线性系统的李导数矩阵为

$$\boldsymbol{G} = \begin{pmatrix} L_f^0(h_1) \\ L_f^0(h_2) \\ L_f^1(h_1) \\ L_f^1(h_2) \end{pmatrix} = \begin{pmatrix} h_1 \\ h_2 \\ \left(\boldsymbol{x} - \boldsymbol{x}^m\right) f_1 + \left(\boldsymbol{y} - \boldsymbol{y}^m\right) f_2 \\ \left(\boldsymbol{x} - \boldsymbol{x}^m\right) f_1 + \left(\boldsymbol{y} - \boldsymbol{y}^m\right) f_2 \end{pmatrix} \tag{10.33}$$

进一步对李导数矩阵 $\boldsymbol{G}$ 进行梯度计算，得到系统的可观测矩阵：

$$\mathbf{Obs}=\nabla(\boldsymbol{G})=\begin{pmatrix} \boldsymbol{x}-\boldsymbol{x}_1 & \boldsymbol{y}-\boldsymbol{y}_1 \\ \boldsymbol{x}-\boldsymbol{x}_2 & \boldsymbol{y}-\boldsymbol{y}_2 \\ f_1 & f_2 \\ f_1 & f_2 \end{pmatrix} \tag{10.34}$$

由于系统的估计状态是二维的，为此要想满足系统状态的可观测性，当且仅当满足观测矩阵 **Obs** 的秩为 2。同时，由于系统可观测性与单纯的系统输入无关，因此只针对矩阵前 2 行进行系统可观测性的讨论，同时将系统可观测矩阵进一步变换成如下极坐标形式：

$$\mathbf{Obs}=\begin{pmatrix} \Delta x_1 & \Delta y_1 \\ \Delta x_2 & \Delta y_2 \end{pmatrix}=\begin{pmatrix} p_1\sin\alpha & p_1\cos\alpha \\ p_2\sin\beta & p_2\cos\beta \end{pmatrix} \tag{10.35}$$

式中，p_1、p_2 为相邻量测时刻的观测距离；α、β 分别为相对应的方位角。

根据系统可观测秩判定条件，系统可观测当且仅当满足条件

$$\tan\alpha \neq \tan\beta \tag{10.36}$$

也就是说，当且仅当相邻量测时刻的距离观测方位角相同或相差 180°时系统不可观测，其他状态情况下均可观测。这与基于线性化模型得出的系统可观测性判别条件一致。

为进一步明确系统可观测性与载体相对运动状态间的量化对应关系，继续采用矩阵条件数分析理论，对式（10.35）的可观测矩阵进行定量分析：

$$\mathbf{Obs}=p_2\begin{pmatrix} \gamma\sin\alpha & \gamma\cos\alpha \\ \sin\beta & \cos\beta \end{pmatrix} \tag{10.37}$$

式中

$$\gamma=\frac{p_2}{p_1} \tag{10.38}$$

定义相邻观测距离矢量方位夹角 $\theta=\alpha-\beta$，则式（10.37）表示的可观测矩阵的条件数 C 可以最终表示为如下形式：

$$C=\frac{\max\{\sigma_{1,2}\}}{\min\{\sigma_{1,2}\}}=\frac{\gamma^2+1+\sqrt{\gamma^4+2\gamma^2\cos(2\theta)+1}}{2\gamma|\sin(\theta)|} \tag{10.39}$$

式中，$\sigma_{1,2}$ 为可观测矩阵的两个奇异值，表示为

$$\sigma_{1,2}=p_2\frac{\sqrt{2}}{2}\sqrt{\gamma^2+1\pm\sqrt{\gamma^4+2\gamma^2\cos(2\theta)+1}} \tag{10.40}$$

选取条件数倒数 C^{-1} 作为系统的可观测度描述，为方便分析问题，直接对基于式（10.39）的系统可观测度进行条件仿真，仿真结果如图 10.4 所示。可以看出，当系统满足

$$\begin{cases} \gamma=1 \\ \theta=\pm\dfrac{\pi}{2} \end{cases} \tag{10.41}$$

时，系统可观测度最高。

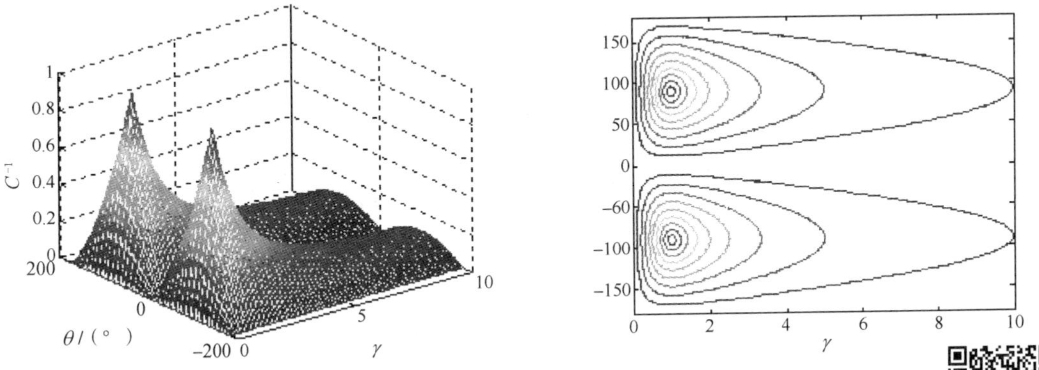

(a) 三维视图　　　　　　　　　　(b) 等高线视图

图 10.4　系统可观测度与主从 AUV 相对距离矢量关系（扫二维码）

由此得出，基于非线性李导数分析方法最终得到的系统可观测性判别条件相比线性化分析方法更加充分。相邻观测距离矢量夹角越接近于 90°，距离大小越相近，系统可观测性越好。考虑在实际应用过程中，跟随 AUV 需要更多地满足任务航迹需求，因此往往需要从领航 AUV 角度考虑，进行有目的的状态机动，以满足系统可观测性。多 AUV 协同导航系统的定位精度与其可观测性息息相关。如果系统不可观测，无论何种滤波算法都会导致滤波结果发散，无法进行估计。如果系统可观测，AUV 的位置就可以通过航位推算及一定的滤波算法得到。如果系统可观测性较弱，则会导致协同定位精度降低。同时，研究证明，协同导航系统的可观测性与其编队构型有关。通过设计最优的多 AUV 协同导航系统的编队构型，可以增大系统的可观测性，进而提高协同定位精度。

协同导航系统模型为非线性。非线性模型的可观测性分析有两种方法，一是对非线性模型进行线性化，分析线性化后的模型可观测性；二是直接利用非线性系统的李导数可观测性理论进行分析。由于线性化过程会造成系统中有价值的参考信息丢失，因此拟用李导数直接分析非线性系统的可观测性。定义 n 维非线性系统量测方程的李导数为

$$\begin{cases} L_f^0(\boldsymbol{h}) = \boldsymbol{h} \\ L_f^1(\boldsymbol{h}) = \dfrac{\partial \boldsymbol{h}}{\partial \boldsymbol{x}} f = \displaystyle\sum_{i=1}^{n} \dfrac{\partial \boldsymbol{h}}{\partial x_i} f_i \\ \qquad\vdots \\ L_f^{n-1}(\boldsymbol{h}) = \dfrac{\partial}{\partial \boldsymbol{x}}\left[L_f^{n-2}(\boldsymbol{h})\right] f \end{cases} \tag{10.42}$$

非线性系统的李导数矩阵为

$$\boldsymbol{G} = \begin{bmatrix} L_f^0(h_1) & \cdots & L_f^0(h_m) \\ L_f^1(h_1) & \cdots & L_f^1(h_m) \\ \vdots & & \vdots \\ L_f^{n-1}(h_1) & \cdots & L_f^{n-1}(h_m) \end{bmatrix} \tag{10.43}$$

根据非线性系统李导数可观测性判别方法，当且仅当李导数矩阵 $\boldsymbol{G}$ 的梯度（系统的可观测矩阵）满秩时，非线性系统局部可观测。

非线性系统的可观测矩阵为

$$\mathbf{Obs} = d(\mathbf{G}) = \begin{bmatrix} dL_f^0(h_1) & \cdots & dL_f^0(h_m) \\ dL_f^1(h_1) & \cdots & dL_f^1(h_m) \\ \vdots & & \vdots \\ dL_f^{n-1}(h_1) & \cdots & dL_f^{n-1}(h_m) \end{bmatrix} \tag{10.44}$$

式中，$dL_f^{n-1}(h_m)$ 是 h_m 相对矢量场 f 的 $n-1$ 阶李导数。当且仅当式（10.44）中的可观测矩阵满秩时，非线性系统局部可观测。

3．基于谱条件数的可观测性分析

上述可观测性分析只能解决系统是否可观测的问题。为了量化系统可观测性以设计最优编队构型，需要引入系统可观测度的概念。本节采用基于谱条件数的可观测性分析理论，对系统可观测性大小与系统状态的对应关系做进一步的定量分析。

系统可观测度大小可以通过计算系统可观测矩阵条件数来确定。条件数是线性方程组 $\boldsymbol{A}x=b$ 的解对 b 中的误差或不确定度的敏感性度量。数学定义为矩阵 $\boldsymbol{A}$ 的条件数等于 $\boldsymbol{A}$ 的范数与 $\boldsymbol{A}$ 的逆矩阵的范数的乘积，即

$$\mathrm{cond}(\boldsymbol{A}) = \left\|\boldsymbol{A}^{-1}\right\| \cdot \left\|\boldsymbol{A}\right\| (\det \boldsymbol{A} \neq 0) \tag{10.45}$$

式中，$\boldsymbol{A} \in C^{n\times n}$，$\|\cdot\|$ 是一种算子范数，定义 $\mathrm{cond}(\boldsymbol{A})$ 为矩阵 $\boldsymbol{A}$ 算子范数 $\|\cdot\|$ 的条件数。p 范数 $\|\cdot\|_p$ 的条件数可以表示为 $\mathrm{cond}(\boldsymbol{A})_p$，因此 $\mathrm{cond}(\boldsymbol{A})_2$ 为 2 范数（谱范数）的条件数，简称谱条件数。根据矩阵条件数理论，称谱条件数小的矩阵为“良性”矩阵，反之则是“病态”矩阵。系统的可观测性随可观测矩阵的条件数增大而变差，若条件数为无穷大，则系统不可观测；反之，系统可观测矩阵的条件数越接近于 1，系统可观测性越好。定义系统可观测度 S 为可观测矩阵谱条件数的倒数，表示如下：

$$S = \frac{1}{\mathrm{cond}\left[\mathbf{Obs}(k-1,k)\right]_2} \tag{10.46}$$

由上述分析可知，$S \leqslant 1$，且 S 越接近于 1，系统可观测性越好。

对单领航 AUV、单跟随 AUV 的多 AUV 协同导航系统来说，其编队构型等效为不同时刻领航 AUV 与跟随 AUV 之间的相对位置，即领航 AUV 和跟随 AUV 之间的相对运动。可以分别通过令系统可观测度最大及令 Cramer-Rao（克拉美-罗）不等式下界值最小两种判定因素，设计最优的相对运动轨迹，使系统达到最高的协同导航定位性能。

对于单领航 AUV 协同导航系统，由于其观测信息只有一架领航 AUV 的位置和相对距离，信息量较少，因此需要先对其进行可观测性分析，保证系统的可观测性。利用协同导航模型和非线性系统可观测性理论，同时为便于计算，设量测方程中量测值为距离的平方，则可以写出单领航 AUV、单跟随 AUV 的可观测矩阵如下：

$$\mathbf{Obs}(x_k) = \begin{bmatrix} \dfrac{\partial \boldsymbol{h}}{\partial \boldsymbol{x}}(x_k) \\ \dfrac{\partial \boldsymbol{h}}{\partial \boldsymbol{x}}(x_{k+1})\dfrac{\partial f}{\partial \boldsymbol{x}}(x_k,u_k) \\ \dfrac{\partial \boldsymbol{h}}{\partial \boldsymbol{x}}(x_{k+2})\dfrac{\partial f}{\partial \boldsymbol{x}}(x_{k+1},u_{k+1})\dfrac{\partial f}{\partial \boldsymbol{x}}(x_k,u_k) \end{bmatrix} = \begin{bmatrix} O_{11} & O_{12} & O_{13} \\ O_{21} & O_{22} & O_{23} \\ O_{31} & O_{32} & O_{33} \\ O_{41} & O_{42} & O_{43} \\ O_{51} & O_{52} & O_{53} \\ O_{61} & O_{62} & O_{63} \end{bmatrix} \tag{10.47}$$

矩阵中每行各元素的值为

$$\begin{cases}O_{11}=2(x_k^S-d_{x_{k-1,k}}-x_{k-1}^M)\\O_{12}=2(y_k^S-d_{y_{k-1,k}}-y_{k-1}^M)\\O_{13}=0\end{cases}\quad\begin{cases}O_{21}=2(x_k^S-x_k^M)\\O_{22}=2(y_k^S-y_k^M)\\O_{23}=0\end{cases}$$
$$\begin{cases}O_{31}=2(x_{k+1}^S-d_{x_{k,k+1}}-x_k^M)\\O_{32}=2(y_{k+1}^S-d_{y_{k,k+1}}-y_k^M)\\O_{33}=u_k\Delta t(O_{32}\cos\varphi_k-O_{31}\sin\varphi_k)\end{cases}\begin{cases}O_{41}=2(x_{k+1}^S-x_{k+1}^M)\\O_{42}=2(y_{k+1}^S-y_{k+1}^M)\\O_{43}=u_k\Delta t(O_{42}\cos\varphi_k-O_{41}\sin\varphi_k)\end{cases}$$
$$\begin{cases}O_{51}=2(x_{k+2}^S-d_{x_{k+1,k+2}}-x_{k+1}^M)\\O_{52}=2(y_{k+2}^S-d_{y_{k+1,k+2}}-y_{k+1}^M)\\O_{53}=u_k\Delta t(O_{52}\cos\varphi_k-O_{51}\sin\varphi_k)+u_{k+1}\Delta t(O_{52}\cos\varphi_{k+1}-O_{51}\sin\varphi_{k+1})\end{cases}$$
$$\begin{cases}O_{61}=2(x_{k+2}^S-x_{k+2}^M)\\O_{62}=2(y_{k+2}^S-y_{k+2}^M)\\O_{63}=u_k\Delta t(O_{62}\cos\varphi_k-O_{61}\sin\varphi_k)+u_{k+1}\Delta t(O_{62}\cos\varphi_{k+1}-O_{61}\sin\varphi_{k+1})\end{cases}\tag{10.48}$$

若要使导航系统可观测，需要 $\text{rank}\left[\mathbf{Obs}(x_k)\geqslant 3\right]$。又因为 $\mathbf{Obs}(x_k)$ 前两行中最后一个元素均为 0，故当且仅当其第一列和第二列线性相关时，$\mathbf{Obs}(x_k)$ 奇异，系统不可观测。进一步验证可知，系统对应领航 AUV 和跟随 AUV 的相对运动是否可观测。

（1）领航 AUV 和跟随 AUV 以相同的速度沿相互平行的直线路径航行。此时 $\mathbf{Obs}(x_k)$ 矩阵前两列对应成比例，系统不可观测。

（2）领航 AUV 和跟随 AUV 沿统一直线路径航行。此时，无论航行速度如何，导航系统都不可观测。

（3）除上述两种情况以外，领航 AUV 和跟随 AUV 之间的大多数相对运动路径都可以使得系统可观测。

对于可观测的航行路径，可以求取其可观测度，以使系统可观测度最大为标准，设计最优化的航行路径。由上述可观测性分析可知，协同导航系统的可观测度只与可观测矩阵前两行及前两列有关。因此，对可观测矩阵进行简化改写，可得

$$\begin{aligned}\mathbf{Obs}(x_k)&=\begin{bmatrix}2\left[x_k^S-(d_{x_{k-1,k}}+x_{k-1}^M)\right] & 2\left[y_k^S-(d_{y_{k-1,k}}+y_{k-1}^M)\right]\\ 2(x_k^S-x_k^M) & 2(y_k^S-y_k^M)\end{bmatrix}\\&=r_k\begin{bmatrix}\dfrac{r_{k-1}}{r_k}\cdot\dfrac{x_k^S-(d_{x_{k-1,k}}+x_{k-1}^M)}{r_{k-1}} & \dfrac{r_{k-1}}{r_k}\cdot\dfrac{y_k^S-(d_{y_{k-1,k}}+y_{k-1}^M)}{r_{k-1}}\\ \dfrac{x_k^S-x_k^M}{r_k} & \dfrac{y_k^S-y_k^M}{r_k}\end{bmatrix}\end{aligned}\tag{10.49}$$

式中，r_k 为 k 时刻领航 AUV 与跟随 AUV 在二维平面上的直线距离。定义 θ_k 为 k 时刻领航 AUV 与跟随 AUV 间的距离矢量方位角，$\gamma=r_{k-1}/r_k$，则可观测矩阵可以表示为极坐标形式：

$$\mathbf{Obs}(\theta_k) = r_k \begin{bmatrix} \gamma\sin\theta_{k-1} & \gamma\cos\theta_{k-1} \\ \sin\theta_k & \cos\theta_k \end{bmatrix} \tag{10.50}$$

设相邻时刻主从 AUV 距离矢量方位角变化$\Delta\theta = \theta_{k-1} - \theta_k$，则经计算可得，系统可观测度即可观测矩阵条件数倒数为

$$S = \frac{1}{\mathbf{Obs}} = \frac{|2\gamma\sin\Delta\theta|}{\gamma^2 + 1 + \sqrt{\gamma^4 + 2\gamma^2\cos(2\Delta\theta) + 1}} \tag{10.51}$$

由式（10.51）可以看出，S的取值主要与$\Delta\theta$和γ有关。设$-180° < \Delta\theta < 180°$，$\gamma \geqslant 0$，做出可观测度$S$、$\Delta\theta$和$\gamma$三者关系的仿真图，如图 10.5 和图 10.6 所示。

由图 10.5 和图 10.6 可知，系统可观测度S在$\Delta\theta = 90°$，$\gamma = 1$处取得极大值 1。此时对应的相对运动为：在每个采样时间周期内，领航 AUV 与跟随 AUV 的相对角度变化为$90°$，即当采样周期为ΔT时，需要保证主从 AUV 间的相对角速度$\Delta\omega = \pi/(2\Delta T)$，最优路径如图 10.7 所示。

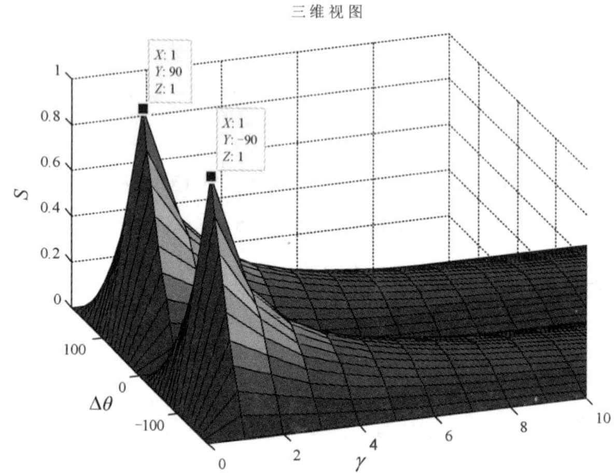

图 10.5　可观测度S、$\Delta\theta$和γ三者关系的三维图（扫二维码）

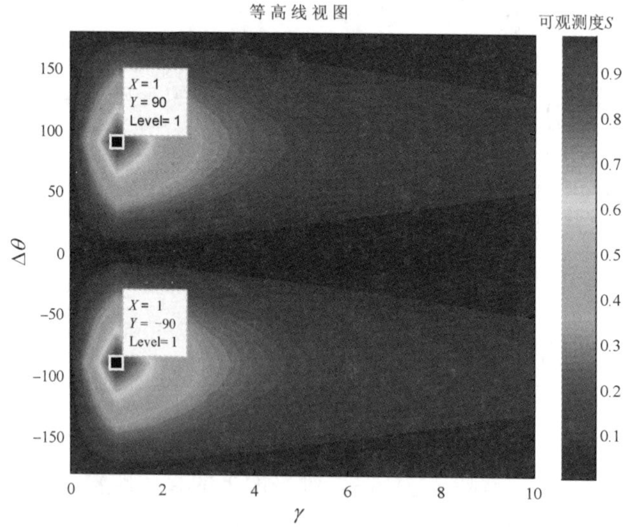

图 10.6　可观测度S、$\Delta\theta$和γ三者关系的等高线图（扫二维码）

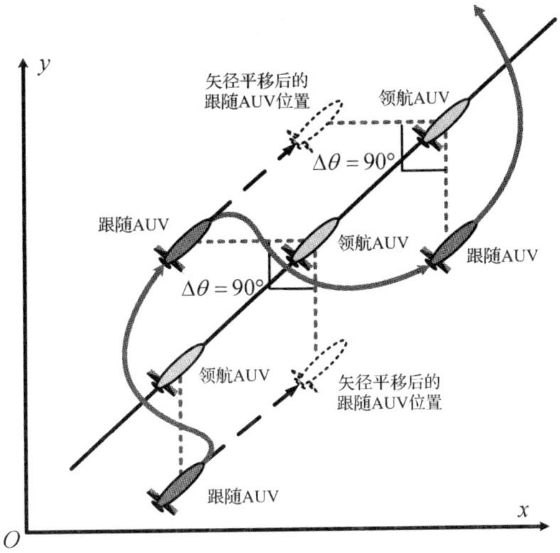

图 10.7　单领航 AUV 协同导航最优路径

10.3.3　基于 Fisher 信息矩阵的系统可观测性评价函数构建与约束条件求解

1. 评价函数构建

1）考虑声学误差特性的评价函数构建

考虑到水声信号噪声与距离相关的特殊性，噪声信号 ω 和距离的关系如下：

$$\omega_{ij} = \sigma\left(1 + \eta r_{ij}^{\ \gamma}\right) \tag{10.52}$$

式中，σ 为量测噪声常数；η 和 γ 均为量测噪声和距离相关的常数。令 $\boldsymbol{\omega}_j = [\omega_{1j}, \omega_{2j}, \omega_{3j}, \cdots, \omega_{ij}]^{\mathrm{T}}$（$i = 1,2,3,\cdots,n$ ，$j = 1,2,3,\cdots,m$），那么可以得出 $E\left(\boldsymbol{\omega}_j \cdot \boldsymbol{\omega}_j^{\ \mathrm{T}}\right) = \Sigma_j = \sigma^2\left(1 + \eta r_{ij}^{\ \gamma}\right)^2 \cdot \boldsymbol{I}$，其中 $\boldsymbol{I}$ 为 n 阶的单位对角矩阵。

为了更清楚、简洁地表达，将领航 AUV 和跟随 AUV 分别视为导航坐标系中的点 p 和点 q。令 $\boldsymbol{p}_i = [x_i, y_i, z_i]^{\mathrm{T}}$（$i = 1,2,3,\cdots,n$），$n$ 为领航 AUV 的个数，分别代表第 i 个领航 AUV 在三维坐标系中的位置；$\boldsymbol{q}_j = [x_j, y_j, z_j]^{\mathrm{T}}$（$j = 1,2,3,\cdots,m$），$m$ 为跟随 AUV 的个数，分别代表第 j 个跟随 AUV 在三维坐标系中的位置。协同定位模型如图 10.8 所示。

根据移动长基线系统工作原理，可以对模型进行一定简化。首先，由于领航 AUV 需要保持自身的高精度位置定位，需要每隔一段时间通过 GPS 对自身误差进行校正。因此，领航 AUV 不能工作在离水面太远的区域，可以认为领航 AUV 的工作深度 $z_i = 0$ 。另外，对于工作在水下的跟随 AUV，其在稳定运动过程中的俯仰角 θ 很小，可以近似地认为 $\cos\theta \approx 1$，则在工作过程中其深度不会发生变化，且该深度可以直接通过自身携带的压力深度计获得。也就是说，$z_j = c_j$，其中 c_j 为常数。

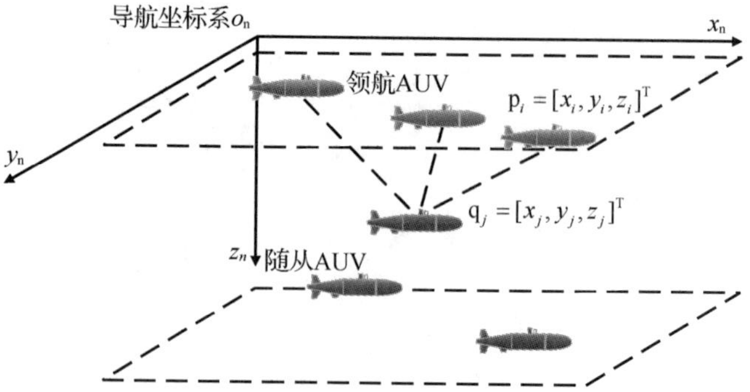

图 10.8　协同定位模型

经过上述简化，第 i 个领航 AUV 与第 j 个跟随 AUV 之间的真实距离可表示为

$$r_{ij}=\left\|\boldsymbol{p}_i-\boldsymbol{q}_j\right\|=\sqrt{(x_i-x_j)^2+(y_i-y_j)^2+c_j^{\ 2}} \tag{10.53}$$

真实距离可表示为

$$l_{ij}=\left\|\boldsymbol{p}_i-\boldsymbol{q}_j\right\|+\omega_{ij}=\sqrt{(x_i-x_j)^2+(y_i-y_j)^2+c_j^{\ 2}}+\omega_{ij} \tag{10.54}$$

式中，ω_{ij} 为噪声信号。对于第 j 个跟随 AUV，其和领航 AUV 协同导航量测方程为[12]

$$\boldsymbol{L}_j=\left[l_{1j},l_{2j},l_{3j},\cdots,l_{ij}\right]^{\mathrm{T}}\sim\left(\boldsymbol{R}_j,\Sigma_j\right) \tag{10.55}$$

式中，$\boldsymbol{R}_j=\left[r_{1j},r_{2j},r_{3j},\cdots,r_{ij}\right]^{\mathrm{T}}$。此时，各跟随 AUV 的位置量测状态矢量似然函数如下：

$$P\left(q_j\right)=\frac{1}{(2\pi)^{\frac{n}{2}}\left|\Sigma_j\right|^{\frac{1}{2}}}\exp\left\{-\frac{1}{2}\left(\boldsymbol{L}_j-\boldsymbol{R}_j\right)^{\mathrm{T}}\Sigma_j^{-1}\left(\boldsymbol{L}_j-\boldsymbol{R}_j\right)\right\} \tag{10.56}$$

对式（10.56）进行求自然对数运算可得

$$\ln\left(P\left(\boldsymbol{q}_j\right)\right)=C-\frac{1}{2}\left(\boldsymbol{L}_j-\boldsymbol{R}_j\right)^{\mathrm{T}}\Sigma_j^{-1}\left(\boldsymbol{L}_j-\boldsymbol{R}_j\right) \tag{10.57}$$

式中，C 作为一个常数，不对后面的梯度运算产生影响，且

$$C=-\frac{1}{2}\left[n\cdot\ln(2\pi)+\ln\left(\left|\Sigma_j\right|\right)\right] \tag{10.58}$$

因此，对（10.57）进行梯度运算为

$$\nabla_{\boldsymbol{q}_j}\ln\left[P\left(\boldsymbol{q}_j\right)\right]=\left(\nabla_{\boldsymbol{q}_j}\boldsymbol{R}_j\right)^{\mathrm{T}}\Sigma_j^{-1}\left(\boldsymbol{L}_j-\boldsymbol{R}_j\right) \tag{10.59}$$

第 j 个跟随 AUV 的多领航 AUV 协同导航系统 Fisher 信息矩阵的计算如下：

$$\mathbf{FIM}\left(\boldsymbol{q}_j\right)=E\left\{\left(\nabla_{\boldsymbol{q}_j}\ln\left(P\left(\boldsymbol{q}_j\right)\right)\right)\cdot\left(\nabla_{\boldsymbol{q}_j}\ln\left(P\left(\boldsymbol{q}_j\right)\right)\right)^{\mathrm{T}}\right\} \tag{10.60}$$

则克拉美-罗下界为 Fisher 信息矩阵的逆，即

$$\mathrm{CRB}\left(\boldsymbol{q}_j\right)=\mathbf{FIM}\left(\boldsymbol{q}_j\right)^{-1}=E\left\{\left(\nabla_{\boldsymbol{q}_j}\ln\left(P\left(\boldsymbol{q}_j\right)\right)\right)\cdot\left(\nabla_{\boldsymbol{q}_j}\ln\left(P\left(\boldsymbol{q}_j\right)\right)\right)^{\mathrm{T}}\right\}^{-1} \tag{10.61}$$

式中，$\nabla_{q_j}\ln\left(P\left(\boldsymbol{q}_j\right)\right)$表示对似然函数$P\left(q\right)$的对数进行梯度运算：

$$\mathbf{FIM}\left(\boldsymbol{q}_j\right)=\left(\nabla_{\boldsymbol{q}_j}\boldsymbol{R}_j\right)^{\mathrm{T}}\Sigma_j^{-1}E\left\{\boldsymbol{\omega}_j\boldsymbol{\omega}_j^{\mathrm{T}}\right\}\Sigma_j^{-1}\left(\nabla_{\boldsymbol{q}_j}\boldsymbol{R}_j\right)=\left(\nabla_{\boldsymbol{q}_j}\boldsymbol{R}_j\right)^{\mathrm{T}}\Sigma_j^{-1}\left(\nabla_{\boldsymbol{q}_j}\boldsymbol{R}_j\right) \tag{10.62}$$

将式（10.62）展开得

$$\mathbf{FIM}\left(\boldsymbol{q}_j\right)=\frac{1}{\sigma^2}\sum_{i=1}^{n}\begin{pmatrix}\left(u_{ijx}\right)^2 & \left(u_{ijx}\right)\left(u_{ijy}\right)\\ \left(u_{ijx}\right)\left(u_{ijy}\right) & \left(u_{ijy}\right)^2\end{pmatrix} \tag{10.63}$$

式中

$$\boldsymbol{u}_{ij}=\left[u_{ijx},u_{ijy}\right]^{\mathrm{T}}=\left[\frac{\partial r_{ij}}{\partial x_j}\cdot\frac{1}{\left(1+\eta r_{ij}^{\gamma}\right)},\frac{\partial r_{ij}}{\partial y_j}\cdot\frac{1}{\left(1+\eta r_{ij}^{\gamma}\right)}\right]^{\mathrm{T}} \tag{10.64}$$

考虑到最优评价函数的敏感性，选取针对各跟随 AUV 的 Fisher 信息矩阵的行列式进行求对数运算，并将不同跟随 AUV 的对数结果相加，则可以得到针对所有跟随 AUV 的最优评价函数：

$$F=\sum_{j=1}^{m}\ln\left(\left|\mathbf{FIM}\left(\boldsymbol{q}_j\right)\right|\right) \tag{10.65}$$

2）*考虑位置不确定性的评价函数构建*

在一些突发情况中，跟随 AUV 可能会受到干扰，产生信号中断的情况，随着信号中断时间的增加，跟随 AUV 的位置将逐渐偏离信号中断时刻的位置。此时就需要一种针对跟随 AUV 可能分布区域的最优编队构型推导方法。

从上面的假设可以得出，在这种情况下，跟随 AUV 的位置是不确定的，可以假定其位置仍然处于原位置附近，且可以按照某种概率密度函数描述。

令$\boldsymbol{p}_i=[x_i,y_i,z_i]^{\mathrm{T}}\,(i=1,2,3,\cdots,n)$，$n$为领航 AUV 的个数，分别代表第$i$个领航 AUV 在三维坐标系中的坐标；$\boldsymbol{q}_j=[x_j,y_j,z_j]^{\mathrm{T}}\,(j=1,2,3,\cdots,m)$，$m$为跟随 AUV 的个数，分别代表第$j$个跟随 AUV 原位置在三维坐标系中的坐标。令$D_j$为第$j$个跟随 AUV 可能分布的范围，$f\left(\boldsymbol{q}_j\right)$为其概率密度函数。

在上述条件约束下，我们可以得到此情况最优评价函数如下：

$$F=\sum_{j=1}^{m}\ln\left(\int_{D_j}\left|\mathbf{FIM}\left(\boldsymbol{q}_j\right)\right|\cdot f\left(\boldsymbol{q}_j\right)d\boldsymbol{q}_j\right) \tag{10.66}$$

式中，概率密度函数的具体形式会根据跟随 AUV 的工作任务决定，其可能分布的范围则根据概率密度函数决定。实际上，从计算的可实现性出发，按以下思路完成跟随 AUV 位置不确定时评价函数的推导。

假设各跟随 AUV 的概率密度函数为在以其原本所处位置为中心的横纵坐标±5m 的范围内的均匀分布，即

$$\begin{aligned}f\left(x\right)&=\frac{1}{10}\quad\left(x_j-5<x<x_j+5\right)\\ f\left(y\right)&=\frac{1}{10}\quad\left(y_j-5<y<y_j+5\right)\end{aligned} \tag{10.67}$$

采用蒙特卡洛方法，随机选择 100 个可能的位置进行计算。对于该输入量在 (a,b) 区间内服从均匀分布的情况，构造一个服从均匀分布的抽样函数，从均匀分布 $R(0,1)$ 中抽取伪随机数 r，将 r 代入 $\xi = f(r)$，得到在 (a,b) 区间的取值如下：

$$\xi = a + (b-a)r \tag{10.68}$$

对于二维点坐标，横纵坐标依据如上规则依次产生即可，如图 10.9 所示，依次产生两组满足 (a,b) 区间内服从均匀分布的 10 个随机数，分别作为横纵坐标值，构成跟随 AUV 位置。计算区域内每个跟随 AUV 相对 3 个领航 AUV 的 Fisher 信息矩阵，其行列式的值经过求和、取均值，作为偏离原位置在该区域范围内波动的跟随 AUV 相对 3 个领航 AUV 的 Fisher 信息矩阵行列式的值。

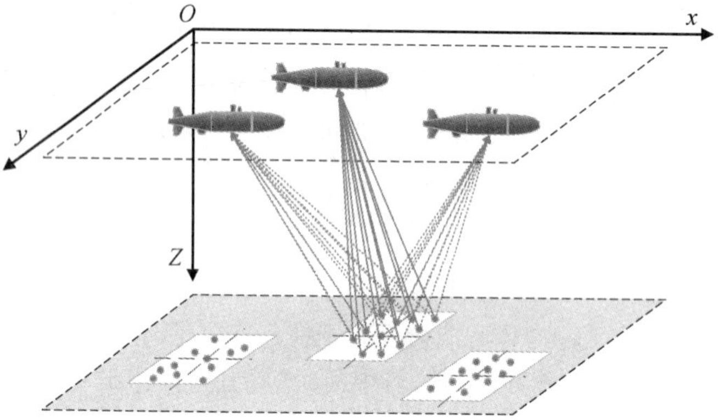

图 10.9　均匀分布交叉计算示意图

通过这样的简化，可以将对于横纵坐标在区域上的二重积分转化为对多个跟随 AUV 的叠加计算，简化了推导计算难度。当不考虑位置不确定性时，$v=1$。

此时，针对所有跟随 AUV 的最优评价函数为

$$F = \sum_{j=1}^{m} \ln\left(\frac{1}{k} \sum_{v=1}^{k} \left| \mathbf{FIM}\left(q_{jv}\right) \right| \right) \tag{10.69}$$

在图 10.9 中，当 v 表示不确定区域中分布的跟随 AUV 的数目时，$\mathbf{FIM}\left(q_{jv}\right)$ 表示区域中每个可能的位置相对 3 个领航 AUV 分别求得的 Fisher 信息矩阵。

2. 约束条件推导

1）不考虑位置不确定性因素的约束条件推导

为了得到系统的最优拓扑结构，需要使评价函数的值最大化。由主从 AUV 间距离式（10.53）可得

$$\begin{cases} \dfrac{\partial r_{ij}}{\partial x_j} = \dfrac{x_i - x_j}{r_{ij}} \\ \dfrac{\partial r_{ij}}{\partial y_j} = \dfrac{y_i - y_j}{r_{ij}} \end{cases} \tag{10.70}$$

第 j 个跟随 AUV 的 Fisher 信息矩阵可以转化为如下形式：

$$\mathbf{FIM}\left(\boldsymbol{q}_j\right)=\frac{1}{\sigma^2}\sum_{i=1}^{n}\begin{pmatrix}\left(\dfrac{x_i-x_j}{r_{ij}\left(1+\eta r_{ij}^{\gamma}\right)}\right)^2 & \left(\dfrac{x_i-x_j}{r_{ij}\left(1+\eta r_{ij}^{\gamma}\right)}\right)\cdot\left(\dfrac{y_i-y_j}{r_{ij}\left(1+\eta r_{ij}^{\gamma}\right)}\right)\\ \left(\dfrac{x_i-x_j}{r_{ij}\left(1+\eta r_{ij}^{\gamma}\right)}\right)\cdot\left(\dfrac{y_i-y_j}{r_{ij}\left(1+\eta r_{ij}^{\gamma}\right)}\right) & \left(\dfrac{y_i-y_j}{r_{ij}\left(1+\eta r_{ij}^{\gamma}\right)}\right)^2\end{pmatrix} \tag{10.71}$$

在图 10.10 中，r_{ij} 是第 i 个领航 AUV 与第 j 个跟随 AUV 之间的距离，r_{ij}' 是 r_{ij} 在二维平面的投影。令 α_{ij} 为第 j 个跟随 AUV 到第 i 个领航 AUV 的矢量在水平面的投影与 x 轴在逆时针方向上的夹角，其范围为 0°～360°，β_{ij} 为第 j 个跟随 AUV 到第 i 个领航 AUV 的矢量在垂直于水平面的二维平面上投影与水平面的夹角，其范围为 0°～90°，满足

$$\begin{cases}r_{ij}\cos\left(\alpha_{ij}\right)\cos\left(\beta_{ij}\right)=x_i-x_j\\ r_{ij}\sin\left(\alpha_{ij}\right)\cos\left(\beta_{ij}\right)=y_i-y_j\end{cases} \tag{10.72}$$

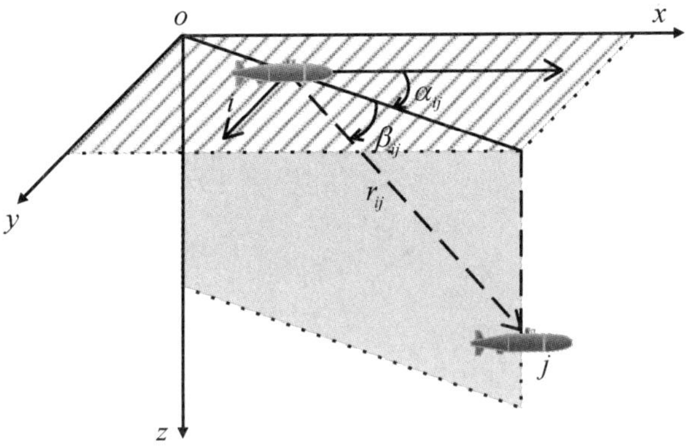

图 10.10　角度投影示意图

为简化公式，令

$$\begin{cases}A_{ij}=\cos\left(\alpha_{ij}\right)\cos\left(\beta_{ij}\right)=\dfrac{x_i-x_j}{r_{ij}}\\ B_{ij}=\sin\left(\alpha_{ij}\right)\cos\left(\beta_{ij}\right)=\dfrac{y_i-y_j}{r_{ij}}\end{cases} \tag{10.73}$$

那么式（10.71）可以写成

$$\begin{aligned}F&=\sum_{j=1}^{m}\ln\left(\left|\mathbf{FIM}\left(\boldsymbol{q}_j\right)\right|\right)\\ &=\sum_{j=1}^{m}\ln\left(\frac{1}{\sigma^4}\left(\sum_{i=1}^{n}\left(\frac{A_{ij}}{M_{ij}}\right)^2\cdot\sum_{i=1}^{n}\left(\frac{B_{ij}}{M_{ij}}\right)^2-\left(\sum_{i=1}^{n}\frac{A_{ij}B_{ij}}{\left(M_{ij}\right)^2}\right)^2\right)\right)\\ &=\ln\frac{1}{\sigma^{4m}}\prod_{j=1}^{m}\left(\boldsymbol{C}_j\cdot\boldsymbol{D}_j^{\mathrm{T}}\right)\end{aligned} \tag{10.74}$$

式中

$$\begin{aligned}
&\boldsymbol{C}_j=\left(\left(\sum_{i=1}^{n}\left(\frac{A_{ij}}{M_{ij}}\right)^2,\sum_{i=1}^{n}\left(\frac{A_{ij}B_{ij}}{{M_{ij}}^2}\right)\right)\right)\\
&\boldsymbol{D}_j=\left(\left(\sum_{i=1}^{n}\left(\frac{B_{ij}}{M_{ij}}\right)^2,-\sum_{i=1}^{n}\left(\frac{A_{ij}B_{ij}}{{M_{ij}}^2}\right)\right)\right)\\
&M_{ij}=1+\eta r_{ij}^{\gamma}
\end{aligned}\tag{10.75}$$

对于整个主从 AUV 协同导航系统，领航 AUV 的最优编队拓扑结构要通过将式（10.74）向每个领航 AUV 的坐标 x_i 和 y_i 求偏导并且结果等于 0，才可以找到该领航 AUV 的最佳位置，偏导数求解公式推导如下：

$$\begin{aligned}
\frac{\partial F}{\partial x_i}&=\sum_{j=1}^{m}\frac{1}{\boldsymbol{C}_j\boldsymbol{D}_j}\left(\frac{\partial \boldsymbol{C}_j}{\partial x_i}{\boldsymbol{D}_j}^{\mathrm{T}}+\boldsymbol{C}_j\frac{\partial {\boldsymbol{D}_j}^{\mathrm{T}}}{\partial x_i}\right)\\
\frac{\partial F}{\partial y_i}&=\sum_{j=1}^{m}\frac{1}{\boldsymbol{C}_j\boldsymbol{D}_j}\left(\frac{\partial \boldsymbol{C}_j}{\partial y_i}{\boldsymbol{D}_j}^{\mathrm{T}}+\boldsymbol{C}_j\frac{\partial {\boldsymbol{D}_j}^{\mathrm{T}}}{\partial y_i}\right)
\end{aligned}\tag{10.76}$$

式中

$$\left\{\begin{aligned}
\frac{\partial \boldsymbol{C}_j}{\partial x_i}&=\begin{bmatrix}2\dfrac{A_{ij}}{r_{ij}\left(M_{ij}\right)^2}\left(1-A_{ij}^2-A_{ij}^2\dfrac{\eta\gamma r_{ij}^{\gamma}}{M_{ij}}\right)\\ \dfrac{B_{ij}}{r_{ij}\left(M_{ij}\right)^2}\left(1-2A_{ij}^2-2A_{ij}^2\dfrac{\eta\gamma r_{ij}^{\gamma}}{M_{ij}}\right)\end{bmatrix}^{\mathrm{T}}\\
\frac{\partial \boldsymbol{D}_j}{\partial x_i}&=\begin{bmatrix}-2\dfrac{A_{ij}B_{ij}^2}{r_{ij}\left(M_{ij}\right)^2}\left(1+\dfrac{\eta\gamma r_{ij}^{\gamma}}{M_{ij}}\right)\\ -\dfrac{B_{ij}}{r_{ij}\left(M_{ij}\right)^2}\left(1-2A_{ij}^2-2A_{ij}^2\dfrac{\eta\gamma r_{ij}^{\gamma}}{M_{ij}}\right)\end{bmatrix}^{\mathrm{T}}
\end{aligned}\right.\tag{10.77}$$

$$\left\{\begin{aligned}
\frac{\partial \boldsymbol{C}_j}{\partial y_i}&=\begin{bmatrix}-2\dfrac{B_{ij}A_{ij}^2}{r_{ij}\left(M_{ij}\right)^2}\left(1+\dfrac{\eta\gamma r_{ij}^{\gamma}}{M_{ij}}\right)\\ \dfrac{A_{ij}}{r_{ij}\left(M_{ij}\right)^2}\left(1-2B_{ij}^2-2B_{ij}^2\dfrac{\eta\gamma r_{ij}^{\gamma}}{M_{ij}}\right)\end{bmatrix}^{\mathrm{T}}\\
\frac{\partial \boldsymbol{D}_j}{\partial x_i}&=\begin{bmatrix}2\dfrac{B_{ij}}{r_{ij}\left(M_{ij}\right)^2}\left(1-B_{ij}^2-B_{ij}^2\dfrac{\eta\gamma r_{ij}^{\gamma}}{M_{ij}}\right)\\ -\dfrac{A_{ij}}{r_{ij}\left(M_{ij}\right)^2}\left(1-2B_{ij}^2-2B_{ij}^2\dfrac{\eta\gamma r_{ij}^{\gamma}}{M_{ij}}\right)\end{bmatrix}^{\mathrm{T}}
\end{aligned}\right.\tag{10.78}$$

当式（10.76）针对不同的领航 AUV 的坐标 x_i 和 y_i 均等于 0，即可找到领航 AUV 的最优编队拓扑结构。

2）考虑位置不确定性因素的约束条件推导

当考虑位置不确定性因素时，式（10.69）满足

$$\begin{aligned}\frac{\partial F}{\partial x_i}&=\frac{\partial}{\partial x_i}\sum_{j=1}^{m}\ln\left(\int_{D_j}\left|\mathbf{FIM}\left(\boldsymbol{q}_j\right)\right|\cdot f\left(\boldsymbol{q}_j\right)d\boldsymbol{q}_j\right)=0\\\frac{\partial F}{\partial y_i}&=\frac{\partial}{\partial y_i}\sum_{j=1}^{m}\ln\left(\int_{D_j}\left|\mathbf{FIM}\left(\boldsymbol{q}_j\right)\right|\cdot f\left(\boldsymbol{q}_j\right)d\boldsymbol{q}_j\right)=0\end{aligned}\tag{10.79}$$

事实上，考虑计算的可实现性，推导得到下式来完成偏导数的求解：

$$\begin{aligned}\frac{\partial F}{\partial x_i}&=\sum_{j=1}^{m}\frac{1}{\frac{1}{k}\cdot\sum_{v=1}^{k}\boldsymbol{C}_{jv}\cdot\boldsymbol{D}_{jv}^{T}}\frac{1}{k}\sum_{v=1}^{k}\left(\frac{\partial\boldsymbol{C}_{jv}}{\partial x_i}\boldsymbol{D}_{jv}{}^{\mathrm{T}}+\boldsymbol{C}_{jv}\frac{\partial\boldsymbol{D}_{jv}{}^{\mathrm{T}}}{\partial x_i}\right)\\\frac{\partial F}{\partial y_i}&=\sum_{j=1}^{m}\frac{1}{\frac{1}{k}\cdot\sum_{v=1}^{k}\boldsymbol{C}_{jv}\cdot\boldsymbol{D}_{jv}^{T}}\frac{1}{k}\sum_{v=1}^{k}\left(\frac{\partial\boldsymbol{C}_{jv}}{\partial y_i}\boldsymbol{D}_{jv}{}^{\mathrm{T}}+\boldsymbol{C}_{jv}\frac{\partial\boldsymbol{D}_{jv}{}^{\mathrm{T}}}{\partial y_i}\right)\end{aligned}\tag{10.80}$$

式中

$$\begin{cases}\dfrac{\partial\boldsymbol{C}_{jv}}{\partial x_i}=\begin{bmatrix}2\dfrac{A_{ijv}}{r_{ijv}\left(M_{ijv}\right)^2}\left(1-A_{ijv}^2-A_{ijv}^2\dfrac{\eta\gamma r_{ijv}^{\gamma}}{M_{ijv}}\right)\\\dfrac{B_{ijv}}{r_{ijv}\left(M_{ijv}\right)^2}\left(1-2A_{ijv}^2-2A_{ijv}^2\dfrac{\eta\gamma r_{ijv}^{\gamma}}{M_{ijv}}\right)\end{bmatrix}^{\mathrm{T}}\\\dfrac{\partial\boldsymbol{D}_{j}}{\partial x_i}=\begin{bmatrix}-2\dfrac{A_{ijv}B_{ijv}^2}{r_{ijv}\left(M_{ijv}\right)^2}\left(1+\dfrac{\eta\gamma r_{ijv}^{\gamma}}{M_{ijv}}\right)\\-\dfrac{B_{ijv}}{r_{ijv}\left(M_{ijv}\right)^2}\left(1-2A_{ijv}^2-2A_{ijv}^2\dfrac{\eta\gamma r_{ijv}^{\gamma}}{M_{ijv}}\right)\end{bmatrix}^{\mathrm{T}}\end{cases}\tag{10.81}$$

$$\begin{cases}\dfrac{\partial\boldsymbol{C}_{jv}}{\partial y_i}=\begin{bmatrix}-2\dfrac{B_{ijv}A_{ijv}^2}{r_{ijv}\left(M_{ijv}\right)^2}\left(1+\dfrac{\eta\gamma r_{ijv}^{\gamma}}{M_{ijv}}\right)\\\dfrac{A_{ijv}}{r_{ijv}\left(M_{ijv}\right)^2}\left(1-2B_{ijv}^2-2B_{ijv}^2\dfrac{\eta\gamma r_{ijv}^{\gamma}}{M_{ijv}}\right)\end{bmatrix}^{\mathrm{T}}\\\dfrac{\partial\boldsymbol{D}_{jv}}{\partial x_i}=\begin{bmatrix}2\dfrac{B_{ijv}}{r_{ijv}\left(M_{ijv}\right)^2}\left(1-B_{ijv}^2-B_{ijv}^2\dfrac{\eta\gamma r_{ijv}^{\gamma}}{M_{ijv}}\right)\\-\dfrac{A_{ijv}}{r_{ijv}\left(M_{ijv}\right)^2}\left(1-2B_{ijv}^2-2B_{ijv}^2\dfrac{\eta\gamma r_{ijv}^{\gamma}}{M_{ijv}}\right)\end{bmatrix}^{\mathrm{T}}\end{cases}\tag{10.82}$$

这里，F 由式（10.69）给出，A_{ijv}、B_{ijv}、$\boldsymbol{C}_{ijv}$、$\boldsymbol{D}_{ijv}$ 的定义与 A_{ij}、B_{ij}、$\boldsymbol{C}_j$、$\boldsymbol{D}_j$ 定义相同，只是此时跟随 AUV 的位置不确定。

10.4 编队构型设计

10.4.1 单领航 AUV 协同导航系统

系统的可观测性直接决定了协同定位精度，其主要取决于水下航行器的数量和拓扑结构，因此很有必要对协同导航编队构型进行研究。针对单领航 AUV 协同导航系统，若领航 AUV 与跟随 AUV 之间没有相对位置变化，那么系统近似不可观测，因此需要调整领航 AUV 或跟随 AUV 的运动轨迹。根据给定路径运动是提高系统可观测性的重要途径。通常来说，跟随 AUV 需要执行相应任务，而领航 AUV 只需完成领航任务，因此适时调整领航 AUV 的运动轨迹即可，其中，Z 字形机动和环形机动是现有的两种最优编队构型，如图 10.11 所示。

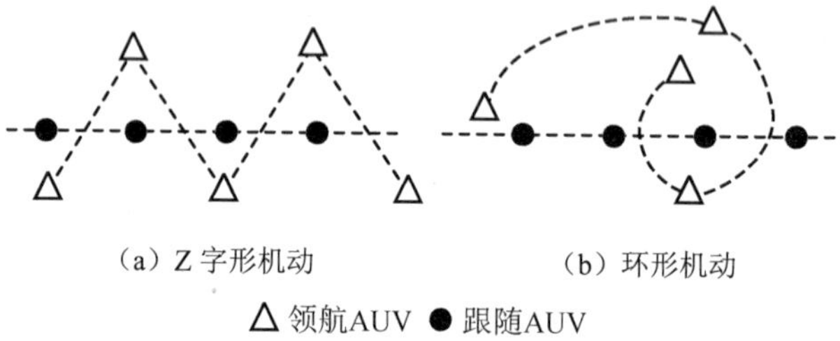

（a）Z 字形机动　　（b）环形机动

图 10.11　单领航 AUV 协同导航系统编队构型

10.4.2 双领航 AUV 协同导航系统

针对双领航 AUV 协同导航，研究表明 2 组主从 AUV 间的连线相互垂直时，相对运动的队形最优，如图 10.12 所示。为确保跟随 AUV 能够在通信范围内，领航 AUV 应该针对跟随 AUV 的工作路径实时规划新的路径，通常以跟随 AUV 定位误差最小为优化准则，设计在线路径规划方法。

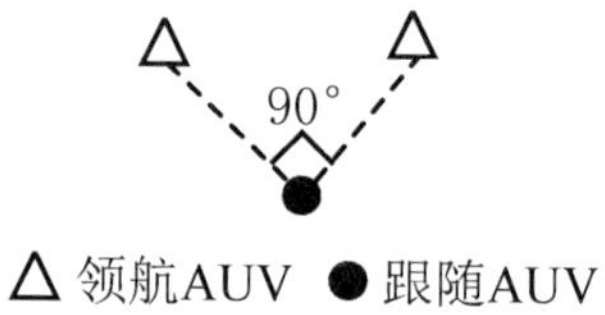

图 10.12　双领航 AUV 协同导航系统编队构型

10.4.3 多领航 AUV 协同导航系统

针对多领航 AUV 协同导航系统，其编队构型更为复杂，是未来值得研究的方向之一。对于三领航 AUV 单跟随 AUV 协同导航系统，当三个领航 AUV 与跟随 AUV 保持 60°分离角或跟随 AUV 被领航 AUV 围绕在 120°分离角时为系统最优编队构型，如图 10.13 所示。对于三领航 AUV 多跟随 AUV 协同导航系统，可以通过构建协同导航系统观测性能评价函数等方式，具体分析队形优劣，通过对评价函数的求解，得到最优编队构型。研究表明，若多领航 AUV 协同导航系统保持最优编队构型运动，当 AUV 个体间角度值或距离值发生较小变化时，系统的定位性能并不会受到明显影响。

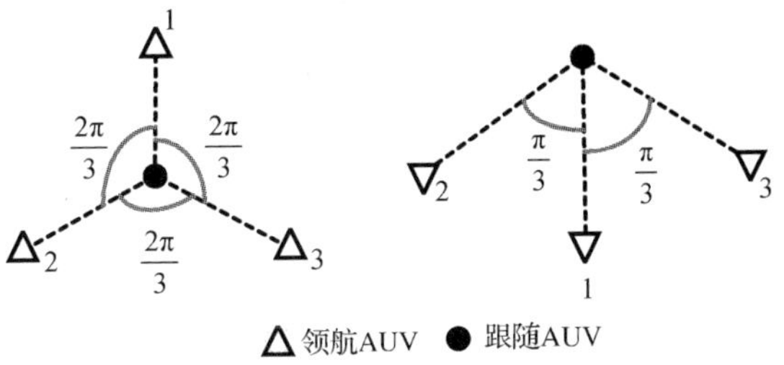

图 10.13　三领航 AUV 协同导航系统最优编队构型

10.5　仿真验证

10.5.1　编队构型仿真

根据上文提到的通过构建协同导航系统观测性能评价函数的方式完成最优编队构型的优化仿真。

1）三领航 AUV 一跟随 AUV 编队构型

跟随 AUV 位置坐标与最优编队构型中各领航 AUV 的位置坐标如表 10.2 所示，其中跟随 AUV 用点 q_j 表示，$j=1$；领航 AUV 用点 p_i 表示，$i=1\sim3$。

表 10.2　跟随、领航 AUV 位置坐标

	x	y	z
p_1	−33.771193	−79.723700	0
p_2	68.015196	2.421649	0
p_3	−37.638182	61.927640	0
q_1	0	0	−50

2）三领航 AUV 三跟随 AUV 编队构型

对于三领航 AUV 和三跟随 AUV 的协同导航系统，跟随 AUV 与领航 AUV 的位置坐标如表 10.3 所示，其中跟随 AUV 用点 q_j 表示，$j=1\sim3$；领航 AUV 用点 p_i 表示，$i=1\sim3$。主从 AUV 坐标如表 10.3 所示。

表 10.3　主从 AUV 位置坐标

	x	y	z
p_1	74.655905	9.744236	0
p_2	49.506657	51.436263	0

续表

	x	y	z
p_3	22.419591	−61.441789	0
q_1	0	30	−50
q_2	10	−5	−50
q_3	30	15	−50

3）三领航 AUV 三跟随 AUV（位置不确定）编队构型

主从 AUV 位置坐标如表 10.4 所示。

表 10.4 主从 AUV 位置坐标

	x	y	z
p_1	−86.696335	15.352972	0
p_2	17.814741	58.568614	0
p_3	−57.066462	68.344576	0
q_1	−44	30	−50
q_2	−30	−16	−50
q_3	−3	25	−50

图 10.14、图 10.16 与图 10.18 所示为评价函数在整个平面内的分布规律。在计算评价函数时，把代入解算出的最优编队构型中的坐标值作为领航 AUV 坐标，在一定区域内遍历取点作为跟随 AUV 坐标，得到该区域内每个跟随 AUV 相对领航 AUV 的评价函数拟合曲面。组成曲面的每个点为不同位置跟随 AUV 与领航 AUV 组合得到的评价函数的值，可以看出，评价函数最大值分布在红色区域中，在黄色、绿色、蓝色区域中逐渐减小。因此，满足拓扑结构最优的跟随 AUV 坐标应位于红色区域。在图 10.15、图 10.17 与图 10.19 中，方框代表跟随 AUV 在水面的二维投影的位置，均分布在红色区域，即评价函数峰顶附近，进一步验证了求解结果的正确性。

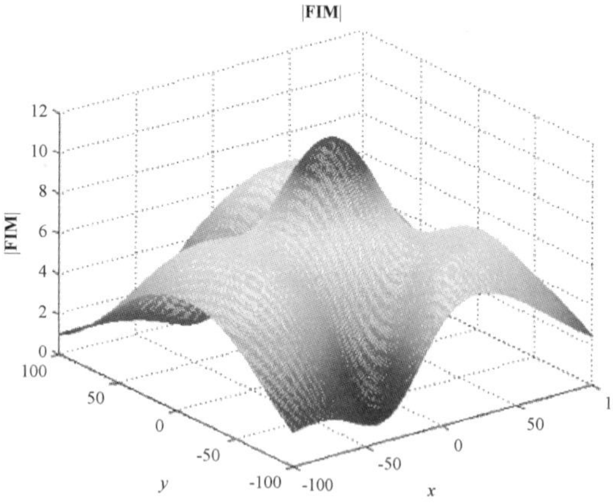

图 10.14 评价函数三维网格图（扫二维码）

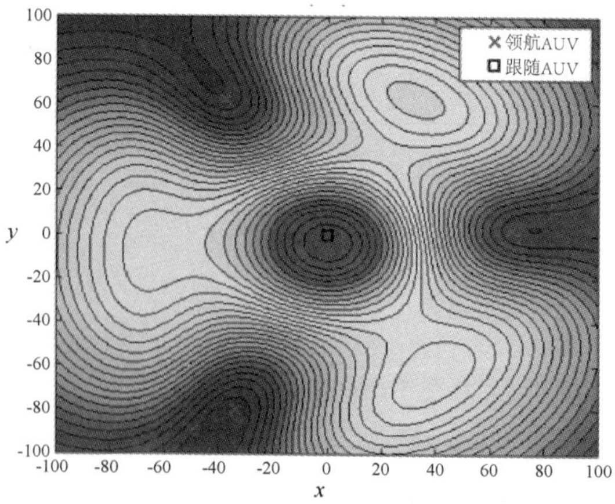

图 10.15 评价函数等高线图（扫二维码）

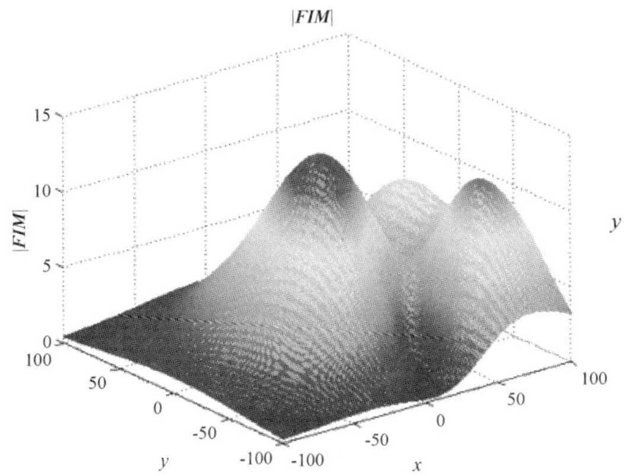

图 10.16　评价函数三维网格图（扫二维码）

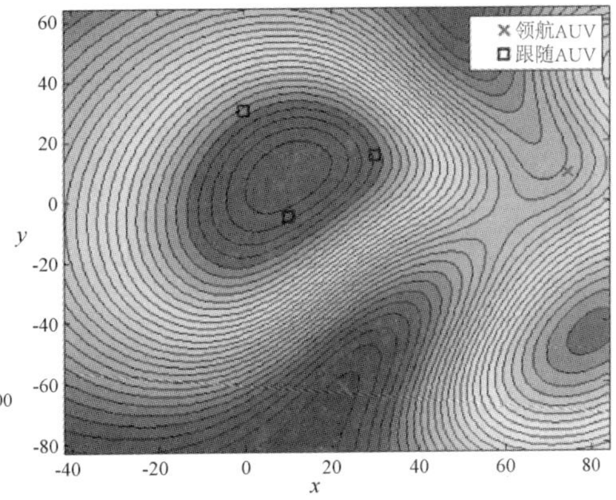

图 10.17　评价函数等高线图（扫二维码）

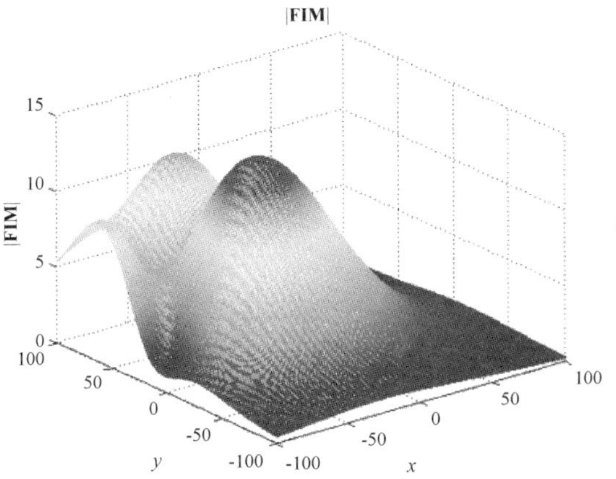

图 10.18　评价函数三维网格图（扫二维码）

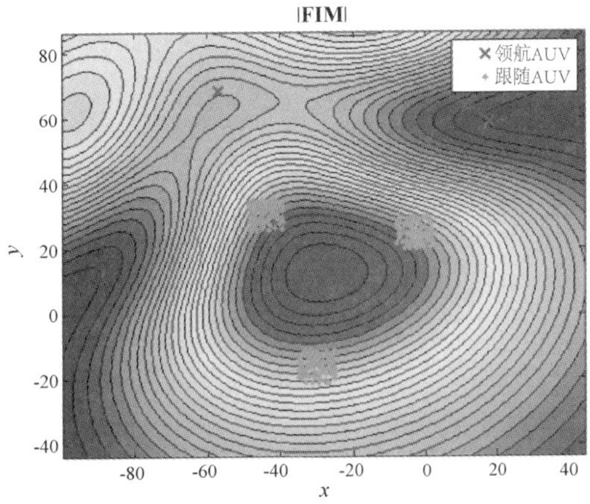

图 10.19　评价函数等高线图（扫二维码）

10.5.2　不同编队构型下的定位误差对比

为了更清晰地说明编队构型对协同定位精度的影响，证明该领航 AUV 最优编队拓扑结构是否符合实际要求，我们在 EKF 算法中进行验证。分别在定位过程中将系统设置为最优编队构型与任意编队构型，这里以三领航 AUV 三跟随 AUV 协同导航系统为例，分别在两组编队构型情况下对每个跟随 AUV 的定位噪声进行仿真，仿真时长为 1800s，仿真时间内的定位误差求取平均数。将上述验证进行 200 次，可以得到如图 10.20～图 10.23 所示波形。

从图 10.20～图 10.23 可以看出，在 200 次的实验中，不论是单体跟随 AUV 还是系统整体，保持最优编队构型的领航 AUV 能够辅助跟随 AUV 保持更高的定位精度。

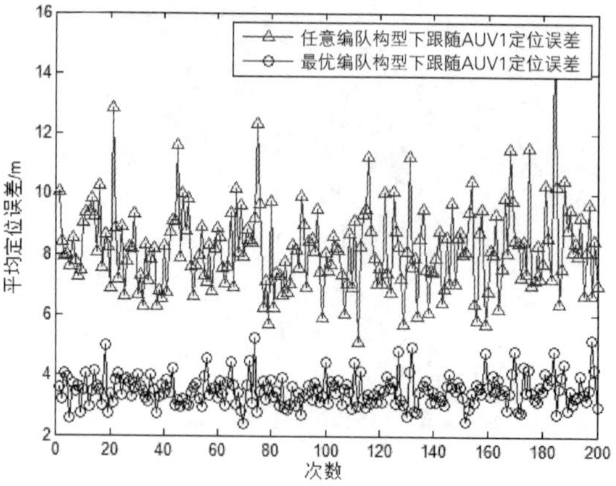

图 10.20　跟随 AUV1 定位误差比较图

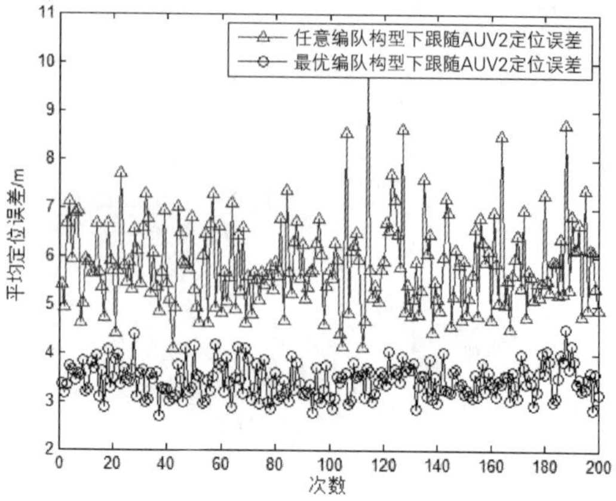

图 10.21　跟随 AUV2 定位误差比较图

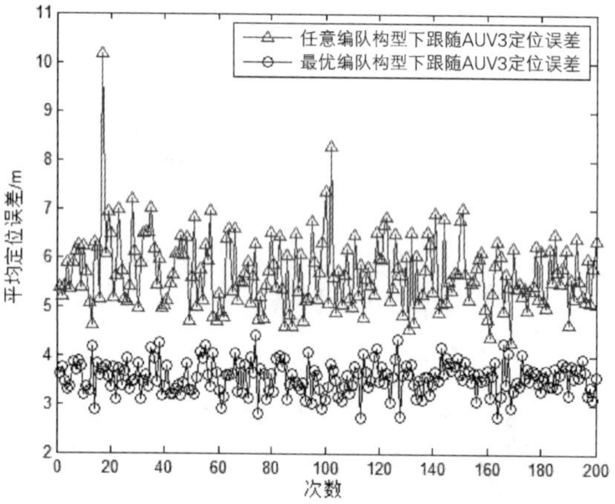

图 10.22　跟随 AUV3 定位误差比较图

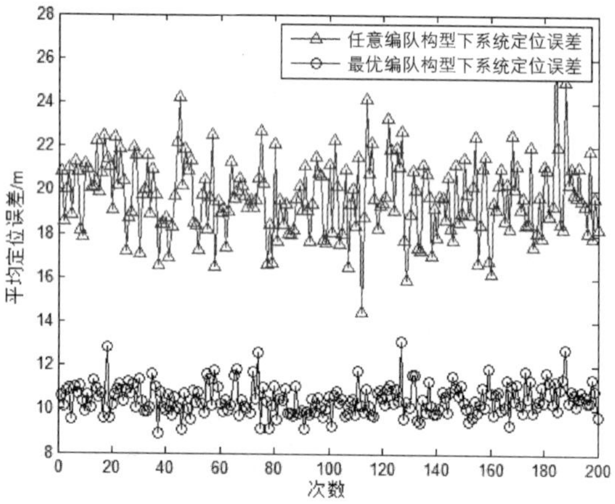

图 10.23　系统定位误差比较图

董希旺，男，于 2014 年在清华大学自动化系获得工学博士学位，2014 年 12 月至 2015 年 12 月在新加坡南洋理工大学从事博士后研究工作，2014 年 7 月至 2021 年 7 月先后担任北京航空航天大学自动化科学与电气工程学院讲师、副教授、教授、博导和院长助理，2021 年 7 月至今担任北京航空航天大学人工智能研究院科研副院长。主要研究方向为集群智能、协同控制、协同制导、协同决策规划、飞行器集群等，理论与实践并重，相关理论结果在多无人机和无人车系统上进行了系列试验验证。主持包括国家自然科学基金青年、面上项目，装备预研基金，航空、航天基金及北京市自然科学基金面上项目等在内的纵向科研项目 10 余项及航空航天院所横向项目 10 余项。曾获得中国指挥与控制学会科技进步一等奖、中国发明协会技术发明一等奖、中国指挥与控制学会创新奖一等奖、中国产学研合作促进成果奖二等奖、吴文俊人工智能优秀青年奖、源创杯比赛全国优胜奖、空军无人争锋比赛冠军等奖励和荣誉；入选中国科协青年人才托举工程，北京航空航天大学青年拔尖人才计划，获批国家优秀青年基金，并被授予中国高被引学者、中国指挥与控制学会青年科学家等荣誉和称号。

习题 10

1. 在协同导航系统中，根据团队的不同组成，可以分为哪几类？
2. 简述主从式协同导航系统基本原理。
3. 简述协同定位模型构建过程。
4. 影响协同导航与定位精度的因素有哪些？现有算法是如何削弱其影响的？
5. 对非线性模型的可观测性分析方法有哪些？简要说明这些方法的优势与劣势。
6. 简述基于 Fisher 信息矩阵的系统可观测性评价函数的构建过程。

参考文献

[1] 葛晖，徐德民，项庆睿. 自主式水下航行器控制技术新进展[J]. 鱼雷技术，2007(03)：1-7+14.

[2] 张世童，张宏伟，王延辉，等. 自主水下航行器导航技术发展现状与分析[J]. 导航定位学报，2020，8(02)：1-7.

[3] 赵涛，刘明雍，周良荣. 自主水下航行器的研究现状与挑战[J]. 火力与指挥控制，2010，35(06)：1-6.

[4] 朱倚娴，周玲. 模糊自适应滤波算法在自主水下航行器组合导航系统中的应用[J]. 南通大学学报（自然科学版），2021，20(01)：34-39.

[5] 郭银景，孔芳，张曼琳，等. 自主水下航行器的组合导航系统综述[J]. 导航定位与授时，2020，7(05)：107-119.

[6] 朱宝星，于复生，梁为，等. 无人式水面航行器的国内外发展趋势[J]. 船舶工程，2020，42(02)：20-23.

[7] 杜方键，张永峰，张志正，等. 水中无人作战平台发展现状与趋势分析[J]. 科技创新与应用，2019(27)：6-10.

[8] 张涛，胡贺庆，王自强，等. 基于惯导及声学浮标辅助的水下航行器导航定位系统[J]. 中国惯性技术学报，2016，24(06)：741-745.

[9] 周能兵，王亚斌，王强. 地磁导航技术研究进展综述[J]. 导航定位学报，2018，6(02)：15-19.

[10] 孙岚. 重力辅助惯性导航的匹配算法初探[J]. 海洋测绘，2006(01)：44-46.

[11] 杨亚非，谭久彬，邓正隆. 惯导系统初始对准技术综述[J]. 中国惯性技术学报，2002(02)：69-73.

[12] 迟凤阳. 水下航行器组合导航定位技术研究[D]. 哈尔滨：哈尔滨工程大学，2015.

[13] 秦永元，张洪钺，汪叔华. 卡尔曼滤波与组合导航原理[M]. 西安：西北工业大学出版社，1998.

[14] 孙枫，袁赣南，张晓红. 组合导航系统[M]. 哈尔滨：工程大学出版社，1996.

[15] 付梦印，邓志红，闫莉萍. Kalman 滤波理论及其在导航系统中的应用[M]. 2 版. 北京：科学出版社，2010.

[16] 郭俊义. 物理大地测量学基础[M]. 武汉：武汉测绘科技大学出版社，1994.

[17] 陈磊，梁强. GPS 原理及应用简介[J]. 科技信息（学术研究），2008(22)：188+190.

[18] 贺玉玲，何克亮，王国永，等. 导航卫星时频系统发展综述[J]. 导航定位与授时，2021，8(05)：61-70.

[19] 边少锋，李文魁. 卫星导航系统概论[M]. 北京：电子工业出版社，2005.

[20] 卢曼曼. 光纤捷联惯导系统的阻尼及校正技术研究[D]. 哈尔滨：哈尔滨工程大学，2018.

[21] 张志勇. 关于惯性导航技术分析[J]. 电子测试，2019(12)：132-133.

[22] 臧新乐. 捷联惯性导航系统误差阻尼技术[D]. 哈尔滨：哈尔滨工程大学，2017.

[23] 吴志洁. 捷联惯性导航系统综合校正技术研究[D]. 哈尔滨：哈尔滨工程大学，2017.

[24] 孙大军，郑翠娥，张居成，等. 水声定位导航技术的发展与展望[J]. 中国科学院院刊，2019，34(03)：331-338.

[25] 孙大军，郑翠娥，钱洪宝，等. 水声定位系统在海洋工程中的应用[J]. 声学技术，2012，31(02)：125-132.

[26] 王国臣，齐昭，张卓. 水下组合导航系统[M]. 北京：国防工业出版社，2016：23-24，149.

[27] 王其，徐晓苏. 自适应联邦 H∞滤波在水下组合导航系统中的应用[J]. 系统仿真学报，2009，21(04)：1003-1006.

[28] 李亮. SINS/DVL 组合导航技术研究[D]. 哈尔滨工程大学，2009.

[29] 鲍桂清，于飞，高伟，等. 多普勒计程仪辅助捷联惯导初始对准技术研究[J]. 电光与控制，2013，20(02)：15-18.

[30] Yan Z, Peng S, Zhou J, et al. Research on an Improved Dead Reckoning for AUV Navigation[C]. IEEE Internatinal Conference on Control & Decision, 2010.

[31] 俞建成，张艾群，王晓辉，等. 基于多普勒和光纤陀螺水下机器人导航系统研究[J]. 船海工程，2006(02)：105-108.

[32] KAO M H, ELLER D H. Multi-configuration Kalman Filter Design for High Performance GPS Navigation[J]. IEEE Transactions on Automatic Control, Vol.28, No.3, 304-314. 1983.

[33] DENARO R P, LOOOMIS P V W. GPS Navigation Processing and Kalman Filtering[J]. Advisory Group for Aerospace Research and Development, No.161, 111-119, 1989.

[34] 孙玉山，代天娇，赵志平. 水下机器人航位推算导航系统及误差分析[J]. 船舶工程，2010，32(5)：67-72.

[35] DAVID M, BEVLY, BRADFORD PARKINSON.Cascaded Kalman Filters for Accurate Estimation of Multiple Biases, Dead-Reckoning Navigation, and Full State Feedback Control of Ground Vehicles[J]. IEEE Transaction on Control Systems Technology, Vol.15, No.2, 199-208, 2007.

[36] ROMMANEE JIRAWIMUT, PIOTR PTASINSKI, VANJA GARAJ. A Method for Dead Reckoning Parameter Correction in Pedestrian Navigation System[J]. IEEE Transaction on Instrumentation and Measurement, Vol.52, No.1, 2003.

[37] 秦永元，张洪钺，汪叔华. 卡尔曼滤波与组合导航原理[M]. 西安：西北工业大学出版社，2015.

[38] 徐博，郝芮，王超，等. 基于倒置声学基阵的 INSUSBL 组合导航算法研究[J]. 海洋技术学报，2017，36(05)：46-54.

[39] HOU S, PENG S, YAN Z, et al. Research on the error model of INS/DVL system for Autonomous Underwater Vehicle[C]. IEEE International Conference on Automation & Logistics. 2008.

[40] 郝芮. 水下潜航器 SINS/USBL/DVL 组合导航算法研究[D]. 哈尔滨：哈尔滨工程大学，2018.

[41] 王文晶. 基于重力和环境特征的水下导航定位方法研究[D]. 哈尔滨：哈尔滨工程大学，2009.

[42] 成怡. 多源海洋重力数据融合技术研究[D]. 哈尔滨：哈尔滨工程大学，2008.

[43] 李姗姗. 水下重力辅助惯性导航的理论与方法研究[D]. 郑州：解放军信息工程大学，2010.

[44] 韩雨蓉. 水下导航重力匹配算法研究[D]. 北京：北京理工大学，2017.

[45] 黄谟涛，刘敏，吴太旗，等. 海空重力测量关键技术指标体系论证与评估[J]. 测绘学报，2018，47(11)：1537-1548.

[46] 黄谟涛，翟国君，管铮，等. 海洋重力场测定及其应用[M]. 北京：测绘出版社，2005.

[47] 郭才发. 空间地磁场应用的若干关键技术研究[D]. 国防科技大学博士学位论文，2014

[48] GUO C F, CAI H, Van der Heijden G H M. Feature Extraction and Geomagnetic Matching[J]. Journal of Navigation, 2013, 66(6): 799-811.

[49] PAUL MICHAEL NEWMAN. On the structure and solution of the simultaneous localization and map building problem[D]. PhD thesis: The University of Sydney, 1999.

[50] DAVID M.GLEASON. Passive airborne navigation and terrain avoidance using gravity gradiometry. Journal of guidance, control and dynamics[J]. 1995, 18(6) : 1450-1458.

[51] STEFAN BERNARD WILLIAMS. Efficient solutions to autonomous mapping and navigation problems[D]. PhD thesis: The University of Sydney, 2001.

[52] 孙中苗. 航空重力测量理论、方法及应用研究[D]. 解放军信息工程大学工程博士论文，2004.

[53] BEHZAD KAMGAR-PARSI, BEHROOZ KAMGAR-PARSI. Vehicle localization on gravity maps[C]. Part of the SPIE Conference on Unmanned Ground Vehicle Technology, Orlando, Florida. April 1999 SPIE Vol. 3693: 182-191.

[54] 吕振川. 磁异常数据向下延拓迭代算法的改进研究[D]. 哈尔滨：哈尔滨工程大学，2017.

[55] 管志宁. 地磁场与磁力勘探[M]. 北京：地质出版社，2005.

[56] 高伟，刘亚龙，徐博. 基于双主交替领航的多 AUV 协同导航方法[J]. 哈尔滨工程大学学报，2014(6)：735-740.

[57] 黄玉龙，张勇刚，赵玉新. 自主水下航行器导航方法综述[J]. 鱼雷技术，2019，027(003)：232-253.

[58] 徐博，白金磊，郝燕玲，等. 多 AUV 协同导航问题的研究现状与进展[J]. 自动化学报，2015，41(003)：445-461.

[59] MU H, BAILEY T, THOMPSON P, et al. Decentralised Solutions to the Cooperative Multi-platform Navigation Problem[J]. IEEE Transactions on Aerospace and Electronic Systems, 2011, 47(2): 1433-1449.

[60] XIAO G, WANG B, DENG Z, et al. An Acoustic Communication Time Delays Compensation Approach for Master-slave AUV Cooperative Navigation[J]. IEEE Sensors Journal, 2017, 17(2): 504-513.

[61] 刘明雍，张加全，张立川. 洋流影响下基于运动矢径的 AUV 协同定位方法[J]. 控制与决策，2011，26(11)：1632-1636.

[62] 刘明雍. 水下航行器协同导航技术[M]. 北京：国防工业出版社，2014.

[63] HUANG Y, ZHANG Y, XU B, et al. A New Outlier-robust Student's t Based Gaussian Approximate Filter for Cooperative Localization[J]. IEEE/ASME Transactions on Mechatronics, 2017, 22(5): 2380-2386.

[64] SUN C, ZHANG Y, WANG G, et al. A Maximum Correntropy Divided Difference Filter for Cooperative Localization[J]. IEEE Access, 2018, 6: 41720-41727.

[65] HARRIS Z J, WHITCOMB L L. Preliminary Feasibility Study of Cooperative Navigation of Underwater Vehicles with Range and Range-rate Observations[C]. Oceans 2015-MTS/IEEE. Washington: IEEE, 2015: 1-6.

[66] 房新鹏，严卫生，张福斌，等. 基于多 USV/AUV 的水下定位系统队形结构研究[J]. 系统工程与电子技术，2014，36(5)：947-951.

[67] D. MORENO-SALINAS, A. M. PASCOAL, J. Aranda. Optimal Sensor Placement for Multiple Underwater Target Localization with Acoustic Range Measurements. World Congress 2011:12825-12832.

[68] SUN D, ZHANG Y, HAN Y , et al. Preliminary study on cooperative localization for AUVs[C]. 2017 IEEE International Conference on Signal Processing, Communications and Computing (ICSPCC). IEEE, 2018.

[69] MWM GAMINI D, PAUL N, HUGH F D W. A solution to the simultaneous localization and map building (SLAM) problem[J]. IEEE Transactions on Robotics and Automation. 2001, 17(3): 229-241.

[70] Y BAR-SHALOM, X R LI, T KIRUBARAJAN. Estimation with applications to tracking and navigation[M]. John Wiley and Sons. 2001

[71] JUAN NIETO, JOSE GUIVANT, EDUARDO NEBOT. Real time data association for FastSLAM[J]. Proceeding of the 2003 IEEE international conference on robotics & automation. Taipei: China,2003: 412-418

[72] G Q HUANG, A B RAD, Y K WONG, et. al. SLAM with MTT: theory and initial results[J]. Proceedings of the 2004 IEEE conference on robotics, automation and mechatronics. Singapore, 2004: 834-839

[73] I TENA RUIZ, Y PETILLOT, D M LANE, et. al. Feature extraction and data association for

AUV concurrent mapping and localization[J]. Proceeding of the 2001 IEEE international conference on robotics & automation. Seoul: Korea, 2001: 2785-2790

[74] TIM BAILEY. Mobile robot localization and mapping in extensive outdoor environments[D]. Sydney: The University of Sydney. 2002

[75] JOSE NEIRA，JUAN D TARDOS. Data association in stochastic mapping using the joint compatibility test[J]. IEEE transactions on robotics and automation. 2001,17 (6): 890-897

[76] 石磐. 利用局部重力数据改进重力场模型[J]. 测绘学报，1994，23(4)：276-281

[77] N DAG. Gravity terrain corrections-an overview[J]. Journal of Applied Geophysics, 1999, 42(2): 117-134